后浪出版公司

日本書紀

にほんしょき

舍人親王 著

四川人民出版社

編者前言

《日本書紀》向與《古事記》合稱“記紀”，同爲日本奈良時代早期成書、述及日本神代直至持統天皇（《日本書紀》。《古事記》至推古天皇）爲止神話與史事的重要著作。和文寫成的《古事記》，經周作人先生等人翻譯，早在中國大陸流傳，澤被學人已久；而漢文寫成的《日本書紀》，雖素稱日本古代歷史的重要著作，對中國讀者亦無文字障礙，卻至今未在中國大陸出版整理本。我們此次出版，意在填補空白，爲中國讀者提供這一歷史名著的原貌。

672 年 6 月，日本國大海人皇子發兵吉野，進攻近江朝廷。《日本書紀》卷第二十八：

> ……朴井連雄君奏天皇曰:“臣以有私事，獨至美濃。時朝庭宣美濃、尾張兩國司曰:‘爲造山陵，豫差定人夫。’則人別令執兵。臣以爲，非爲山陵，必有事矣。若不早避，當有危歟？”或有人奏曰:“自近江京至于倭京，處處置候。亦命菟道守橋者，遮皇大弟宮舍人運私糧事。”……六月辛酉朔壬午，詔……曰:“今聞，近江朝庭之臣等，爲朕謀害。是以汝等三人，急往美濃國，告安八磨郡湯沐令多臣品治，宣示機要，而先發當郡兵。”

統治近江朝廷的大友皇子倉促應戰，然兵潰如山倒，一月之間即全軍覆滅，大津京陷落，大友皇子自縊死。此年爲壬申年，故史稱這次戰亂爲“壬申之亂”。

史載，大海人皇子“生而有岐嶷之姿，及壯，雄拔神武”。他是天智天皇同母弟，天智天皇所倡大化改新之後一系列鞏固統治的措施，他亦應有與焉。按日本古代皇位繼承體制紊亂，並無避免紛爭的長子繼承制；故以大海人皇子的功業與才幹，繼承天智天皇的皇位實爲意料中事。然天智天皇意在效仿中國長子繼承制度，突然宣布兒子大友皇子爲太政大臣，遂埋下戰亂的種子。天智十年（671），天皇病入膏肓，于病榻上迫大海人皇子出家爲僧，並要求五位重臣與大友皇子共同立誓，“六人同心，奉天皇詔。若有違者，必被天罰”。後代史家指出，此一場景頗似後來豐臣秀吉臨終託孤給五大老；也和秀賴一樣，大友皇子先父屍骨未寒，即被推翻殞命。

673 年，大海人皇子即位，是爲天武天皇。這位雄才偉略的天皇，採取了政治、經濟、社會、軍事等諸多措施，樹立天皇世系對於豪強貴族的統治地位，全力建造諸政一新的律令國家；其文化上的舉措之一，便是決意編纂《古事記》和《日本書紀》。《古事記》序：

> ……天皇詔之：“朕聞諸家之所賫帝紀及本辭，既違正實，多加虛僞。當今之時，不改其失，未經幾年，其旨欲滅。斯乃邦家之經緯，王化之鴻基焉。故惟撰錄帝紀，討覈旧辭，削僞定實，欲流後葉。”

《古事記》爲舍人稗田阿禮受敕命“誦習帝皇日繼及先代舊辭”，至和銅四年（711）始由太安萬侶撰錄成書。《日本書紀》之編纂，則據本書卷第二十九天武天皇十年（681）紀：

> 丙戌，天皇御于大極殿，以詔川嶋皇子、忍壁皇子、廣瀨王、竹田王、桑田王、三野王、大錦下上毛野君三千、小錦中

> 忌部連首、小錦下阿曇連稻敷、難波連大形、大山上中臣連大嶋、大山下平群臣子首，令記定帝紀及上古諸事。大嶋、子首親執筆以録焉。

全書三十卷並系圖一卷（今佚），述及神代至第四十一代持統天皇的歷史。編撰時間長達四十年，直至養老四年（720）始由皇子舍人親王主持編修完成。

作爲日本國史之首，《日本書紀》受到歷代極大重視。加之中世以來，神道家亦對此書深加信奉，祭典時需要誦讀前兩卷《神代紀》，故而寫本版本衆多，而尤以前兩卷爲最。據統計，本書各種傳本不下五百種，常見及善本亦近四十種。究其系統，略分古本系與卜部家本系兩種。前者歷史悠久，校勘價值極高，如目前所知數種最早寫本斷簡，皆爲平安時代初期甚或奈良時代末期寫成。然這些傳本大抵殘篇斷簡，即是存世卷數最多的"圖書寮本"（鎌倉時代至南北朝時代寫成）也僅有十二卷。

文永年間（1264—1274），神道家卜部兼文始講《書紀》，遂開《書紀》研究新局面。他的講義由其子兼方編成《釋日本紀》二十八卷，被認爲是前代《書紀》訓詁學的集大成之作。此後卜部家代治《書紀》，多有整理傳本，成爲《書紀》蔚爲大觀的卜部家本系統。這其中，現存最早傳本爲通稱"卜部兼方本"的卷一、卷二兩卷本；而目前所見最早的全三十卷本，爲通稱"内閣文庫本"的（傳）三條西實隆寫本。

慶長四年（1599），後陽成天皇敕旨，以木活字印行《書紀》前兩卷，此爲本書最早版本。其文字綜合卜部家各本校訂，頗有權威價值，遂爲此後諸本《神代紀》底本，稱"慶長敕版本"。慶長十五年（1610），取慶長敕版本前兩卷與（傳）三條西實隆本後二十八卷，合併以木活字印行，是爲慶長十五年古活字版本。然此版舛誤頗多，寬文九年（1669）遂有新版本印行。該本舛誤甚少，此後屢有覆刻，爲江戶時代流布本之祖本，亦爲此後諸整理本之底本。

我們此次出版排印本，以日本國會圖書館所藏慶長十五年古活字版本爲底本，而以明治三十年經濟雜誌社《國史大系》第一卷（簡稱“大系本”）及 1994 年小學館《新編日本古典文學全集》第二至四卷（簡稱“小學館本”）參校，採新式標點、横排繁體。選用慶長十五年本爲底本，以其雖舛誤較多，但比之通行整理本以爲底本的流布本爲早，可以給讀者提供更多的選擇。考慮到我們的目的主要在爲中國讀者提供易讀易找的排印本，不必對版本做更多考證，故採用代表日本近代研究成果的大系本和代表當代研究進展的小學館本（均以寬文流布本爲底本）作爲校本。校訂原則列舉如下：

一、以小學館本爲主要校改依據。底本與小學館本文字相同而與大系本不同者，一般不改。

二、小學館本給出校勘記的校改異文酌情照改，脚註註明“原作 ×，據小學館本校改（或補，或删）”。

三、小學館本與大系本相同且與底本不同的異文酌情照改，脚註註明“原作 ×，據校本改（或補，或删）”。

四、小學館本未出校勘記的異文酌情照改，脚註註明“原作 ×，據小學館本改（或補，或删）”。

五、底本文字經後人校改于字旁，凡與校本相同者徑從校本，不另出脚註。

六、底本可通的異文雖不同於校本，亦酌情保留，唯出脚註註明校本異文情況。

七、原書用字殊不統一，異體字較爲多見。爲使讀者了解原書面貌，我們對用字不強求統一，基本保持原書用字狀況，唯按現行出版規定爲錯誤者酌改。

八、原文歌謠均文字照錄，在脚註裡注出日文平假名（其前數字爲《日本書紀》歌謠序號），且作略譯，以便閱讀。略譯大致接近中國古歌風格，僅求不與本文有違和感而已。

《日本書紀》之歌謠與《古事記》歌謠多所類似。爲便比對，我們亦在相應腳註裡註明《古事記》中相關歌謠，以其歌謠序號表示。

我們在校訂整理本書的過程中，得到廣大讀者的熱情鼓勵，這是我們一直感激不盡的。校訂中出現的問題，懇願讀者批評指正。

目　録

日本書紀　巻第一

神代　上

古天地未剖，陰陽不分，渾沌如雞子，溟涬而含牙。及其清陽者薄靡而爲天，重濁者淹滯而爲地，精妙之合摶易，重濁之凝竭[一]難。故天先成而地後定，然後神聖生其中焉。

故曰：開闢之初，洲壤浮漂，譬猶游魚之浮水上也。于時天地之中生一物，狀如葦牙，便化爲神，號國常立尊。至貴曰尊，自餘曰命，並訓美舉等也。下皆倣之[二]。次國狹槌尊，次豐斟渟尊，凡三神矣。乾道獨化，所以成此純男。

一書曰：天地初判，一物在於虛中，狀貌難言。其中自有化生之神，號國常立尊，亦曰國底立尊。次國狹槌尊，亦曰國狹立尊。次豐國主尊，亦曰豐組野尊，亦曰豐香節野尊，亦曰浮經野豐買尊，亦曰豐國野尊，亦曰豐齧野尊，亦曰葉木國野尊，亦曰見野尊。

一書曰：古國稚地稚之時，譬猶浮膏而漂蕩。于時國中生物，狀如葦牙之抽出也。因此有化生之神，號可美葦牙彥舅尊，次國常立尊，次國狹槌尊。葉木國，此云播舉矩爾。可美，此云于麻時。

一書曰：天地混成之時，始有神人焉，號可美葦牙彥舅尊，次國底立尊。彥舅，此云比古尼。

〔一〕原作“竭”，據小學館本校改。
〔二〕校本作“此”。

一書曰：天地初判，始有俱生之神，號國常立尊，次國狹槌尊。又曰：高天原所生神，名曰天御中主尊，次高皇産靈尊，次神皇産靈尊。皇産靈，此云美武須毘。

一書曰：天地未生之時，譬猶海上浮雲〔一〕，無所根係。其中生一物，如葦牙之初生埿中也。便化爲人，號國常立尊。

一書曰：天地初判，有物若葦牙，生於空中，因此化神，號天常立尊，次可美葦牙彦舅尊。又有物若浮膏，生於空中，因此化神，號國常立尊。

次有神，埿土煑尊、埿土，此云宇〔二〕毗尼。沙土煑尊。沙土，此云須毘尼。亦曰埿土根尊、沙土根尊。次有神，大戸之道尊、一云，大戸之邊。大苫邊尊。亦曰大戸摩彦尊、大戸摩姬尊。亦曰大富道尊、大富邊尊。次有神，面足尊、惶根尊。亦曰吾屋惶根尊。亦曰忌橿城尊。亦曰青橿城根尊。亦曰吾屋橿城尊。次有神，伊弉諾尊、伊弉冉〔三〕尊。

一書曰：此二神，青橿城根尊之子也。

一書曰：國常立尊生天鏡尊。天鏡尊生天萬尊。天萬尊生沫蕩尊。沫蕩尊生伊弉諾尊。沫蕩，此云阿和那伎。

凡八神矣。乾坤之道，相參而化，所以成此男女。自國常立尊，迄伊弉諾尊、伊弉冉尊，是謂神世七代者矣。

一書曰：男女耦生之神，先有埿土煑尊、沙土煑尊。次有角樴尊、活樴尊。次有面足尊、惶根尊。次有伊弉諾尊、伊弉冉尊。樴，橛也。

伊弉諾尊、伊弉冉尊立於天浮橋之上，共計〔四〕曰："底下豈無國歟？"廼以天之瓊瓊，玉也。此曰〔五〕努。矛，指下而探之，是獲滄溟。其矛鋒滴瀝之潮，凝成一嶋，名之曰磤馭盧〔六〕嶋。二神於是降居彼

〔一〕原作"雪"，據小學館本校改。
〔二〕校本作"于"。
〔三〕原作"冊"，據小學館本校改。後同。
〔四〕原作"許"，據校本改。
〔五〕小學館本作"云"。
〔六〕小學館本校改作"慮"。後同。

嶋，因欲共爲夫婦，産生洲國。便以磤馭盧嶋，爲國中之柱。柱，此云美簸旨邏。而陽神左旋，陰神右旋。分巡國柱，同會一面。時陰神先唱曰：“憙哉，遇可美少男焉！”少男，此云烏等孤。陽神不悦，曰：“吾是男子，理當先唱。如何婦人〔一〕反先言乎！事既不祥，宜以改旋。”於是二神却更相遇。是行也，陽神先唱曰：“憙〔二〕哉，遇可美少女焉！”少女，此云烏等咩。因問陰神曰：“汝身有何成耶？”對曰：“吾身有一雌元之處。”陽神曰：“吾身亦有雄元之處。思欲以吾身元處，合汝身之元處。”於是陰陽始遘合爲夫婦。

及至産時，先以淡路洲爲胞。意所不快，故名之曰淡路洲。廼生大日本日本，此云耶麻騰。下皆倣〔三〕此。豐秋津洲。次生伊豫二名洲，次生筑紫洲，次雙生隱〔四〕岐洲與佐度洲。世人或有雙生者，象此也。次生越洲，次生大洲，次生吉備子洲。由是始起大八洲國之號焉。即對馬嶋、壹岐嶋，及處處小嶋，皆是潮沫凝成者也〔五〕。亦曰，水沫凝而成也。

一書曰：天神謂伊弉諾尊、伊弉冉尊曰：“有豐葦原千五百秋瑞穗之地，宜汝往脩〔六〕之。”廼賜天瓊戈。於是二神立於天上浮橋，投戈求地。因畫滄海而引舉之，即戈鋒垂落之潮，結而爲嶋，名曰磤馭盧嶋。二神降居彼嶋，化作八尋之殿。又化竪天柱。陽神問陰神曰：“汝身有何成耶？”對曰：“吾身具成而有稱陰元者一處。”陽神曰“吾身亦具成而有稱陽元者一處。思欲以吾身陽元，合汝身之陰元”云爾。即將巡天柱，約束曰：“妹自左巡，吾當右巡。”既而分巡相遇。陰神乃先唱曰：“姸哉，可愛少男歟！”陽神後和之曰：“姸哉，可愛少女歟！”遂爲夫婦，先生蛭兒，便載葦船而流之。次生淡洲。此亦不以充兒數，故還復上詣於天，具

〔一〕原作“女”，據校本改。
〔二〕原作“喜”，據校本改。
〔三〕小學館本作“效”。
〔四〕小學館本校改作“億”。
〔五〕校本作“矣”。
〔六〕原作“循”，據小學館本校改。

奏其狀。時天神以太占而卜合之，乃教曰：“婦人之辞，其已先揚乎？宜更還去。”乃卜定時日而降之。故二神改復巡柱，陽神自左，陰神自右。既遇之時，陽神先唱曰：“妍哉，可愛少女歟！”陰神後和之曰：“妍哉，可愛少男歟！”然後同宮共住而生兒，號大日本豐秋津洲，次淡路洲，次伊豫二名洲，次筑紫洲，次億岐三子洲，次佐度洲，次越洲，次吉備子洲，由此謂之大八洲國矣。瑞，此云彌圖。妍哉，此云阿那而惠夜。可愛，此云哀。太〔一〕占，此云布刀磨爾。

一書曰：伊弉諾尊、伊弉冉尊二神，立于天霧之中曰：“吾欲得國。”乃以天瓊矛，指垂而探之，得磤馭盧嶋。則拔矛而喜之曰：“善乎，國之在矣！”

一書曰：伊弉諾、伊弉冉二神，坐于高天原曰：“當有國耶！”乃以天瓊矛，畫成磤馭盧嶋。

一書曰：伊弉諾、伊弉冉二神，相謂曰：“有物若浮膏，其中蓋有國乎？”乃以天瓊矛探成一嶋，名曰磤馭盧嶋。

一書曰：陰神先唱曰：“美哉，善少男！”時以陰神先言故，爲不祥，更復改巡。則陽神先唱曰：“美哉，善少女！”遂將合交，而不知其術。時有鶺鴒，飛來搖其首尾。二神見而學之，即得交道。

一書曰：二神合爲夫〔二〕婦，先以淡路洲、淡洲爲胞，生大日本豐秋津洲。次伊豫洲，次筑紫洲，次雙生億岐洲與佐度洲，次越洲，次大洲，次子洲。

一書曰：先生淡路洲，次大日本豐秋津洲，次伊豫二名洲，次億岐洲，次佐度洲，次筑紫洲，次壹岐洲，次對馬洲。

一書曰：以磤馭盧嶋爲胞，生淡路洲。次大日本豐秋津洲，次伊豫二名洲，次筑紫洲，次吉備子洲，次雙生億岐洲與佐度洲，

〔一〕原作“大”，據校本改。
〔二〕原作“交”，據校本改。

次越洲。

一書曰：以淡路洲爲胞，生大日本豐秋津洲。次淡洲，次伊豫二名洲，次億岐三子洲，次佐度洲，次筑紫洲，次吉備子洲，次大洲。

一書曰：陰神先唱曰："妍哉，可愛少男乎！"便握陽神之手，遂爲夫婦，生淡路洲，次蛭兒。

次生海，次生川，次生山，次生木祖句句廼馳，次生草祖草野姬，亦名野槌。既而伊弉諾尊、伊弉冉尊共議曰："吾已生大八洲國及山川草木，何不生天下之主者歟？"於是共生日神，號大日孁貴。大日孁貴，此云於保比屢咩能武智。孁音力丁反。一書云，天照大〔一〕神。一書云，天照大日孁尊。此子光華明彩，照徹於六合之內。故二神喜曰："吾息雖多，未有若此靈異之兒。不宜久留此國，自當早送于〔二〕天，而授以天上之事。"是時天地相去未遠，故以天柱，舉於天上也。次生月神。一書云，月弓尊，月夜見尊，月讀尊。其光彩亞日，可以配日而治，故亦送之于〔三〕天。次生蛭兒。雖已三歲，脚猶不立。故載之於天磐櫲樟船，而順風放棄。次生素戔嗚〔四〕尊。一書云，神素戔嗚尊，速素戔嗚尊。此神有勇悍以安忍，且常以哭泣爲行，故令國內人民多以夭折，復使青山變枯。故其父母二神勅素戔嗚尊："汝甚無道，不可以君臨宇宙。固當遠適之於根國矣。"遂逐之。

一書曰：伊弉諾尊曰："吾欲生御宙〔五〕之珍子。"乃以左手持白銅鏡，則有化出之神，是謂大日孁〔六〕尊。右手持白銅鏡，則有化出之神，是謂月弓尊。又迴首顧眄之間，則有化神，是謂素戔嗚尊。即大日孁尊及月弓尊，並是質性明麗，故使照臨天地。素

〔一〕原作"太"，據校本改。
〔二〕原作"干"，據校本改。
〔三〕原作"干"，據校本改。
〔四〕原作"鳴"，據校本改。後同。
〔五〕小學館本校改作"寓"。
〔六〕原作"靈"，據校本改。

戔嗚尊是性好殘害，故令下治根國。珍，此云于〔一〕圖。顧眄之間，此云美屢摩沙可利〔二〕爾。

一書曰：日月既生，次生蛭兒。此兒年滿三歲，脚尚不立。初，伊弉諾、伊弉冉尊巡柱之時，陰神先發喜言，既違陰陽之理，所以今生蛭兒。次生素戔嗚尊。此神性惡，常好哭恚。國民多死，青山爲枯。故其父母勅曰："假使汝治此國，必多所殘傷。故汝可以馭極遠之根國。"次生鳥磐櫲樟船。輙以此船載蛭兒，順流放棄。次生火神軻遇突智。時伊弉冉尊爲軻遇突智所焦而終矣。其且終之間，臥生土神埴山姬及水神罔象女。即軻遇突智娶埴山姬，生稚產靈。此神頭上生蠶與桑，臍中生五穀。罔象，此云美都波。

一書曰：伊弉冉尊生火產靈時，爲子所焦而神退矣。亦云，神避矣。其且神退之時，則生水神罔象女及土神埴山姬，又生天吉葛。天吉葛，此云阿摩能與佐圖羅。一云，與曾豆羅。

一書曰：伊弉冉尊且生火神軻遇突智之時，悶熱懊惱，因爲吐。此化爲神，名曰金山彦。次小便，化爲神，名曰罔象女。次大便，化爲神，名曰埴山媛。

一書曰：伊弉冉尊生火神時，被灼而神退去矣。故葬於紀伊國熊野之有馬村焉。土俗祭此神之魂者，花時亦以花祭。又用鼓吹、幡旗，歌舞而祭矣。

一書曰：伊弉諾尊與伊弉冉尊，共生大八洲國。然後伊弉諾尊曰："我所生之國，唯有朝霧，而薰〔三〕滿之哉！"乃吹撥之氣，化爲神，號曰級長戶邊命，亦曰級長津彦命，是風神也。又飢時生兒，號倉稻魂命。又生海神等號少童命，山神等號山祇，水門神等號速秋津日命，木神等號句句廼馳，土神號埴安神。然後悉生萬物焉。至於火神軻遇突智之生也，其母伊弉冉尊見焦而化去。于時伊弉諾尊恨之曰："唯以一兒，替我愛之妹者乎！"則匍

〔一〕原作"干"，據校本改。
〔二〕小學館本作"梨"。
〔三〕校本作"熏"。

匍頭邊，匍匐脚邊，而哭泣流涕焉。其淚墮而爲神，是即畝丘樹下所居之神，號啼澤女命矣。遂拔所帶十握劍，斬軻遇突智爲三段，此各化成神也。復劍刃垂血，是爲天安河邊所在五百箇磐石也，即此經津主神之祖矣。復劍鐔垂血，激越爲神，號曰甕速日神。次熯速日神。其甕速日神，是武甕槌神之祖也，亦曰甕速日命。次熯速日命，次武甕槌神。復劍鋒垂血，激越爲神，號曰磐裂神。次根裂神，次磐筒男命。一云[一]，磐筒男命及磐筒女命。復劍頭垂血，激越爲神，號曰闇龗。次闇山祇，次闇罔象。

然後，伊弉諾尊追伊弉冉尊，入於黄泉，而及之共語。時伊弉冉尊曰："吾夫君尊，何來之晚也！吾已飡泉之竈矣。雖然，吾當寢息，請勿視之。"伊弉諾尊不聽，陰取湯津爪櫛，牽折其雄柱以爲秉炬，而見之者，則膿沸虫流。今世人夜忌一片之火，又夜忌擲櫛，此其緣也。時伊弉諾尊大驚之曰："吾不意，到於不須也凶目汙[二]穢之國矣！"乃急走迴歸。于[三]時，伊弉冉尊恨曰："何不用要言，令吾耻辱！"乃遣泉津醜女八人，一云，泉津日狹女。追留之。故伊弉諾尊拔劍背揮以逃矣。因投黑鬘，此即化成蒲陶。醜女見而採噉之，噉了則更追。伊弉諾尊又投湯津爪櫛，此即化成筍。醜女亦以拔噉之，噉了則更追。後則伊弉冉尊亦自來追。是時，伊弉諾尊已到泉津平坂。一云，伊弉諾尊乃向大樹放屎，此即化成巨川。泉津日狹女將渡其水之間，伊弉諾尊已至泉津平坂，故便以千人所引磐石，塞其坂路，與伊弉冉尊相向而立。遂建絕妻之誓。

時伊弉冉尊曰："愛也吾夫君，言如此者，吾當縊殺汝所治國民，日將千頭。"伊弉諾尊乃報之曰："愛也吾妹，言如此者，吾則當産日將千五百頭。"因曰："自此莫過！"即投其杖，是謂岐神也。又投其帶，是謂長道磐神。又投其衣，是謂煩神。又投其

〔一〕原作"曰"，據小學館本校改。
〔二〕原作"汗"，據校本改。
〔三〕原作"干"，據校本改。

褌，是謂開囓神。又投其履，是謂千[一]敷神。其於泉津平坂——或所謂泉津平坂者，不復別有處所，但臨死氣絕之際，是之謂歟？——所塞磐石，是謂泉門塞[二]大神也。亦名道返大神矣。

伊奘諾尊既還，乃追悔之曰："吾前到於不須也凶目汚穢之處，故當滌去吾身之濁穢。"則往至筑紫日向小戶橘之檍原，而祓[三]除焉。遂將盪滌身之所污，乃興言曰："上瀨是太疾，下瀨是太弱。"便濯之[四]中瀨也。因以生神，號曰八十枉津日神。次將矯其枉而生神，號曰神直日神。次大直日神。又沉濯於海底，因以生神，號曰底津少童命。次底筒男命。又潛濯於潮中，因以生神，號曰表[五]中津少童命。次中筒男命。又浮濯於潮上，因以生神，號曰表津少童命。次表筒男命。凡有九神矣。其底筒男命、中筒男命、表筒男命，是即住吉大神矣。底津少童命、中津少童命、表津少童命，是阿曇連等所祭神矣。

然後洗左眼，因以生神，號曰天照大神。復洗右眼，因以生神，號曰月讀尊。復洗鼻，因以生神，號曰素戔嗚尊。凡三神矣。已而伊奘諾尊勅任三子曰："天照大神者，可以治高天原也。月讀尊者，可以治滄海原潮之八百重也。素戔嗚尊者，可以治天下也。"是時素戔嗚尊年已長矣，復生八握鬚髯。雖然，不治天下，常以啼泣恚恨。故伊奘諾尊問之曰："汝何故恒啼如此耶？"對曰："吾欲從母於根國，只爲泣耳。"伊奘諾尊惡之曰："可以任情行矣。"乃逐之。

一書曰：伊奘諾尊拔劒斬軻遇突智，爲三段。其一段是爲雷神，一段是爲大山祇神，一段是爲高龗。又曰：斬軻遇突智時，其血激越，染於天八十河中所在五百箇磐石。而因化成神，號曰

〔一〕小學館本校改作"道"。
〔二〕小學館本此處校補"之"字。
〔三〕原作"秡"，據小學館本改。
〔四〕小學館本此處校補"於"字。
〔五〕小學館本缺"表"字。

磐裂神。次根裂神，兒磐筒[一]男神。次磐筒女神，兒經津主神。倉稻魂，此云宇介能美拖[二]磨。少童，此云和多都美。頭邊，此云摩苦羅陛。脚邊，此云阿度陛。熯，火也，音而善反。龗，此云於箇美，音力丁反。吾夫君，此云阿我儺勢。飡泉之竈，此云譽母都俳遇比。秉炬，此云多妣。不須也凶目污穢，此云伊儺之居梅枳枳多儺枳。醜女，此云志許賣。背揮，此云志理幣提爾布俱。泉津平坂，此云余母都比羅佐可。屎，此云愈磨理，音乃弔反。絕妻之誓，此云許等度。岐神，此云布那斗能加微。檍，此云阿波岐。

一書曰：伊弉諾尊斬軻遇突智命，爲五段。此各化成五山祇。一則首，化爲大山祇。二則身中，化爲中山祇。三則手，化爲麓山祇。四則腰，化爲正勝山祇。五則足，化爲䨄山祇。是時斬血激灑，染於石礫樹草。此草木沙石自含火之緣也。麓，山足曰麓，此云簸耶磨。正勝，此云麻沙柯兖[三]，一云麻左柯豆。䨄，此云之伎，音烏含反。

一書曰：伊弉諾尊欲見其妹，乃到殯歛之處。是時伊弉冉尊猶如生平，出迎共語。已而謂伊弉諾尊曰："吾夫君尊，請勿視吾矣。"言訖忽然不見。于時闇也，伊弉諾尊乃舉一片之火而視之。時伊弉冉尊脹滿大[四]高，上有八色雷公，伊弉諾尊驚而走還。是時雷等皆起追來。時道邊有大桃樹，故伊弉諾尊隱其樹下，因採其實以擲雷者，雷等皆退走矣。此用桃避鬼之緣也。時伊弉諾尊乃投其杖曰："自此以還，雷不敢來。"是謂岐神。此本號曰來名戶之祖神焉。所謂八雷者，在首曰大雷，在胸曰火雷，在腹曰土雷，在背曰稚雷，在尻曰黑雷，在手曰山雷，在足上曰野雷，在陰上曰裂雷。

〔一〕原作"箇"，據校本改。後句同。
〔二〕小學館本作"拕"。
〔三〕"兖"字小學館本校刪。
〔四〕校本作"太"。

一書曰：伊弉諾尊追至伊弉冉尊所在處，便語之曰：“悲汝故來。”答曰：“族也，勿看吾矣。”伊弉諾尊不從，猶看之。故伊弉冉尊耻恨之曰：“汝已見我情，我復見汝情。”時伊弉諾尊亦慙焉，因將出返。于時不直默歸，而盟之曰：“族離。”又曰：“不負於族。”乃所唾之神，號曰速玉之男。次掃之神，號泉津事解之男。凡二神矣。及其與妹相鬬於泉平坂也，伊弉諾尊曰：“始爲族悲及思哀者，是吾之怯矣。”時泉守道者白云：“有言矣，曰：‘吾與汝已生國矣，奈何更求生乎？吾則當留此國，不可共去。’”是時，菊理媛神亦有白事。伊弉諾尊聞而善之，乃散去矣。但親見泉國，此既不祥，故欲濯除其穢惡，乃往見粟門及速吸名門。然此二門，潮既太急，故還向於橘之小門，而掃〔一〕濯也。于時入水吹生磐土命，出水吹生大直日神。又入吹生底土命，出吹生大綾津日神。又入吹生赤土命，出吹生大地海原之諸神矣。不負於族，此云宇我邏磨概茸。

一書曰：伊弉諾尊勅任三子曰：“天照大神者，可以御高天之原也。月夜見尊者，可以配日而知天事也。素戔嗚尊者，可以御滄海之原也。”既而天照大神在於天上曰：“聞葦原中國有保食神。宜爾月夜見尊就候之。”月夜見尊受勅而降，已到于〔二〕保食神許。保食神乃廻首，嚮國則自口出飯，又嚮海則鰭廣、鰭狹亦自口出，又嚮山則毛麁、毛柔亦自口出。夫品物悉備，貯之百机而饗之。是時月夜見尊忿然作色曰：“穢矣〔三〕，鄙矣！寧可以口吐之物，敢養我乎？”迺拔劍擊殺。然後復命，具言其事。時天照大神怒甚之曰：“汝是惡神，不須相見。”乃與月夜見尊，一日一夜，隔離而住。是後天照大神復遣天熊人往看之。是時，保食神實已死矣。唯有其神之頂化爲牛馬，顱上生粟，眉上生繭〔四〕，眼中生稗，腹中

〔一〕校本作“拂”。
〔二〕原作“干”，據校本改。
〔三〕小學館本校改作“哉”。
〔四〕原作“蠒”，爲“繭”俗字，小學館本改爲“繭”。從改。後“口裏含繭”同。

生稻，陰生麥及大豆、小豆。天熊人悉取持去，而奉進之。于時天照大神喜之曰："是物者，則顯見蒼生可食而活之也。"乃以粟、稗、麥、豆爲陸田種子，以稻爲水田種子。又因定天邑君。即以其稻種，始殖于天狹田及長田。其秋垂穎八握莫莫然，甚快也。又口裏含繭，便得抽絲。自此始有養蠶之道焉。保食神，此云宇氣母知能加微。顯見蒼生，此云宇都志枳阿烏比等久佐。

於是素戔嗚尊請曰："吾今奉教，將就根國。故欲暫向高天原，與姉相見，而後永退矣。"勅許之。乃昇詣之於天也。是後伊弉諾尊神功既畢，靈運當遷。是以搆[一]幽宮於淡路之洲，寂然長隱者矣。亦曰：伊弉諾尊功既至矣，德亦大矣。於是登天報命，仍留宅於日之少宮矣。少宮，此云倭柯美野。

始素戔嗚尊昇天之時，溟渤以之鼓盪，山岳爲之鳴呴。此則神性雄健使之然也。天照大神素知其神暴惡，至聞來詣之狀，乃勃然而驚曰："吾弟之來，豈以善意乎？謂當有奪國之志歟？夫父母既任諸子，各有其境。如何棄置當就之國，而敢窺窬此處乎？"乃結髮爲髻，縛裳爲袴，便以八坂瓊之五百箇[二]御統，御統，此云美須磨屢。纏其髻鬘及腕，又背負千箭之靫千箭，此云知能梨。與五百箭之靫，臂著稜威之高鞆，稜威，此云伊都。振起弓彇，急握劍柄，蹈堅庭而陷股，若沫雪以蹴散，蹴散，此云俱穢簸邏邏箇須。奮稜威之雄誥，雄誥，此云烏多稽眉。發稜威之嘖讓，嘖讓，此云舉廬毗。而徑詰[三]問焉。素戔嗚尊對曰："吾元無黑心。但父母已有嚴勅，將永就乎根國。如不與姉相見，吾何能敢去？是以跋涉雲霧，遠自來參。不意阿姉翻起嚴顏。"于時天照大神復問曰："若然者，將何以明爾之赤心也？"對曰："請與姉共誓。夫誓約之中，誓約之中，此云宇氣譬能美難箇。必當生子。如吾所生是女者，則可以爲有濁心。若是男者，則可以爲有清心。"於是天照大神乃索取素戔嗚尊十握劍，打折爲三段，濯於天真名井，

〔一〕校本作"構"。
〔二〕原作"筒"，據小學館本改。
〔三〕小學館本作"詰"。

齰然咀嚼。齰然咀嚼，此云佐我彌爾加武。而吹棄氣噴之狹霧吹棄氣噴之狹霧，此云浮枳于都屢伊浮岐能佐擬理。所生神，號曰田心姬，次湍津姬，次市杵嶋姬。凡三女矣。

既而素戔嗚尊乞取天照大神髻鬘及腕所纏八坂瓊之五百箇御統，濯於天真名井，齰然咀嚼。而吹棄氣噴之狹霧所生神，號曰正哉吾勝勝速日天忍穗耳尊，次天穗日命，是出雲臣、土師連等祖也。次天津彦根命，是凡川内直、山代直等祖也。次活津彦根命，次熊野櫲樟日命，凡五男矣。是時天照大神勅曰："原其物根，則八坂瓊之五百箇〔一〕御統者，是吾物也。故彼五男神，悉是吾兒。"乃取而子養焉。又勅曰："其十握劍者，是素戔嗚尊物也。故此三女神，悉是爾兒。"便授之素戔嗚尊。此則筑紫胸肩君等所祭神是也。

一書曰：日神本知素戔嗚尊有武健陵〔二〕物之意。及其上至，便謂："弟所以來者，非是善意，必當奪我天原。"乃設丈〔三〕夫武備，躬帶十握劍、九握劍、八握劍，又背上負靫，又臂著稜威高鞆，手握〔四〕弓箭，親迎防禦。是時素戔嗚尊告曰："吾元無惡心，唯欲與姉相見，只爲暫來耳。"於是日神共素戔嗚尊相對而立誓曰："若汝心明淨，不有陵〔五〕奪之意者，汝所生兒，必當男矣。"言訖，先食所帶十握劍生兒，號瀛津嶋姬。又食九握劍生兒，號湍津姬。又食八握劍生兒，號田心姬。凡三女神矣。已而素戔嗚尊以其頸所嬰五百箇御統之瓊，濯于天渟名井——亦名去來之真名井——而食之。乃生兒，號正哉吾勝勝速日天忍骨尊，次天津彦根命，次活津彦根命，次天穗日命，次熊野忍蹈命。凡五男神矣。故素戔嗚尊既得勝驗，於是日神方知素戔嗚尊固無惡意，乃以日神所生三女神，令降於筑紫洲。因教之曰："汝三神宜降居道

〔一〕原作"筒"，據校本改。
〔二〕小學館本校改作"凌"。
〔三〕校本作"大"。
〔四〕小學館本校改作"捉"。
〔五〕小學館本校改作"凌"。

中，奉助天孫，而爲天孫所祭也。”

一書曰：素戔嗚尊將昇天時，有一神，號羽明玉。此神奉迎，而進以瑞八坂瓊之曲玉。故素戔嗚尊持其瓊玉，而到之於天上也。是時天照大神疑弟有惡心，起兵詰問。素戔嗚尊對曰：“吾所以來者，實欲與姊相見，亦欲獻珍寶瑞八坂瓊之曲玉耳。不敢別有意也。”時天照大神復問曰：“汝言虛實，將何以爲驗？”對曰：“請吾與姊共立誓約。誓約之間，生女爲黑心，生男爲赤心。”乃掘〔一〕天真名井三處，相與對立。是時天照大神謂素戔嗚尊曰：“以吾所帶之劍，今當奉汝。汝以汝所持八坂瓊之曲玉，可以授予矣。”如此約束，共相換取。已而天照大神則以八坂瓊之曲玉，浮寄於天真名井，囓斷瓊端，而吹出氣噴之中化生神，号市杵嶋姬命，是居于遠瀛者也。又囓斷瓊中，而吹出氣噴之中化生神，号田心姬命，是居于中瀛者也。又囓斷瓊尾，而吹出氣噴之中化生神，號湍津姬命，是居于海濱者也。凡三女神。於是素戔嗚尊以所持劍，浮寄於天真名井，囓斷劍末，而吹出氣噴之中化生神，號天穗日命，次正哉吾勝勝速日天忍骨尊，次天津彥根命，次活津彥根命，次熊野櫲樟日命。凡五男神云爾。

一書曰：日神與素戔嗚尊隔天安河而相對，乃立誓約曰：“汝若不有奸賊之心者，汝所生子必男矣。如生男者，予以爲子而令治天原也。”於是日神先食其十握劍，化生兒瀛津嶋姬命，亦名市杵嶋姬命。又食九握劍，化生兒湍津姬命。又食八握劍，化生兒田霧姬命。已而素戔嗚尊含其左髻所纏五百箇統之瓊，而著於左手掌中，便化生男矣。則稱之曰：“正哉，吾勝！”故因名之曰勝速日天忍穗耳尊。復含右髻之瓊，著於右手掌中，化生天穗日命。復含嬰頸之瓊，著於左臂中，化生天津彥根命。又自右臂中，化生活津彥根命。又自左足中，化生熯之速日命。又自右足中，化生熊野忍蹈命，亦名熊野忍隅命。其素戔嗚尊所生之兒，皆已男

〔一〕原作“堀”，據小學館本改。

矣。故日神方知素戔嗚尊元有赤心，便取其六男，以爲日神之子，使治天原。即以日神所生三女神者，使降居于〔一〕葦原中國之宇佐嶋矣，今在海北道中，號曰道主貴。此筑紫水沼君等祭神是也。熯，干也，此云備。

是後素戔嗚尊之爲行也，甚無狀。何則，天照大神以天狹〔二〕田、長田爲御田。時素戔嗚尊春則重播種子，重播種子，此云璽〔三〕枳磨枳。且毀其畔。毀，此云波那豆。秋則放天斑〔四〕駒，使伏田中。復見天照大神當新嘗時，則陰放屎於新宫。又見天照大神方織神衣，居齋〔五〕服殿，則剥天斑駒，穿殿甍而投納。是時天照大神驚動，以梭傷身。由此發慍，乃入于天石窟，閉磐戶而幽居焉。故六合之內常闇，而不知晝夜之相代。

于時八十萬神會合於天安河邊，計其可禱之方。故思兼神深謀遠慮，遂聚常世之長鳴鳥，使互長鳴。亦以手力雄神立磐戶之側，而中臣連遠祖天兒屋命、忌部遠祖太玉命，掘天香山之五百箇〔六〕真坂樹。而上枝懸八坂瓊之五百箇御統，中枝懸八咫鏡，一云，真經津鏡。下枝懸青和幣、和幣，此云尼枳底。白和幣，相與致其祈禱焉。又猨女君遠祖天鈿女命，則手持茅纏之矟，立於天石窟戶之前，巧作俳優。亦以天香山之真坂樹爲鬘，以蘿蘿，此云比舸礙。爲手繦，手繦，此云多須枳。而火處燒，覆槽置覆槽，此云于該。顯神明之憑談。顯神明之憑談，此云歌牟鵝可梨。是時天照大神聞之而曰："吾比閉居石窟，謂當豐葦原中國必爲長夜，云何天鈿女命噓〔七〕樂如此者乎？"乃以御手細開磐戶窺之。時手力雄神則奉承天照大神之手，引而奉出。於是中臣神、忌部神則界以端出之繩。繩，亦云左繩端出。此云斯梨俱梅儺波。乃

〔一〕原作"干"，據校本改。
〔二〕原作"挾"，據校本改。
〔三〕小學館本校改作"璽"。
〔四〕原作"班"，據小學館本改。後同。
〔五〕原作"齊"，據校本改。
〔六〕原作"筒"，據校本改。後句同。
〔七〕原作"唬"，大系本作"唬"。此從小學館本注："'噓'與'嚎'同。'嚎，大笑也'（万象名義）。"

請曰：“勿復還幸。”然後諸神歸罪過於素戔嗚尊，而科之以千座置戶，遂促徵矣。至使拔髮，以贖其罪。亦曰，拔其手足之爪贖之。已而竟遂[一]降焉。

一書曰：是後稚日女尊坐于齋[二]服殿，而織神之御服也。素戔嗚尊見之，則逆剝斑駒，投入之[三]殿內。稚日女尊乃驚而墮機，以所持梭傷體，而神退矣。故天照大神謂素戔嗚尊曰：“汝猶有黑心。不欲與汝相見。”乃入于天石窟，而閉著磐戶焉。於是天下恒闇，無復晝夜之殊。故會八十萬神於天高市而問之。時有高皇產靈之息思兼神云者，有思慮之智。乃思而白曰：“宜圖造彼神之象，而奉招禱也。”故即以石凝姥爲冶工，採天香山之金，以作日矛。又全剝真名鹿之皮，以作天羽鞴。用此奉造之神，是即紀伊國所坐日前神也。石凝姥，此云伊之居梨度咩。全剝，此云宇都播伎。

一書曰：日神尊以天垣田爲御田。時素戔嗚尊，春則填渠毀畔。又秋穀已成，則冒以絡繩。且日神居織殿時，則生剝斑駒，納其殿內。凡此諸事，盡是無狀。雖然，日神恩親之意，不慍不恨，皆以平心容焉。及至日神當新嘗之時，素戔嗚尊則於新宮御席之下，陰自送糞。日神不知，徑坐席上。由是日神舉體不平，故以恚恨，廼居于天石窟，閉其磐戶。于時諸神憂之，乃使鏡作部遠祖天糠戶者造鏡，忌部遠祖太玉者造幣，玉作部遠祖豐玉者造玉。又使山雷者採五百箇真坂樹八十玉籤，野槌者採五百箇野薦八十玉籤。凡此諸物，皆來聚集。時中臣遠祖天兒屋命，則以神祝祝之。於是日神方開磐戶而出焉。是時以鏡入其石窟者，觸戶小瑕，其瑕於今猶存。此即伊勢崇秘之大神也。已而科罪於素戔嗚尊，而責其祓[四]具。是以有手端吉棄物，足端凶棄物。亦以

〔一〕小學館本作“逐”。
〔二〕原作“齊”，據校本改。
〔三〕小學館本此處有“於”字。
〔四〕原作“秡”，據小學館本改。本段後同。

唾爲白和幣，以洟爲青和幣，用此解除竟，遂以神逐[一]之理逐之。送糞，此云俱蘇摩屢。玉籤，此云多摩俱之。祓具，此云波羅閉都母能。手端吉棄，此云多那須衞能余之岐羅毗。神祝祝之，此云加武保佐枳保佐枳枳。逐之，此云波羅賦。

一書曰：是後日神之田有三處焉，號曰天安田、天平田、天邑并田。此皆良田，雖經霖旱，無所損傷。其素戔嗚尊之田，亦有三處，號曰天樴田、天川依田、天口鋭田。此皆磽地，雨則流之，旱則焦之。故素戔嗚尊妬害姉田。春則廢渠槽，及埋溝毀畔，又重播種子。秋則捶籤伏馬。凡此惡事，曾無息時。雖然，日神不慍，恒以平恕相容焉云云。

至於日神閉居于天石窟也，諸神遣中臣連遠祖興台産靈兒天兒屋命，而使祈焉。於是天兒屋命掘[二]天香山之真坂木，而上枝懸以鏡作遠祖天拔戸兒已[三]凝戸邊所作八咫鏡，中枝懸以玉作遠祖伊弉諾尊兒天明玉所作八坂瓊之曲玉，下枝懸以粟國忌部遠祖天日鷲所作木綿，乃使忌部首遠祖太玉命執取，而廣厚稱辞祈啓矣。于時日神聞之曰："頃者人雖多請，未有若此言之麗美者也。"乃細開磐戸而窺之。是時天手力雄神侍磐戸側，則引開之者，日神之光滿於六合。故諸神大喜，即科素戔嗚尊千座置戸之解除，以手爪爲吉爪棄物，以足爪爲凶爪棄物。乃使天兒屋命，掌其解除之太[四]諄辞而宣之焉。世人慎收己爪者，此其縁也。既而諸神嘖素戔嗚尊曰："汝所行甚無賴。故不可住於天上，亦不可居於葦原中國。宜急適於底根之國。"乃共逐降去。于時霖也，素戔嗚尊結束青草以爲笠蓑，而乞宿於衆神。衆神曰："汝是躬行濁惡，而見逐謫者，如何乞宿於我？"遂同拒[五]之。是以風雨雖甚，不得留

〔一〕原作"遂"，據校本改。本段後同。
〔二〕原作"握"，據小學館本校改。
〔三〕小學館本校改作"石"。
〔四〕原作"大"，據小學館本改。
〔五〕校本作"距"。

休，而辛苦降矣。自爾以來，世諱著笠蓑以入他人屋内，又諱負束草以入他人家内。有犯此者，必債解除。此太古之遺法也。

是後素戔嗚尊曰："諸神逐我，我今當永去。如何不與我姉相見，而擅自徑去歟？"廼復扇天扇國，上詣于〔一〕天。時天鈿女見之，而告言於日神也。日神曰："吾弟所以上來，非復好意，必欲奪我之〔二〕國者歟？吾雖婦女，何當避乎！"乃躬裝武備云云。於是素戔嗚尊誓之曰："吾若懷不善而復上來者，吾今囓玉生兒，必當爲女矣。如此，則可以降女於葦原中國。如有清心者，必當生男矣。如此，則可以使男御天上。且姉之所生，亦同此誓。"於是日神先囓十握劍云云。

素戔嗚尊乃轠轤然解其左髻所纏五百箇〔三〕統之瓊綸，而瓊響瑲瑲濯浮於天渟名井，囓其瓊端，置之左掌，而生兒正哉吾勝勝速日天忍穗根尊。復囓右瓊，置之右掌，而生兒天穗日命，此出雲臣、武藏國造、土師連等遠祖也。次天津彦根命，此茨城國造、額田部連等遠祖也。次活目津彦根命，次熯速日命，次熊野大隅〔四〕命。凡六男矣。於是素戔嗚尊白日神曰："吾所以更昇來者，衆神處我以根國，今當就去。若不與姉相見，終不能忍離，故實以清心復上來耳。今則奉覲已訖，當隨衆神之意，自此永歸根國矣。請姉照臨天國，自可平安。且吾以清心所生兒等，亦奉於姉。"已而復還降焉。廢渠槽，此云秘波鵝都。捶籤，此云久斯社志。興台産靈，此云許語等武須毗。太諄辭，此云布斗能理斗。轠轤然，此云乎謀苦留留爾。瑲瑲，此云乎〔五〕奴儺等母母由羅爾。

是時素戔嗚尊自天而降，到於出雲國簸之川上。時聞川上有啼哭之聲，故尋聲覓往者，有一老公與老婆，中間置一少女，撫而哭

〔一〕原作"干"，據校本改。
〔二〕"我之"小學館本校改作"之我"。
〔三〕原作"筒"，據校本改。
〔四〕小學館本校改作"角"。
〔五〕"乎"字小學館本校删。

之。素戔嗚尊問曰："汝等誰也？何爲哭之如此耶[一]？"對曰："吾是國神，號脚摩乳。我妻號手摩乳。此童女是吾兒也，號奇稻田姬。所以哭者，往時吾兒有八箇少女，每年爲八岐大蛇所吞。今此少童且臨被吞，無由脱免，故以哀傷。"素戔嗚尊勅曰："若然者，汝當以女奉吾耶？"對曰："隨勅奉矣。"故素戔嗚尊立化奇稻田姬爲湯津爪櫛，而插於御髻。乃使脚摩乳、手摩乳釀八醞酒，并作假庪假庪，此云佐受枳。八間，各置一口槽，而盛酒以待之也。至期果有大蛇，頭尾各有八岐，眼如赤酸醬，赤酸醬，此云阿箇箇鵝知。松柏生於背上，而蔓延於八丘八谷之間。及至得酒，頭各一槽飲，醉而睡。時素戔嗚尊乃拔所帶十握劍，寸斬其蛇。至尾，劍刃少缺[二]，故割裂其尾視之，中有一劍。此所謂草薙劍也。草薙劍，此云俱娑那伎能都留伎。一書曰[三]，本名天藂[四]雲劍。蓋大蛇所居之上，常有雲氣，故以名歟？至日本武皇子，改名曰草薙劍。素戔嗚尊曰："是神劍也。吾何敢私以安乎？"乃上獻於天神也。

然後行覓將婚之處，遂到出雲之清地焉。清地，此云素鵝。乃言曰："吾心清清之。"此今呼此地曰清。於彼處建宮。或云，時武素戔嗚尊歌之曰："夜句茂多菟[五]。伊都[六]毛夜覇餓岐。菟磨語昧爾。夜覇餓枳菟俱盧。贈廼夜覇餓岐廻。[七]"乃相與遘合，而生兒大己貴神。因勅之曰："吾兒宮首者，即脚摩乳、手摩乳也。"故賜号於二神，曰稻田宮主神。已而素戔嗚尊遂就於根國矣。

一書曰：素戔嗚尊自天而降到於出雲簸之川上，則見稻田宮主簀狹之八箇耳女子，號稻田媛。乃於奇御戸爲起而生兒，號清

〔一〕原作"那"，據校本改。
〔二〕原作"鈌"，小學館本作"欠"。從大系本。
〔三〕小學館本校改作"云"。
〔四〕小學館本作"叢"。
〔五〕原作"莬"，據校本改。本歌後同。
〔六〕小學館本校改作"弩"。
〔七〕[1]やくもたつ　いづもやへがき　つまごめに　やへがきつくる　そのやへがきゑ。按此歌名"八雲神詠歌"，向稱日本和歌之祖。略譯："出雲八重垣兮！作彼八重垣，使我妻居之。彼八重垣兮！"見《古事記》1。

之湯山主三名狹漏彦八嶋篠。一云，清之繫名坂輕彦八嶋手命。又云，清之湯山主三名狹漏彦八嶋野。此神五世孫，即大國主神。篠，小竹也，此云斯奴。

一書曰：是時素戔嗚尊下到於安藝國可愛之川上也。彼處有神，名曰脚摩手摩，其妻名曰稻田宮主簀狹之八箇耳。此神正在妊身，夫妻共愁。乃告素戔嗚尊曰："我生兒雖多，每生輙有八岐大蛇來吞，不得一存。今吾且產，恐亦見吞，是以哀傷。"素戔嗚尊乃教之曰："汝可以衆菓釀酒八甕，吾當爲汝殺蛇。"二神隨教設酒。至產時，必彼大蛇當戶將吞兒焉。素戔嗚尊勑蛇曰："汝是可畏之神，敢不饗乎？"乃以八甕酒每口沃入。其蛇飲酒而睡，素戔嗚尊拔劒斬之。至斬尾時，劒刃少缺[一]。割而視之，則劒在尾中，是號草薙劒。此今在尾張國吾湯市村，即熱田祝部所掌之神是也。其斷蛇劒，號曰蛇之麁正，此今在石上也。是後以稻田宮主簀狹之八箇耳生兒真髪觸奇稻田媛，遷置於出雲國簸川上，而長養焉。然後素戔嗚尊以爲妃，而所生兒之六世孫，是曰大己貴命。大己貴，此云於褒婀娜武智。

一書曰：素戔嗚尊欲幸奇稻田媛而乞之。脚摩乳、手摩乳對曰："請先殺彼蛇，然後幸者宜也。彼大蛇每頭各有石松，兩脇有山，甚可畏矣。將何以殺之？"素戔嗚尊乃計釀毒酒以飲之。蛇醉而睡，素戔嗚尊乃以蛇韓鋤之劒，斬頭斬腹。其斬尾之時，劒刃少缺[二]。故裂尾而看，即別有一劒焉，名爲草薙劒。此劒昔在素戔嗚尊許，今在於尾張國也。其素戔嗚尊斷蛇之劒，今在吉備神部許也。出雲簸之川上山是也。

一書曰：素戔嗚尊所行無狀。故諸神科以千座置戶，而遂逐之。是時，素戔嗚尊帥其子五十猛神，降到於新羅國，居曾尸茂梨之處。乃興言曰："此地吾不欲居。"遂以埴土作舟，乘之東渡，

〔一〕原作"鈌"，小學館本作"欠"。從大系本。
〔二〕小學館本作"欠"。

到出雲國簸川上所在鳥上之峯。時彼處有吞人大虵，素戔嗚尊乃以天蠅斫之劍，斬彼大虵。時斬虵尾，而刃缺〔一〕，即擘而視之，尾中有一神劍。素戔嗚尊曰:“此不可以吾私用也。”乃遣五世孫天之葺根神上奉於天，此今所謂草薙劍矣。初五十猛神天降之時，多將樹種而下。然不殖韓地，盡以持歸。遂始自筑紫，凡大八洲國之內，莫不播殖而成青山焉。所以稱五十猛命爲有功之神，即紀伊國所坐大神是也。

一書曰：素戔嗚尊曰:“韓鄉之嶋，是有金銀。若使吾兒所御之國，不有浮寶者，未是佳也。”乃拔鬚髯散之，即成杉。又拔散胸毛，是成檜。尻毛，是成柀〔二〕。眉毛，是成櫲樟。已而定其當用，乃稱之曰:“杉及櫲樟，此兩樹者，可以爲浮寶。檜可以爲瑞宮之材，柀可以爲顯見蒼生奧津棄戸將臥之具。夫須噉八十木種，皆能播生。”于時素戔嗚尊之子，號曰五十猛命。妹大屋津姬命，次枛〔三〕津姬命。凡此三神，亦能分布木種，即奉渡於紀伊國也。然後素戔嗚尊居熊成峯，而遂入於根國者矣。棄戸，此云須多杯。柀，此云磨紀。

一書曰：大國主神，亦名大物主神，亦號國作大己貴命，亦曰葦原醜男，亦曰八千戈神，亦曰大國玉神，亦曰顯國玉神。其子凡有一百八十一神。夫大己貴命與少彥名命，戮力一心，經營天下。復爲顯見蒼生及畜產，則定其療病之方。又爲攘鳥獸昆虫之災異，則定其禁厭之法。是以百姓至今咸蒙恩賴。嘗大己貴命謂少彥名命曰:“吾等所造之國，豈謂善成之乎?”少彥名命對曰:“或有所成，或有不成。”是談也，蓋有幽深之致焉。其後少彥名命行至熊野之御碕，遂適於常世鄉矣。亦曰，至淡嶋，而緣粟莖者，則彈渡而至常世鄉矣。

自後國中所未成者，大己貴神獨能巡造，遂到出雲國。乃興

〔一〕原作“鈌”，小學館本作“欠”。從大系本。
〔二〕原作“披”，據校本改。
〔三〕原作“抓”，據小學館本改。

言曰:“夫葦原中國，本自荒芒，至及磐石草木，咸能強暴。然吾已摧伏，莫不和順。”遂因言:“今理此國，唯吾一身而已。其可與吾共理天下者，蓋有之乎?”于時神光照海，忽然有浮來者，曰:“如吾不在者，汝何能平此國乎?由吾在故，汝得建其大造之績矣。”是時大己貴神問曰:“然則汝是誰耶?”對曰:“吾是汝之幸魂、奇魂也。”大己貴神曰:“唯然。廼知，汝是吾之幸魂、奇魂。今欲何處住耶?”對曰:“吾欲住於日本國之三諸山。”故即營宮彼處，使就而居，此大三輪之神也。此神之〔一〕子，即甘茂君等、大三輪君等，又姬蹈鞴五十鈴姬命。又曰，事代主神化爲八尋熊鰐，通三嶋溝樴姬——或云玉櫛姬——而生兒姬蹈鞴五十鈴姬命。是爲神日本磐余彦火火出見天皇之后也。

初大己貴神之平國也，行到出雲國五十狹狹之小汀，而且當飲食。是時海上忽有人聲。乃驚而求之，都無所見。頃時有一箇小男，以白蘞皮爲舟，以鷦鷯羽爲衣，隨潮水以浮到。大己貴神即取置掌中而翫之，則跳齧其頬。乃怪其物色，遣使白於天神。于時高皇産靈尊聞之而曰:“吾所産兒，凡有一千五百座。其中一兒最惡，不順教養，自指間漏墮〔二〕者，必彼矣。宜愛而養之。”此即少彦名命是也。顯，此云于都斯。蹈鞴，此云多多羅。幸魂，此云佐枳彌多摩。奇魂，此云倶斯美栬〔三〕磨。鷦鷯，此云娑娑岐。

日本書紀卷第一　終〔四〕

〔一〕原作“無”，據小學館本校改。
〔二〕原作“隨”，據校本改。
〔三〕大系本作“拖”，小學館本作“柁”。
〔四〕原缺“終”字，據校本補。後各卷同。

日本書紀　卷第二

神代　下

天照大神之子正哉吾勝勝速日天忍穗耳尊，娶高皇產靈尊之女栲[一]幡千千姬，生天津彦彦火瓊瓊杵尊。故皇祖高皇產靈尊，特鍾[二]憐愛以崇養[三]焉。遂欲立皇孫天津彦彦火瓊瓊杵尊，以爲葦原中國之主。然彼地多有螢火光神及蠅聲邪神，復有草木咸能言語。故高皇產靈尊召集八十諸神，而問之曰："吾欲令撥平葦原中國之邪鬼，當遣誰者宜也？惟爾諸神，勿隱所知。"僉曰："天穗日命，是神之傑也，可不試歟？"於是俯順衆言，即以天穗日命往平之。然此神佞媚於大己貴神，比及三年，尚不報聞。故仍遣其子大背飯三熊之大人，大人，此云于志。亦名武三熊之大人。此亦還順其父，遂不報聞。

故高皇產靈尊更會諸神，問當遣者。僉曰："天國玉之子天稚彦，是壯士也，宜試之。"於是高皇產靈尊賜天稚彦天鹿兒弓及天羽羽矢以遣之。此神亦不忠誠也，來到即娶顯國玉之女子下照姬，亦名高姬，亦名稚國玉。因留住之曰："吾亦欲馭葦原中國。"遂不復命。是時高皇產靈尊恠其久不來報，乃遣無名雉伺之。其雉飛降，止於天稚彦門前所植植，此云多底婁[四]。湯津杜木之杪。杜木，此云可豆邏也[五]。時天探女天探女，此云阿麻能左愚謎。見，而謂天稚彦曰："奇鳥來居杜

〔一〕原作"拷"，據校本改。
〔二〕原作"鐘"，據校本改。
〔三〕原作"美"，據校本改。
〔四〕小學館本校改作"屢"。
〔五〕小學館本無"也"字。

杪。”天稚彦乃取高皇産靈尊所賜天鹿兒弓、天羽羽矢，射雉斃之。其矢洞達雉胸，而至高皇産靈尊之座前也。時高皇産靈尊見其矢曰：“是矢則昔我賜天稚彦之矢也。血染其矢，蓋與國神相戰而然歟？”於是取矢還投下之。其矢落下，則中天稚彦之胸上。于時天稚彦新嘗休卧之時也，中矢立死。此世人所謂反矢可畏之緣也。

天稚彦之妻下照姬，哭泣悲哀，聲達于天。是時天國玉聞其哭聲，則知夫天稚彦已死，乃遣疾風，舉尸致天，便造喪屋而殯之。即以川雁爲持傾〔一〕頭者及持帚者，一云，以雞爲持傾頭者，以川雁爲持帚者。又以雀〔二〕爲舂女。一云，乃以川雁爲持傾頭者，亦爲持帚者。以鵄〔三〕爲尸者，以雀爲舂女〔四〕，以鷦鷯爲哭者，以鵄爲造綿者，以烏爲宍〔五〕人者。凡以衆鳥任事。而八日八夜，啼哭悲歌。先是天稚彦在於葦原中國也，與味耜高彦根神友善。味耜，此云〔六〕婀膩須岐。故味耜高彦根神昇天弔喪。時此神容貌，正類天稚彦平生之儀。故天稚彦親屬妻子皆謂：“吾君猶在。”則攀牽〔七〕衣帶，且喜且慟。時味耜高彦根神忿然作色曰：“朋友之道，理宜相弔。故不憚汙穢，遠自赴〔八〕哀。何爲誤我〔九〕於亡者？”則拔其帶劒大葉刈，刈，此云我里。亦名神戸劒。以斫卧〔一〇〕喪屋。此即落而爲山，今在美濃國藍見川之上喪山是也。世人惡以生誤死，此其緣也。

是後，高皇産靈尊更會諸神，選當遣於葦原中國者。僉曰：“磐裂磐裂，此云以簸娑窶。根裂神之子磐筒男、磐筒女所生之子經津經津，

〔一〕原作“傾”，據校本改。本段後同。
〔二〕原作“雀”，據校本改。後夾注同。
〔三〕校本作“鵄”。
〔四〕小學館本作“者”。
〔五〕原作“完”，據校本改。
〔六〕原作“曰”，據校本改。
〔七〕原作“率”，據校本改。
〔八〕原作“起”，據小學館本校改。
〔九〕原作“吾”，據校本改。
〔一〇〕校本作“仆”。

此云賦都。主神，是將佳[一]也。”時有天石窟所住神，稜威雄走神之子甕速日神，甕速日神之子熯速日神，熯速日神之子武甕槌神。此神進曰:“豈唯經津主神獨爲丈夫，而吾非丈夫者哉?”其辞氣慷慨。故以即配經津主神，令平葦原中國。二神於是降到出雲國五十田狹之小汀，則拔十握劒，倒植於地，踞其鋒端，而問大己貴神曰:“高皇産靈尊欲降皇孫，君臨此地，故先遣我二神，駈除平定。汝意何如?當須避不?”時大己貴神對曰:“當問我子，然後將報。”是時其子事代主神遊行，在於出雲國三穗三穗，此云美保。之碕，以釣魚爲樂。或曰，遊鳥爲樂。故以熊野諸手船，亦名天鳩[二]船。載使者稻背脛遣之，而致高皇産靈勅於事代主之[三]神，且問將報之辞。時事代主神謂使者曰:“今天神有此借問之勅，我父宜當奉避，吾亦不可違。”因於海中造八重蒼柴籬，柴，此云府璽。蹈船枻船枻，此云浮那能倍。而避之。使者既還報命。故大己貴神則以其子之辞，白於二神曰:“我怙之子，既避去矣，故吾亦當避。如吾防禦者，國内諸神必當同禦。今我奉避，誰復敢有不順者?”乃以平國時所杖之廣矛，授二神曰:“吾以此矛，卒有治功。天孫若用此矛治國者，必當平安。今我當於百不足之八十隈將隱去矣。”隈，此云矩磨埿。言訖遂隱。於是二神誅諸不順鬼神[四]等，一云，二神遂誅邪神及草木石類，皆已平了。其所不服者，唯星神香香背男耳。故加遣倭文神建[五]葉槌命者則服。故二神登天也。倭文神，此云斯圖梨俄未。果以復命。

于時高皇産靈尊以真床追衾，覆於皇孫天津彦彦火瓊瓊杵尊使降之。皇孫乃離天磐座，天磐座[六]，此云阿麻能以簸矩羅[七]。且排分天八重雲，稜威之道別道別，而天降於日向襲之高千穗峯矣。既而皇孫遊

[一] 原作“係”，據校本改。
[二] 小學館本校改作“鴿”。
[三] “之”字校本無。
[四] “鬼神”原作“神鬼”，據校本改。
[五] 原作“健”，據校本改。
[六] 原作“坐”，據校本改。
[七] “簸矩羅”原作“波矩累”，據校本改。

行之狀也者，則自槵日二上天浮橋，立於浮渚在平處，立於浮渚在平處，此云羽企爾磨梨陀毗邏而陀陀志。而膂宍[一]之空國自頓丘覓國行去，頓丘，此云毘陀烏[二]。覓國，此云矩貳磨儀。行去，此云騰褒屢。到於吾田長屋笠狹[三]之碕矣。

其地有一人，自號事勝國勝長狹。皇孫問曰："國在耶以不？"對曰："此焉有[四]國。請任意遊之。"故皇孫就而留住。時彼國有美人，名曰鹿葦津姬。亦名神吾田津姬，亦名木花之開耶姬。皇孫問此美人曰："汝誰之女子[五]耶？"對曰："妾是天神娶大山祇神所生兒也。"皇孫因而幸之，即一夜而有娠。皇孫未之信[六]曰："雖復天神，何能一夜之間，令人有娠乎？汝所懷者，必非我[七]子歟？"故鹿葦津姬忿恨，乃作無戶室，入居其中[八]，而誓之曰："妾所娠，若非天孫之胤，必當燋[九]滅。如實天孫之胤，火不能害。"即放火燒室。始起烟末[一〇]生出之兒，號火闌降命。是隼人等始祖也。火闌降，此云褒能須素里。次避熱而居，生出之兒，號彥火火出見尊。次生出之兒，號火明命。是尾張連等始祖也。凡三子矣。久之，天津彥彥火瓊瓊杵尊崩，因葬筑紫日向可愛可爱[一一]，此云埃。之山陵。

一書曰：天照大神勅天稚彥曰："豐葦原中國，是吾兒可王之地也，然慮有殘賊強暴橫惡[一二]之神者。故汝先往平之。"乃賜天鹿兒弓及天真鹿兒矢遣之。天稚彥受勅來降，則多娶國神女子，經八年無以報命。故天照大神乃召思兼神，問其不來之狀。時思兼

〔一〕原作"完"，據小學館本改。
〔二〕"毘陀烏"原作"比陀烏"，據校本改。
〔三〕原作"梜"，據校本改。後"事勝國勝長狹"同。
〔四〕原作"在"，據校本改。
〔五〕"女子"小學館本校改作"子"。
〔六〕"之信"小學館本校改作"信之"。
〔七〕原作"吾"，據校本改。
〔八〕校本作"內"。
〔九〕原作"𤏲"，據校本改。
〔一〇〕原作"未"，據校本改。
〔一一〕"可爱"小學館本缺。
〔一二〕原作"思"，據校本改。

神思而告曰:“宜且遣雉問之。”於是從彼神謀，乃使雉往候之。其雉飛下，居于天稚彦門前湯津杜樹之杪，而鳴之曰:“天稚彦，何故八年之間，未有復命?”時有國神，號天探女，見其雉曰:“鳴聲惡鳥，在此樹上，可射之。”天稚彦乃取天神所賜天鹿兒弓、天真鹿兒矢，便射之。則矢達雉胸，遂至天神所處。時天神見其矢曰:“此昔我賜天稚彦之矢也，今何故來?”乃取矢而咒之曰〔一〕:“若以惡心射者，則天稚彦必當遭害。若以平心射者，則當無恙。”因還投之。即其矢落下，中于天稚彦之高胸，因以立死。此世人所謂返矢可畏之緣也。

時天稚彦之妻子從天降來，將柩上去〔二〕，而於天作喪屋殯哭之。先是，天稚彦與味耜高彦根神友善。故味耜高彦根神登天弔喪大臨焉。時此神形貌，自與天稚彦恰〔三〕然相似。故天稚彦妻子等見而喜之曰:“吾君猶在!”則攀持衣帶，不可排離。時味耜高彦根神忿曰:“朋友喪亡，故吾即來弔。如何誤死人於我耶?”乃拔十握劒，斫倒喪屋，其屋墮而成山。此則美濃國喪山是也。世人惡以死者誤己，此其緣也。時味耜高彦根神光儀花〔四〕艷，映于二丘二谷之間。故喪會者歌之曰——或云，味耜高彦根神之妹下照媛，欲令衆人知映丘谷者是味耜高彦根神，故歌之曰:

阿妹奈屢夜。乙登多奈婆多廼。汙奈餓勢屢。多磨廼彌素磨屢廼。阿奈陀磨波夜。彌多爾。輔拖〔五〕和拖邏〔六〕須。阿泥素企多伽避顧禰。〔七〕

〔一〕“曰”字原無，據校本補。

〔二〕“柩”原作“樞”，“上去”原作“去上”，均據校本改。

〔三〕原作“拾”，據小學館本校改。

〔四〕小學館本作“華”。

〔五〕小學館本作“柁”。本歌同，後歌復同。

〔六〕小學館本作“羅”。

〔七〕[2]あめなるや　おとたなばたの　うながせる　たまのみすまるの　あなたまはや　みたに　ふたわたらす　あぢすきたかひこね。略譯:“天之織女，繫穴玉兮。以緒貫之，美且煥兮。有二幽谷，如玉煥之，味耜高彦根兮!”見《古事記》6。

又歌之曰：

阿磨佐〔一〕箇屢。避奈菟〔二〕謎廼。以和多邏素西渡。以嗣箇播箇拖輔智。箇拖〔三〕輔智爾。阿彌播利和拖嗣。妹慮豫嗣爾。豫嗣豫利據禰。以嗣箇播箇拖輔智。〔四〕

此兩首歌辞，今號夷曲。

既而天照大神以思兼神妹萬幡豐秋津姬〔五〕命，配正哉吾勝勝速日天忍穗耳尊爲妃，令降之於葦原中國。是時勝速日天忍穗耳尊，立于天浮橋而臨睨之曰："彼地未平矣。不須也頗傾〔六〕凶目杵之國歟？"乃更還登，具陳不降之狀。故天照大神復遣武甕槌神及經津主神，先行駈除。時二神降到出雲，便問大己貴神曰："汝將此國奉天神耶以不？"對曰："吾兒事代主射鳥遨遊，在三津之碕。今當問以報之。"乃遣使人訪焉。對曰："天神所求〔七〕，何不奉歟？"故大己貴神以其子之辞報乎二神。二神乃昇天，復命而告之曰："葦原中國，皆已平竟。"時天照大神勅曰："若然者方當降吾兒矣。"且將降間〔八〕，皇孫已生，號曰天津彦彦火瓊瓊杵尊。時有奏曰："欲以此皇孫代降。"故天照大神乃賜天津彦彦火瓊瓊杵尊八坂瓊曲玉及八咫鏡、草薙劒三種寶物。又以中臣上祖天兒屋命、忌部上祖太〔九〕玉命、猿女上祖天鈿女命、鏡作上祖石凝姥命、玉作上祖玉屋命，凡五部神使配侍焉。因勅皇孫曰："葦原千五百秋之瑞穗國，是吾子孫可王之地也，宜爾皇孫就而治焉。行矣，寶

〔一〕原作"作"，據校本改。
〔二〕原作"菟"，據校本改。
〔三〕小學館本作"多"。
〔四〕[3]あまさかる　ひなつめの　いわたらすせと　いしかはかたふち　かたふちに　あみはりわたし　めろよしに　よしよりこね　いしかはかたふち。略譯："狹門石川，有片淵焉。有夷之女，渡此淵焉。於兹張網，鳥入網目焉。入兮入兮，於石川片淵兮！"
〔五〕小學館本校改作"媛"。
〔六〕原作"頎"，據小學館本改。
〔七〕原作"來"，據校本改。
〔八〕原作"聞"，據校本改。
〔九〕原作"大"，據校本改。

祚之隆，當與天壤無窮者矣。"

已而且降之間[一]，先驅者還白[二]："有一神，居天八達之衢。其鼻長七咫，背長七尺餘，當言七尋。且口尻明耀，眼如八咫鏡，而赩然似赤酸醬也。"即遣從神往問。時有八十萬神，皆不得目勝相問。故特勅天鈿女曰："汝是目勝於人者，宜往問之。"天鈿女乃露其胸乳，抑裳帶於臍下，而笑[三]噱向立。是時衢神問曰："天鈿女，汝爲之何故耶？"對曰："天照大神之子所幸道路，有如此居之者誰也？敢問之。"衢神對曰："聞天照大神之子今當降行，故奉迎相待。吾名是猿田彦大神。"時天鈿女復問曰："汝將先我行乎？將抑我先汝行乎？"對曰："吾先啓行。"天鈿女復問曰："汝何處到耶？皇孫何處到耶？"對曰："天神之子則當到筑紫日向高千穗槵觸之峯。吾則應到伊勢之狹長田五十鈴川上。"因曰："發顯我者汝也。故汝可以送我而致之矣。"天鈿女還詣報狀。皇孫於是脱離天磐座，排分天八重雲，稜威道別道別，而天降之也。果如先期，皇孫則到筑紫日向高千穗槵觸之峯。其猿田彦神者，則到伊勢之狹長田五十鈴川上，即天鈿女命隨猿田彦神所乞遂以侍[四]送焉。時皇孫勅天鈿女命："汝宜以所顯神名，爲姓氏焉。"因賜猿女君之號。故猿女君等男女，皆呼爲君，此其緣也。高胸，此云多歌武娜娑歌。頗傾[五]也，此云歌矛志。

一書曰：天神遣經津主神、武甕槌神，使平定葦原中國。時二神曰："天有惡神，名曰天津甕星，亦名天香香背男。請先誅此神，然後下撥葦原中國。"是時齋[六]主神號齋之大人，此神今在乎[七]東國檝取之地也。既而二神降到出雲五十田狹之小汀，而問

〔一〕原作"閒"，據校本改。
〔二〕原作"曰"，據校本改。
〔三〕小學館本校改作"咲"。
〔四〕原作"相"，據校本改。
〔五〕原作"頎"，據校本改。
〔六〕原作"齊"，據校本改。本句後同。
〔七〕小學館本校改作"于"。

大己貴神曰："汝將以此國，奉天神耶以不？"對曰："疑汝二神非是吾處來者，故不須許也。"於是經津主神則還昇報告。時高皇産靈尊乃還遣二神，勅大己貴神曰："今者聞汝所言，深有其理，故更條條而勅之。夫汝所治顯露之事，宜是吾孫治之，汝則可以治神事。又汝應住天日隅宮者，今當供造。即以千尋栲繩，結爲百八十紐，其造宮之制者，柱則高大，板則廣厚。又將田供佃。又爲汝往來遊海之具，高橋、浮橋及天鳥船，亦將供造。又於天安河，亦造打橋。又供造百八十縫之白楯。又當主汝祭祀者，天穗日命是也。"於是大己貴神報曰："天神勅教，慇懃如此，敢不從命乎？吾所治顯露事者，皇孫當治，吾將退治幽事。"乃薦岐神於二神曰："是當代我而奉從也。吾將自此避去。"即躬披〔一〕瑞之八坂瓊，而長隱者矣。

故經津主神以岐神爲鄉導，周流削平。有逆命者即加斬戮，歸順者仍加褒美。是時歸順之首渠者，大物主神及事代主神。乃合八十萬神於天高市，帥以昇天，陳其誠款之至。時高皇産靈尊勅大物主神："汝若以國神爲妻，吾猶謂汝有疏心。故今以吾女三穗津姬，配汝爲妻。宜領八十萬神，永爲皇孫奉護。"乃使還降之。即以紀伊〔二〕國忌部遠祖手置帆〔三〕負神定爲作笠者，彦狹知神爲作盾者，天目一箇神爲作金者，天日鷲神爲作木綿者，櫛明玉神爲作玉者。乃使太玉命，以弱肩被太手襁，而代御手以祭此神者，始起於此矣。且天兒屋命，主神事之宗源者也，故俾以太占之卜事而奉仕〔四〕焉。高皇産靈尊因勅曰："吾則起樹天津神籬〔五〕及天津磐境，當爲吾孫奉齋〔六〕矣。汝天兒屋命、太玉命，宜持天津神籬，降於葦原中國，亦爲吾孫奉齋焉。"乃使二神，陪從天忍穗

〔一〕小學館本校改作"被"。
〔二〕"伊"字小學館本缺。
〔三〕原作"机"，據校本改。
〔四〕原作"使"，據校本改。
〔五〕原作"離"，據校本改。
〔六〕原作"齊"，據校本改。後句同。

耳尊以降之。

是時天照大神手持寶鏡，授天忍穗耳尊，而祝之曰：“吾兒，視此〔一〕寶鏡，當猶視吾。可與同床共殿，以爲齋〔二〕鏡。”復勅天兒屋命、太玉命：“惟爾二神，亦同侍殿内，善爲防護。”又勅曰：“以吾高天原所御齋〔三〕庭之穗，亦當御於吾兒。”則以高皇産靈尊之女，號萬幡姬，配天忍穗耳尊爲妃，降之。故時居於虛天〔四〕而生兒，號天津彦火瓊瓊杵尊。因欲以此皇孫，代親而降。故以天兒屋命、太玉命及諸部神等，悉皆相授。且服御之物，一依前授。然後，天忍穗耳尊復還於天。

故天津彦火瓊瓊杵尊降到於日向槵日高千穗之峰，而膂宍〔五〕胸副國自頓丘覓國行去，立於浮渚在平地，乃召國主事勝國勝長狹而訪之。對曰：“是有國也。取捨隨勅。”時皇孫因立宫殿，是焉遊息。後遊幸海濱，見一美人。皇孫問曰：“汝是誰之子耶？”對曰：“妾是大山祇神之子，名神吾田鹿葦津姬，亦名木花〔六〕開耶姬。”因白〔七〕：“亦吾姉磐長姬在。”皇孫曰：“吾欲以汝爲妻，如之何？”對曰：“妾父大山祇神在，請以垂問。”皇孫因謂大山祇神曰：“吾見汝之女子，欲以爲妻。”於是大山祇神乃使二女，持百机飲食奉進。時皇孫謂姉爲醜，不御而罷。妹有國色，引而幸之，則一夜有身。故磐長姬大慙而詛之曰：“假使天孫不斥妾而御者，生兒永壽，有如磐石之常存。今既不然，唯弟獨見御。故其生兒，必如木花〔八〕之移落。”一云，磐長姬耻恨，而唾泣之曰：“顯見蒼生者，如木花〔九〕之俄遷轉當衰去矣。”此世人短折之緣也。

〔一〕原作“之”，據校本改。
〔二〕原作“寶”，據校本改。
〔三〕原作“齊”，據校本改。
〔四〕原作“大”，據校本改。
〔五〕原作“完”，據小學館本改。
〔六〕原作“華”，據校本改。
〔七〕原作“曰”，據校本改。
〔八〕原作“華”，據小學館本校改。
〔九〕原作“華”，據小學館本校改。

是後神吾田鹿葦津姬見皇孫曰:“妾孕天孫之子，不可私以生也。”皇孫曰:“雖復天神之子，如何一夜使人娠[一]乎?抑非吾之兒歟?”木花[二]開耶姬甚以慙恨，乃作無戶室而誓之曰:“吾所娠，是若他神之子者，必不幸矣。是實天孫之子者，必當全生。”則入其室中，以火焚室。于時焰初起時共生兒，號火酸[三]芹命。次火盛時生兒，號火明命。次生兒，號彥火火出見尊，亦號火折尊。齋[四]主，此云伊播[五]昆。顯露，此云阿羅播貳。齋庭，此云踰貳波。

一書曰：初火焰明時，生兒火明命。次火炎盛時，生兒火進命，又曰火酸[六]芹命。次避火炎時，生兒火折彥火火出見尊。凡此三子，火不能害，及母亦無所少損。時以竹刀，截其兒臍。其所棄竹刀，終成竹林[七]，故號彼地曰竹屋。時神吾田鹿葦津姬以卜定田，號曰狹名田。以其田稻，釀天甜酒嘗之。又用渟浪田稻，爲飯嘗之。

一書曰：高皇産靈尊以真床覆衾，裹天津彥國光彥火瓊瓊杵尊，則引開天磐戶，排分天八重雲，以奉降之。于時大伴連遠祖天忍日命，帥來目部遠祖天槵津大來目，背負天磐靫，臂著稜威高鞆，手捉天梔弓、天羽羽矢，及副持八目鳴鏑，又帶頭槌劍，而立天孫之前。遊行降來，到於日向襲之高千穗槵日二上峰天浮橋，而立於浮渚在之平地，膂宍[八]空國自頓丘覓國行去，到於吾田長屋笠狹之御碕。時彼處有一神，名曰事勝國勝長狹。故天孫問其神曰:“國在耶?”對曰:“在也。”因曰:“隨勅奉矣。”故天孫留住於[九]彼處。其事勝國勝神者，是伊奘諾尊之子也，亦名鹽土

〔一〕原作“姙”，據校本改。
〔二〕原作“華”，據小學館本校改。
〔三〕小學館本作“酢”。
〔四〕原作“齊”，據校本改。本段後同。
〔五〕原作“幡”，據小學館本校改。後句同。
〔六〕小學館本作“酢”。
〔七〕原作“原”，據校本改。
〔八〕原作“完”，據小學館本改。
〔九〕“於”字原缺，據小學館本校補。

老翁。

一書曰：天孫幸大山祇神之女子吾田鹿葦津姬，則一夜有身，遂生四子。故吾田鹿葦津姬抱子而來進曰：“天神之子寧可以私養乎？故告狀知聞。”是時天孫見其子等，嘲之曰：“妍〔一〕哉，吾皇子者！聞喜而生之歟！”故吾田鹿葦津姬乃慍之曰：“何爲嘲妾乎？”天孫曰：“心之疑〔二〕矣，故〔三〕嘲之。何則，雖復天神之子，豈能一夜之間，使人有身者哉？固非我子矣。”是以吾田鹿葦津姬益恨，作無戶室，入居其内，誓之曰：“妾所娠〔四〕，若非天神之胤者必亡。是若天神之胤者無所害。”則放火焚室。其火初明時躡誥出兒，自言：“吾是天神之子，名火明命。吾父何處坐耶？”次火盛時躡誥出兒，亦言：“吾是天神之子，名火進命。吾父及兄何處在耶？”次火炎衰時躡誥出兒，亦言：“吾是天神之子，名火折尊。吾父及兄等何處在耶？”次避火熱時躡誥出兒，亦言：“吾是天神之子，名彦火火出見尊。吾父及兄等何處在耶？”然後母吾田鹿葦津姬自火燼中出來，就而稱之曰：“妾所生兒及妾身，自當火難，無所少損。天孫豈見之乎？”報〔五〕曰：“我知本是吾兒。但一夜而有身，慮有疑者，欲使衆人皆知是吾兒，并亦天神能令一夜有娠，亦欲明汝有靈異之威，子等復有超倫之氣。故有前日之嘲辞也。”梔，此云波茸〔六〕，音之移反。頭槌，此云箇步豆智。老翁，此云烏膩。

一書曰：天忍穗根尊娶高皇産靈尊女子栲幡千千姬萬幡姬命，亦云高皇産靈尊兒火之戶幡姬兒千千姬命，而生兒天火明命。次生天津彦根火瓊瓊杵根尊。其天火明命兒天香山，是尾張連等遠祖也。及至奉降皇孫火瓊瓊杵尊於葦原中國也，高皇産靈尊勅八十諸神曰“葦原中國者，磐根、木株、草葉，猶能言語。夜者

〔一〕原作“奸”，據校本改。
〔二〕“之疑”小學館本校改作“疑之”。
〔三〕原作“吾”，據校本改。
〔四〕原作“妊”，據校本改。
〔五〕小學館本校改作“對”。
〔六〕原作“葺”，據小學館本校改。

若熛火而喧響之，晝者如五月蠅而沸騰之”云云。時高皇産靈尊勅曰：“昔遣天稚彦於葦原中國，至今所以久不來者，蓋是國神有強禦之者。”乃遣無名雄雉往候之。此雉降來，因見粟田、豆田，則留而不返，此世所謂雉頓使之緣也。故復遣無名雌雉。此鳥下來，爲天稚彦所射，中其矢而上報云云。

是時高皇産靈尊乃用真床覆衾，裹皇孫天津彦根火瓊瓊杵根尊，而排披天八重雲以奉降〔一〕。故稱此神，曰天國饒石彦火瓊瓊杵尊。于時降到之處者，呼曰日向襲之高千穗添山峰〔二〕矣。及其遊行之時也云云。到于吾田笠狹之御碕，遂登長屋之竹嶋。乃巡覽其地者，彼有人焉，名曰事勝國勝長狹。天孫因問之曰：“此誰國歟？”對曰：“是長狹所住之國也。然今乃奉上天孫矣。”天孫又問曰：“其於秀起浪穗之上，起八尋殿，而手玉玲瓏織紝之少女者，是誰之子女耶？”答曰“大山祇神之女等，大號磐長姬，少號木花〔三〕開耶姬，亦號豐吾田津姬”云云。皇孫因幸豐吾田津姬，則一夜而有身。皇孫疑之云云。遂生火酢芹命。次生火折尊，亦號彦火火出見尊。母誓已驗，方知實是皇孫之胤。然豐吾田津姬恨皇孫，不與共言。皇孫憂之，乃爲歌之曰：

憶企都茂播〔四〕。陛爾播譽戻耐母。佐〔五〕禰耐據茂。阿黨播怒介茂譽。播磨都智耐理譽。〔六〕

熛〔七〕火，此云裒倍。喧響，此云淤等娜比。五月蠅，此云左魔陪〔八〕。添山，此云曾褒里能耶麻〔九〕。秀起，此云左岐陀豆屢。

〔一〕小學館本此處校補“之”字。
〔二〕“山峰”原作“峰山”，據校本改。
〔三〕原作“華”，據校本改。
〔四〕原作“幡”，據小學館本改。後句同。
〔五〕原作“作”，據校本改。
〔六〕[4]おきつもは　へにはよれども　さねどこも　あたはぬかもよ　はまつちどりよ。略譯：“沖之藻，可近岸邊也。吾妻之床，不可近之也。羨之羨之，濱之千鳥兮！”
〔七〕原作“慓”，據校本改。
〔八〕小學館本作“倍”。
〔九〕原作“磨”，據校本改。

一書曰：高皇産靈尊之女天萬栲幡千幡姬。一云〔一〕，高皇産靈尊兒萬幡姬兒玉依姬命。此神爲天忍骨命妃，生兒天之杵火火置瀨尊。一云〔二〕，勝速日命兒天大耳尊。此神娶丹舄姬，生兒火瓊瓊杵尊。一云〔三〕，神高〔四〕皇産靈尊之女栲幡千幡姬，生兒火瓊瓊杵尊。一云，天杵瀨命娶吾田津姬，生兒火明命。次火夜織命，次彦火火出見尊。

一書曰：正哉吾勝勝速日天忍穗耳尊，娶高皇産靈尊之女天萬栲幡千幡姬，爲妃而生兒，號天照國照彦火明命。是尾張連等遠祖也。次天饒石國饒石天津彦火瓊瓊杵尊，此神娶大山祇神女子木花〔五〕開耶姬命，爲妃而生兒，號火酢芹命。次彦火火出見尊。

兄火闌降命，自有海幸。幸，此云左知。弟彦火火出見尊，自有山幸。始兄弟二人相謂曰："試欲易幸。"遂相易之，各不得其利。兄悔之，乃還弟弓箭，而乞己釣鉤。弟時既失兄鉤〔六〕，無由訪覓，故別作新鉤與兄。兄不肯受，而責其故鉤。弟患之，即以其橫刀鍛作新鉤〔七〕，盛一箕而與之。兄忿之曰："非我故鉤，雖多不取。"益復急責。故彦火火出見尊憂苦甚深，行吟海畔。時逢鹽土老翁。老翁問曰："何故在此愁乎？"對以事之本末。老〔八〕翁曰："勿復憂，吾當爲汝計之。"乃作無目籠，内彦火火出見尊於籠中，沉之于〔九〕海。即自然有可怜小汀，可怜，此云于麻師。汀，此云波麻。於是棄籠遊行，忽〔一〇〕至海神之宫。其宫也，雉堞整頓，臺宇玲瓏。門前有一井，井上有一湯津杜樹，枝葉扶疏。時彦火火出見尊就其樹下，徙倚彷徨。良

〔一〕原作"曰"，據校本改。
〔二〕原作"曰"，據校本改。
〔三〕原作"曰"，據校本改。
〔四〕"高"字小學館本校删。
〔五〕原作"華"，據校本改。
〔六〕原作"釣"，據校本改。本句後同。
〔七〕原作"釣"，據校本改。
〔八〕原作"者"，據校本改。
〔九〕原作"干"，據校本改。
〔一〇〕原作"怱"，據校本改。

久，有一美人，排闥而出，遂以玉鋺來當汲水。因舉目視之，乃驚而還入，白其父母曰："有一希客[一]者，在門前樹下。"海神於是鋪設八重席薦，以延内之。坐定，因問其來意。時彦火火出見尊對以情之委曲。海神乃集大小之魚，逼問之。僉曰："不識。唯赤女赤女，鯛魚名也。比有口疾[二]而不來。"固[三]召之探其口者，果得失鉤[四]。

已而彦火火出見尊因娶海神女豐玉姬。仍留住海宫，已經三年。彼處雖復安樂，猶有憶鄉之情，故時復太息。豐玉姬聞之，謂其父曰："天孫悽然數歎，蓋懷土之憂乎？"海神乃延彦火火出見尊，從容語曰："天孫若欲還鄉者，吾當奉送。"便授所得釣鉤，因誨之曰："以此鉤與汝兄時，則陰呼此鉤曰貧鉤，然後與之。"復授潮滿瓊及潮涸瓊，而誨之曰："漬潮滿瓊者，則潮忽滿，以此没溺汝兄。若兄悔而祈者，還漬潮涸瓊，則潮自涸，以此救之。如此逼惱，則汝兄自伏。"及將歸去，豐玉姬謂天孫曰："妾已娠矣，當產不久。妾必以風濤急峻之日，出到海濱。請爲我作產室相待[五]矣。"

彦火火出見尊已還宫，一遵海神之教。時兄火闌降命既被厄[六]困，乃自伏罪曰："從今以後，吾將爲汝俳優之民。請施恩活。"於是隨其所乞，遂赦之。其火闌降命，即吾田君小橋等之本祖也。

後豐玉姬果如前期，將其女弟玉依姬，直冒風波，來到海邊。逮臨產時，請曰："妾產時，幸勿以看之。"天孫猶不能忍，竊往覘之。豐玉姬方產化爲龍，而甚慙之曰："如有不辱我者，則使海陸相通，永無隔絕。今既辱之，將何以結親昵之情乎？"乃以草裹兒，棄之海邊，閉海途而徑去矣。故因以名兒，曰彦波瀲武鸕鷀草葺不合尊。後久之，彦火火出見尊崩，葬日向高屋山上陵。

一書曰：兄火酢芹命能得海幸，弟彦火火出見尊能得山幸。

〔一〕原作"容"，據校本改。
〔二〕原作"病"，據校本改。
〔三〕小學館本校改作"因"。
〔四〕原作"釣"，據校本改。
〔五〕原作"侍"，據校本改。
〔六〕原作"危"，據小學館本校改。

時兄弟欲互易其幸。故兄持弟之幸弓，入山覓獸，終不見獸之乾跡。弟持兄之幸鉤[一]，入海釣魚，殊無所獲，遂失其鉤[二]。是時兄還弟弓矢，而責己鉤[三]。弟患之，乃以所帶横刀作鉤[四]，盛一箕與兄。兄不受曰："猶欲得[五]吾之幸鉤[六]。"於是彦火火出見尊不知所求，但有憂吟。乃行至海邊，彷徨嗟嘆。時有一長老，忽然而至，自稱鹽土老翁。乃問之曰："君是誰者？何故患於此處乎？"彦火火出見尊具言其事。老翁即取囊中玄櫛，投地，則化成五百箇竹林。因取其竹，作大目麁籠，内火火出見尊於籠中，投之于海。一云，以無目堅間爲浮木，以細繩繫著火火出見尊而沉之。所謂堅間，是今之竹籠也。于時海底自有可怜小汀，乃尋汀而進，忽到海神豐玉彦之宫。其宫也城闕崇華，樓臺壯麗。門外有井，井傍有杜樹，乃就樹下立之。良久，有一美人，容貌絶世，侍者群從，自内而出，將以玉壺汲玉[七]水。仰見火火出見尊，便以驚還，而白其父神曰："門前井邊樹下，有一貴客，骨法非常。若從天降者，當有天垢。從地來者，當有地垢。實是妙美之。虚空彦者歟？"一云，豐玉姬之侍者，以玉瓶汲水，終不能滿。俯視井中，則倒映人笑之顔。因以仰觀，有一麗神，倚於杜樹。故還入白其王。於是豐玉彦遣人問曰："客是誰者？何以至此？"火火出見尊對曰："吾是天神之孫也。"乃遂言來意。時海神迎拜延入，慇懃奉慰，因以女豐玉姬妻之。故留住海宫，已經三載。

是後火火出見尊數有歎息。豐玉姬問曰："天孫豈欲還故鄉歟？"對曰："然。"豐玉姬即白父神曰："在此貴客，意望欲還上國。"海神於是惣集海魚，覓問其鉤[八]。有一魚對曰："赤女久有口

〔一〕原作"釣"，據校本改。
〔二〕原作"釣"，據校本改。
〔三〕原作"釣"，據校本改。
〔四〕原作"釣"，據校本改。
〔五〕"得"字小學館本校删。
〔六〕原作"釣"，據校本改。
〔七〕"玉"字小學館本校删。
〔八〕原作"釣"，據校本改。

疾——或云，赤鯛——疑是之吞乎？”故即召赤女，見其口者，鉤[一]猶在口。便得之，乃以授彦火火出見尊。因教之曰：“以鉤[二]與汝兄時，則可詛言‘貧窮之本，飢饉之始，困苦之根’，而後與之。又汝兄涉海時，吾必起迅風洪濤，令其没溺辛苦矣。”於是乘火火出見尊於大鰐，以送致本鄉。

先是且別時，豐玉姬從容語曰：“妾已有身矣。當以風濤壯日，出到海邊，請爲我造産屋以待之。”是後豐玉姬果如其言來至，謂火火出見尊曰：“妾今夜當産，請勿臨之。”火火出見尊不聽，猶以櫛燃火視之。時豐玉姬化爲八尋大熊鰐，匍匐逶[三]虵。遂以見辱爲恨，則徑歸海鄉，留其女弟玉依姬，持養兒焉。所以兒名稱彦波瀲武鸕鷀草葺不合尊者，以彼海濱産屋，全用鸕鷀羽爲草葺之，而甍未合時，兒即生焉，故因以名焉。上國，此云羽播豆矩儞。

一書曰：門前有一好井，井上有百枝杜樹。故彦火火出見尊跳昇其樹而立之。于時海神之女豐玉姬手持玉鋺來，將汲水。正見人影在於井中，乃仰視之，驚而墜鋺。鋺既破碎，不顧而還入，謂父母曰：“妾見一人在於井邊樹上，顔色甚美，容貌且閑，殆非常之人者也。”時父神聞而奇之，乃設八重席迎入。坐定，因問來意，對以情之委曲。時海神便起憐心，盡召鰭廣、鰭狹而問之。皆曰：“不知。但赤女有口疾不來。”亦云[四]，口女有口疾。即急召至，探其口者，所失之針鉤立得。於是海神制曰：“儞口女從今以往，不得吞餌[五]，又不得預天孫之饌。”即以口女魚所以不進御者，此其緣也。

及至彦火火出見尊將歸之時，海神白言：“今者，天神之孫，

〔一〕原作“釣”，據校本改。
〔二〕原作“釣”，據校本改。
〔三〕原作“透”，據小學館本校改。
〔四〕原作“曰”，據校本改。
〔五〕原作“鉺”，據校本改。

辱臨吾處。中心欣慶[一]，何日忘之。”乃以思則潮溢之瓊、思則潮涸之瓊，副其鉤[二]而奉進之，曰：“皇孫雖隔八重之隈，冀時復相憶，而勿棄置也。”因教之曰：“以此鉤與汝兄時，則稱‘貧鉤[三]、滅鉤、落薄鉤’。言訖，以後手投棄與之，勿以向授。若兄起忿怒，有賊害之心者，則出潮溢瓊以漂溺之。若已至危苦[四]求愍者，則出潮涸瓊以救之。如此逼惱，自當臣伏。”時彥火火出見尊受彼瓊鉤[五]，歸來本宮。一依海神之教，先以其鉤[六]與兄，兄怒不受。故弟出潮溢瓊，則潮大溢，而兄自没溺。因請之曰：“吾當事汝爲奴僕，願垂救活。”弟出潮涸瓊，則潮自涸，而兄還平復。已而兄改前言曰：“吾是汝兄，如何爲人兄而事弟耶？”弟時出潮溢瓊。兄見之走，登高山，則潮亦没山。兄緣高樹，則潮亦没樹。兄既窮途，無所逃去，乃伏罪曰：“吾已過矣。從今以往，吾子孫八十連屬，恒當爲汝俳人——一云，狗人——請哀之。”弟還出涸瓊，則潮自息。於是兄知弟有神德，遂以伏事其弟。是以火酢芹命苗裔諸隼人等，至今不離天皇宮牆之傍，代吠狗而奉事者也。世人不債失針，此其緣也。

一書曰：兄火酢芹命能得海幸，故號海幸彥。弟彥火火出見尊能得山幸，故號山幸彥。兄則每有風雨，輒失其利。弟則雖逢風雨，其幸不忒[七]。時兄謂弟曰：“吾試欲與汝換幸。”弟許諾，因易之。時兄取弟弓矢，入山獵獸。弟取兄釣鉤[八]，入海釣魚。俱不得利，空手來歸。兄即還弟弓矢，而責己釣鉤。時弟已失鉤於海

〔一〕原作“處”，據小學館本校改。
〔二〕原作“釣”，據校本改。
〔三〕原作“釣”，據校本改。
〔四〕原作“若”，據校本改。
〔五〕原作“釣”，據校本改。
〔六〕原作“釣”，據校本改。
〔七〕原作“惑”，據小學館本校改。
〔八〕“釣鉤”原作“釣釣”，據小學館本改。

中，無因訪獲，故別作新鉤〔一〕數千與之。兄怒不受，急責故鉤〔二〕云云。是時弟往海濱，低佪愁吟。時有川鴈，嬰羂困厄。即起憐心，解而放去。須臾，有鹽土老翁來，乃作無目堅間小船，載火火出見尊，推放〔三〕海中，則自然沉去。忽有可怜御路，故尋路而往，自至海神之宫。是時海神自迎延入，乃鋪設海驢皮八重，使坐其上，兼設饌百机，以盡主人之禮。因從容問曰："天神之孫，何以辱臨乎？"一云，"頃吾兒來語曰：'天孫憂居海濱，未審虚實。'蓋有之乎？"彦火火出見尊具申事之本末，因留息焉。海神則以其子豐玉姬妻之，遂纏綿篤愛，已經三年。

及至將歸，海神乃召鯛女，探其口者，即得鉤〔四〕焉。於是進此鉤〔五〕于彦火火出見尊。因奉教之曰："以此與汝兄時，乃可稱曰：'大鉤〔六〕，踉䠙鉤，貧鉤〔七〕，癡騃鉤。'言訖，則可以後手投〔八〕賜。"已而召集鰐魚問之曰："天神之孫，今當還去。儞等幾日之内，將〔九〕以奉致？"時諸鰐魚各隨其長短，定其日數。中有一尋鰐，自言："一日之内，則當致焉。"故即遣一尋鰐魚，以奉送焉。復進潮滿瓊、潮涸瓊二種寶物，仍教用瓊之法。又教曰："兄作高田者，汝可作洿田。兄作洿田者，汝可作高田。"海神盡誠奉助如此矣。時彦火火出見尊既〔一〇〕歸來，一遵神教，依而行之。其後火酢芹命日以襤褸，而憂之曰："吾已貧矣。"乃歸伏於弟。弟時出潮滿瓊，即兄舉手溺困。還出潮涸瓊，則休而平復。

先是豐玉姬謂天孫曰："妾已有娠也。天孫之胤，豈可産於海

〔一〕原作"鈎"，據校本改。
〔二〕原作"鈎"，據校本改。
〔三〕小學館本此處有"於"字。
〔四〕原作"鈎"，據校本改。
〔五〕原作"鈎"，據校本改。
〔六〕原作"鈎"，據校本改。
〔七〕原作"鈎"，據校本改。
〔八〕原作"授"，據小學館本校改。
〔九〕此處小學館本校刪"作"字。
〔一〇〕小學館本校改作"已"。

中乎？故當産時，必就君處。如爲我造屋於海邊，以相待者，是所望也。”故彦火火出見尊已還鄉，即以鸕鷀之羽，葺爲産屋。屋甍未及合，豐玉姬自馭大龜，將女弟玉依姬，光海來到。時孕月已滿，産期方急。由此，不待葺合，徑入居焉。已而從容謂天孫曰：“妾方産，請勿臨之。”天孫心怪其言，竊覘之，則化爲八尋大鰐。而知天孫視其私屏，深懷慙恨。既兒生之後，天孫就而問曰：“兒名何稱者當可乎？”對曰：“宜號彦波瀲武鸕鷀草葺不合尊。”言訖，乃涉海徑去。于時彦火火出見尊乃歌之曰：

飫企都鄧利。軻茂豆句志磨爾。和我謂禰志。伊茂播〔一〕和素邏珥。譽能據鄧馭鄧母。〔二〕

亦云，彦火火出見尊取婦人，爲乳母、湯母及飯嚼、湯坐。凡諸部備行，以奉養焉。于時權用他姬〔三〕婦，以乳養皇子焉。此世取乳母，養兒之緣也。是後豐玉姬聞其兒端正，心甚憐重，欲復歸養，於義不可。故遣女弟玉依姬，以來養者也。于時豐玉姬命寄玉依姬，而奉報歌曰：

阿軻娜磨〔四〕廼。比訶利播阿利登。比鄧播伊珮耐。企珥〔五〕我譽贈比志。多輔妬句阿利計利。〔六〕

凡此贈答二首，號曰舉歌。海驢，此云美知。踉蹡〔七〕鉤，此云須須能美膩。癡騃鉤，此云于樓該膩。

一書曰：兄火酢芹命得山幸利，弟火折尊得海幸利云云。弟愁吟在海濱，時遇鹽筒老翁。老翁問曰：“何故愁若此乎？”火折

〔一〕原作“播”，據校本改。

〔二〕[5]おきつとり　かもづくしまに　わがゐねし　いもはわすらじ　よのことごとも。略譯：“沖之島，鴨所居也。于茲共寢，此生毋忘妹也。”見《古事記》8。

〔三〕“姬”字小學館本校刪。

〔四〕原作“麻”，據校本改。

〔五〕小學館本作“弭”。

〔六〕[6]あかだまの　ひかりはありと　ひとはいへど　きみがよそひし　たふとくありけり。略譯：“人言赤玉，光紛披也。君之裝也，其貴莫之匹也。”見《古事記》7。

〔七〕原有“之”字，據小學館本校刪。

尊對曰云云。老翁曰:“勿復憂,吾將計之。”計曰:“海神所乘駿馬者,八尋鰐也。是竪其鰭背,而在橘之小戶。吾當與彼者共策。”乃將火折尊,共往而見之。是時鰐魚策之曰:“吾者八日以後,方致天孫於海宮。唯我王駿馬一尋鰐魚,是當一日之內必奉致焉。故今我歸而使彼出來,宜乘彼入海。入海之時,海中自有可怜小汀。隨其汀而進者,必至我王之宮。宮門井上,當有湯津杜樹,宜就其樹上而居之。”言訖,即入海去矣。故天孫隨鰐所言留居,相待已八日矣。久之,方有一尋鰐來,因乘而入海,每遵〔一〕前鰐之教。時有豐玉姬侍者,持玉鋺當汲井水,見人影在水底,酌取之不得,因以仰見天孫。即入告其王曰:“吾謂我王獨能絕麗。今有一客,彌復遠勝。”海神聞之曰:“試以察之。”乃設三床請入。於是天孫於邊床則拭其兩足,於中床則據其兩手,於內床則寬坐於真〔二〕床覆衾之上。海神見之,乃知是天神之孫,益加崇敬云云。

海神召赤女、口女問之時,口女自口出鉤以奉焉。赤女即赤鯛也,口女即鯔魚也。時海神授鉤彥火火出見尊,因教之曰:“還兄鉤時,天孫則當言:‘汝生子八十連屬之裔〔三〕,貧鉤,狹狹貧鉤。’言訖,三下唾與之。又兄入海釣〔四〕時,天孫宜在海濱,以作風招。風招即嘯也。如此則吾起瀛風、邊風,以奔波溺惱。”火折尊歸來,具遵神教。至及〔五〕兄釣〔六〕之日,弟居濱而嘯之。時迅風忽起,兄則溺苦,無由可生。便遙請弟曰:“汝久居海原,必有善術,願以救之。若活我者,吾生兒八十連屬,不離汝之垣邊,當爲俳優之民也。”於是弟嘯已停,而風亦還息。故兄知弟德,欲自

〔一〕“每遵”原作“遵每”,據校本改。
〔二〕原作“負”,據校本改。
〔三〕原作“裹”,據小學館本校改。
〔四〕原作“鉤”,據小學館本校改。
〔五〕原作“乃”,據小學館本校改。
〔六〕原作“鉤”,據小學館本校改。

伏辜。而弟有〔一〕愠色，不與共言。於是兄著犢鼻，以赭塗掌塗面，告其弟曰：“吾污身如此，永爲汝俳優者。”乃舉足踏行，學其溺苦之狀。初潮漬足時則爲足占，至膝〔二〕時則舉足，至股時則走廻，至腰時則捫腰，至腋時則置手於胸，至頸時則舉手飄掌。自爾及今，曾無廢絕。

先是，豐玉姬出來當產時，請皇孫曰云云。皇孫不從。豐玉姬大恨之曰：“不用吾言，令我屈辱。故自今以往，妾奴婢至君處者，勿復放還。君奴婢至妾處者，亦勿復還。”遂以真床覆衾及草，裹其兒置之波瀲，即入海去矣。此海陸不相通之緣也。一云，置兒於波瀲者，非也。豐玉姬命自抱而去。久之曰：“天孫之胤，不宜置此海中。”乃使玉依姬，持之送出焉。初豐玉姬別去時，恨言既切，故火折尊知其不可復會，乃有贈歌，已見上。八十連屬，此云野素豆豆企。飄掌，此云陀毗盧箇須也。

彥波瀲武鸕鷀草葺不合尊以其姨玉依姬爲妃，生彥五瀨命。次稻飯命，次三毛入野命，次神日本磐余彥尊。凡生四男。久之，彥波瀲武鸕鷀草葺不合尊崩於西洲〔三〕之宮。因葬日向吾平山上陵。

一書曰：先生彥五瀨命，次稻飯命，次三毛入野命。次狹野尊，亦號神日本磐余彥尊。所稱狹野者，是年少時之號也。後撥平天下，奄有八洲，故復加號，曰神日本磐余彥尊。

一書曰：先生五瀨命，次三毛野命，次稻飯命。次磐余彥尊，亦號神日本磐余彥火火出見尊。

一書曰：先生彥五瀨命，次稻飯命，次神日本磐余彥火火出見尊，次稚三毛野命。

一書曰：先生彥五瀨命，次磐余彥火火出見尊，次彥稻飯命，次三毛入野命。

日本書紀卷第二　終

〔一〕原作“面”，據校本改。
〔二〕原作“滕”，據校本改。
〔三〕原作“州”，據校本改。

日本書紀　巻第三

神日本磐余彦天皇　神武天皇

神日本磐余彦天皇，諱彦火火出見，彦波瀲武鸕鷀草葺不合尊第四子也。母曰玉依姬，海童之小[一]女也。天皇生而明達，意礭如也。年十五，立爲太子。長而娶日向國吾田邑吾平津媛爲妃，生手研耳命。及年四十五歲，謂諸兄及子等曰："昔我天神高皇産靈尊、大日孁[二]尊，舉此豐葦原瑞穗國，而授我天祖彦火瓊瓊杵尊。於是火瓊瓊杵尊，闢天關，披雲路，駈仙[三]蹕以戾止。是時運屬鴻荒，時鍾草昧。故蒙以養正，治此西偏。皇祖皇考，乃神乃聖，積慶重暉，多歷年所。自天祖降跡以逮，于今一百七十九萬二千四百七十餘歲。而遼邈之地，猶未霑於王澤。遂使邑有君，村有長，各自分疆[四]，用相凌躒。抑又聞於鹽土老翁，曰：'東有美地，青山四周。其中亦有乘天磐船[五]飛降者。'余謂，彼地必當足以恢弘大業，光宅天下。蓋六合之中心乎？厥飛降者，謂是饒速日歟？何不就而都之乎？"諸皇子對曰："理實灼然，我亦恒以爲念。宜早行之。"是年也，太歲甲寅。

其年冬十月丁巳朔辛酉，天皇親帥[六]諸皇子、舟師東征，至速

〔一〕小學館本校改作"少"。
〔二〕原作"靈"，據校本改。
〔三〕原作"山"，據小學館本校改。
〔四〕原作"彊"，據校本改。
〔五〕小學館本此處校補"而"字。
〔六〕原作"師"，據校本改。

吸之門。時有一漁人，乘艇而至。天皇招之，因問曰："汝誰也？"對曰："臣是國神，名曰珍彦。釣魚於曲浦，聞天神子來，故即奉迎。"又問之曰："汝能爲我導耶？"對曰："導之矣。"天皇勅授漁人椎檣末令執，而牽納於皇舟，以爲海導者。乃特賜名，爲椎根津彦。椎，此云辞毗。此即倭直部始祖也。行至筑紫國菟狹，菟狹者，地名也。此云宇佐。時有菟狹國造祖，号曰菟狹津彦、菟狹津媛。乃於菟狹川上，造一柱騰宫，而奉饗焉。一柱騰宫，此云阿斯毗苫[一]徒鞅餓離能宫。是時，勅以菟狹津媛，賜妻之於侍臣天種子命。天種子命，是中臣氏之遠祖也。

十有一月丙戌朔甲午，天皇至筑紫[二]國崗水門。

十有二月丙辰朔壬午，至安藝國，居于埃宫。

乙卯年春三月甲寅朔己未，徙[三]入吉備國，起行館以居之，是曰高嶋宫。積三年間，脩舟檝，蓄兵食，將欲以一舉而平天下也。

戊午年春二月丁酉朔丁未，皇師遂東，舳艫相接。方到難波之碕，會有奔潮太急，因以名爲浪速國，亦曰浪華[四]。今謂難波，訛也[五]。訛，此云與許奈磨盧。

三月丁卯朔丙子，遡流而上，徑至河内國草香邑青雲白肩之津。

夏四月丙申朔甲辰，皇師勒兵，步趣龍田。而其路狹嶮，人不得並行。乃還，更欲東踰膽駒山，而入中洲。時長髓彦聞之曰："夫天神子等所以來者，必將奪我國。"則盡起屬兵，徼之於孔舍衛坂，與之會戰。有流矢，中五瀨命肱脛，皇師不能進戰。天皇憂之，乃運神策於沖衿曰："今我是日神子孫，而向日征虜。此逆天道也。不若退還示弱，禮祭神祇，背負日神之威，隨影壓躡。如此，則曾不血刃，虜必自敗矣。"僉曰："然。"於是令軍中曰："且停，勿[六]復

〔一〕小學館本校改作"苔"。本卷後同。
〔二〕"筑紫"原文重出，據校本改。
〔三〕原作"徒"，據校本改。
〔四〕小學館本校改作"花"。
〔五〕"也"字原無，據小學館本校補。
〔六〕小學館本此處校補"須"字。

進。”乃引軍還，虜亦不敢逼。却至草香[一]津，植盾而爲雄誥焉。雄誥，此云烏多鷄盧[二]。因改号其津曰盾津。今云蓼津，訛也。初，孔舍衛之戰，有人隱於大樹而得免難。仍指其樹曰：“恩如母。”時人因号其地曰母木邑。今云飫悶廼奇，訛也。

五月丙寅朔癸酉，軍至茅渟山城水門。亦名山井水門。茅渟，此云智怒。時五瀨命矢瘡痛甚。乃撫劒而雄誥之曰：撫劒，此云都盧耆能多伽彌屠利辞魔屢。“慨哉！大丈夫慨哉，此云于[三]黎多棄伽夜。被傷於虜手，將不報而死耶！”時人因号其處曰雄水門。進到于紀伊[四]國竈山，而五瀨命薨于軍。因葬竈山。

六月乙未朔丁巳，軍至名草邑，則誅名草戶畔者。戶畔，此云妬鼙。遂越狹野，[五]到熊野神邑，且登天磐盾，仍引軍漸進。海中卒遇暴風，皇舟漂蕩。時稻飯命乃歎曰：“嗟乎！吾祖則天神，母則海神，如何厄我於陸，復厄我於海乎？”言訖，乃拔劒入海，化爲鋤持神。三毛入野命亦恨之曰：“我母及姨並是海神，何爲起波瀾，以灌溺乎？”則蹈浪秀，而往乎常世鄉矣。天皇獨與皇子手研耳命帥[六]軍而進，至熊野荒坂津，亦名丹[七]敷浦。因誅丹[八]敷戶畔者。時神吐毒氣，人物咸瘁，由是皇軍不能復振。時彼處有人，号曰熊野高倉下。忽夜夢，天照大神謂武甕雷神曰：“夫葦原中國，猶聞喧擾之響焉。聞喧擾之響焉，此云左揶霓利奈離。宜汝更往而征之。”武甕雷神對曰：“雖予不行，而下予平國之劒，則國將自平矣。”天照大[九]神曰：“諾。”諾，此云宇毎那利。時武甕雷神登謂高倉曰：“予劒号曰韴靈，韴靈，此云赴屠能瀰哆磨。今當置汝庫裏。宜取而獻之天孫。”高倉曰“唯唯”而

〔一〕小學館本此處校補“之”字。
〔二〕小學館本校改作“縻”。
〔三〕小學館本校改作“宇”。
〔四〕“伊”字小學館本校刪。
〔五〕小學館本此處校補“而”字。
〔六〕原作“師”，據校本改。
〔七〕原作“舟”，據校本改。
〔八〕原作“舟”，據校本改。
〔九〕原作“太”，據校本改。

寤之。明旦，依夢中教，開庫視之。果有落劒，倒立於庫底板，即取以進之。于時，天皇適寐，忽然而寤之曰："予何長眠若此乎？"尋而中毒士卒，悉復醒起。既而皇師欲趣中洲，而山中嶮絶，無復可行之路，乃棲〔一〕遑不知其所跋涉。時夜夢，天照大神訓于天皇曰："朕今遣頭八咫烏，宜以爲鄉導者。"果有頭八咫烏，自空翔降。天皇曰："此烏之來，自叶祥夢。大哉，赫矣！我皇祖天照大神，欲以助成基業乎？"是時大伴氏之遠祖日臣〔二〕命，帥〔三〕大來目，督將元戎，蹈山啓行，乃尋烏所向，仰視而追之，遂達于菟田下縣。因号其所至之處，曰菟田穿邑。穿邑，此云于介知能務羅。于時勅譽日臣命曰："汝忠而且勇，加能有〔四〕導之功，是以改汝名爲道臣。"

秋八月甲午朔乙未，天皇使徵兄猾及弟猾者。猾，此云宇介志。是兩人，菟田縣之魁帥〔五〕者也。魁帥〔六〕，此云比鄧誤迺伽瀰〔七〕。時兄猾不來，弟猾即詣至。因拜軍門而告之曰："臣兄兄猾之爲逆狀也，聞天孫且到，即起兵將襲。望見皇師之威，懼不敢敵，乃潛伏其兵，權作新宮，而殿内施機，欲因請饗以作難。願知此詐，善爲之備。"天皇即遣道臣〔八〕命，察其逆狀。時道臣命審知有賊害之心，而大怒詰嘖之曰："虜爾所造屋，爾自居之。"爾，此云飫例。因案劒彎弓，逼令催入。兄猾獲罪〔九〕於天，事無所辭，乃自蹈機而壓死。時陳其屍而斬之，流血没踝，故号其地曰菟田血原。已而弟猾大設牛酒，以勞饗皇師焉。天皇以其酒宍〔一〇〕班賜軍卒，乃爲御謠之曰：謠，此云宇多預瀰〔一一〕。

〔一〕原作"捿"，據小學館本改。
〔二〕原作"巨"，據小學館本校改。
〔三〕原作"師"，據校本改。
〔四〕"能有"小學館本校改作"有能"。
〔五〕原作"師"，據校本改。
〔六〕原作"師"，據校本改。
〔七〕小學館本校改作"瀰"。
〔八〕原作"巨"，據小學館本校改。後同。
〔九〕原文此處有"兄"字，據小學館本校删。
〔一〇〕原作"完"，據小學館本改。
〔一一〕原作"彌"，據校本改。

于儀能。多伽機珥。辭藝和奈破蘆。和餓末菟夜。辭藝破佐夜羅孺。伊殊區波辭。區旎羅佐夜離。固奈瀰餓。那居波佐麼[一]。多智曾麼能。未廼那鷄句塢。居氣辞被惠禰。宇破奈利餓。那居波佐磨[二]。伊智佐介幾。未廼於朋鷄句塢。居氣儺被惠禰。[三]

是謂來目歌。今樂府奏此歌者，猶有手量大小，及音聲巨細，此古之遺式也。

是後天皇欲省吉野之地，乃從菟田穿邑，親率輕兵巡幸焉。至吉野時，有人出自井中，光而有尾。天皇問之曰："汝何人？"對曰："臣是國神，名爲井光。"此則吉野首部始祖也。更少進，亦有尾而披磐石而出者。天皇問之曰："汝何人？"對曰："臣是磐排別之子。"排別，此云飫時和句。此則吉野國樔[四]部始祖也。及緣水西行，亦有作梁取魚者。梁，此云揶奈。天皇問之，對曰："臣是苞苴擔之子。"苞苴擔，此云珥倍毛菟。此則阿太養鸕部始祖也。

九月甲子朔戊辰，天皇陟彼菟田高倉山之巔，瞻望域[五]中。時國見丘[六]上則有八十梟帥[七]。梟帥[八]，此云多稽屢。又於女坂置女軍，男坂置男軍，墨坂置焃炭。其女坂、男坂、墨坂之号，由此而起也。復有兄磯城軍，布滿於磐余邑。磯，此云志。賊虜所據，皆是要害之地。故道路絕[九]塞，無處可通。天皇惡之，是夜自祈而寢。夢有天

〔一〕原作"縻"，據小學館本校改。後句同。

〔二〕小學館本校改作"麼"。

〔三〕[7]うだの　たかきに　しぎわなはる　わがまつや　しぎはさやらず　いすくはし　くぢらさやり　こなみが　なこはさば　たちそばの　みのなけくをこきしひゑね　うはなりが　なこはさば　いちさかき　みのおほけくをこきだひゑね。略譯："菟田高城，張鷸羂矣。我待鷸之不來，得巨鯨矣。前妻乞食，嗟食無多矣。後妻乞食，噫食多而多矣。"見《古事記》9。

〔四〕原作"樔"，據小學館本改。

〔五〕原作"城"，據小學館本校改。

〔六〕原作"岳"，據小學館本校改。

〔七〕原作"師"，據校本改。

〔八〕原作"師"，據校本改。

〔九〕原作"絁"，據校本改。

神訓之曰:“宜取天香山社中土,香山,此云介遇夜摩[一]。以造天平瓮[二]八十枚,平瓮,此云毗邏介。并造嚴瓮,而敬祭天神地祇,嚴瓮,此云怡途背。亦爲嚴咒詛。如此,則虜自平伏。嚴咒詛,此云怡途能伽辞離。”天皇祇承夢訓,依以將行。時弟猾又奏曰:“倭國磯城邑有磯城八十梟帥[三],又高尾張邑或本云,葛城邑也。有赤銅八十梟帥。此類皆欲與天皇距戰,臣竊爲天皇憂之。宜今當取天香山埴,以造天平瓮,而祭天社國社之神。然後擊虜,則易除也。”天皇既以夢辞爲吉兆,及聞弟猾之言,益喜於懷。乃使椎根津彦著弊衣服及蓑笠爲老人[四]貌,又使弟猾被箕爲老嫗貌,而勅之曰:“宜汝二人到天香山,潛取其巔土,而可來旋矣。基業成否,當以汝爲占,努力慎歟。”是時虜兵滿路,難以往還。時椎根津彦乃祈之曰:“我皇當能定此國者,行路自通。如不能者,賊必防禦。”言訖徑去。時羣虜見二人,大笑之曰:“大醜乎,大醜,此云鞅奈瀰儞勾。老父老嫗!”則相與闢道使行。二人得至其山,取土來歸。於是天皇甚悦,乃以此埴,造作八十平瓮、天手抉八十枚、手抉,此云多衢餌離。嚴瓮,而陟于丹生川上,用祭天神地祇。則於彼菟田川之朝原,譬如水沫,而有所咒著也。天皇又因祈之曰:“吾今當以八十平瓮,無水造飴。飴成,則吾必不假鋒刃之威,坐平天下。”乃造飴,飴即自成。又祈之曰:“吾今當以嚴瓮沉于丹生之川。如魚無大小,悉醉而流,譬猶柀葉之浮流者,柀,此云磨紀。吾必能定此國。如其不爾,終無所成。”乃沉瓮於川,其口向下。頃之[五],魚皆浮出,隨水噞喁。時椎根津彦見而奏之,天皇大喜,乃拔取丹生川上之五百箇真坂樹,以祭諸神。自此始有嚴瓮之置也。時勅道臣命:“今以高皇産靈尊,朕親作顯齋[六]。顯齋,此云于圖詩怡破毗。用汝爲齋主,授以嚴媛之号。而名其所置埴瓮爲嚴瓮,又

〔一〕小學館本校改作“摩”。
〔二〕原作“瓫”,據小學館本校改。後同。
〔三〕原作“師”,據校本改。後句同。
〔四〕小學館本校改作“父”。
〔五〕“之”字原無,據小學館本校補。
〔六〕原作“齊”,據校本改。後夾注及後句同。

火名爲嚴香來雷，水名爲嚴罔象女，罔象女，此云瀰菟破迺迷。糧名爲嚴稻魂女，稻魂女，此云于伽能迷。薪名爲嚴山雷，草名爲嚴野椎。”

冬十月癸巳朔，天皇嘗其嚴甕之糧，勒兵而出。先擊八十梟帥〔一〕於國見丘，破斬之。是役也，天皇志存必克，乃爲御謠之曰：

伽牟伽筮能。伊齊能于瀰能。於費異之珥夜。異波臂茂等倍屢。之多儾瀰能。之多儾瀰能。阿誤豫。阿誤豫。之多太瀰能。異波比茂等倍離。于智弖之夜莽務。于智弖之夜莽務。〔二〕

謠意，以大石喻其國見丘也。既而餘黨猶繁，其情難測。乃顧勅道臣命："汝宜帥〔三〕大來目部，作大室於忍坂邑，盛設宴饗，誘虜而取之。"道臣命於是奉密旨，掘窨於忍坂，而選我猛卒，與虜雜居。陰期之曰："酒酣之後，吾則起歌。汝等聞吾歌聲，則一時刺虜。"已而坐定酒行。虜不知我之有陰謀，任情徑醉。時道臣命乃起而歌之曰：

於佐箇迺。於朋務露夜珥。比苫瑳破而。異〔四〕離烏利苫毛。比苫瑳破而。枳伊離烏利苫毛。瀰都瀰都志。倶梅能固邏餓。勾鶩都都伊。異志都都伊毛智。于智弖之夜莽務。〔五〕

時我卒聞歌，倶拔其頭椎劒，一時殺虜。虜無復噍類者。皇軍大悦，仰天而咲，因歌之曰：

伊莽波豫。伊莽波豫。阿阿時夜塢。伊莽儺而毛。阿誤豫。伊

〔一〕原作"師"，據校本改。

〔二〕[8]かむかぜの　いせのうみの　おひいしにや　いはひもとほる　しただみの　しただみの　あごよ　あごよ　しただみの　いはひもとほり　うちてしやまむ　うちてしやまむ。略譯："伊勢之海，有大石兮。爬之迴之，有細螺兮。吁嗟吾子，吁嗟吾子，既爬之迴之，擊盡而後止！擊盡而後止！"見《古事記》13。

〔三〕原作"師"，據校本改。

〔四〕原作"畢"，據校本改。

〔五〕[9]おさかの　おほむろやに　ひとさはに　いりをりとも　ひとさはに　きいりをりとも　みつみつし　くめのこらが　くぶつつい　いしつついもち　うちてしやまむ。略譯："忍坂大屋，人多居兮，人多來兮。勇武孔多，來目若者兮。持頭椎兮太刀，持石椎兮太刀，擊盡而後止！"見《古事記》10。

莽儺而毛。阿誤豫。〔一〕

今來目部歌而後大哂，是其緣也。又歌之曰：

愛瀰詩烏。毗儺利。毛毛那比苫。比苫破易陪迺毛。多牟伽毗毛勢儒。〔二〕

此皆承密旨而歌之，非敢自專者也。時天皇曰："戰勝而無驕者，良將之行也。今魁賊已滅，而同惡者匈匈十數羣。其情不可知，如何久居一處，無以制變？"乃徙營於別處。

十有一月癸亥朔己巳，皇師大舉，將攻磯城彥。先遣使者徵兄磯城，兄磯城不承命。更遣頭八咫烏召之。時烏到其營，而鳴之曰："天神子召汝。怡奘過，怡奘過！"過，音倭。兄磯城忿之曰："聞天壓神至，而吾爲慨憤時。奈何烏鳥若此惡鳴耶！"壓，此云〔三〕飫蒭。乃彎弓射之，烏即避去。次到弟磯城宅，而鳴之曰："天神子召汝。怡奘過，怡奘過！"時弟磯城慄然改容曰："臣聞天壓神至，旦夕畏懼。善乎烏，汝鳴之若此者歟！"即作葉盤八枚，盛食饗之。葉盤，此云毗羅耐。因以隨烏，詣到而告之曰："吾兄兄磯城聞天神子來，則聚八十梟帥〔四〕，具兵甲，將與決戰。可早圖之。"天皇乃會諸將，問之曰："今兄磯城果有逆賊之意，召亦不來，爲之奈何？"諸將曰："兄磯城，黠賊也。宜先遣弟磯城曉喻之，并說兄倉下、弟倉下。如遂不歸順，然後舉兵臨之，亦未晚也。"倉下，此云衢羅餌。乃使弟磯城開示利害。而兄磯城等猶守愚謀，不肯承伏。時椎根津彥計之曰："今者宜先遣我女軍，出自忍坂道。虜見之，必盡鋭而赴。吾則駈馳勁卒，直指墨坂，取菟田川水，以灌其炭火。儵忽之間，出其不意，則破之必也。"天皇善其策，乃出女軍以臨之。虜謂大兵已至，畢力

〔一〕[10]いまはよ　いまはよ　ああしやを　いまだにも　あごよ　いまだにも　あごよ。略譯："蕞爾之敵，殲之盡也。吁嗟吾子，吁嗟吾子，殲敵其務盡也！"

〔二〕[11]えみしを　ひだり　ももなひと　ひとはいへども　たむかひもせず。略譯："或言蝦夷，一當百也。勇哉吾子，其勢不可當也。"

〔三〕"此云"原作"者"，據小學館本校改。

〔四〕原作"師"，據校本改。

相待。先是皇軍攻必取，戰必勝，而介冑之士，不無疲弊。故聊爲御謠，以慰將卒之心焉。謠曰：

哆哆奈梅弖。伊那瑳能椰摩能。虛能莽由毛。易喩耆摩毛羅毗。多多介陪磨〔一〕。和例破椰隈怒。之摩途等利。宇介譬餓等茂。伊莽輸開珥虛禰。〔二〕

果以男軍越墨坂，從後夾擊破之，斬其梟帥〔三〕兄磯城等。

十有二月癸巳朔丙申，皇師遂擊長髓彥，連戰不能取勝。時忽然天陰而雨氷，乃有金色靈鵄，飛來止于皇弓〔四〕弭。其鵄光曄煜，狀如流電。由是長髓彥軍卒，皆迷眩不復力戰。長髓，是邑之本号焉，因亦以爲人名。及皇軍之得鵄瑞也，時人仍号鵄邑。今云鳥見，是訛也。昔孔舍衛之戰，五瀨命中矢而薨。天皇銜之，常懷憤懟。至此役也，意欲窮誅，乃爲御謠之曰：

瀰都瀰都志。倶梅能故邏餓。介耆茂等珥。阿波赴珥破。介瀰羅毗苫茂苫。曽迺餓毛苫。曽禰梅屠那藝弖。于笞弖之夜莽務。〔五〕

又謠之曰：

瀰都瀰都志。倶梅能故邏餓。介耆茂等珥〔六〕。宇惠志破餌介瀰。勾致弭比倶。和例破涴輸例儒。于智弖之夜莽務。〔七〕

因復縱兵忽〔八〕攻之。凡諸御謠，皆謂來目歌，此的取歌者而名之也。

〔一〕大系本作“摩”，小學館本作“麼”。

〔二〕[12] たたなめて　いなさのやまの　このまゆも　いゆきまもらひ　たたかへば　われはやゑぬ　しまつとり　うかひがとも　いますけにこね。略譯：“伊那瑳山，木之間兮。並盾伺敵，我士飢兮。鵜飼之伴，其來助我兮！”見《古事記》14。

〔三〕原作“師”，據校本改。

〔四〕小學館本此處校補“之”字。

〔五〕[13] みつみつし　くめのこらが　かきもとに　あはふには　かみらひともと　そのがもと　そねめつなぎて　うちてしやまむ。略譯：“來目之子，植粟垣邊兮。臭韭一根，生其中兮。根芽相繫，擊盡而後止！”見《古事記》11。

〔六〕原作“弭”，據校本改。

〔七〕[14] みつみつし　くめのこらが　かきもとに　うゑしはじかみ　くちびひく　われはわすれず　うちてしやまむ。略譯：“來目之子，植椒垣邊兮。食其實也，口痛莫忘兮。莫忘莫忘，擊盡而後止！”見《古事記》12。

〔八〕小學館本校改作“急”。

時長髓彦乃遣行人言於天皇曰:“嘗有天神之子，乘天磐船自天降止，号曰櫛玉饒[一]速日命。饒速日，此云儞藝波揶[二]卑。是娶吾妹三炊屋媛，亦名長髓媛，亦名鳥見屋媛。遂有兒息，名曰可美真手命。可美真手，此云于魔詩莽耐。故吾以饒速日命爲君而奉焉。夫天神之子，豈有兩種乎？奈何更稱天神子，以奪人地乎？吾心推之，未必爲信。”天皇曰:“天神子亦多耳。汝所爲君，是實天神之子者，必有表物。可相示之。”長髓彦即取饒速日命之天羽羽矢一隻及步靭[三]，以奉示天皇。天皇覽之曰:“事不虚也。”還以所御天羽羽矢一隻及步靭，賜示於長髓彦。長髓彦見其天表，益懷踧踖。然而兇器已構，其勢不得中休，而猶守迷圖，無復改意。饒速日命本知天神慇懃唯天孫是與，且見夫長髓彦稟性愎佷，不可教以天人之際，乃殺之，帥[四]其衆而歸順焉。天皇素聞饒速日命是自天降者，而今果立忠效，則褒而寵之。此物部氏之遠祖也。

己未年春二月壬辰朔辛亥，命諸將練士卒。是時層富縣波哆丘岬有新城戶畔者，丘岬，此云塢介佐棄。又和珥坂下有居勢祝者，坂下，此云瑳伽梅苫。臍見長柄丘岬有猪祝者。此三處土蜘蛛，並恃其勇力，不肯來庭。天皇乃分遣偏師，皆誅之。又高尾張邑有土蜘蛛。其爲人也，身短而手足長，與侏儒相類。皇軍結葛網而掩襲殺之，因改号其邑曰葛城。夫磐余之地，舊名片居，片居，此云伽哆韋[五]。亦曰片立。片立，此云伽哆哆知。逮[六]我皇師之破虜也，大軍集而滿於其地，因改号爲磐余。或曰，天皇往嘗嚴瓮糧，出軍西征。是時，磯城八十梟帥[七]於彼處屯聚居之。屯聚居，此云怡波瀰萎。果與天皇大戰，遂爲皇師所滅。故名之曰磐余邑。又皇師立誥之處，是謂猛田，作

〔一〕原作“鐃”，據小學館本校改。後同。
〔二〕小學館本作“椰”。
〔三〕小學館本校改作“靫”。後同。
〔四〕原作“師”，據校本改。
〔五〕“哆”原作“多”，據校本改。“韋”原作“婁”，據小學館本校改。
〔六〕原作“逯”，據校本改。
〔七〕原作“師”，據校本改。

城處号曰城田。又賊衆戰死而僵屍，枕臂處呼爲頰枕田。天皇以前年秋九月，潛取天香山之埴土，以造八十平瓮，躬自齋[一]戒祭諸神，遂得安定區宇，故号取土之處曰埴安。

三月辛酉朔丁卯，下令曰：“自我東征，於兹六年矣。賴以皇天之威，凶徒就戮。雖邊土未清，餘妖尚梗，而中洲之地，無復風塵。誠宜恢廓皇都，規摹大壯。而今運屬此屯蒙，民心朴素。巢棲[二]穴住，習俗惟常。夫大人立制，義必隨時。苟有利民，何妨聖造。且當披拂山林，經營宫室，而恭臨寶位，以鎮元元。上則答乾靈授國之德，下則弘皇孫養正之心。然後兼六合以開都，掩八紘而爲宇，不亦可乎？觀夫畝傍山畝傍山，此云宇禰縻夜摩。東南橿原地者，蓋國之墺區乎？可治之。”

是月，即命有司經始帝宅。

庚申年秋八月癸丑朔戊辰，天皇當立正妃，改廣求華胄。時有人奏之曰：“事代主神共三嶋溝橛耳神之女玉櫛媛所生兒，号曰媛蹈韛五十鈴媛命，是國色之秀者。”天皇悦之。

九月壬午朔乙[三]巳，納媛蹈韛五十鈴媛命，以爲正妃。

辛酉年春正月庚辰朔，天皇即帝位於橿原宫。是歲爲天皇元年。尊正妃爲皇后。生皇子神八井命、神渟名川耳尊。故古語稱之曰：“於畝傍之橿原也，太立宫柱於底磐之根，峻峙榑[四]風於高天之原，而始馭天下之天皇。”号曰神日本磐余彦火火出見天皇焉。初天皇草創天基之日也，大伴氏之遠祖道臣命帥[五]大來目部奉承密策，能以諷歌、倒語，掃蕩妖氣。倒語之用，始起乎兹。

二年春二月甲辰朔乙巳，天皇定功行賞。賜道臣命宅地，居于築坂邑，以寵異之。亦使大來目居于畝傍山以西川邊之地。今号來

〔一〕原作“齊”，據校本改。
〔二〕原作“捿”，據小學館本改。
〔三〕原作“巳”，據小學館本校改。
〔四〕小學館本校改作“搏”。
〔五〕原作“師”，據校本改。

目邑，此其緣也。以珍彦爲倭國造。珍彦，此云于砮毗故。又給弟猾猛田邑。因爲猛田縣主，是菟田主水部遠祖也。弟磯城，名黑速，爲磯城縣主。復以劒根者爲葛城國造。又頭八咫烏亦入賞例。其苗裔即葛野主殿縣主部是也。

四年春二月壬戌朔甲申，詔曰:“我皇祖之靈也，自天降鑒，光助朕躬。今諸虜已平，海內無事，可以郊祀天神，用申大孝者也。”乃立靈時於鳥見山中，其地号曰上小野榛原、下小野榛原，用祭皇祖天神焉。

三十有一年夏四月乙酉朔，皇輿巡幸。因登腋上嗛間丘，而迴望國狀曰:“妍哉乎國之獲矣！妍哉，此云鞅奈珥夜。雖內木綿之真迮國，猶如蜻蛉之臀呫焉。”由是始有秋津洲之号也。昔伊弉諾尊目此國曰:“日本者，浦安國，細戈千足國，磯輪上秀真國。”秀真國，此云袍圖莽句儞。復大己貴大神目之曰“玉牆內國”。及至饒速日命，乘天磐船而翔行太虛也，睨是鄉而降之，故因目之曰“虛空見日本國”矣。

四十有二年春正月壬子朔甲寅，立皇子神渟[一]名川耳尊爲皇太子。

七十有六年春三月甲午朔甲辰，天皇崩于橿原宮，時年一百二十七歲。

明年秋九月乙卯朔丙寅，葬畝傍山東北陵。

日本書紀卷第三　終

〔一〕原作“淳”，據校本改。

日本書紀　巻第四

神渟名川耳天皇　綏靖天皇
磯城津彦玉手看天皇　安寧天皇
大日本彦耜友天皇　懿德天皇
觀松彦香殖稻天皇　孝昭天皇
日本足彦國押人天皇　孝安天皇
大日本根子彦太瓊天皇　孝靈天皇
大日本根子彦國牽天皇　孝元天皇
稚日本根子彦大日日天皇　開化天皇

神渟名川耳天皇 綏靖天皇

神渟名川耳天皇，神日本磐余彦天皇第三子也。母曰媛蹈鞴五十鈴媛命，事代主神之大女也。天皇風姿岐嶷，少有雄拔之氣。及壯，容貌魁偉，武藝過人，而志尚沈〔一〕毅。至四十八歲，神日本磐余彦天皇崩。時神渟名川耳尊孝性純深，悲慕無已，特留心於喪〔二〕葬之事焉。其庶兄手研耳命，行年已長，久歷朝機，故亦委事而親之。然其王立操厝懷，本乖仁義，遂以諒闇之際，威〔三〕福自由，苞藏禍心，圖害二弟。于時也，太〔四〕歲己卯。

冬十一月，神渟名川耳尊與兄神八井耳命，陰知其志，而善防之。至於山陵事畢，乃使弓部稚彦造弓，倭鍛部天津真浦造真麛鏃，矢部作箭。及弓矢既成，神渟名川耳尊欲以射殺手研耳命。會有手研耳命於片丘大窨中，獨臥于大牀。時渟名川耳尊謂神八井耳命曰："今適其時也。夫言貴密，事宜慎。故我之陰謀，本無預者。今日之事，唯吾與爾自行之耳。吾當先開窨戶，爾其射之。"因相隨進入。神渟名川耳尊突開其戶，神八井耳命則手脚戰慄，不能放矢。時神

〔一〕原作"沉"，據小學館本改。
〔二〕原作"哀"，據小學館本校改。
〔三〕原作"盛"，據小學館本校改。
〔四〕原作"大"，據小學館本改。

渟名川耳尊掣取其兄所持弓矢，而射手研耳命。一發中胸，再發中背，遂殺之。於是神八井耳命懣然自服，讓於神渟名川耳尊曰："吾是乃兄，而懦弱不能致果。今汝特挺神武，自誅元惡。宜哉乎，汝之光臨天位，以承皇祖之業！吾當爲汝輔之，奉典神祇者。"是即多臣之始祖也。

元年春正月壬申朔己卯，神渟名川耳[一]尊即天皇位。都葛城，是謂高丘宮。尊皇后曰皇太后。是年也，太[二]歲庚辰。

二年春正月，立五十鈴依媛爲皇后，一書云，磯城縣主女川派媛。一書云，春日縣主大日諸女糸[三]織媛也。即天皇之姨也。后生磯城津彦玉手看天皇。

四年夏四月，神八井耳命薨。即葬于畝傍山北。

二十五年春正月壬子[四]朔戊子，立皇子磯城津彦玉手看尊爲皇太子。

三十三年夏五月，天皇不豫。癸酉，崩。時年八十四。

磯城津彦玉手看天皇 安寧天皇

磯城津彦玉手看天皇，神渟名川耳天皇太子也。母曰五十鈴依媛命，事代主神之少女也。天皇以神渟名川耳天皇二十五年，立爲皇太子，年二十一。

三十三年夏五月，神渟名川耳天皇崩。

其年七月癸亥朔乙丑，太子即天皇位。

元年冬十月丙戌朔丙申，葬神渟名川耳天皇於倭桃花鳥田丘上陵。尊皇后曰皇太后。是年也，太歲癸丑。

二年，遷都於片鹽，是謂浮孔宮。

〔一〕"耳"字原缺，據小學館本校補。
〔二〕原作"大"，據小學館本改。
〔三〕原作"系"，據小學館本校改。
〔四〕小學館本校改作"午"。

三年春正月戊寅朔壬午，立渟名底仲媛命亦曰渟名襲媛。爲皇后。一書云，磯城縣主葉江女川津媛。一書云，大間宿禰女糸井媛。先是，后生二皇子。第一曰息石耳命，第二曰大日本彦耜友天皇。一云，生三皇子。第一曰常津彦某[一]兄，第二曰大日本彦耜友天皇，第三曰磯城津彦命。

十一年春正月壬戌朔，立大日本彦耜友尊爲皇太子也。弟磯城津彦命，是猪使連之始祖也。

三十八年冬十二月庚戌朔乙卯，天皇崩，時年五十七。

大日本彦耜友天皇 懿德天皇

大日本彦耜友天皇，磯城津彦玉手看天皇第二子也。母曰渟名底仲媛命，事代主神孫鴨王女也。磯城津彦玉手看天皇十一年春正月壬戌，立爲皇太子，年十六。

三十八年冬十二月，磯城津彦玉手看天皇崩。

元年春二月己酉朔壬子，皇太子即天皇位。

秋八月丙午朔，葬磯城津彦玉手看天皇於畝傍山南御陰井上陵。

九月丙子朔乙[二]丑，尊皇后曰皇太后。是年也，太歲辛卯。

二年春正月甲戌朔戊寅，遷都於輕地。是謂曲峽宮。

二月癸卯朔癸丑，立天豐津媛命爲皇后。一云，磯城縣主葉江男弟猪手女泉媛。一云，磯城縣主太真稚彦女飯日媛也。后生觀松彦香殖稻天皇。一云，天皇母弟武石彦奇友背命。

二十二年春二月丁未朔戊子[三]，立觀松彦香殖稻尊爲皇太子，年十八。

三十四年秋九月甲子朔辛未，天皇崩。

〔一〕原作“其”，據校本改。
〔二〕小學館本校改作“己”。
〔三〕小學館本校改作“午”。

觀松彦香殖稻天皇　孝昭〔一〕天皇

觀松彦香殖稻天皇，大日本彦耜友天皇太子也。母皇后天豐津媛命，息石耳命之女也。天皇以大日本彦耜友天皇二十二年春二月丁未朔戊午〔二〕，立爲皇太子。

三十四年秋九月，大日本彦耜友天皇崩。

明年冬十月戊子〔三〕朔庚午，葬大日本彦耜友天皇於畝傍山南纖沙谿上陵。

元年春正月丙戌朔甲子〔四〕，皇太子即天皇位。

夏四月乙卯朔己未，尊皇后曰皇太后。

秋七月，遷都於掖上，是謂池心宮。是年也，太歲丙寅。

二十九年春正月甲辰朔丙午，立世襲足媛爲皇后。一云，磯城縣主葉江女渟名城津媛。一云，倭國豐秋狹太媛女大井媛也。后生天足彦國押人命、日本足彦國押人天皇。

六十八年春正月丁亥朔庚子，立日本足彦國押人尊爲皇太子，年二十。天足彦國押人命，此和珥臣等始祖也。

八十三年秋八月丁巳朔辛酉，天皇崩。

日本足彦國押人天皇　孝安天皇

日本足彦國押人天皇，觀松彦香殖稻〔五〕天皇第二子也。母曰世襲足媛，尾張連遠祖瀛津世襲之妹也。天皇以觀松彦香殖稻天皇六十八年春正月，立爲皇太子。

〔一〕原作“照”，據校本改。
〔二〕“朔戊午”三字原缺，據小學館本校補。
〔三〕小學館本校改作“午”。
〔四〕小學館本校改作“午”。
〔五〕“稻”字原缺，據校本補。

八十三年秋八月，觀松彦香殖稻天皇崩。

元年春正月乙酉朔辛卯[一]，皇太子即天皇位。

秋八月辛巳朔，尊皇后曰皇太后。是年也，太歲己丑。

二年冬十月，遷都於室地，是謂秋津嶋宫。

二十六年春二月己丑朔壬寅，立姪押媛爲皇后。一云，磯城縣主葉江女長媛。一云，十市縣主五十坂彦女五十坂媛也。后生大日本根子彦太瓊天皇。

三十八年秋八月丙子朔己丑，葬觀松彦香殖稻天皇于掖上博多山上陵。

七十六年春正月己巳朔癸酉，立大日本根子彦太瓊尊爲皇太子，年二十六。

百二年春正月戊戌朔丙午，天皇崩。

大日本根子彦太瓊天皇 孝靈天皇

大日本根子彦太瓊天皇，日本足彦國押人天皇太子也。母曰押媛——蓋天足彦國押人命之女乎？——天皇以日本足彦國押人天皇七十六年春正月，立爲皇太子。

百二年春正月，日本足彦國押人天皇崩。

秋九月甲子[二]朔丙午，葬日本足彦國押人天皇于玉手丘上陵。

冬十二月癸亥朔丙寅，皇太子遷都於黒田，是謂廬戸宫。

元年春正月壬辰朔癸卯，太子即天皇位。尊皇后曰皇太后。是年也，太歲辛未。

二年春二月丙辰朔丙寅，立細媛命爲皇后。一云，春日千乳早山香媛。一云，十市縣主等祖女真舌媛也。后生大日本根子彦國牽天皇。妃倭國香媛，亦名絚某姊。生倭迹迹日百襲姬命、彦五十狹芹彦命、亦名吉[三]

〔一〕小學館本校改作“亥”。
〔二〕小學館本校改作“午”。
〔三〕原作“告”，據小學館本校改。

備津彦命。倭迹迹稚屋姬命。亦妃絙某[一]弟，生彦狹嶋命、稚武彦命。弟稚武彦命，是吉備臣之始祖也。

三十六年春正月己亥朔，立彦國牽尊爲皇太子。

七十六年春二月丙午朔癸丑，天皇崩。

大日本根子彦國牽天皇 孝元天皇

大日本根子彦國牽天皇，大日本根子彦太瓊天皇太子也。母曰細媛命，磯城縣主大目之女也。天皇以大日本根子彦太瓊天皇三十六年春正月，立爲皇太子，年十九。

七十六年春二月，大日本根子彦太瓊天皇崩。

元年春正月辛未朔甲申，太子即天皇位。尊皇后曰皇太后。是年也，太歲丁亥。

四年春三月甲申朔甲午，遷都於輕地，是謂境原宮。

六年秋九月戊戌朔癸卯，葬大日本根子彦太瓊天皇于片丘馬坂陵。

七年春二月丙寅朔丁卯，立欝色謎[二]命爲皇后。后生二男一女。第一曰大彦命，第二曰稚日本根子彦大日日天皇，第三曰倭迹迹姬命。一云，天皇母弟少彦男心命也。妃伊香色謎[三]命，生彦太忍信命。次妃河內青玉繫女埴安媛，生武埴安彦命。兄大彦命，是阿倍臣、膳臣、阿閉臣、狹狹城山君、筑紫國造、越國造、伊賀臣，凡七族之始祖也。彦太忍信命，是武內宿禰之祖父也。

二十二年春正月己巳朔壬午，立稚日本根子彦大[四]日日尊爲皇太子，年十六。

五十七年秋九月壬申朔癸酉，大日本根子彦國牽天皇崩。

〔一〕原作“其”，據校本改。
〔二〕小學館本校改作“謎”。
〔三〕小學館本校改作“謎”。
〔四〕原作“太”，據校本改。

稚日本根子彦大日日天皇　開化天皇

稚日本根子彦大日日天皇，大日本根子彦國牽天皇第二子也。母曰欝色謎[一]命，穗積臣遠祖欝色雄命之妹也。天皇以大日本根子彦國牽天皇二十二年春正月，立爲皇太子，年十六。

五十七年秋九月，大日本根子彦國牽天皇崩。

冬十一月辛未朔壬午，太子即天皇位。

元年春正月庚午朔癸酉，尊皇后曰皇太后。

冬十月丙申朔戊申，遷都于春日之地，春日，此云箇酒鵝。是謂率[二]川宮。率[三]川，此云伊社箇波。是年也，太歲甲申。

五年春二月丁未朔壬子，葬大日本根子彦國牽天皇于劍池嶋上陵。

六年春正月辛丑朔甲寅，立伊香色謎[四]命爲皇后。是庶母也。后生御間城入彦五十瓊殖天皇。先是，天皇納丹波竹野媛爲妃，生彦湯產隅命。亦名彦蔣簀命。次妃和珥臣遠祖姥津命之妹姥津媛，生彦坐王。

二十八年春正月癸巳朔丁酉，立御間城入彦尊爲皇太子，年十九。

六十年夏四月丙辰朔甲子，天皇崩。

冬十月癸丑朔乙卯，葬于春日率[五]川坂本陵。一云，坂上陵。時年百十五。

日本書紀卷第四　終

〔一〕小學館本校改作“謎”。
〔二〕原作“卒”，據小學館本校改。
〔三〕原作“卒”，據小學館本校改。
〔四〕小學館本校改作“謎”。
〔五〕原作“卒”，據小學館本校改。

日本書紀　卷第五

御間城入彥五十瓊殖天皇　崇神天皇

御間城入彦五十瓊殖天皇，稚日本根子彦〔一〕大日日天皇第二子也。母曰伊香色謎〔二〕命，物部氏遠祖大綜麻杵之女也。天皇年十九歲，立爲皇太子。識性聰敏，幼好雄略。既壯，寬博謹慎，崇重神祇，恒有經綸天業之心焉。

六十年夏四月，稚日本根子彦〔三〕大日日天皇崩。

元年春正月壬午朔甲午，皇太子即天皇位。尊皇后曰皇太后。

二月辛亥朔丙寅，立御間城姬爲皇后。先是，后生活目入彦五十狹茅天皇、彦五十狹茅命、國方姬命、千千衝倭姬命、倭彦命、五十日鶴彦命。又妃紀伊國荒河戶畔女遠津年魚眼眼妙媛，一云，大海宿禰女八坂振天某〔四〕邊。生豐城入彦命、豐鍬入姬命。次妃尾張大海媛，生八坂入彦命、渟名城入姬命、十市瓊入姬命。是年也，太歲甲申。

三年秋九月，遷都於磯城，是謂瑞籬宮。

四年冬十月庚申朔壬午，詔曰："惟我皇祖，諸天皇等，光臨宸極者，豈爲一身乎？蓋所以司牧〔五〕人神，經綸天下。故能世闡玄功，時流至德。今朕奉承大運，愛育黎元。何當聿遵皇祖之跡，永保無

〔一〕"彦"字原缺，據小學館本校補。
〔二〕小學館本校改作"謎"。
〔三〕"彦"字原缺，據小學館本校補。
〔四〕原作"其"，據小學館本校改。
〔五〕原作"收"，據小學館本校改。

窮之祚？其羣卿百僚，竭爾忠貞，並[一]安天下，不亦可乎？”

五年，國内多疾疫，民有死亡者，且大半矣。

六年，百姓流離，或有背叛，其勢難以德治之。是以晨興夕惕，請罪神祇。先是，天照大神、倭大國魂二神，並祭於天皇大殿之內。然畏其神勢，共住不安。故以天照大神託豐鍬入姬命，祭於倭笠縫邑，仍立磯堅城神籬。神籬，此云比莽呂岐。亦以日本大國魂神，託渟名城入姬命令[二]祭。然渟名城入姬髮落體瘦，而不能祭。

七年春二月丁丑朔辛卯，詔曰：“昔我皇祖大啓鴻基，其後聖業逾高，王風博[三]盛。不意今當朕世，數有災害。恐朝無善政，取咎於神祇耶？盍[四]命神龜，以極致灾之所由也？”於是天皇乃幸于神淺茅原，而會八十萬神以卜問之。是時，神明憑倭迹迹日百襲姬命曰：“天皇何憂國之不治也？若能敬祭我者，必當自平矣。”天皇問曰：“教如此者，誰神也？”答曰：“我是倭國域内所居神，名爲大物主神。”時得神語，隨教祭祀，然[五]於事無驗。天皇乃沐浴齋[六]戒，潔淨殿內，而祈之曰：“朕禮神尚未盡耶？何不享之甚也！冀亦夢裏教之，以畢神恩。”是夜，夢有一貴人，對立殿戶，自稱大物主神。曰：“天皇勿復爲愁。國之不治，是吾意也。若以吾兒大田田根子，令祭吾者，則立平矣。亦有海外之國，自當歸伏。”

秋八月癸卯朔己酉，倭迹速神淺茅原目妙姬、穗積臣遠祖大水口宿禰、伊勢麻績君，三人共同夢而奏言：“昨夜夢之，有一貴人，誨曰：‘以大田田根子命爲祭大物主大神之主，亦以市磯長尾市爲祭倭[七]國魂神主，必天下太平矣。’”天皇得夢辭，益歡於心，布告天下求大田田根子，即於茅渟縣陶邑得大田田根子而貢之。天皇即親

〔一〕小學館本校改作“共”。
〔二〕“令”字原缺，據小學館本校補。
〔三〕小學館本校改作“轉”。
〔四〕原作“蓋”，據小學館本校改。
〔五〕小學館本此處校補“猶”字。
〔六〕原作“齊”，據校本改。
〔七〕小學館本此處校補“大”字。

臨于神淺茅原，會諸王卿及八十諸部，而問大田田根子曰：“汝其誰子？”對曰：“父曰大物主大神。母曰活玉依媛，陶津耳之女。”亦云，奇日方天日方武茅渟祇之女也。天皇曰：“朕當榮樂。”乃卜使物部連祖伊香色雄爲神班物者，吉之。又卜便祭他神，不吉。

十一月丁卯朔己卯〔一〕，命伊香色雄，而以物部八十手所作祭神之物，即以大田田根子爲祭大物主大神之主，又以長尾市爲祭倭大國魂神之主。然後卜祭他神，吉焉。便别祭八十萬羣神，仍定天社、國社，及神地、神戸。於是疫病始息，國内漸謐，五穀既成，百姓饒之。

八年夏四月庚子朔乙卯，以高橋邑人活日爲大神之掌酒。掌酒，此云佐介弭苫〔二〕。

冬十二月丙申朔乙卯，天皇以大田田根子令祭大神。是日，活日自舉神酒，獻天皇。仍歌之曰：

許能彌枳破。和餓彌枳那羅孺。椰磨等那殊。於朋〔三〕望能農之能。介彌之彌枳。伊句臂佐。伊句臂佐。〔四〕

如此歌之，宴于神宫。即宴竟之，諸大夫等歌之曰：

宇磨佐開。彌和能等能能。阿佐妬珥毛。伊弟氏由介那。彌和能等能渡塢。〔五〕

於兹天皇歌之曰：

宇磨佐階。彌和能等能能。阿佐妬珥毛。於辞寐羅箇禰。彌和能等能渡烏。〔六〕

〔一〕“朔己卯”三字原缺，據小學館本校補。
〔二〕小學館本校改作“苔”。
〔三〕原作“明”，據小學館本校改。
〔四〕15 このみきは　わがみきならず　やまとなす　おほものぬしの　かみしみき　いくひさ　いくひさ。略譯：“此神酒，非我造也。建倭國者，大物主造也。唯其無疆兮！唯其無疆兮！”
〔五〕16 うまさけ　みわのとのの　あさとにも　いでてゆかな　みわのとのとを。略譯：“三輪之殿兮！唯願夜飲達旦，開朝門始出也。三輪之殿兮！”
〔六〕17 うまさけ　みわのとのの　あさとにも　おしびらかね　みわのとのとを。略譯：“三輪之殿兮！願爾夜飲達旦，開朝門可出也。三輪之殿兮！”

即開神宫門而幸行之。所謂大田田根子，今三輪君等之始祖也。

九年春三月甲子朔戊寅，天皇夢有神人，誨之曰：“以赤盾八枚、赤矛八竿，祠墨坂神。亦以黑盾八枚、黑矛八竿，祠大坂神。”

四月甲子〔一〕朔己酉，依夢之教，祭墨坂神、大坂神。

十年秋七月丙戌朔己酉，詔群卿曰：“導民之本，在於教化也。今既禮神祇，灾害皆耗。然遠荒人等，猶不受正朔，是未習王化耳。其選群卿，遣于四方，令知朕憲。”

九月丙戌朔甲午，以大彦命遣北陸，武渟川別遣東海，吉備津彦遣西道，丹波道主命遣丹波。因以詔之曰：“若有不受教者，乃舉兵伐之。”既而共授印綬爲將軍。

壬子，大彦命到於和珥坂上。時有少女，歌之曰：一云，大彦命到山背平坂。時道側有童女，歌之曰。

瀰磨紀異利寐胡播揶。飫迺餓烏塢。志齊務苫〔二〕。農殊末句志羅珥。比賣那素寐殊望。一云，於朋耆妬庸利。于〔三〕介伽卑氏。許呂佐務苫〔四〕。須羅句塢志羅珥。比賣那素寐須望。〔五〕

於是大彦命異之，問童女曰：“汝言何辭？”對曰：“勿言也，唯歌耳。”乃重詠先歌，忽不見矣。大彦乃還，而具以狀奏。於是天皇姑倭迹迹日百襲姬命，聰明叡智，能識未然。乃知其歌恠，言于天皇：“是武埴安彦將謀反之表者也。吾聞，武埴安彦之妻吾田媛密來之，取倭香山土，裹領巾頭，〔六〕祈曰：‘是倭國之物實。’則反之。物實，此云望能志呂。是以知有事焉。非早圖，必後之。”

於是更留諸將軍而議之。未幾時，武埴安彦與妻吾田媛謀反逆，

〔一〕小學館本校改作“午”。
〔二〕小學館本校改作“苔”。
〔三〕原作“干”，據小學館本改。
〔四〕小學館本校改作“苔”。
〔五〕[18]みまきいりびこはや　おのがをを　しせむと　ぬすまくしらに　ひめなそびすも。一云，おほきとより　うかかひて　ころさむと　すらくをしらに　ひめなそびすも。略譯：“御間城入彦兮！陰有其人，謀君命兮。渾然不知，胡爲與姬遊兮！”見《古事記》22。
〔六〕小學館本此處校補“而”字。

興師忽至。各分道，而夫從山背、婦從大坂共入，欲襲帝京。時天皇遣五十狹芹彦命擊吾田媛之師。即遮於大坂，皆大破之，殺吾田媛，悉斬其軍卒。復遣大彦與和珥臣遠祖彦國葺，向山背擊埴安彦。爰以忌甕，鎮坐於和珥武鐰坂上，則率〔一〕精兵，進登那羅山而軍之。時官軍屯聚，而蹢跙草木，因以号其山曰那羅山。蹢跙，此云布瀰那羅須。更避那羅山而進，到輪韓河，與〔二〕埴安彦挾〔三〕河屯之，各相挑焉。故時人改号其河曰挑河。今謂泉河，訛也。埴安彦望之，問彦國葺曰："何由矣，汝興師來耶?"對曰："汝逆天無道，欲傾王室。故舉義兵，欲討汝逆，是天皇之命也。"於是各爭先射。武埴安彦先射彦國葺，不得中。後彦國葺射埴安彦，中胸而殺焉，其軍衆脅退。則追破於河北，而斬首過半，屍骨多溢。故号其處曰羽振苑〔四〕。亦其卒怖走，屎漏于褌，乃脱甲而逃之。知不得免，叩頭曰"我君"。故時人号其脱甲處曰伽和羅，褌屎處曰屎褌。今謂樟葉，訛也。又号叩頭之處曰我君。叩頭，此云迺務。

是後，倭迹迹日百襲姫命爲大物主神之妻。然其神常晝不見，而夜來矣。倭迹迹姫命語夫曰："君常晝不見者，分明不得視其尊顔。願暫留之，明旦仰欲覲美麗之威儀。"大神對曰："言理灼然。吾明旦入汝櫛笥而居，願無驚吾形。"爰倭迹迹姫命心裏密異之。待明以見櫛笥，遂有美麗小蚰，其長大如衣紐，則驚之叫啼。時大神有耻，忽化人形，謂其妻曰："汝不忍令羞吾，吾還令羞汝。"仍踐大虚，登于御諸山。爰倭迹迹姫命仰見而悔之，急居，急居，此云菟岐于。則箸撞陰而薨，乃葬於大市。故時人号其墓，謂箸墓也。是墓者，日也人作，夜也神作，故運大坂山石而造。則自山至于墓，人民相踵，以手遞傳而運焉。時人歌之曰：

飫朋〔五〕佐介珥。菟藝廼煩例屢。伊辞務邏塢。多誤辞珥固佐麼。

〔一〕原作"卒"，據小學館本校改。
〔二〕"與"字原缺，據小學館本校補。
〔三〕原作"狹"，據小學館本校改。
〔四〕原作"菀"，據小學館本改。
〔五〕原作"明"，據小學館本校改。

固辞介氏務介茂。〔一〕

冬十月乙卯朔，詔群臣曰：“今反者悉伏誅，畿内無事。唯海外荒俗，騷動未止。其四道將軍等，今忽發之。”丙子，將軍等共發路。

十一年夏四月壬子朔己卯，四道將軍以平戎夷之狀奏焉。

是歲，異俗多歸，國内安寧。

十二年春三月丁丑朔丁亥，詔：“朕初承天位，獲保宗廟，明有所蔽，德不能綏。是以陰陽謬錯，寒暑失序，疫病多起，百姓蒙災。然今解罪改過，敦禮神祇。亦垂教而綏荒俗，舉兵以討不服。是以官無廢事，下無逸民。教化流行，衆庶樂業。異俗重譯來，海外既歸化。宜當此時，更校〔二〕人民，令〔三〕知長幼之次第，及課役之先後焉。”

秋九月甲辰〔四〕朔己丑，始校〔五〕人民，更科調役。此謂男之弭調、女之手末調也。是以天神地祇共和享，而風雨順時，百穀用成，家給人足，天下大平矣。故稱謂御肇國天皇也。

十七年秋七月丙午朔，詔曰：“船者天下之要用也。今海邊之民，由無船，以甚苦步運。其令諸國俾造船舶。”

冬十月，始造船舶。

四十八年春正月己卯朔戊子，天皇勅豐城命、活目尊曰：“汝等二子，慈愛共齊，不知曷爲嗣。各宜夢，朕以夢占之。”二皇子於是被命，淨沐而祈寐，各得夢也。會明，兄豐城命以夢辞奏于天皇曰：“自登御諸山向東，而八迴弄槍，八迴擊刀。”弟活目尊以夢辞奏言：“自登御諸山之嶺，繩絙四方，逐食粟雀。”則天皇相夢，謂二子曰：“兄則一片向東，當治東國。弟是悉臨四方，宜繼朕位。”

四月戊申朔丙寅，立活目尊爲皇太子。以豐城命令治東。是上

〔一〕[19] おほさかに　つぎのぼれる　いしむらを　たごしにこさば　こしかてむかも。略譯：“陟彼大坂，移石羣也。以手遞傳，尚可堪也。”

〔二〕原作“挍”，據校本改。

〔三〕原作“合”，據小學館本校改。

〔四〕小學館本校改作“戌”。

〔五〕原作“挍”，據校本改。

毛野君、下毛野君之始祖也。

六十年秋七月丙申朔己酉，詔群臣曰："武日照命一云，武夷鳥。又云，天夷鳥。從天將來神寶，藏于出雲大神宮，是欲見焉。"則遣矢田部造遠祖武諸隅，一書云，一名大母隅也。而使獻。當是時，出雲臣之遠祖出雲振根，主〔一〕于神寶。是往筑紫國而不遇矣。其弟飯入根則被皇命，以神寶，付弟甘美韓日狹與子鸕濡渟而貢上。既而出雲振根從筑紫還來之，聞神寶獻于朝廷，責其弟飯入根曰："數日當待。何恐之乎，輙許神寶？"是以既經年月，猶懷恨忿，有殺弟之志。〔二〕欺弟曰："頃〔三〕者於止屋淵多生萎，願共行欲見。"則隨兄而往之。先是，兄竊作木刀，形似真刀，當時自佩之。弟佩真刀，共到淵頭。兄謂弟曰："淵水清冷，願欲共游沐。"弟從兄言，各解佩刀，置淵邊，沐於水中。乃兄先上陸，取弟真刀自佩。後弟驚而取兄木刀，共相擊矣。弟不得拔木刀，兄擊弟飯入根而殺之。故時人歌之曰：

椰勾毛多菟。伊頭毛多鷄流餓。波鷄流多知。菟頭邏佐波磨枳。佐微那辞珥。阿波禮。〔四〕

於是甘美韓日狹、鸕濡渟，參向朝廷，曲奏其狀。則遣吉備津彥與武渟河別，以誅出雲振根。故出雲臣等畏是事，不祭大神而有間。時丹波氷上人，名氷香戶邊，啓于皇太子活目尊曰："己子有小兒，而自然言之：'玉萎鎮石。出雲人祭，真種之甘美鏡。押羽振，甘美御神，底寶御寶主。山河之水沐〔五〕御魂，靜挂甘美御神，底寶御寶主也。'萎，此云毛。是非似小兒之言，若有託言乎？"於是皇太子奏于天皇，則勅之使祭。

〔一〕原作"至"，據小學館本校改。
〔二〕小學館本此處校補"仍"字。
〔三〕原作"項"，據小學館本校改。
〔四〕[20]やくもたつ　いづもたけるが　はけるたち　つづらさはまき　さみなしに　あはれ。略譯："出雲武者，佩太刀兮。其鞘如蔓，惜哉無刀身兮。"見《古事記》23。
〔五〕小學館本校改作"泳"。

六十二年秋七月乙卯朔丙辰，詔曰："農，天下之大本也，民所恃[一]以生也。今河内狹山埴田水少，是以其國百姓怠於農事。其多開池溝，以寬民業。"

冬十月，造依網池。

十一月，作苅坂池、反折池。一云，天皇居桑間宮，造是三池也。

六十五年秋七月，任那國遣蘇那曷叱知，令朝貢也。任那者，去筑紫國二千餘里，北阻海，以在鷄林之西南。

天皇踐祚六十八年冬十二月戊申朔壬子，崩，時年百二十歲。

明年秋八月甲辰朔甲寅，葬于山邊道上陵。

日本書紀卷第五　終

〔一〕原作"持"，據小學館本校改。

日本書紀　卷第六

活目入彦五十狹茅天皇　垂仁天皇

活目入彦五十狹茅天皇，御間城入彦五十瓊殖天皇第三子也。母皇后曰御間城姬，大彦命之女也。天皇以御間城天皇二十九年歲次壬子春正月己亥朔，生於瑞籬宮。生而有岐嶷之姿。及壯，倜儻大度，率[一]性任真，無所矯飾。天皇愛之，引置左右。二十四歲，因夢祥，以立爲皇太[二]子。

六十八年冬十二月，御間城入彦五十瓊殖天皇崩。

元年春正月丁丑朔戊寅，皇太子即天皇位。

冬十月癸卯朔癸丑，葬御間城天皇於山邊道上陵。

十一月壬申朔癸酉，尊皇后曰皇太后。是年也，太歲壬辰。

二年春二月辛未朔己卯，立狹穗姬爲皇后。后生譽津別命。生而天皇愛之，常在左右。及壯而不言。

冬十月，更都於纏向，是謂珠城宮也。

是歲，任那人蘇那曷叱智請之，欲歸于國。——蓋先皇之世，來朝未還歟？——故敦賞蘇那曷叱智，仍賫赤絹一百疋，賜任那王。然新羅人遮之於道而奪焉。其二國之怨，始起於是時也。一云，御間城天皇之世，額有角人，乘一船泊于越國笥飯浦，故号其處曰角鹿也。問之曰：“何國人也？”對曰：“意富加羅國王之子，名都怒我阿羅斯等，亦名曰于[三]斯岐阿利叱智干岐。傳聞日本國有聖皇，以歸化之。到于穴門時，其國有人，名伊都都比古，

〔一〕原作“卒”，據小學館本校改。
〔二〕原作“大”，據校本改。
〔三〕原作“干”，據校本改。

謂臣曰：‘吾則是國王也。除吾復無二王，故勿往他處。’然臣究見其爲人，必知非王也，即更還之。不知道路，留連嶋浦，自北海廻之，經出雲國，至於此間也。”是時遇天皇崩〔一〕，便留之，仕活目天皇，逮〔二〕于三年。天皇問都怒我阿羅斯等曰：“欲歸汝國耶？”對諮：“甚望也。”天皇詔阿羅斯等曰：“汝不迷道，必速詣之，遇先皇而仕歟？是以改汝本國名，追負御間城天皇御名，便爲汝國名。”仍以赤織絹給阿羅斯等，返于本土。故号其國謂彌摩那國，其是之緣也。於是阿羅斯等以〔三〕給赤絹，藏于己國郡府。新羅人聞之，起兵至之，皆奪其赤絹。是二國相怨之始也。一云，初，都怒我阿羅斯等有國之時，黄牛負田器，將往田舍。黄牛忽失，則尋迹覓之，跡留一郡家中。時有一老夫曰：“汝所求牛者，入於此郡家中。然郡公等曰：‘由牛所負物而推之，必設殺食。若其主覓至，則以物償耳。’即殺食也。若問‘牛直欲得何物’，莫望財物，便‘欲得郡内祭神’云爾。”俄而郡公等到之曰：“牛直欲得何物？”對如老父之教。其所祭神，是白石也。〔四〕以白石授牛直。因以將來，置于〔五〕寢中，其神石化美麗童女。於是阿羅斯等大歡之，欲合。然阿羅斯等去他處之間，童女忽失也。阿羅斯等大驚之，問己婦曰：“童女何處去矣？”對曰：“向東方。”則尋追求，遂遠浮海，以入日本國。所求童女者，詣于難波，爲比賣語曾社神，且至豐國國前郡，復爲比賣語曾社神。並二處見祭焉。

三年春三月，新羅王子天日槍來歸焉。將來物，羽太〔六〕玉一箇、足高玉一箇、鵜鹿鹿赤石玉一箇、出石小刀一口、出石桙一枝、日鏡一面、熊神籬一具，并七物。則藏于但馬國，常爲神物也。一云，初，天日槍乘艇泊于播磨國，在於宍〔七〕粟邑。時天皇遣三輪君祖大友主與倭直祖長尾市於播磨，而問天日槍曰：“汝也誰人？且何國人也？”天日槍對曰：“僕新羅國主之子也。然聞日本國有聖皇，則以己國授弟知古而化歸之。”仍貢獻物葉細珠、足高珠、鵜鹿鹿赤石珠、出石刀子、出石槍、日鏡、熊神籬、膽〔八〕狹淺大刀，并八物。

〔一〕原作“角”，據小學館本校改。
〔二〕原作“建”，據校本改。
〔三〕小學館本此處校補“所”字。
〔四〕小學館本此處校補“乃”字。
〔五〕原作“干”，據校本改。
〔六〕原作“大”，據小學館本改。
〔七〕原作“完”，據小學館本改。
〔八〕原作“瞻”，據小學館本校改。

仍詔天日槍曰："播磨國宍粟邑，淡路嶋出淺邑[一]，是二邑，汝任意居之。"時天日槍啓之曰："臣將住處，若垂天恩聽臣情願地者，臣親歷視諸國，則合于臣心欲被給。"乃聽之。於是天日槍自菟道河泝[二]，北入近江國吾名邑，[三]暫住。復更自近江，經若狹國，西到但馬國，則定住處也。是以近江國鏡[四]谷陶人，則天日槍之從人也。故天日槍娶但馬[五]出嶋人太耳女麻多烏，生但馬諸助也。諸助生但馬日楢杵，日楢杵生清彦，清彦生田道間守之。

四年秋九月丙戌朔戊申，皇后母兄狹穗彦王謀反，欲危社稷。因伺皇后之燕居，而語之曰："汝孰愛兄與夫焉？"於是皇后不知所問之意趣，輙對曰："愛兄也。"則誂皇后曰："夫以色事人，色衰寵緩。今天下多佳人，各遞進求寵，豈永得恃色乎？是以冀吾登鴻祚，必與[六]汝照臨天下，則高枕而永終百年，亦不快乎？願爲我弑天皇。"仍取匕首，授皇后曰："是匕首佩于袙中，當天皇之寢，迺刺頸而弑焉。"皇后於是心裏兢戰，不知所如。然視兄王之志，便不可得諫。故受其匕首，獨無所藏，以著衣中。遂有諫兄之情歟。

五年冬十月己卯朔，天皇幸來目，居於高宮。時天皇枕皇后膝而晝寢。於是皇后既無成事，而空思之，兄王所謀，適是時也。即眼淚流之，落帝面。天皇則寤之，語皇后曰："朕今日夢矣，錦色小蛇，繞于朕頸。復大雨從狹穗發而來之濡面。是何祥也？"皇后則知不得匿謀，而悚恐伏地，曲上兄王之反狀。因以奏曰："妾不能違兄王之志，亦不得背天皇之恩。告言則亡兄王，不言則傾社稷。是以一則以懼，一則以悲。俯仰喉[七]咽，進退而血泣。日夜懷悒，無所訴言。唯今日也，天皇枕[八]妾膝而寢之。於是妾一思矣，若有狂

〔一〕"播磨國宍粟邑，淡路嶋出淺邑"原作"播磨國出淺邑淡路嶋完粟邑"，據小學館本校改。
〔二〕小學館本此處校補"之"字。
〔三〕小學館本此處校補"而"字。
〔四〕小學館本此處校補"村"字。
〔五〕小學館本此處校補"國"字。
〔六〕原文"與"字重出，據小學館本校刪。
〔七〕原作"唯"，據校本改。
〔八〕原作"扰"，據校本改。

婦，成兄志者，適遇是時，不勞以成功乎？兹意未竟，眼涕自流。則舉袖拭涕，從袖溢之沾帝面。故今日夢也，必是事應焉。錦色小虵，則授妾匕首也。大雨忽發，則妾眼淚也。"天皇謂皇后曰："是非汝罪也。"即發近縣卒，命上毛野君遠祖八綱田，令擊狹穗彦。時狹穗彦興師距之，忽積稻作城——其堅不可破，此謂稻城也——踰月不降。於是皇后悲之曰："吾雖皇后，既亡兄王，何以面目莅天下耶！"則抱王子譽津別命，而入之於兄王稻城。天皇更益軍衆，悉圍其城，即勅城中曰："急出皇后與皇子！"然不出矣，則將軍八綱田放火焚其城。於焉皇后令懷抱皇子，踰城上而出之，因以奏〔一〕請曰："妾始所以逃入兄城，若有因妾子，免兄罪乎。今不得免，乃知妾有罪。何得面縛，自經而死耳。唯妾雖死之，敢勿忘天皇之恩。願妾所掌后宮之事，宜授好仇。丹波國有五婦人，志並貞潔，是丹波道主王之女也。道主王者，稚〔二〕日本根子太日日天皇子孫，彦坐王子也。一云，彦湯産〔三〕隅王之子也。當納掖庭，以盈后宮之數。"天皇聽矣。時火興城崩，軍衆悉走，狹穗彦與妹共死于城中。天皇於是美將軍八綱田之功，号其名謂倭〔四〕日向武日向彦八綱田也。

七年秋七月己巳朔乙亥，左右奏言："當麻邑有勇悍士，曰當麻蹶速。其爲人也，強力以能毁角申鉤。恒語衆中曰：'於四方求之，豈有比我力者乎？何遇強力者，而不期死生，頓得爭力焉！'"天皇聞之，詔羣卿曰："朕聞，當麻〔五〕蹶速者，天下之力士也。若有比此人耶？"一臣進言："臣聞，出雲國有勇士，曰野見宿禰。試召是人，欲當于蹶速。"即日，遣倭直祖長尾市，喚野見宿禰。於是野見宿禰自出雲至，則當麻蹶速與野見宿禰令捔力。二人相對立，各舉足相蹶。則蹶折當麻蹶速之脇骨，亦蹈折其腰而殺之。故奪當麻蹶

〔一〕原作"奉"，據小學館本校改。
〔二〕原作"雖"，據小學館本校改。
〔三〕"湯"原作"陽"，據小學館本校改。"産"字原缺，據小學館本校補。
〔四〕"倭"字原缺，據小學館本校補。
〔五〕原作"摩"，據校本改。

速之地，悉賜野見宿禰。是以其邑有腰折田之緣也。野見宿禰乃留仕〔一〕焉。

十五年春二月乙卯朔甲子，喚丹波五女，納於掖庭。第一曰日葉酢媛，第二曰渟葉田瓊入媛，第三曰真砥野媛，第四曰筋〔二〕瓊入媛，第五曰竹野媛。

秋八月壬午朔，立日葉酢媛命爲皇后，以皇后弟之三女爲妃。唯竹野媛者，因形姿醜返於本土。則羞其見返，〔三〕葛野自墮輿而死之，故号其地謂墮國。今謂弟國，訛也。皇后日葉酢媛命生三男二女。第一曰五十瓊敷入彦命，第二曰大足彦尊，第三曰大中姫命，第四曰倭姫命，第五曰稚城瓊入彦命。妃渟葉田瓊入媛，生鐸石別命與膽〔四〕香足姫命。次妃筋〔五〕瓊入媛，生池速別命、稚淺津姫命。

二十三年秋九月丙寅朔丁卯，詔群卿曰："譽津別王，是生年既三十，髯鬚八掬，猶泣如兒。常不言何由矣。因有司而議之。"

冬十月乙丑朔壬申，天皇立於大殿前，譽津別皇子侍之。時有鳴鵠，度大虚。皇子仰觀鵠曰："是何物耶？"天皇則知皇子見鵠得言而喜之，詔左右曰："誰能捕是鳥獻之？"於是鳥取造祖天湯河板舉奏言："臣必捕而獻。"即天皇勅湯河板舉板舉，此云挖儺。曰："汝獻是鳥，必敦賞矣。"時湯河板舉遠望鵠飛之方，追尋詣出雲而捕獲。或曰，得于但馬國。

十一月甲午朔乙未，湯河板舉獻鵠也。譽〔六〕津別命弄是鵠，遂得言語。由是敦賞湯河板舉，則賜姓而曰鳥取造。因亦定鳥取部、鳥養部、譽津部。

二十五年春二月丁巳朔甲子，詔阿倍臣遠祖武渟川別、和珥臣遠祖彦國葺、中臣連遠祖大鹿嶋、物部連遠祖十千根、大伴連遠祖

〔一〕原作"任"，據小學館本校改。
〔二〕小學館本校改作"薊"。
〔三〕小學館本此處校補"到"字。
〔四〕原作"瞻"，據校本改。
〔五〕小學館本校改作"薊"。
〔六〕原作"舉"，據小學館本校改。

武日五[一]大夫曰："我先皇御間城入彦五十瓊殖天皇，惟叡作聖。欽明聰達，深執謙損，志懷沖退，綢繆機衡，禮祭神祇，剋己勤躬，日慎一日。是以人民富足，天下太平也。今當朕世，祭祀神祇，豈得有怠乎？"

三月丁亥朔丙申，離天照大神於豐耜[二]姬命，託于倭姬命。爰倭姬命求鎮坐大神之處，而詣菟田筱幡，筱，此云佐佐。更還之入近江國，東迴美濃，到伊勢國。時天照大神誨倭姬命曰："是神風伊勢國，則常世之浪重浪歸國也。傍國可怜國也。欲居是國。"故隨大神教，其祠立於伊勢國，因興齋[三]宮于五十鈴川上，是謂磯宮。則天照大神始自天降之處也。一云，天皇以倭姬命爲御杖，貢奉於天照大神。是以倭姬命以天照大神，鎮坐於磯城嚴橿之本而祠之。然後隨神誨，取丁巳年冬十月甲子，遷于伊勢國渡遇宮。是時倭大神著穗積臣遠祖大水口宿禰，而誨之曰："太[四]初之時，期曰：'天照大神，悉治天原。皇御孫尊，專治葦原中國之八十魂神。我親治大地官者。'言已訖焉。然先皇御間城天皇，雖祭祀神祇，微細未探[五]其源根，以粗留於枝葉。故其天皇短命也。是以今汝御孫尊，悔先皇之不及，而慎祭，則汝尊壽命延長，復天下太平矣。"時天皇聞是言，則仰中臣連祖探湯主，而卜之誰人以令祭大倭大神。即渟名城稚姬命食卜焉。因以命渟名城稚姬命，定神地於穴磯[六]邑，祠於大市長岡岬。然是渟名城稚姬命，既身體悉瘦弱，以不能祭。是以命大倭直祖長尾市宿禰，令祭矣[七]。

二十六年秋八月戊寅朔庚辰，天皇勅物部十千根大連曰："屢遣使者於出雲國，雖檢校[八]其國之神寶，無分明申言者。汝親行于出雲，宜檢校定。"則十千根大連校[九]定神寶，而分明奏言之。仍令掌

〔一〕原作"吾"，據小學館本校改。
〔二〕小學館本此處校補"入"字。
〔三〕原作"齊"，據小學館本校改。
〔四〕原作"大"，據小學館本改。
〔五〕原作"採"，據小學館本校改。
〔六〕原作"礒"，據校本改。
〔七〕原文"祭矣"二字重出，據校本删。
〔八〕原作"撿挍"，據小學館本改。下同。
〔九〕原作"挍"，據校本改。

神寶也。

二十七年秋八月癸酉朔己卯，令祠官，卜兵器爲神幣，吉之。故弓矢及横刀納諸神之社。仍更定神地、神戶，以時祠之。蓋兵器祭神祇，始興於是時也。

是歲，興屯倉于來目邑。屯倉，此云彌夜氣。

二十八年冬十月丙寅朔庚午，天皇母弟倭彥命薨。

十一月丙申朔丁酉，葬倭彥命于身狹桃花鳥坂。於是集近習者，悉生而埋立於陵域。數日不死，晝夜泣吟。遂死而爛臰之，犬烏聚噉焉。天皇聞此泣吟之聲，心有悲傷，詔羣卿曰："夫以生所愛令殉亡者，是甚傷矣。其雖古風之，非良何從。自今以後，議之止殉。"

三十年春正月己未朔甲子，天皇詔五十瓊敷命、大足彥尊曰："汝等各言情願之物也。"兄王諮："欲得弓矢。"弟王諮："欲得皇位。"於是天皇詔之曰："各宜隨情。"則弓矢賜五十瓊敷命，仍詔大足彥尊曰："汝必繼朕位。"

三十二年秋七月甲戌朔己卯，皇后日葉酢媛命一云，日葉酢根命也。薨。臨葬有日[一]焉。天皇詔群卿曰："從死之道，前知不可。今此行之葬，奈之爲何？"於是野見宿禰進曰："夫君王陵墓，埋立生人，是不良也。豈得傳後葉乎？願今將議便事而奏之。"則遣[二]使者，喚上出雲國之土部壹佰[三]人，自領土部等，取埴以造作人、馬及種種物形，獻于天皇曰："自今以後，以是土物，更易生人，樹於陵墓，爲後葉之法則。"天皇於是大喜之，詔野見宿禰曰："汝之便議，寔洽朕心。"則其土物，始立于日葉酢媛命之墓，仍号是土物謂埴輪，亦名立物也。仍下令曰："自今以後，陵墓必樹是土物，無傷人焉。"天皇厚賞野見宿禰之功，亦賜鍛地，即任土部職。因改本姓謂土部臣。是土部連等主天皇喪葬之緣也。所謂野見宿禰，是土部連等之始祖也。

〔一〕原作"曰"，據校本改。
〔二〕"遣"字原無，據小學館本校補。
〔三〕原作"伯"，據小學館本校改。

三十四年春三月乙丑朔丙寅，天皇幸山背。時左右奏言之：“此國有佳人，曰綺戶邊。姿形美麗，山背大國不避[一]之女也。”天皇於兹執矛祈之曰：“必遇其佳人，道路見瑞。”比至[二]行宫，大龜出河中。天皇舉矛刺龜，忽化爲白石。謂左右曰：“因此物而推之，必有驗乎？”仍喚綺戶邊，納于後宫。生磐衝別命，是三尾君之始祖也。先是娶山背苅幡戶邊，生三男。第一曰祖別命，第二曰五十日足[三]彦命，第三曰膽[四]武別命。五十日足彦命，是子石田君之始祖也。

三十五年秋九月，遣五十瓊敷命于河内國，作高石池、茅渟池。

冬十月，作倭狹城池及迹見池。

是歲，令諸國，多開池溝，數八百之。以農爲事。因是百姓富寬，天下太平也。

三十七年春正月戊寅朔，立大足彦尊爲皇太子。

三十九年冬[五]十月，五十瓊敷命居於茅渟菟砥川上宫，作劒一千口。因名其劒謂川上部，亦名曰裸伴。裸伴，此云阿箇播[六]娜我等母。藏于石上神宫也。是後命五十瓊敷命，俾主石上神宫之神寶。一云，五十瓊敷皇子居于茅渟菟砥河上，而喚鍛名河上，作大刀一千口。是時楯部、倭文部、神弓削部、神矢作部、大穴磯部、泊橿部、玉作部、神刑部、日置部、大刀佩部，并十箇品部，賜五十瓊敷[七]皇子。其一千口大刀者，藏于忍坂邑，然後從忍坂移之，藏于石上神宫。是時神乞之言：“春日臣族，名市河令治。”因以命市河令治。是今物部首之始祖也。

八十七年春二月丁亥朔辛卯，五十瓊敷命謂妹大中姬曰：“我老也，不能掌神寶。自今以後，必汝主焉。”大中姬命辭曰：“吾手弱女人也，何能登天神庫耶？”神庫，此云保玖羅。五十瓊敷命曰：“神庫

〔一〕小學館本校改作“遲”。
〔二〕原文“至”重出，據小學館本校删。
〔三〕原作“定”，據校本改。
〔四〕原作“瞻”，據校本改。
〔五〕“冬”字原缺，據小學館本校補。
〔六〕原作“潘”，據小學館本改。
〔七〕“敷”字原缺，據小學館本校補。

雖高，我能爲神庫造梯。豈煩登庫乎？”故諺曰“神之神庫，隨樹梯之”，此其緣也。然遂大中姬命，授物部十千根大連而令治。故物部連等至于今治石上神寶，是其緣也。

昔丹波國桑田村有人，名曰甕襲。則甕襲家有犬，名曰足往。是犬咋山獸名牟士那而殺之。則獸腹有八尺瓊勾玉，因以獻之。是玉今有石上神宮。

八十八年秋七月己酉朔[一]戊午，詔羣卿曰：“朕聞，新羅王子天日槍，初來之時，將來寶物，今有但馬。元爲國人見貴，則爲神寶也。朕欲見其寶物。”即日遣使者，詔天日槍之曾孫清彦而令獻。於是清彦被勅，乃自捧神寶而獻之。羽太玉一箇、足高玉一箇、鵜鹿[二]赤石玉一箇、日鏡一面、熊神籬一具。唯有小刀一，名曰出石。則清彦忽以爲非獻刀子，仍匿袍中，而自佩之。天皇未知匿小刀之情，欲寵清彦，而召之賜酒於御所。時刀子從袍中出而顯之。天皇見之，親問清彦曰：“爾袍中刀子者，何刀子也？”爰清彦知不得匿刀子，而呈言：“所獻神寶之類也。”則天皇謂清彦曰：“其神寶之豈得離類乎？”乃出而獻焉，皆藏於神府。然後開寶府而視之，小刀自失。則使問清彦曰：“爾所獻刀子忽失矣。若至汝所乎？”清彦答曰：“昨夕，刀子自然至於臣家，乃明旦失焉。”天皇則惶之，且更勿覓。是後出石刀子自然至于淡路嶋。其嶋人謂神，而爲刀子立祠。是於今所祠也。

昔有一人，乘艇而泊于但馬國。因問曰：“汝何國人也？”對曰：“新羅王子，名曰天日槍。”則留于但馬，娶其國前津耳一云，前津見。一云，太耳[三]。女麻拕[四]能烏，生但馬諸助。是清彦之祖父也。

九十年春二月庚子朔，天皇命田道間守，遣常世國，令求非時香菓。香菓，此云箇俱能未。今謂橘是也。

〔一〕“酉朔”原作“朔酉”，據校本改。
〔二〕“鹿”小學館本校改作“鹿鹿”。
〔三〕原作“平”，據校本改。
〔四〕原作“拖”，據小學館本改。

九十九年秋七月戊午朔，天皇崩於纏向宫，時年百四十歲。

冬十二月癸卯朔壬子，葬於菅原伏見陵。

明年春三月辛未朔壬午，田道間守至自常世國，則賫物也，非時香菓八竿八縵焉。田道間守於是泣悲歎之曰:“受命天朝，遠往絕〔一〕域，萬里蹈浪，遙度弱水。是常世國，則神仙秘區，俗非所臻。是以往來之間，自經十年。豈期獨淩峻瀾，更向本土乎？然賴聖帝之神靈，僅得還來〔二〕。今天皇既崩，不得復命。臣雖生之，亦何益矣！”乃向天皇之陵叫哭，而自死之。羣臣聞皆流淚也。田道間守，是三宅連之始祖也。

日本書紀卷第六　終

〔一〕原作“絁”，據校本改。

〔二〕“還來”原作“來還”，據校本改。

日本書紀　卷第七

大足彦忍代別天皇　景行天皇

稚足彦天皇　成務天皇

大足彥忍代[一]別天皇 景行天皇

大足彥忍代別天皇，活目入彥五十狹茅天皇第三子也。母皇后曰日葉洲媛命，丹波道主王之女也。活目入彥五十狹茅天皇三十七年，立爲皇太子。時年廿[二]一。

九十九年春二月，活目入彥五十狹茅天皇崩。

元年秋七月己巳朔己卯，太子即天皇位，因以改元。是年也，太[三]歲辛未。

二年春三月丙戌[四]朔戊辰，立播磨稻日大郎姬一云，稻日稚郎姬。郎姬，此云異羅菟咩[五]。爲皇后。后生二男，第一曰大碓皇子，第[六]二曰小碓尊。一書云，皇后生三男，其第[七]三曰稚倭根子皇子。其大碓皇子、小碓尊，一日同胞而雙生。天皇異之，則誥於碓，故因号其二王曰大碓、小碓也。是小碓尊，亦名日本童男，童男，此云烏具奈。亦曰日本武尊。幼有雄略之氣。及壯，容貌魁偉，身長一丈，力能扛鼎焉。

〔一〕“代”字原缺，據小學館本校補。
〔二〕“廿”小學館本作“二十”。
〔三〕原作“大”，據小學館本改。
〔四〕小學館本校改作“寅”。
〔五〕原文“咩”字重出，據小學館本校删。
〔六〕原作“弟”，據校本改。
〔七〕原作“弟”，據小學館本校改。

三年春二月庚寅朔，卜幸于紀伊國，將祭祀群神祇，而不吉。乃車駕止之，遣屋主忍男武雄心命〔一〕一云，武猪心。令祭。爰屋主忍男武雄心命詣之，居于阿備柏原，而祭祀神祇。仍住九年，則娶紀直遠祖菟道彦之女影媛，生武内宿禰。

四年春二月甲寅朔甲子，天皇幸美濃。左右奏言之："兹國有佳人，曰弟媛，容姿端正，八坂入彦皇子之女也。"天皇欲得爲妃，幸弟媛之家。弟媛聞乘輿車駕，則隱竹林。於是天皇權令弟媛至，而居于泳宫〔二〕。泳宫，此云區玖利能彌揶。鯉魚浮池，朝夕臨視而戲遊。時弟媛欲見其鯉魚遊，而密來臨池，天皇則留而通之。爰弟媛以爲"夫婦之道，古今達則也，然於吾而不便"，則請天皇曰："妾性不欲交接之道。今不勝皇命之威，暫納帷〔三〕幕之中。然意所不快，亦形姿穢陋，久之不堪陪於掖庭。唯有妾姉，名曰八坂入媛，容姿麗美，志亦貞潔，宜納後宫。"天皇聽之。仍喚八坂入媛爲妃，生七男六女。第一曰稚足彦天皇，第二曰五百城入彦皇子，第三曰忍之別皇子，第四曰稚倭根子皇子，第五曰大酢別皇子，第六曰渟尉〔四〕斗皇女，第七曰渟名城皇女，第八曰五百城入姫皇女，第九曰麛依姫皇女，第十曰五十狭城〔五〕彦皇子，第十一曰吉備兄彦皇子，第十二曰高城入姫皇女，第十三曰弟姫皇女。又妃〔六〕尾氏磐城別之妹水齒郎媛，生五百野皇女。次妃五十河媛，生神櫛皇子、稻背入彦皇子。其兄神櫛皇子，是讃岐國造之始祖也。弟稻背入彦皇子，是播磨別之始祖也。次妃阿倍氏木事之女高田媛，生武國凝別皇子，是伊豫國御村別之始祖也。次妃日向髮長大田根，生日向襲津彦皇子，是阿牟君之始祖也。次妃襲武媛，生國乳別皇子與國背別皇子、一云，宫道別皇子。豐戸別皇子。其兄國乳別皇子，是水沼別之始祖也。弟

〔一〕原作"念"，據小學館本校改。
〔二〕小學館本此處校補"之"字。
〔三〕原作"惟"，據小學館本校改。
〔四〕小學館本校改作"熨"。
〔五〕小學館本此處校補"入"字。
〔六〕小學館本此處校補"三"字。

豐戸別皇子，是火國別之始祖也。夫天皇之男女，前後并八十子。然除日本武尊、稚足彦天皇、五百城入彦皇子之外，七十餘子，皆封國郡，各如其國。故當今時，謂諸國之別者，即其別王之苗裔焉。

是月，天皇聞美濃國造名神骨之女，兄名兄遠子，弟名弟遠子，並有國色。則遣大碓命，使察其婦女之容姿。時大碓命便密通而不復命，由是恨大碓命。

冬十一月庚辰朔，乘輿自美濃還。則更都於纏向，是謂日代宮。

十二年秋七月，熊襲反之，不朝貢。

八月乙未朔己酉，幸筑紫。

九月甲子朔戊辰，到周芳娑磨〔一〕。時天皇南望之，詔羣卿曰："於南方煙氣多起。必賊將在。"則留之。先遣多臣祖武諸木、國前臣祖菟名手、物部君祖夏花，令察其狀。爰有女人，曰神夏磯媛。其徒衆甚多，一國之魁帥〔二〕也。聆天皇之使者至，則拔磯津山〔三〕賢木，以上枝挂八握劒，中枝挂八咫鏡，下枝挂八尺瓊，亦素幡樹于船舳，參向而啓之曰："願無下兵。我之屬類，必不有違者，今將歸德矣。唯有殘賊者，一曰鼻垂，妄假名號，山谷響聚，屯結於菟狹川上。二曰耳垂，殘賊貪婪，屢略人民，是居於御木木，此云開。川上。三曰麻剥，潛聚徒黨，居於高羽川上。四曰土折猪折，隱住於緑〔四〕野川上，獨恃山川之險，以多掠人民。是四人也，其所據並要害之地，故各領眷屬，爲一處之長也，皆曰'不從皇命'。願急擊之，勿失。"於是武諸木等先誘麻剥之徒，仍賜赤衣、褌及種種奇物，兼令撝不服之三人。乃率己衆而參來，悉捕誅之。天皇遂幸筑紫，到豐前國長峽縣，興行宮而居。故号其處曰京也。

冬十月，到碩田國。其地形廣大亦麗，因名碩田也。碩田，此云於保岐陀。到速見邑，有女人，曰速津媛，爲一處之長。其聞天皇車

〔一〕小學館本校改作"麼"。
〔二〕原作"師"，據校本改。
〔三〕小學館本此處校補"之"字。
〔四〕原作"緣"，據校本改。

駕，而自奉迎之諮言：“玆山有大石窟，曰鼠石窟。有二土蜘蛛，住其石窟，一曰青，二曰白。又於直入縣禰疑野，有三土蜘蛛，一曰打猨，二曰八田，三曰國摩侶。是五人並其爲人強力，亦衆類多之，皆曰‘不從皇命’。若強喚者，興兵距焉。”天皇惡之，不得進行。即留于來田見邑，權興宮室〔一〕居之。仍與群臣議之曰：“今多動兵衆，以討土蜘蛛。若其畏我兵勢，將隱山野，必爲後愁。”則採海石榴樹作椎，爲兵。因簡猛卒，授兵椎，以穿山排草，襲石室〔二〕土蜘蛛。而破于稻葉川上，悉殺其黨，血流至踝。故時人其作海石榴椎之處〔三〕曰海石榴市，亦血流之處曰血田也。復將討打猨，徑度禰疑山。時賊虜之矢，横自山射之，流於官軍前如雨〔四〕。天皇更返城原，而卜於水上。便勒兵，先擊八田於禰疑野而破。爰打猨謂不可勝，而請服，然不聽矣，皆自投澗〔五〕谷而死之。天皇初將討賊，次于柏峽大野。其野有石，長六尺，廣三尺，厚一尺五寸。天皇祈之曰：“朕得滅土蜘蛛者，將蹶玆石，如柏葉而舉焉。”因蹶之，則如柏上於大虛，故号其石曰蹈石也。是時禱神，則志我神、直入物部神、直入中臣神三神矣。

十一月，到日向國，起行宮以居之。是謂高屋宮。

十二月癸巳朔丁酉，議討熊襲。於是天皇詔群卿曰：“朕聞之，襲國有厚鹿文、迮鹿文者，是兩人熊襲之渠帥〔六〕者也。衆類甚多，是謂熊襲八十梟帥〔七〕，其鋒不可當焉。少興師，則不堪滅賊。多動兵，是百姓之害。何不假鋒刃之威，坐平其國？”時有一臣，進曰：“熊襲梟帥〔八〕有二女。兄曰市乾鹿文，乾，此云賦。弟曰市鹿文。容既

〔一〕小學館本此處校補“而”字。
〔二〕小學館本此處校補“之”字。
〔三〕原文添“号”字，據小學館本刪。
〔四〕原作“兩”，據校本改。
〔五〕原作“洞”，據小學館本校改。
〔六〕原作“師”，據校本改。
〔七〕原作“師”，據校本改。
〔八〕原作“師”，據校本改。

端正，心且雄武。宜示重幣，以撝納麾下。因以伺其消息，犯不意之處，則曾不血刃，賊必自敗。”天皇詔:“可也。”於是示幣欺其二女，而納幕下。天皇則通市乾鹿文而陽寵。時市乾鹿文奏于天皇曰:“無愁熊襲之不服。妾有良謀，即令從一二兵於己。”而返家，以多設醇酒，令飲己父，乃醉而寐之。市乾鹿文密斷父弦。爰從兵一人，進殺熊襲梟帥〔一〕。天皇則惡其不孝之甚，而誅市乾鹿文，仍以弟市鹿文賜於火國造。

十三年夏五月，悉平襲國，因以居於高屋宮，已六年也。於是其國有佳人，曰御刀媛。御刀，此云彌波迦志。則召爲妃，生豐國別皇子，是日向國造之始祖也。

十七年春三月戊戌朔己酉，幸子湯縣，遊于丹裳小野。時東望之，謂左右曰:“是國也，直向於日出方。”故号其國曰日向也。

是日陟〔二〕野中大石，憶京都而歌之曰:

波辞枳豫辞。和藝幣能伽多由。區毛位多知區暮。〔三〕

夜摩苫〔四〕波。區珥能摩倍〔五〕邏摩。多多儺豆久。阿烏伽枳。夜摩許莽例屢。夜摩苫之于漏〔六〕破試。〔七〕

異能知能。摩曾祁務比苫破。多多瀰〔八〕許莽。弊遇利能夜摩能。志邏伽之餓延塢。于受珥左勢。許能固。〔九〕

〔一〕原作“師”，據校本改。

〔二〕原作“涉”，據小學館本校改。

〔三〕[21]はしきよし　わぎへのかたゆ　くもゐたちくも。略譯:“嗟思我家兮，雲自此而湧來。”見《古事記》32。

〔四〕小學館本校改作“苔”。本歌及下歌皆同。

〔五〕原作“保”，據小學館本校改。

〔六〕小學館本校改作“屢”。

〔七〕[22]やまとは　くにのまほらま　たたなづく　あをかき　やまこもれる　やまとしうるはし。略譯:“倭者至秀兮，青垣疊兮。羣山籠兮，倭之麗兮。”見《古事記》30。

〔八〕原作“瀰”，據小學館本校改。

〔九〕[23]いのちの　まそけむひとは　たたみこも　へぐりのやまの　しらかしがえを　うずにさせ　このこ。略譯:“彼若者兮，身康健兮。平羣之山，白橿有枝兮。擷爲髻華，彼若者兮。”見《古事記》31。

是謂思邦歌也。

十八年春三月，天皇將向京，以巡狩筑紫國，始到夷守。是時於石瀨河邊，人衆聚集。於是天皇遙望之，詔左右曰："其集者何人也，若賊乎？"乃遣兄夷守、弟夷守二人令覩。乃弟夷守還來而諮之曰："諸縣君泉媛，依獻大御食，而其族會之。"

夏四月壬戌朔甲子，到熊縣。其處有熊津彦者兄弟二人。天皇先使徵兄熊，則從使詣之。因徵弟熊，而不來，故遣兵誅之。

壬申，自海路泊於葦北小嶋而進食。時召山部阿弭古之祖小左，令進冷水。適是時，嶋中無水，不知所爲。則仰之祈于天神地祇，忽寒泉從崖傍涌出，乃酌以獻焉。故号其嶋曰水嶋也。其泉猶今在水嶋崖也。

五月壬辰朔，從葦北發船到火國。於是日没也，夜冥不知著岸，遙視火光。天皇詔挾杪〔一〕者曰："直指火處。"因指火往之，即得著岸。天皇問其火光處曰："何謂邑也？"國人對曰："是八代縣豐村。"亦尋其火："是誰人之火也？"然不得主，玆知非人火。故名其國曰火國。

六月辛酉朔癸亥，自高來縣渡玉杵名邑。時殺其處之土蜘蛛津頬焉。

丙子，到阿蘇國也〔二〕。其國〔三〕郊原曠遠，不見人居。天皇曰："是國有人乎？"時有二神，曰阿蘇都彦、阿蘇都媛，忽化人以遊詣之曰："吾二人在。何無人耶？"故号其國曰阿蘇。

秋七月辛卯朔甲午，到筑紫後國御木，居於高田行宮。時有僵樹，長九百七十丈焉，百寮蹈其樹而往來。時人歌曰：

阿佐志毛能。瀰〔四〕概能佐烏麼志。魔幣菟耆彌。伊和哆羅秀暮。

〔一〕原作"抄"，據小學館本校改。
〔二〕"也"字小學館本校删。
〔三〕小學館本此處校補"也"字。
〔四〕原作"瀰"，據小學館本校改。

彌開能佐烏麼志。〔一〕

爰天皇問之曰："是何樹也？"有一老夫曰："是樹者，歷木也。嘗未僵之先，當朝日暉，則隱杵嶋山。當夕日暉，〔二〕覆阿蘇山也。"天皇曰："是樹者神木。故是國宜号御木國。"

丁酉，到八女縣。則越前〔三〕山，以南望粟岬。詔之曰："其山峯岫重疊，且美麗之甚，若神有其山乎？"時水沼縣主猿大海奏言："有女神，名曰八女津媛，常居山中。"故八女國之名，由此〔四〕起也。

八月，到的邑而進食。是日，膳夫等遺盞。故時人号其忘盞處曰浮羽。今謂的者，訛也。昔筑紫俗号盞曰浮羽。

十九年秋九月甲申朔癸卯，天皇至自日向。

二十年春二月辛巳朔甲申，遣五百野皇女，令祭天照大神。

二十五年秋七月庚辰朔壬午，遣武内宿禰，令察北陸及東方諸國之地形，且百姓之消息也。

二十七年春二月辛丑朔壬子，武内宿禰自東國還之，奏言："東夷之中，有日高見國。其國人，男女並椎〔五〕結文身，爲人勇悍，是總〔六〕曰蝦夷。亦土地沃壤而曠之，擊可取也。"

秋八月，熊襲亦反之，侵邊境不止。

冬十月丁酉朔己酉，遣日本武尊，令擊熊襲。時年十六。於是日本武尊曰："吾得善射者，欲與行。其何處有善射者焉？"或者啓之曰："美濃國有善射者，曰弟彦公。"於是日本武尊遣葛城人宮戸彦，喚弟彦公。故弟彦公便率石占横立，及尾張田子之稻置、乳近之稻置而來，則從日本武尊而行之。

〔一〕[24] あさしもの　みけのさをばし　まへつきみ　いわたらすも　みけのさをばし。略譯："御木有橋，羣臣渡兮。御木之橋兮！"

〔二〕小學館本此處校補"亦"字。

〔三〕小學館本校改作"藤"。

〔四〕小學館本此處校補"而"字。

〔五〕原作"推"，據小學館本改。

〔六〕原作"摠"，據校本改。

十二月，到於熊襲國，因以伺其消息及地形之嶮易。時熊襲有魁帥〔一〕者，名取石鹿文，亦曰川上梟帥〔二〕，悉集親族而欲宴。於是日本武尊解髪作童女姿，以密伺川上梟帥之宴時。仍劒佩〔三〕裀裏，入於川上梟帥之宴室，居女人之中。川上梟帥感其童女〔四〕容姿，則携手同席，舉坏令飲而戲弄。于時也，更深人闌，川上梟帥且被酒。於是日本武尊抽裀中之劒，刺川上梟帥之胸。未及之死，川上梟帥叩頭曰："且待之，吾有所言。"時日本武尊留劒待之。川上梟帥啓之曰："汝尊誰人也？"對曰："吾是大足彦天皇之子也，名〔五〕日本童男也。"川上梟帥亦啓之曰："吾是國中之強力者也。是以當時諸人，不勝我之威力，而無不從者。吾多遇武力矣，未有若皇子者。是以賤賊陋口，以奉尊号。若聽乎？"曰："聽之。"即啓曰："自今以後，号皇子，應稱日本武皇子。"言訖，乃通胸而殺之。故至于今，稱曰日本武尊，是其緣也。然後遣弟彦等，悉斬其黨類，無餘噍〔六〕。既而從海路還倭，到吉備以渡穴海。其處有惡神，則殺之。亦比至難波，殺柏濟之惡神。濟，此云和多利。

二十八年春二月乙丑朔，日本武尊奏平熊襲之狀，曰："臣賴天皇之神靈，以兵一舉，頓誅熊襲之魁帥〔七〕者，悉平其國。是以西洲既謐，百姓無事。唯吉備穴濟神，及難波柏濟神，皆〔八〕害心以放毒氣，令苦路人，並爲禍害之藪。故悉殺其惡神，並開水陸之徑。"天皇於是美日本武之功而異愛。

四十年夏六月，東夷多叛，邊境騷動。

秋七月癸未朔戊戌，天皇詔群卿曰："今東國不安，暴神多起。

〔一〕原作"師"，據校本改。
〔二〕原作"師"，據校本改。後同。
〔三〕"劒佩"小學館本校改作"佩劒"。
〔四〕小學館本此處校補"之"字。
〔五〕小學館本此處校補"曰"字。
〔六〕"噍"原作"唯一"，據小學館本校改。
〔七〕原作"師"，據校本改。
〔八〕小學館本此處校補"有"字。

亦蝦夷悉叛，屢略人民。遣誰人以平其亂？”羣臣皆不知誰遣也。日本武尊奏言：“臣則先勞西征，是役必大碓皇子之事矣。”時大碓皇子愕然之，逃隱草中，則遣使者召來。爰天皇責曰：“汝不欲矣，豈強遣耶？何未對賊，以豫懼甚焉！”因此遂封美濃，仍如封地。是身毛津君、守君〔一〕二族之始祖〔二〕。

於是日本武尊雄誥之曰：“熊襲既平，未經幾年，今更東夷叛之。何日逮于大平矣！臣雖勞之，頓平其亂。”則天皇持斧鉞，以授日本武尊曰：“朕聞，其東夷也，識性暴強，淩犯爲宗。村之無長，邑之勿首。各貪封堺，並相盜略。亦山有邪神，郊有姦鬼，遮衢塞徑，多令苦人。其東夷之中，蝦夷是尤強焉。男女交居，父子無別。冬則宿穴，夏則住樔。衣毛飲血，昆弟相疑。登山如飛禽，行草如走獸。承恩則忘，見怨必報。是以箭藏頭髻，刀佩衣中，或聚黨類而犯邊界，或伺農桑以略人民。擊則隱草，追則入山。故往古以來，未染王化。今朕察汝爲人也，身體長大，容姿端正。力能扛鼎，猛如雷電。所向無前，所攻必勝。即知之，形則我子，實則神人。是寔天愍朕不叡且國不平，令經綸天業，不絕宗廟乎！亦是天下則汝天下也，是位則汝位也。願深謀遠慮，探姦伺變，示〔三〕之以威，懷之以德。不煩兵甲，自令臣順〔四〕。即巧言而〔五〕調暴神，振武以攘姦鬼。”於是日本武尊乃受斧鉞，以再拜奏之曰：“嘗西征之年，賴皇靈之威，提三尺劍，擊熊襲國。未經浹辰，賊首伏罪。今亦賴神祇之靈，借天皇之威，往臨其境，示以德教。猶有不服，即舉兵擊。”仍重再拜之。天皇則命吉備武彥與大伴武日連，令從日本武尊，亦以七掬脛爲膳夫。

冬十月壬子朔癸丑，日本武尊發路之。

〔一〕小學館本此處校補“凡”字。
〔二〕小學館本此處校補“也”字。
〔三〕原作“永”，據小學館本校改。
〔四〕原作“頮”，據小學館本校改。
〔五〕“而”字原缺，據小學館本校補。

戊午，抂[一]道拜伊勢神宮。仍辞于倭姬命曰：“今被天皇之命而東征，將誅諸叛者。故辞之。”於是倭姬命取草薙劒，授日本武尊曰：“愼之莫怠也。”

是歲，日本武尊初至駿河。其處賊陽從之，欺曰：“是野也，麋鹿甚多。氣如朝霧，足如茂林。臨而應狩。”日本武尊信其言，入野中而覓獸。賊有殺王之情，王謂日本武尊也。放火燒其野。王知被欺，則以燧出火之，向燒而得免。一云，王所佩劒蘩雲，自抽之，薙攘王之傍草，因是得免。故号其劒曰草薙也。蘩雲，此云茂羅玖毛。王曰：“殆被欺！”則悉焚其賊衆而滅之。故号其處曰燒津。

亦進相模[二]，欲往上總。望海高言曰：“是小海耳，可立跳渡。”乃至于海中，暴風忽起，王船漂蕩而不可渡。時有從王之妾，曰弟橘媛，穗積氏忍山宿禰之女也。啓王曰：“今風起浪泌，王船欲没，是必海神心也。願以賤[三]妾之身，贖王之命而入海。”言訖，乃披瀾入之，暴風即止，船得着岸。故時人号其海曰馳水也。

爰日本武尊則從上總轉入陸奥國。時大鏡懸於王船，從海路廻於葦浦，横渡玉浦，至蝦夷境。蝦夷賊首、嶋津神、國津神等，屯於竹水門而欲距。然遙視王船，豫怖其威勢，而心裏知之不可勝，悉捨弓矢，望拜之曰：“仰視君容，秀於人倫，若神之乎？欲知姓名。”王對之曰：“吾是現人神之子也。”於是蝦夷等悉慄，則褰裳披浪，自扶王船而着岸。仍面縛服罪，故免其罪。因以俘其首帥[四]，而令從身也。

蝦夷既平，自日高見國還之，西南歷常陸，至甲斐國，居于酒折宫。時舉燭而進食。是夜，以歌之問侍者曰：

〔一〕小學館本作“枉”。
〔二〕原作“摸”，據小學館本改。
〔三〕“賤”字原無，據小學館本校補。
〔四〕原作“師”，據校本改。

珥比麼利。菟玖波塢須擬氏。異玖用加〔一〕禰菟流。〔二〕

諸侍者不能答言。時有秉燭者，續王歌之末而歌曰：

伽餓奈倍氏。用珥波虚虚能用。比珥波苫〔三〕塢伽塢。〔四〕

即美秉燭人之聰而敦賞。則居是宫，以靭〔五〕部賜大伴連之遠祖武日也。

於是日本武尊曰："蝦夷凶首，咸伏其辜。唯信濃國、越國，頗未從化。"則自甲斐北轉，歷武藏、上野，西逮于碓日坂。時日本武尊每有顧弟橘媛之情，故登碓日嶺，而東南望之。三歎曰："吾嬬者耶！嬬，此云菟摩。"故因号山東諸國，曰吾嬬國也。

於是分道，遣吉備武彦於越國，令監〔六〕察其地形嶮易，及人民順不。則日本武尊進入信濃。是國也，山高谷幽，翠嶺萬重，人倚杖而難升。巖嶮磴紆，長峯數千，馬頓轡而不進。然日本武尊披烟淩霧，遙徑大山。既逮于峯，而飢之，食於山中。山神令苦王，以化白鹿，立於王前。王異之，以一箇蒜彈白鹿，則中眼而殺之。爰王忽失道，不知所出。時白狗自來，有導王之狀。隨狗而行之，得出美濃。吉備武彦自越出而遇之。先是度信濃坂者，多得神氣以瘼卧。但從殺白鹿之後，踰是山者，嚼蒜〔七〕塗人及牛馬，自不中神氣也。

日本武尊更還於尾張，即娶尾張氏之女宫簀媛，而淹留踰月。於是聞近江膽吹山有荒神，即解劒置於宫簀媛家，而徒行之。至膽吹山，山神化大蛇當道。爰日本武尊不知主神化虵之謂："是大虵必荒神之使也。既得殺主神，其使者豈足求乎？"因跨虵猶行。時山

〔一〕小學館本校改作"伽"。

〔二〕[25]にひばり　つくはをすぎて　いくよかねつる。略譯："過新治也筑波，既寢也幾夜？"見《古事記》25。

〔三〕小學館本作"苔"。

〔四〕[26]かがなべて　よにはここのよ　ひにはとをかを。略譯："以日也數之，九夜也十日。"見《古事記》26。

〔五〕小學館本作"靫"。

〔六〕原作"鑒"，據小學館本校改。

〔七〕小學館本此處校補"而"字。

神之興雲零氷〔一〕，峯霧谷曀，無復可行之路，乃棲〔二〕遑不知其所跋〔三〕涉。然淩霧強行，方僅得出，猶失意如醉。因居山下之泉側，乃飲其水而醒之，故号其泉曰居醒泉也。日本武尊於是始有痛身。然稍起之，還於尾張，爰不入宮簀媛之家，便移伊勢而到尾津。昔日本武尊向東之歲，停尾津濱而進食。是時解一劒置於松下，遂忘而去。今至於此，劒猶存。故歌曰：

烏波利珥。多陀珥霧伽幣流。比苫〔四〕菟麻菟阿波例。比等菟麻菟。比苫珥阿利勢磨〔五〕。岐農岐勢摩之塢。多知波開摩之塢。〔六〕

逮于能褒野，而痛甚之。則以所俘蝦夷等，獻於神宮。因遣吉備武彥，奏之於天皇曰："臣受命天朝，遠征東夷。則被神恩，賴皇威，而叛者伏罪，荒神自調。是以卷甲戢戈，愷悌還之。冀曷日曷時，復命天朝。然天命忽至，隙駟難停。是以獨臥曠野，無誰語之。豈惜身亡，唯愁不面。"既而崩于能褒野，時年三十。

天皇聞之，寢不安席，食不甘味，晝夜喉咽，泣悲摽擗。因以大歎之曰："我子小〔七〕碓王，昔熊襲叛之日，未及總〔八〕角，久煩征伐。既而恒在左右，補朕不及。然東夷騷動，勿使討者，忍愛以入賊境，一日之無不顧。是以朝夕進退，佇待還日。何禍兮，何罪兮，不意之間，倏亡我子！自今以後，與誰人之經綸鴻業耶！"即詔羣卿命百寮，仍葬於伊勢國能褒野陵。時日本武尊化白鳥，從陵出之，指倭國而飛之。群臣等因以開其棺櫬而視之，明衣空留，而屍骨無之。於是遣使者追尋白鳥，則停於倭琴彈原，仍於其處造陵焉。白

〔一〕原作"水"，據小學館本校改。

〔二〕原作"捿"，據小學館本改。

〔三〕原作"跂"，據校本改。

〔四〕小學館本作"苔"。後同。

〔五〕小學館本校改作"麼"。

〔六〕[27]をはりに　ただにむかへる　ひとつまつあはれ　ひとつまつ　ひとにありせば　きぬきせましを　たちはけましを。略譯："尾張直前，有青松也。向使爲人，贈爾以衣，佩爾以刀也。"見《古事記》29。

〔七〕原作"少"，據小學館本校改。

〔八〕原作"摠"，據校本改。

鳥更飛至河内，留舊市邑，亦其處作陵。故時人号是三陵曰白鳥陵。然遂[一]高翔上天，徒葬衣冠。因欲録功名，即定武部也。是歲[二]，天皇踐祚四十三年焉。

五十一年春正月壬午朔戊子，招群卿而宴數日矣。時皇子稚足彦尊、武内宿禰，不參赴于宴庭。天皇召之，問其故。因以奏之曰："其宴樂之日，羣卿百寮，必情在戲遊，不存國家。若有狂生，而伺墻閤之隙乎？故侍門下，備非常。"時天皇謂之曰："灼然。"灼然，此云以耶[三]知舉。則異寵焉。

秋八月己酉朔壬子，立稚足彦尊爲皇太子。是日，命武内宿禰爲棟梁之臣。

初日本武尊所佩草薙横刀，是今在尾張國年魚市郡熱田社也。於是所獻神宫蝦夷等，晝夜喧譁，出入無禮。時倭姬命曰："是蝦夷等不可近就於神宫。"則進上於朝庭，仍令安置御諸山傍。未經幾時，悉伐神山樹，叫呼隣里，而脅人民。天皇聞之，詔群卿曰："其置神山傍之蝦夷，是本有獸心，難住中國。故隨其情願，令班邦畿之外。"是今播磨、讚岐、伊勢、安藝、阿波，凡五國佐伯部之祖也。

初日本武尊娶兩道入姬皇女爲妃，生稻依別王，次足仲彦天皇，次布忍入姬命，次稚武王。其兄稻依別王，是犬上君、武部[四]君凡二族之始祖也。又妃吉備武彦之女吉備穴戸武媛，生武卵[五]王與十城别王。其兄武卵[六]王，是讚岐綾君之始祖也。弟十城别王，是伊豫别君之始祖也。次妃穗積氏忍山宿禰之女弟橘媛，生稚武彦王。

五十二年夏五月甲辰朔丁未，皇后播磨太郎姬薨。

〔一〕原作"逐"，據校本改。
〔二〕小學館本此處校補"也"字。
〔三〕小學館本校改作"椰"。
〔四〕"武部"原作"部武"，據校本改。
〔五〕原作"鼓"，據小學館本校改。
〔六〕原作"卯"，據校本改。

秋七月癸卯朔己酉，立八坂入[一]媛命爲皇后。

五十三年秋八月丁卯朔，天皇詔羣卿曰："朕顧愛子，何日止乎？冀欲巡狩小碓王所平之國。"

是月，乘輿幸伊勢，轉入東海。

冬十月，至上總國，從海路渡淡水門。是時聞覺賀鳥之聲，欲見其鳥形。尋而出海中，仍得白蛤。於是膳臣遠祖名磐鹿六鴈，以蒲爲手繦，白蛤爲膾，而進之。故美六鴈臣之功，而賜膳大伴部。

十二月，從東國還之，居伊勢也。是謂綺宮。

五十四年秋九月辛卯朔己酉，自伊勢還於倭，居纏向宮。

五十五年春二月戊子朔壬辰，以彦狹嶋王拜東山道十五國都督，是豐城命之孫也。然到春日穴咋邑，卧病而薨之。是時東國百姓悲其王不至，竊盜王尸，葬於上野國。

五十六年秋八月，詔御諸別王曰："汝父彦狹嶋王，不得向任所而早薨。故汝專領東國。"是以御諸別王承天皇命，且欲成父業，則行治之，早得善政。時蝦夷騷動，即舉兵而擊焉。時蝦夷首帥[二]足振邊、大羽振邊、遠津闇男邊等，叩頭而來之，頓首受罪，盡獻其地。因以免降者，而誅不服，是以東久之無事焉。由是其子孫於今有東國。

五十七年秋九月，造坂手池，即竹蒔其堤上。

冬十月，令諸國興田部、屯倉。

五十八年春二月辛丑朔辛亥，幸近江國，居志賀三歲。是謂高穴穗宮。

六十年冬十一月乙酉朔辛卯，天皇崩於高穴穗宮，時年一百六歲。

〔一〕原作"八"，據小學館本校改。
〔二〕原作"師"，據校本改。

稚足彦天皇 成務天皇

稚足彦天皇，大足彦忍代別天皇第四子也。母[一]后曰八坂入姬命，八坂入彦皇子之女也。大足彦天皇四十六年，立爲太子，年二十四。

六十年冬十一月，大足彦天皇崩。

元年春正月甲申朔戊子，皇太子即位。是年也，太歲辛未。

二年冬十一月癸酉朔壬午，葬大足彦天皇於倭國之山邊道上陵。尊皇后曰皇太后。

三年春正月癸酉朔己卯，以武内宿禰爲大臣也。初天皇與武内宿禰同日生之，故有異寵焉。

四年春二月丙寅朔，詔之曰："我先皇大足彦天皇，聰明神武，膺籙受圖。洽天順人，撥賊反正。德侔覆燾，道協造化。是以普天率土，莫不王臣。稟氣懷靈，何非得處。今朕嗣踐寶祚，夙夜兢惕。然黎元蠢爾，不悛野心。是國郡無君長，縣邑無首渠者焉。自今以後，國郡立長，縣邑置首。即取當國之幹了者，任其國郡之首長。是爲中區之蕃屏也。"

五年秋九月，令諸國，以國郡立造長，縣邑置稻置。並賜楯矛以爲表。則隔山河而分國縣，隨阡陌以定邑里。因以東西爲日縱，南北爲日橫，山陽曰影面，山陰曰背面。是以百姓安居，天下無事焉。

四十八年春三月庚辰朔，立甥足仲彦尊[二]爲皇太子。

六十年夏六月己巳朔己卯，天皇崩，時年一百七歲。

日本書紀卷第七　終

〔一〕小學館本此處校補"皇"字。

〔二〕"尊"字原缺，據小學館本校補。

日本書紀　巻第八

足仲彦天皇　仲哀天皇

足仲彦天皇，日本武尊第二子也。母皇后曰兩道入姬命，活目入彦五十狹茅天皇之女也。天皇容姿端正，身長十尺。稚足彦天皇四十八年，立爲太子。時年三十一。稚足彦天皇無男，故立爲嗣。

六十年，天皇崩。明年秋九月壬辰朔丁酉，葬于倭國狹城盾列陵。盾列，此云多多那美。

元年春正月庚寅朔庚子，太子即天皇位。

秋九月丙戌朔，尊母皇后曰皇太后。

冬十一月乙酉朔，詔群臣曰："朕未逮于弱冠，而父王既崩之，乃神靈化白鳥〔一〕上天。仰望之情，一日勿息。是以冀獲白鳥，養之於陵域之池，因以覩其鳥，欲慰顧情。"則令諸國，俾貢白鳥。

閏十一月乙卯朔戊午，越國貢白鳥四隻。於是送鳥使人，宿菟道河邊。時蘆髪蒲見別王視其白鳥，而問之曰："何處將去白鳥也？"越人答曰："天皇戀父王，而將養狎，故貢之。"則蒲見別王謂越人曰："雖白鳥，而燒之則爲黑鳥。"仍強之奪白鳥而將去。爰越人參赴之請焉。天皇於是惡蒲見別王無禮於先王，乃遣兵卒而誅矣。蒲見別王，則天皇之異母弟也。時人曰："父是天也，兄亦君也。其慢天違君，何得免誅耶！"是年也，太〔二〕歲壬申。

二年春正月甲寅朔甲子，立氣長足姬尊爲皇后。先是，娶叔父

〔一〕小學館本此處校補"而"字。

〔二〕原作"大"，據校本改。

彦人大兄之女大中姬爲妃，生麛坂皇子、忍熊皇子。次娶來熊田造祖大酒主之女弟媛，生子[一]譽屋別皇子。

二月癸未朔戊子，幸角鹿，即興行宮而居之，是謂笥飯宮。

即月，定淡路屯倉。

三月癸丑朔丁卯，天皇巡狩南國。於是留皇后及百寮，而從駕二三卿大夫，及官人數百，而輕行之。至紀伊國，而居于德勒津宮。是時，熊襲叛之不朝貢，天皇於是將討熊襲國。則自德勒津發之，浮海而幸穴門。即日使遣[二]角鹿，勅皇后曰："便從其津發之，逢於穴門。"

夏六月辛巳朔庚寅，天皇泊于豐浦津。且皇后從角鹿發而行之，到渟[三]田門，食於船上。時海鯽魚多聚船傍，皇后以酒灑鯽魚，鯽魚即醉而浮之。時海人多獲其魚而歡曰："聖王所賞之魚焉。"故其處之魚，至于六月常傾浮如醉，其是之緣也。

秋七月辛亥朔乙卯，皇后泊豐浦津。是日，皇后得如意珠於海中。

九月，興宮室于穴門而居之，是謂穴門豐浦宮。

八年春正月己卯朔壬午，幸筑紫。時岡縣主祖熊鰐，聞天皇[四]車駕，豫拔取五[五]百枝賢木，以立九尋船之舳。而上枝掛白銅鏡，中枝掛十握劒，下枝掛八尺瓊，參迎于周芳沙歷[六]之浦，而獻魚鹽地。因以奏言："自穴門至向津野大濟爲東門，以名籠屋大濟爲西門，限沒[七]利嶋、阿閇[八]嶋爲御莒[九]，割柴嶋爲御甂，御甂，此云彌那

〔一〕小學館本校刪"子"字。
〔二〕"使遣"小學館本校改作"遣使"。
〔三〕原作"停"，據小學館本校改。
〔四〕小學館本此處校補"之"字。
〔五〕"五"字原缺，據小學館本校補。
〔六〕小學館本作"麼"，大系本作"磨"。
〔七〕原作"設"，據校本改。
〔八〕小學館本作"閉"。
〔九〕小學館本作"筥"。

陪。以逆見海爲鹽地。”既而導海路，自山鹿岬，迴之入崗[一]浦。到水門，御船不得進。則問熊鰐曰：“朕聞，汝熊鰐者有明心以參來。何船不進？”熊鰐奏之曰：“御船所以不得進者，非臣罪。是浦口有男女二神，男神曰大倉主，女神曰菟夫羅媛。必是神之心歟。”天皇則禱祈之，以挾杪[二]者倭國菟田人伊賀彦爲祝，令祭，則船得進。

皇后別船，自洞海洞，此云久岐。入之，潮涸不得進。時熊鰐更還之，自洞奉迎皇后。則見御船不進，惶懼之，忽作魚沼、鳥池，悉聚魚鳥。皇后看是魚鳥之遊，而忿心稍解。及潮滿，即泊于崗[三]津。又筑紫伊覩縣主祖五十迹手，聞天皇之行，拔取五百枝賢木，立于船之舳艫。上枝掛八尺瓊，中枝掛白銅鏡，下枝掛十握劒，參迎于穴門引嶋而獻之。因以奏言：“臣敢所以獻是物者，天皇如八尺瓊之勾以曲妙御宇，且如白銅鏡以分明看行山川海原，乃提是十握劒平天下矣。”天皇即美五十迹手曰：“伊蘇志。”故時人號五十迹手之本土，曰伊蘇國。今謂伊覩者，訛也。

己亥，到儺縣，因以居橿日宮。

秋九月乙亥朔己卯，詔群臣以議討熊襲。時有神託皇后而誨曰：“天皇何憂熊襲之不服？是膂宍[四]之空國也，豈足舉兵伐乎？愈茲國而有寶國，譬如美[五]女之睩，有向津國。睩，此云[六]麻用弭枳。眼炎之金、銀、彩色，多在其國。是謂栲衾新羅國焉。若能祭吾者，則曾不血刃，其國必自服矣，復熊襲爲服。其祭之，以天皇之御船及穴門直踐立所獻之水田名大田，是等物爲幣也。”天皇聞神言，有疑之情。便登高岳，遙望之大海曠遠，而不見國。於是天皇對神曰：“朕周望之，有海無國。豈於大虛有國乎？誰神徒誘朕？復我皇祖諸天皇等，盡祭神祇，豈有遺神耶？”時神亦託皇后曰：“如天津水影押

〔一〕小學館本作“岡”。
〔二〕原作“抄”，據小學館本改。
〔三〕小學館本作“岡”。
〔四〕“宍”字原缺，據小學館本校補。
〔五〕小學館本校改作“處”。
〔六〕“云”字原缺，據小學館本校補。

伏而我所見國，何謂無國，以誹謗我言？其汝王之如此言而遂不信者，汝不得其國。唯今皇后始之有胎，其子有獲焉。”然天皇猶不信，以強擊熊襲，不得勝而還之。

九年春二月癸卯朔丁未，天皇忽有痛身，而明日崩。時年五十二。即知，不用神言而早崩。一云，天皇親伐熊襲，中賊矢而崩也。於是皇后及大臣武內宿禰，匿天皇之喪，不令知天下。則皇后詔大臣及中臣烏賊津連、大三輪大友主君、物部膽[一]咋連、大伴武以連曰："今天下未知天皇之崩。若百姓知之，有懈怠者[二]乎？”則命四大夫，領百寮，令守宮中。竊收天皇之屍，付武內宿禰，以從海路遷穴門，而殯于豐浦宮，爲無火殯斂。無火殯斂，此謂褒那之阿餓利。

甲子，大臣武內宿禰自穴門還之，復奏於皇后。

是年，由新羅役，以不得葬天皇也。

日本書紀卷第八　終

〔一〕原作“瞻”，據校本改。
〔二〕“者”字原缺，據小學館本校補。

日本書紀　卷第九

氣長足姫尊　神功皇后

氣長足姬尊，稚日本根子彦大日日天皇之曾孫，氣長宿禰王之女也。母曰葛城高顙媛。足仲彦天皇二年，立爲皇后。幼而聰明叡智，貌容壯麗，父王異焉。

九年春二月，足仲彦天皇崩於筑紫橿日宫。時皇后傷天皇不從神教而早崩，以爲知所祟[一]之神，欲求財寶國。是以命群臣及百寮，以解罪改過，更造齋宫於小山田邑。

三月壬申朔，皇后選吉日入齋宫，親爲神主。則命武内宿禰令撫琴，喚中臣烏賊津使主，爲審神者。因以千繒高繒置琴頭尾，而請曰："先日教天皇者誰神也？願欲知其名。"逮于七日七夜，乃答曰："神風伊勢國之百傳度逢縣之拆鈴五十鈴宫所居神，名撞賢木嚴之御魂天疎向津媛命焉。"亦問之："除是神[二]有神乎？"答曰："幡荻穗出吾也，於尾田吾田節之淡郡所居[三]之有也。"問："亦有耶？"答曰："於天事代於虚事代玉籤入彦嚴之事代神有之也。"問："亦有耶？"答曰："有無之不知焉。"於是審神者曰："今不答，而更後有言乎？"則對曰："於日向國橘小門之水底所居[四]，而水葉稚之出居神，名表筒男、中筒男、底筒男神之有也。"問："亦有耶？"答曰："有無

〔一〕原作"崇"，據小學館本校改。
〔二〕小學館本此處校補"復"字。
〔三〕小學館本此處校補"神"字。
〔四〕原作"底"，據小學館本校改。

之不知焉。"遂不言且有神矣。時得神語，隨教而祭。然後遣吉備臣祖鴨別，令擊熊襲國。未經浹辰，而自服焉。且荷持田村荷持，此云能登利。有羽白熊鷲者，其爲人強健，亦身有翼，能飛以高翔。是以不從皇命，每略盜人民。

戊子，皇后欲擊熊鷲，而自橿日宮遷于松峽宮。時飄風忽起，御笠墮風。故時人号其處曰御笠也。

辛卯，至層增岐野，即舉兵擊羽白熊鷲而滅之。謂左右曰："取得熊鷲，我心則安。"故号其處曰安也。

丙申，轉至山門縣，則誅土蜘蛛田油津媛。時田油津媛之〔一〕兄夏羽，興軍而迎來。然聞其妹被誅而逃之。

夏四月壬寅朔甲辰，北到火前國松浦縣，而進食於玉嶋里小河之側。於是皇后勾針爲鉤，取粒爲餌，抽取裳系〔二〕爲緡，登河中石上，而投鉤祈之曰："朕西欲求財國。若有成事者，河魚飲鉤。"因以舉竿，乃獲細鱗魚。時皇后曰："希見物也！"希見，此云梅豆邏志。故時人号其處曰梅豆羅國。今謂松浦，訛焉〔三〕。是以其國女人，每當四月上旬，以鉤投河中，捕年魚，於今不絕。唯男夫雖釣〔四〕，以不能獲魚。

既而皇后則識神教有驗，更祭祝〔五〕神祇，躬欲西征，爰定神田而佃之。時引儺河水，欲潤神田，〔六〕掘溝及于迹驚岡。大磐塞之，不得穿溝。皇后召武內宿禰，捧劍、鏡，令禱祈神祇，而求通溝。則當時，雷電霹靂，蹴裂其磐，令通水。故時人号其溝曰裂田溝也。

皇后還詣橿日浦，解髮臨海曰："吾被神祇之教，賴皇祖之靈，浮涉滄海，躬欲西征，是以今頭滌〔七〕海水。若有驗者，髮自分爲

〔一〕"之"原缺，據小學館本校補。
〔二〕小學館本校改作"縷"。
〔三〕小學館本校改作"也"。
〔四〕原作"鉤"，據小學館本校改。
〔五〕小學館本校改作"祀"。
〔六〕小學館本校補"而"字。
〔七〕小學館本校改作"滌"。

兩。”即入海洗之，髮自分也。皇后便結分髮而爲髻，因以謂羣臣曰：“夫興師動衆，國之大事。安危成敗，必在於斯。今有所征伐，以事付群臣。若事不成者，罪有於羣臣，是甚傷焉〔一〕。吾婦女之加以不肖，然暫假男貌，強起雄略。上蒙神祇之靈，下藉〔二〕群臣之助，振兵甲而度嶮浪，整艫船以求財土。若事就者，羣臣共有功。事不就者，吾〔三〕獨有罪。既有此意，其共議之。”羣臣皆曰：“皇后爲天下，計所以安宗廟社稷，且罪不及于臣下。頓首奉詔。”

秋九月庚午朔己卯，令諸國，集船舶，練兵甲。時軍卒難集。皇后曰：“必神心焉。”則立大三輪社，以奉刀矛矣。軍衆自聚。於是使吾甕海人烏摩呂，出於西海，令察有國耶。還曰：“國不見也。”又遣磯鹿海人名草，而令覩。數日還之曰：“西北有山，帶雲横絚。蓋有國乎？”爰卜吉日，而臨發有日。時皇后親執斧鉞，令三軍曰：“金鼓無節，旌旗錯亂，則士卒不整。貪財多欲，懷私内顧，必爲敵所虜。其敵少而勿輕，敵強而無屈。則姧暴勿聽，自服勿殺。遂戰勝者必有賞，背走者自有罪。”既而神有誨曰：“和魂服玉〔四〕身而守壽命，荒魂爲先鋒而導師船。和魂，此云珥岐瀰〔五〕多摩。荒魂，此云阿邏瀰多摩。”即得神教而拜禮之，因以依網吾彦男垂見爲祭神主。于時也，適當皇后之開胎。皇后則取石插腰，而祈之曰：“事竟還日，産於茲土。”其石今在于伊都縣道邊。既而則撝荒魂爲軍先鋒，請和魂爲王船鎮。

冬十月己亥朔辛丑，從和珥津發之。時飛廉起風，陽侯舉浪，海中大魚，悉浮挾〔六〕船。則大風順吹，帆舶隨波，不勞櫨〔七〕楫，便到新羅。時隨船潮浪遠逮國中，即知天神地祇悉助歟。新羅王於是

〔一〕原作“烏”，據校本改。
〔二〕原作“籍”，據校本改。
〔三〕“吾”字原缺，據小學館本校補。
〔四〕小學館本校改作“王”。
〔五〕“岐瀰”原作“玹珥”，據小學館本校改。
〔六〕小學館本校改作“扶”。
〔七〕小學館本校改作“橣”。

戰戰栗栗〔一〕，厝身無所。則集諸人曰："新羅之建國以來，未嘗聞海水淩國。若天運盡〔二〕，國爲海乎？"是言未訖之間〔三〕，船師滿海，旌旗耀日，鼓吹起聲，山川悉振。新羅王遙望，以爲非常之兵，將滅己國，讋焉失志。乃今醒之曰："吾聞，東有神國，謂日本。亦有聖王，謂天皇。必其國之神兵也。豈可舉兵以距乎？"即素旆而自服，素組以面縛，封圖籍，降於王船之前。因以叩頭之曰："從今以後，長與乾坤，伏爲飼部。其不乾船柂，而春秋獻馬梳及馬鞭。復不煩海遠，以每年貢男女之調。"則重誓之曰："非東日更出西，且除阿利那禮河返以之逆流，及河石昇爲星辰，而殊闕春秋之朝，怠〔四〕廢梳鞭之貢，天神地祇共討焉。"

時或曰："欲誅新羅王。"於是皇后曰："初承神教，將授金銀之國，又号令三軍曰'勿殺自服'。今既獲財國，亦人自降服，殺之不祥。"乃解其縛爲飼部，遂入其國中，封重寶府庫，收圖籍文書。即以皇后所杖矛，樹於新羅王門，爲後葉之印。故其矛今猶樹于新羅王之門也。爰新羅王波沙寐錦，即以微叱己知波珍干岐爲質，仍賫金、銀、彩色及綾羅、縑絹，載于八十艘船，令從官軍。是以新羅王常以八十船之調，貢于日本國，其是之緣也。於是高麗、百濟二國王，聞新羅收圖籍降於日本國，密令伺其軍勢，則知不可勝，自來于營外，叩頭而款曰："從今以後，永稱西蕃，不絕〔五〕朝貢。"故因以定內官家。是所謂之三韓也。皇后從新羅還之。十二月戊戌朔辛亥，生譽田天皇於筑紫。故時人号其產處曰宇瀰也。

一云，足仲彥天皇居筑紫橿日宮。是有神，託沙麼縣主祖內避高國避高松屋種，以誨天皇曰："御孫尊也，若欲得寶國耶？將現授之。"便復曰："琴將來，以進于皇后。"則隨神言，而皇后撫琴。於是神託皇后，以誨之曰："今御孫尊所望之國，

〔一〕小學館本校改作"慄慄"。
〔二〕小學館本此處校補"之"字。
〔三〕原作"閒"，據校本改。
〔四〕原作"忍"，據小學館本校改。
〔五〕原作"絁"，據校本改。

譬如鹿角，以無實國也。其今御孫尊所御之船，及穴戶直踐立所貢之水田名大田爲幣[一]，能祭我者，則如美女之睩而金銀多之眼炎國，以授御孫尊。”時天皇對神曰：“其雖神，何謾語耶？何處將有國？且朕所乘船既奉於神，朕乘曷船？然未知誰神，願欲知其名。”時神稱其名曰：“表筒[二]雄、中筒雄、底筒雄。”如是稱三神名，且重曰：“吾名向匱男聞襲大歷五御魂速狹騰尊也。”時天皇謂皇后曰：“聞惡事之言坐婦人乎？何言速狹騰也。”於是神謂天皇曰：“汝王如是不信，必不得其國。唯今皇后懷妊之子，蓋有獲歟？”是夜天皇忽病發以崩之。然後皇后隨神教而祭，則皇后爲男束裝，征新羅。時神導之，由是隨船浪之，遠及于新羅國中。於是新羅王宇流助富利智干[三]，參迎跪之，取王船，即叩頭曰：“臣自今以後，於日本國所居神御子，爲內官家，無絕朝貢。”一云，禽獲新羅王，詣于海邊，拔王臏筋[四]，令匍匐石上，俄而斬之埋沙中。則留一人，爲新羅宰而還之。然後新羅王妻不知埋夫屍之地，獨有誘宰之情。乃誂宰曰：“汝當令識埋王屍之處，必篤[五]報之。且吾爲汝妻。”於是宰信誘言，密告埋屍之處。則王妻與國人共議之殺宰，更出王屍，葬於他處。時取宰屍，埋于王墓土底，以舉王櫬窆其上曰：“尊卑次第，固當如此。”於是天皇聞之，重發震忿，大起軍衆，欲頓滅新羅。是以軍船滿海而詣之。是時，新羅國人悉懼，不知所如。則相集共議之，殺王妻以謝罪。

於是從軍神表筒男、中筒男、底筒男三神，誨皇后曰：“我荒魂令祭於穴門山田邑也。”時穴門直之祖踐立、津守連之祖田裳見宿禰，啓于皇后曰：“神欲居之地，必宜奉定。”則以踐立爲祭荒魂之神主。仍祠立於穴門山田邑。

爰伐新羅之明年春二月，皇后領群卿及百寮，移于穴門豐浦宮。即收天皇之喪，從海路以向京。時麛坂王、忍熊王聞天皇崩，亦皇后西征，并皇子新生，而密謀之曰：“今皇后有子，羣臣皆從焉。必共議之，立幼主。吾等何以兄從弟乎？”乃詳爲天皇作陵，詣播磨，

〔一〕原作“弊”，據校本改。
〔二〕本句“筒”原文均作“箇”，據校本改。後同。
〔三〕原作“于”，據校本改。
〔四〕原作“肋”，據小學館本校改。
〔五〕小學館本校改作“敦”。

興山陵於赤石。仍編船絚于淡路嶋，運其嶋石而造之。則每人令取兵，而待皇后。於是犬上君祖倉見別，與吉師祖五十狹茅宿禰，共隸于麛坂王。因以爲將軍，令興東國兵。時麛坂王、忍熊王共出菟餓野，而祈狩之曰：祈狩，此云于氣比餓利。“若有成事，必獲良獸也。”二王各居假庪。赤猪忽出之登假庪，咋麛坂王而殺焉，軍士悉慄也。忍熊王謂倉見別曰：“是事大恠也，於此不可待敵。”則引軍更返，屯於住吉。

時皇后聞忍熊王起師以待之，命武內宿禰懷皇子，横出南海，泊于紀伊水門。皇后之船，直指難波。于時皇后之船迴於海中，以不能進，更還務古水門而卜之。於是天照大神誨之曰：“我之荒魂，不可近皇后。當居御心廣田國。”即以山背根子之女葉山媛令祭。亦稚日女尊誨之曰：“吾欲居活田長峽國。”因以海上五十狹茅〔一〕令祭。亦事代主尊誨之曰：“祠吾于御心長田國。”則以葉山媛之弟長媛令祭。亦表筒男、中筒男、底筒男三神誨之曰：“吾和魂宜居大津渟中倉之長峽，便因看往來船。”於是隨神教以鎮坐焉，則平得度海。忍熊王復引軍退〔二〕，到菟道而軍之。皇后南詣紀伊國，會太子於日高，以議及羣臣。遂欲攻忍熊王，更遷小竹宮。小竹，此云之努。

適是時也，晝暗如夜，已經多日。時人曰：“常夜行之也。”皇后問紀直祖豐耳曰：“是恠何由矣？”時有一老父曰：“傳聞，如是恠謂阿豆那比之罪也。”問：“何謂也？”對曰：“二社祝者，共合葬歟。”因以令推問巷里，有一人曰：“小竹祝與天野祝，共爲善友，小竹祝逢病而死之。天野祝血泣曰：‘吾也生爲交友，何死之無〔三〕同穴乎？’則伏屍側而自死，仍合葬焉。蓋是之乎？”乃開墓視之，實也，故更改棺櫬，各異處以埋之。則日暉炳爍〔四〕，日夜有別。

〔一〕原作“弟”，據校本改。
〔二〕小學館本此處校補“之”字。
〔三〕小學館本此處校補“宜”字。
〔四〕小學館本校改作“爍”。

三月丙申朔庚子，命武內宿禰、和珥臣祖武振熊，率〔一〕數萬衆，令擊忍熊王。爰武內宿禰等選精兵，從山背出之，至菟道以屯河北。忍熊王出營欲戰。時有熊之凝者，爲忍熊王軍之先鋒，熊之凝者，葛野城首之祖也。一云，多吴吉師之遠祖也。一云，多吴吾師之遠祖也。〔二〕則欲勸己衆，因以高唱之歌曰：

烏智箇多能。阿邏乙麼〔三〕菟麼邏。摩菟麼邏珥。和多利喻衹氐。菟區喻彌珥。末利椰塢多具陪。宇摩比等破。于摩譬苫〔四〕奴知野。伊徒姑播茂。伊徒姑奴池。伊裝阿波那。和例波。多摩岐波屢。于池能阿層餓。波邏濃知波。異佐誤阿例椰。伊裝阿波那。和例波。〔五〕

時武內宿禰令三軍，悉令椎〔六〕結，因以号令曰："各〔七〕儲弦，藏于髮中，且佩木刀。"既而舉皇后之命，誘忍熊王曰："吾勿貪天下。唯懷幼王，從君王者也。豈有距戰耶？願共絕弦捨兵，與連和焉。然則，君王登天業以安席，高枕專制萬機。"則顯令軍中，悉斷弦解刀，投於河水。忍熊王信其誘言，悉令軍衆，解兵投河水，而斷弦。爰武內宿禰令三軍，出儲弦更張，以佩真刀，度河〔八〕進之。忍熊王知被欺，謂倉見別、五十狹茅宿禰曰："吾既被欺，今無儲兵，豈可得戰乎？"曳兵稍退。武內宿禰出精兵而追之，適遇于逢坂以破。故号其處曰逢坂也。軍衆走之，及于狹狹浪栗林而多斬。於是血流溢栗林，故惡是事，至于今，其栗林之菓不進御所也。忍熊王逃無

〔一〕原作"卒"，據小學館本校改。

〔二〕"一云多吴吾師之遠祖也"一句，小學館本校刪。

〔三〕"乙麼"小學館本校改作"邏麻"。

〔四〕小學館本校改作"苔"。下歌同。

〔五〕28 をちかたの　あららまつばら　まつばらに　わたりゆきて　つくゆみに　まりやをたぐへ　うまひとは　うまひとどちや　いとこはも　いとこどち　いざあはな　われは　たまきはる　うちのあそが　はらぬちは　いさごあれや　いざあはな　われは。略譯："彼方兮松原，競渡兮松原，挾槻弓兮張鳴箭。與我貴人，偕我友人，噫嘻共鬬兮！偉哉朝臣，胸有大略，噫嘻共鬬兮！"

〔六〕原作"推"，據小學館本改。

〔七〕小學館本此處校補"以"字。

〔八〕小學館本此處校補"而"字。

所入，則喚五十狹茅宿禰，而歌之曰：

伊裝阿藝。伊佐智須區禰。多摩枳波屢。于知能〔一〕阿曾餓。勾夫菟智能。伊多氏於破孺破。珥倍迺利能。介豆岐齊奈。〔二〕

則共沈瀨田濟而死之。于時武内宿禰歌之曰：

阿布彌能彌。齊多能和多利珥。伽豆區苫〔三〕利。梅珥志彌曳泥麼。異枳迺倍呂之茂。〔四〕

於是探其屍而不得也，然後數日之出於菟道河。武内宿禰亦歌曰：

阿布瀰能瀰。齊多能和多利珥。介豆區苫利。多那伽泓〔五〕須疑氏。于泥珥等邏倍菟。〔六〕

冬十月癸亥朔甲子，羣臣尊皇后曰皇太后。是年也，大〔七〕歲辛巳。即爲攝政元年。

二年冬十一月丁亥朔甲午，葬天皇於河内國長野陵。

三年春正月丙戌朔戊子，立譽田別皇子爲皇太子。因以都於磐余。是謂若櫻宮。

五年春三月癸卯朔己酉，新羅王遣汙禮斯伐、毛麻利叱智、富羅母智等朝貢。仍有返先質微叱許智伐旱之情。是以誂許智伐旱，而紿之曰："使者汙禮斯伐、毛麻利叱智等告臣曰：'我王以坐臣久不還，而悉没〔八〕妻子爲孥。'冀蹔〔九〕還本土，知虛實而請焉。"皇太后則聽之，因以副葛城襲津彦而遣之。共到對馬，宿于鉏海水門。時

〔一〕原作"熊"，據校本改。

〔二〕[29]いざあぎ　いさちすくね　たまきはる　うちのあそが　くぶつちの　いたておはずは　にほどりの　かづきせな。略譯："嗚呼吾君，五十狹茅宿禰兮！偉哉朝臣，頭槌將索命兮。孰若鳰鳥，永遁水中兮！"見《古事記》38。

〔三〕小學館本校改作"苔"。後歌同。

〔四〕[30]あふみのみ　せたのわたりに　かづくとり　めにしみえねば　いきどほろしも。略譯："淡海之海，濟瀨田兮。不見潛鳥，氣填膺兮。"

〔五〕小學館本校改作"瀰"。

〔六〕[31]あふみのみ　せたのわたりに　かづくとり　たなかみすぎて　うぢにとらへつ。略譯："淡海之海，濟瀨田兮。潛鳥過於田上，於宇治捕之。"

〔七〕小學館本作"太"。

〔八〕原作"設"，據小學館本校改。

〔九〕原作"蹔"，據小學館本校改。

新羅使者毛麻利叱智等，竊分船及水手，載微叱旱岐，令逃於新羅。乃造蒭靈，置微叱許〔一〕智之床，詳爲病者，告襲津彦曰："微叱許〔二〕智忽病之將死。"襲津彦使人令看病，即知欺，而捉新羅使者三人，納檻中，以火焚而殺。乃詣新羅，次于蹈鞴津，拔草羅城還之。是時俘人等，今桑原、佐糜、高宫、忍海，凡四邑漢人等之始祖也。

十三年春二月丁巳朔甲子，命武内宿禰，從太子令拜角鹿笥飯大神。

癸酉，太子至自角鹿。是日，皇太后宴太子於大殿。皇太后舉觴以壽于太子，因以歌曰：

虚能彌企破。和餓彌企那羅儒。區之能伽彌。等虚豫珥伊麻輸。伊破多多須。周玖那彌伽未能。等豫保枳。保枳茂苫〔三〕陪之。訶武保枳。保枳玖流保之。摩莬利虚辞。彌企層。阿佐孺塢齊。佐佐。〔四〕

武内宿禰爲太子答歌之曰：

許能彌企塢。伽彌雞武比等破。曾能莬豆彌。于輸珥多氐氐。于多比莬莬。伽彌雞梅伽墓。許能彌企能。阿椰珥。于多娜濃芝。作沙。〔五〕

三十九年。是年也，太〔六〕歲己未。魏志云："明帝景初三年六月，倭女王遣大夫難斗米等詣郡，求詣天子朝獻。太守鄧夏遣吏將送詣京都也。"

四十年。魏志云："正始元年，遣建忠校尉梯携等，奉詔書、印綬〔七〕，詣倭

〔一〕"許"字原缺，據小學館本校補。
〔二〕"許"字原缺，據小學館本校補。
〔三〕小學館本校改作"苔"。
〔四〕32 このみきは　わがみきならず　くしのかみ　とこよにいます　いはたたす　すくなみかみの　とよほき　ほきもとほし　かむほき　ほきくるほし　まつりこし　みきそ　あさずをせ　ささ。略譯："此御酒，非我造也。神酒之司，坐常世也。少御之神，立石上也。豐壽兮廻舞，神壽兮舞狂。造作此酒，噫嘻飲之盡也！"見《古事記》39。
〔五〕33 このみきを　かみけむひとは　そのつづみ　うすにたてて　うたひつつ　かみけめかも　このみきの　あやに　うただのし　ささ。略譯："擊鼓臼邊，復有歌也。造作此酒，噫嘻味之旨也！"見《古事記》40。
〔六〕原作"大"，據小學館本改。
〔七〕原作"緩"，據校本改。

國也。”

四十三年。魏志云：“正始四年，倭王復遣使大夫伊聲者、掖耶約等八人上獻。”

四十六年春三月乙亥朔，遣斯摩宿禰于卓淳國。斯麻宿禰者，不知何姓人也。於是卓淳王末錦旱岐，告斯摩宿禰曰：“甲子年七月中，百濟人久氐、彌〔一〕州流、莫古三人，到於我土，曰：‘百濟王聞東方有日本貴國，而遣臣等，令朝其貴國。故求道路以至于斯土。若能教臣等令通道路，則我王必深德君王。’時謂久氐等曰：‘本聞東有貴國，然未曾有通，不知其道。唯海遠浪嶮，則乘大船僅可得通。若雖有路津，何以得達耶？’於是久氐等曰：‘然即當今不得通也，不若更還之備船舶，而後通矣。’仍曰：‘若有貴國使人來，必應告吾國。’如此乃還。”爰斯摩宿禰即以傔人爾波移與卓淳人過古二人，遣于百濟國，慰勞其王。時百濟肖〔二〕古王，深之歡喜，而厚遇焉。仍以五色綵絹各一疋，及角弓箭，并鐵鋌四十枚，幣〔三〕爾波移。便復開寶藏，以示諸珍異曰：“吾國多有是珍寶。欲貢貴國，不知道路，有志無從。然猶今付使者，尋貢獻耳。”於是爾波移奉事而還，告志摩宿禰，便自卓淳〔四〕還之也。

四十七年夏四月，百濟王使久氐、彌州流、莫古，令朝貢。時新羅國調使與久氐共詣。於是皇太后、太子譽田別尊，大歡喜之曰：“先王所望國人，今來朝之。痛哉，不逮于天皇矣！”群臣皆莫不流涕。仍檢校〔五〕二國之貢物。於是新羅貢物者珍異甚多，百濟貢物者少賤不良。便問久氐等曰：“百濟貢物不及新羅。奈之何？”對曰：“臣等失道，至沙比新羅。則新羅人捕臣等，禁囹圄，經三月而欲殺。時久氐等向天而咒詛之，新羅人怖其咒詛而不殺。則奪我貢

〔一〕原作“禰”，據校本改。
〔二〕原作“背”，據小學館本校改。
〔三〕原作“弊”，據小學館本校改。
〔四〕原作“渟”，據校本改。
〔五〕“檢校”原作“撿挍”，據小學館本改。

物，因以爲己國之貢物，以新羅賤物相易，爲臣國之貢物。謂臣等曰：‘若誤此辞者，及于還日，當殺汝等。’故久氐等恐怖而從耳。是以僅得達于天朝。”時皇太后、譽田別尊，責新羅使者，因以祈天神曰：“當遣誰人於百濟，將檢[一]事之虚實？當遣誰人於新羅，將推問其罪？”便天神誨之曰：“令武内宿禰行議。因以千熊長彦爲使者，當如所願。”千熊長彦者，分明不知其姓人。一云，武藏國人，今是額田部槻本首等之始祖也。百濟記云“職麻那那加比跪”者，蓋是歟也？於是遣千熊長彦于新羅，責以濫百濟之獻物。

四十九年春三月，以荒田別、鹿我別爲將軍，則與久氐等共勒兵而度之，至卓淳國，將襲新羅。時或曰：“兵衆少之，不可破新羅。更復奉上沙白、蓋盧，請増軍士。”即命木羅斤資、沙沙奴跪，是二人不知其姓人也。但木羅斤資者，百濟將也。領精兵與沙白、蓋盧共遣之。俱集于卓淳，擊新羅而破之。因以平定比自㶱、南加羅、㖨國、安羅、多羅、卓淳、加羅七國。仍移兵，西迴至古奚津，屠南蠻忱彌多禮，以賜百濟。於是其王肖古，及王子貴須，亦領軍來會。時比利、辟中、布彌支、半古四邑，自然降服。是以百濟王父子，及荒田別、木羅斤資等，共會意流村。今云州流須祇。相見欣感，厚禮送遣之。唯千熊長彦與百濟王，[二]于百濟國，登辟支山，盟之。復登古沙山，共居磐石上。時百濟王盟之曰：“若敷[三]草爲坐，恐見火燒。且取木爲坐，恐爲水流。故居磐石而盟者，示長遠之不朽者也。是以自今以後，千秋萬歳，無絶無窮，常稱西蕃，春秋朝貢。”則將千熊長彦至都下，厚加禮遇。亦副久氐等而送之。

五十年春二月，荒田別等還之。

夏五月，千熊長彦、久氐等至自百濟。於是皇太后歡之，問久氐曰：“海西諸韓既賜汝國，今何事以頻復來也？”久氐等奏曰：“天朝鴻澤，遠及弊邑。吾王歡喜踊躍，不任于心。故因還使，以致至

[一] 原作“撿”，據小學館本改。
[二] 小學館本此處校補“至”字。
[三] 原作“數”，據小學館本校改。

誠。雖逺萬世，何年非朝。”皇太后勅云：“善哉汝言，是朕懷也。”增賜多沙城，爲往還路驛。

五十一年春三月，百濟王亦遣久氐朝貢。於是皇太后語太子及武内宿禰曰：“朕所交親百濟國者，是天所致，非由人故。玩好珍物，先所未有。不闕歲時，常來貢獻。朕省此款，每用喜焉。如朕存時，敦加恩惠。”

即年，以千熊長彦副久氐等，遣百濟國。因以垂大恩曰：“朕從神所驗，始開道路，平定海西，以賜百濟。今復厚結好，永寵賞之。”是時百濟王父子，並顙致地，啓曰：“貴國鴻恩，重於天地。何日何時，敢有忘哉！聖王在上，明如日月。今臣在下，固如山岳。永爲西蕃，終無貳心。”

五十二年秋九月丁卯朔丙子，久氐等從千熊長彦詣之。則獻七枝刀一口、七子鏡一面，及種種重寶。仍啓曰：“臣國以西有水，源出自谷那鐵山，其邈七日行之不及。當飲是水，便取是山鐵，以永奉聖朝。乃謂孫枕流王曰：‘今我所通海東貴國，是天所啓。是以垂天恩，割海西而賜我，由是國基永固。汝當善脩和好，聚歛土物，奉貢不絕[一]，雖死何恨。’”自是後，每年相續朝貢焉。

五十五年，百濟肖[二]古王薨。

五十六年，百濟王子貴須立爲王。

六十二年，新羅不朝。

即年，遣襲津彦擊新羅。百濟記云：“壬午年，新羅不奉貴國。貴國遣沙至比跪，令討之。新羅人莊餝[三]美女二人，迎誘於津。沙至比跪受其美女，反伐加羅國。加羅國王己本旱岐，及兒百久氐、阿首至、國沙利、伊羅麻酒、爾汶至等，將其人民，來奔百濟。百濟厚遇之。加羅國王妹既殿至，向大倭啓云：‘天皇遣沙至比跪，以討新羅。而納新羅美女，捨而不討，反滅我國，兄弟、人民皆爲流沈。不任憂思，故以來啓。’天皇大怒，即遣木羅斤資，領兵衆來集加羅，復其社稷。”一

〔一〕原作“絶”，據校本改。
〔二〕原作“背”，據小學館本校改。
〔三〕小學館本作“飾”。

云，沙至比跪知天皇怒，不敢公還，乃自竄伏。其妹有幸於皇宮者，比跪密遣使人，問天皇怒解不。妹乃託夢言："今夜夢見沙至比跪。"天皇大怒云："比跪何敢來！"妹〔一〕以皇言報之。比跪知不免，入石穴而死也。

六十四年，百濟國貴須王薨，王子枕流王立爲王。

六十五年，百濟枕流王薨。王子阿花年少，叔父辰斯奪立爲王。

六十六年。是年，晉武帝泰初二年。晉起居注云："武帝泰初二年十月，倭女王遣重譯貢獻。"

六十九年夏四月辛酉朔丁丑，皇太后崩於稚櫻宮。時年一百歲。

冬十月戊午朔壬申，葬狹城盾列陵。是日，追尊皇太后，曰氣長足姬尊。是年也，太〔二〕歲己丑。

日本書紀卷第九　終

〔一〕"妹"字原缺，據小學館本校補。

〔二〕原作"大"，據小學館本改。

日本書紀　巻第十

譽田天皇　應神天皇

譽田天皇，足仲彦天皇第四子也。母曰氣長足姬尊。天皇以皇后討新羅之年，歲次庚辰冬十二月，生於筑紫之蚊田。幼而聰達，玄監深遠，動容進止，聖表有異焉。皇太后攝政之三年，立爲皇太子。時年三。初天皇在孕，而天神地祇授三韓。既産之，宍[一]生腕上，其形如鞆，是肖皇太后爲雄裝之負鞆。肖，此云阿叡。故稱其名謂譽田天皇。上古時，俗号鞆謂褒武多焉。一云，初天皇爲太子，行于越國，拜祭角鹿笥飯大神。時大神與太子名相易，故号大神曰去來紗別神，太子名譽田別尊。然則可謂大神本名譽田別神，太子元名去來紗別尊。然無所見也，未詳。

攝政六十九年夏四月，皇太后崩。時年百歲。

元年春正月丁亥朔，皇太子即位。是年也，太[二]歲庚寅。

二年春三月庚戌朔壬子，立仲姬爲皇后。后生荒田皇女、大鷦鷯天皇、根鳥皇子。先是，天皇以皇后姊高城入姬爲妃，生額田大中彦皇子、大山守皇子、去來真稚皇子、大原皇女、澇來[三]田皇女。又妃[四]皇后弟弟姬，生阿倍[五]皇女、淡路御原皇女、紀之菟野皇女。次妃和珥臣[六]祖日觸使主之女宮主宅媛，生菟道稚郎子皇子、矢田

〔一〕原作“完”，據校本改。
〔二〕原作“大”，據小學館本改。
〔三〕“來”字原缺，據小學館本校補。
〔四〕原作“姬”，據校本改。
〔五〕原作“位”，據小學館本校改。
〔六〕“珥臣”原作“弭巨”，據校本改。

皇女、雌鳥皇女。次妃宅媛之弟〔一〕小甂媛，小甂，此云烏儺謎。生菟道稚郎姬皇女。次妃河派仲彥女弟姬〔二〕，生稚野毛二派皇子。派，此云摩多。次妃櫻井田部連男鉏之妹糸媛，生隼總別皇子。次妃日向泉長姬〔三〕，生大〔四〕葉枝皇子、小葉枝皇子。凡是天皇男女，并二十王也。根鳥皇子，是大田君之始祖也。大山守皇子，是土形君、榛原君凡二族之始祖也。去來真稚皇子，是深河別之始祖也。

三年冬十月辛未朔癸酉，東蝦夷悉朝貢。即役蝦夷，而作厩坂道。

十一月，處處海人訕哤之不從命。訕哤，此云佐麼賣玖。則遣阿曇連祖大濱宿禰，平其訕哤，因爲海人之宰。故俗人諺曰"佐麼阿摩"者，其是緣也。

是歲，百濟辰斯王立之〔五〕，失禮於貴國天皇。故遣紀角宿禰、羽田矢代宿禰、石川宿禰、木菟宿禰，嘖讓其無禮狀。由是，百濟國殺辰斯王以謝之。紀角宿禰等便立阿花爲王而歸。

五年秋八月庚寅朔壬寅，令諸國定海人及山守部。

冬十月，科伊豆國，令造船，長十丈。船既成之，試浮于海，便輕泛疾行如馳。故名其船曰枯野。由船輕疾名枯野，是義違焉。若謂輕野，後人訛歟？

六年春二月，天皇幸近江國。至菟道野上，而歌之曰：

知婆〔六〕能。伽豆怒塢彌例磨〔七〕。茂茂智儴廬。夜珥波母彌喩。區珥能朋母彌喩。〔八〕

七年秋九月，高麗人、百濟人、任那人、新羅人並來朝。時命

〔一〕"弟"字原缺，據小學館本校補。
〔二〕小學館本作"媛"。
〔三〕小學館本校改作"媛"。
〔四〕原作"太"，據小學館本改。
〔五〕"立之"原缺，據小學館本校補。
〔六〕小學館本校改作"麼"。
〔七〕小學館本校改作"麼"。
〔八〕[34] ちばの　かづのをみれば　ももちだる　やにはもみゆ　くにのほもみゆ。略譯："觀彼葛野，國之秀兮。亦見村里，百千饒足兮。"見《古事記》41。

武内宿禰，領諸韓人等作池。因以名池号韓人池。

八年春三月，百濟人來朝。百濟記云："阿花王立，無禮於貴國。故奪我枕彌多禮，及峴南、支侵、谷那東韓之地。是以遣王子直支于天朝，以脩先王之好也。"

九年夏四月，遣武内宿禰於筑紫，以監察百姓。時武内宿禰弟甘美内宿禰欲〔一〕廢兄，即讒言于天皇："武内宿禰常有望天下之情。今聞，在筑紫而密謀之曰：'獨裂筑紫，招三韓令朝於己，遂將有天下。'"於是天皇則遣使，以令殺武内宿禰。時武内宿禰歎之曰："吾元〔二〕無貳心，以忠事君。今何禍矣，無罪而死耶！"於是有壹伎直祖〔三〕真根子者，其爲人能似武内宿禰之形。獨惜武内宿禰無罪而空死，便語武内宿禰曰："今大臣以忠事君，既無黑心，天下共知。願密避之，參赴于朝，親辨無罪，而後死不晚也。且時人每云，僕形似大臣。故今我代大臣而死之，以明大臣之丹心。"則伏劍自死焉。時武内宿禰獨大悲之，竊避筑紫，浮海以從南海迴之，泊於紀水門。僅得逮朝，乃辨無罪。天皇則推問武内宿禰與甘美内宿禰。於是二人各堅執而爭之，是非難決。天皇勅之，令請神祇探湯。是以武内宿禰與甘美内宿禰，共出于磯城川濱〔四〕爲探湯，武内宿禰勝之。便執横刀以毆仆甘美内宿禰，遂欲殺矣。天皇勅之令釋，仍賜紀伊〔五〕直等之祖也。

十一年冬十月，作劒池、輕池、鹿垣池、厩坂池。

是歲，有人奏之曰："日向國有孃子，名髮長媛，即諸縣君牛諸井之女也，是國色之秀者。"天皇悦之，心裏欲覓。

十三年春三月，天皇遣專使，以徵髮長媛。

秋九月中，髮長媛至自日向，便安置於桑津邑。爰皇子大鷦鷯

〔一〕"欲"字原缺，據小學館本校補。
〔二〕"元"字原缺，據小學館本校補。
〔三〕"祖"字原缺，據小學館本校補。
〔四〕小學館本校改作"湄"。
〔五〕"伊"字小學館本缺。

尊及見髮長媛，感其形之美麗，常有戀情。於是天皇知大鷦鷯尊感髮長媛而欲配。是以天皇宴于後宮之日，始喚髮長媛，因以上〔一〕坐於宴席。時撝大鷦鷯尊，以指髮長媛，乃歌之曰：

伊弉〔二〕阿藝。怒珥比蘆菟彌〔三〕珥。比蘆菟瀰珥。和餓喩區瀰智珥。伽愚〔四〕破志。波那多智麼那。辞豆曳羅波。比等未那等利。保菟曳波。等利委餓羅辭。瀰菟愚利能。那伽菟曳能。府保語茂利。阿伽例蘆塢等咩。伊弉佐伽麼曳那。〔五〕

於是大鷦鷯尊蒙御歌，便知得賜髮長媛，而大悦之。報歌曰：

瀰豆多摩蘆。豫佐瀰能伊戒珥。奴那波區利。破陪鶏區辞羅珥。委愚比菟區。伽破摩多曳能。比辭餓羅能。佐辞雞區辞羅珥。阿餓許居呂辭。伊夜于古珥辭氐。〔六〕

大鷦鷯尊與髮長媛，既得交慇懃〔七〕，獨對髮長媛歌之曰：

彌〔八〕知能之利。古破儾塢等綿塢。伽未能語等。枳虚曳之介逎。阿比摩區羅摩區。〔九〕

又歌之曰：

〔一〕“上”字小學館本校刪。

〔二〕原作“裝”，據小學館本校改。

〔三〕小學館本校改作“湄”。

〔四〕小學館本校改作“遇”。本歌與下歌同。

〔五〕[35]いざあぎ　のにひるつみに　ひるつみに　わがゆくみちに　かぐはし　はなたちばな　しづえらは　ひとみなとり　ほつえは　とりゐがらし　みつぐりの　なかつえの　ふほごもり　あかれるをとめ　いざさかばえな。略譯：“噫嘻吾君，採野蒜兮。道逢花橘，花燦燦兮。下枝有花，人皆取兮。上枝有花，鳥集啄散兮。中枝有花，其蕾含且妍兮。孃子之媚，明燦燦兮！”見《古事記》43。

〔六〕[36]みづたまる　よさみのいけに　ぬなはくり　はへけくしらに　ゐぐひつく　かはまたえの　ひしがらの　さしけくしらに　あがこころし　いやうこにして。略譯：“吾心之愚，愚不可及兮。依網之蓴，不知其長兮。川俣之菱，不知其深兮。”見《古事記》44。

〔七〕“交”原作“夫”，據小學館本校改。“慇懃”原作“殷勤”，據小學館本改。

〔八〕原作“瀰”，據校本改。

〔九〕[37]みちのしり　こはだをとめを　かみのごと　きこえしかど　あひまくらまく。略譯：“日向孃子，其名如雷兮，今得交枕兮！”見《古事記》45。

彌〔一〕知能之利。古波儴塢等綿。阿羅素破儒。泥辞區塢之敘。于蘆波辞彌茂布。〔二〕

一云〔三〕，日向諸縣君牛仕于朝庭。年既老〔四〕耉之，不能仕。仍致仕，退於本土，則貢上己女髮長媛，始至播磨。時天皇幸淡路嶋，而遊獵之。於是天皇西望之，數十麋鹿浮海來之，便入于播磨鹿子水門。天皇謂左右曰："其何麋鹿也？泛巨海多來。"爰左右共視而奇，則遣使令察。使者至見，皆人也，唯以著角鹿皮，爲衣服耳。問曰："誰人也？"對曰："諸縣君牛，是年耉之，雖致仕，不得忘朝，故以己女髮長媛而貢上矣。"天皇悦之，即喚令從御船。是以時人号其著岸之處，曰鹿子水門也。凡水手曰鹿子，蓋始起于是時也。

十四年春二月，百濟王貢縫衣工女，曰真毛津。是今來目衣縫之始祖也。

是歲，弓月君自百濟來歸。因以奏之曰："臣領己國之人夫百二十縣而歸化。然因新羅人之拒，皆留加羅國。"爰遣葛城襲津彦，而召弓月之人夫於加羅。然經三年，而襲津彦不來焉。

十五年秋八月壬戌朔丁卯，百濟王遣阿直岐，貢良馬二匹，即養於輕坂上厩，因以〔五〕阿直岐令掌飼。故号其養馬之處，曰厩坂也。阿直岐亦能讀經典，即太子菟道稚郎子師焉。於是天皇問阿直岐曰："如勝汝博士亦有耶？"對曰："有王仁者，是秀也。"時遣上毛野君祖荒田別、巫別於百濟，仍徵王仁也。其阿直岐者，阿直岐史之始祖也。

十六年春二月，王仁來之。則太子菟道稚郎子師之，習諸典籍於王仁，莫不通達。故〔六〕所謂王仁者，是書首等之始祖也。

〔一〕原作"瀰"，據小學館本校改。本歌同。

〔二〕[38] みちのしり　こはだをとめ　あらそはず　ねしくをしぞ　うるはしみもふ。略譯："日向孃子，馴然交枕兮，一何愛之切兮！"見《古事記》46。

〔三〕原作"曰"，據小學館本校改。

〔四〕小學館本校改作"耆"。

〔五〕原作"以以"，據小學館本校改。

〔六〕"故"字小學館本校删。

是歲，百濟阿花王薨。天皇召直支〔一〕王，謂之曰："汝返於國以嗣位。"仍且賜東韓之地而遣之。東韓者，甘羅城、高難城、爾林城是也。

八月，遣平群木菟宿禰、的戶田宿禰於加羅。仍授精兵，詔之曰："襲津彥久之不還，必由新羅人〔二〕拒而滯之。汝等急往之，擊新羅，披其道路。"於是木菟宿禰等進精兵，莅于新羅之境。新羅王愕之，服其罪。乃率弓月之人夫，與襲津彥共來焉。

十九年冬十月戊戌朔，幸吉野宮。時國樔人來朝之，因以醴酒獻于天皇，而歌之曰：

伽辭能輔珥。豫區周塢莵區利。豫區周珥。伽綿蘆淤朋瀰枳。宇摩羅珥。枳虛之茂知塢勢。磨呂俄〔三〕智。〔四〕

歌之既訖，則打口以仰咲。今國樔獻土毛之日，歌訖即擊口仰咲者，蓋上古之遺則也。夫國樔者，其爲人甚淳朴也。每取山菓食，亦煮蝦蟆爲上味，名曰毛瀰。其土自京東南之，隔山而居于吉野河上，峯嶮谷深，道路狹巘。故雖不遠於京，本希朝來。然自此之後，屢參赴以獻土毛。其土毛者，栗、菌及年魚之類焉。

二十年〔五〕秋九月，倭漢直祖阿知使主、其子都加使主，並率己之黨類十七縣，而來歸焉。

二十二年春三月甲申朔戊子，天皇幸難波，居於大隅宮。丁酉，登高臺而遠望。時妃兄媛侍之，望西以大歎。兄媛者，吉備臣祖御友別之妹也。於是天皇問兄媛曰："何爾歎之甚也？"對曰："近日妾有戀父母之情，便因西望，而自歎矣。冀暫還之，得省親歟。"爰天皇愛兄媛篤温清〔六〕之情，則謂之曰："爾不視二親，既經多年。還欲定省，

〔一〕原作"支"，據小學館本校改。後同。
〔二〕小學館本作"之"。
〔三〕"磨"小學館本校改作"摩"。"俄"小學館本校改作"餓"。
〔四〕[39]かしのふに　よくすをつくり　よくすに　かめるおほみき　うまらに　きこしもちをせ　まろがち。略譯："橿樹下，做横臼，横臼釀成大御酒。飲而盡乎，噫嘻我主乎！"見《古事記》48。
〔五〕"年"字原缺，據校本補。
〔六〕原作"凊"，據小學館本校改。

於理灼然。”則聽之。仍喚淡路御原之海人八十人，爲水手，送于吉備。

夏四月，兄媛自大津發船而往之。天皇居高臺，望兄媛之船，以歌曰：

阿波旎辞摩。異椰敷多那羅弭〔一〕。阿豆枳辭摩。異椰敷多那羅弭。豫呂辭枳辞摩之魔。儾伽多佐例阿羅智之。吉備那流伊慕塢。阿比瀰菟流莫〔二〕能。〔三〕

秋九月辛巳朔丙戌，天皇狩于淡路嶋。是嶋者横海，在難波之西。峯巖紛錯，陵谷相續。芳草薈蔚，長瀾潺湲。亦麋鹿、鳧鴈，多在其嶋。故乘輿屢遊之。天皇便自淡路轉，以幸吉備，遊于小豆嶋。

庚寅，亦移居於葉田葉田，此云簸娜。葦守宫。時御友別參赴之，則以其兄弟子孫，爲膳夫而奉饗焉。天皇於是看御友別謹惶侍奉之狀，而有悦情。因以割吉備國，封其子等也。則分川嶋縣，封長子稻速別，是下道臣之始祖也。次以上道縣封中子仲彦，是上道臣、香屋臣之始祖也。次以三野縣封弟彦，是三野臣之始祖也。復以波區藝縣封御友別弟鴨別，是笠臣〔四〕之始祖也。即以苑縣封兄浦凝別，是苑臣〔五〕之始祖也。即以織部縣〔六〕賜兄媛。是以其子孫，於今在于吉備國，是其緣也。

二十五年，百濟直支王薨，即子久爾辛立爲王。王年幼，大倭〔七〕木滿致執國政。與王母相婬，多行無禮。天皇聞而召之。百濟記云：“木滿致者，是木羅斤資討新羅時，娶其國婦而所生也。以其父功，專於任那。

〔一〕原作“珥”，據小學館本校改。本歌後同。

〔二〕小學館本校改作“慕”。

〔三〕40 あはぢしま　いやふたならび　あづきしま　いやふたならび　よろしきしましま　たかたされあらちし　きびなるいもを　あひみつるもの。略譯：“小豆兮淡路，嗟二島兮迢遙。去去兮既邈，思我妹兮離憂。”

〔四〕原作“田”，據小學館本校改。

〔五〕原作“丘”，據小學館本校改。

〔六〕“縣”字小學館本校删。

〔七〕“大倭”二字小學館本校删。

來入我國，往還貴國。承制天朝，執我國政，權重當世。然天朝〔一〕聞其暴，召之。”

二十八年秋九月，高麗王遣使朝貢，因以上表。其表曰“高麗王教日本國也”。時太子菟道稚郎子讀其表，怒之，責高麗之使以表狀無禮，則破其表。

三十一年秋八月，詔群卿曰：“官船名枯野者，伊豆國所貢之船也。是朽之不堪用，然久爲官用，功不可忘。何其船名勿絕〔二〕，而得傳後葉焉？”群卿便被詔，以令有司，取其船材，爲薪而燒鹽。於是得五百籠鹽，則施之周賜諸國，因令造船。是以諸國一時貢上五百船，悉集於武庫水門。當是時，新羅調使，共宿武庫。爰於新羅停忽失火，即引之及于聚船，而多船見焚，由是責新羅人。新羅王聞之，讋然大驚，乃貢能匠者，是猪名部等之始祖也。初枯野船爲鹽薪燒之日，有餘燼，則奇其不燼〔三〕而獻之。天皇異，以令作琴，其音鏗鏘而遠聆。是時天皇歌之曰：

訶羅怒烏。之褒珥椰枳。之餓阿摩離。虛等珥茿句離。訶枳譬句椰。由羅能斗能。斗那訶能異句離珥。敷例多茿。那豆能紀能紀〔四〕。佐椰佐椰。〔五〕

三十七年春二月戊午朔，遣阿知使主、都加使主於吴，令求縫工女。爰阿知使主等渡高麗國，欲達于吴。則至高麗，更不知道路，乞知道者於高麗。高麗王乃副久禮波、久禮志二人爲導者，由是得通吴。吴王於是與工女兄媛、弟媛、吴織、穴織四婦女。

三十九年春二月，百濟直支王遣其妹新齊都媛以令仕。爰新齊都媛率七婦女而來歸焉。

〔一〕原作“皇”，據小學館本改。
〔二〕原作“絁”，據校本改。
〔三〕小學館本校改作“燒”。
〔四〕“紀”字小學館本校删。
〔五〕[41] からのを　しほにやき　しがあまり　ことにつくり　かきひくや　ゆらのとの　となかのいくりに　ふれたつ　なづのきの　さやさや。略譯：“枯野材，以作鹽。其殘餘，以制琴。搔以彈，甚美聽。由良門，海之巖；藻搖曳，聲泠泠。”見《古事記》74。

四十年春正月辛丑朔戊申，天皇召大山守命、大鷦鷯尊，問之曰：“汝等者愛子耶？”對言：“甚愛也。”亦問之：“長與少孰尤焉？”大山守命對言：“不逮[一]於長子。”於是天皇有不悅之色。時大鷦鷯尊預察天皇之色，以對言：“長者多經寒暑，既爲成人，更無悒矣。唯少子者，未知其成不。是以少子甚憐之。”天皇大悅曰：“汝言寔合朕之心。”是時，天皇常有立菟道稚郎子爲太子之情。然欲和[二]二皇子之意，故發是問。是以不悅大山守命之對言也。

甲子，立菟道稚郎子爲嗣。

即日，任大山守命，令掌山川林野。以大鷦鷯尊爲太子輔之，令知國事。

四十一年春二月甲午朔戊申，天皇崩于明宮，時年一百一十歲。一云，崩于大隅宮。

是月，阿知使主等自吴至筑紫。時胸形大神[三]乞工女等，故以兄媛奉於胸形大神。是則今在筑紫國御使君之祖也。既而率其三婦女，以至津國，及于武庫。而天皇崩之，不及，即獻于大鷦鷯尊。是女人等之後，今吴衣縫、蚊屋衣縫是也。

日本書紀卷第十　終

〔一〕原作“逯”，據校本改。
〔二〕小學館本校改作“知”。
〔三〕小學館本此處校補“有”字。

日本書紀　卷第十一

大鷦鷯天皇　仁德天皇

大鷦鷯天皇，譽田天皇之第四子也。母曰仲姬命，五百城入彦皇子之孫也。天皇幼而聰明叡智，貌容美麗。及壯，仁寬慈惠。

四十一年春二月，譽田天皇崩。時太子菟道稚郎子讓位于大鷦鷯尊，未即帝位。仍諮大鷦鷯尊：“夫君天下以治萬民者，蓋之如天，容之如地。上有驩心，以使百姓。百姓欣然，天下安矣。今我也弟之，且文獻不足。何敢繼嗣位、登天業乎？大王者風姿岐嶷，仁孝遠聆，以齒且長，足爲天下之君。其先帝立我爲太子，豈有能才乎？唯愛之者也。亦奉宗廟社稷，重事也。僕之不佞，不足以稱。夫昆上而季下，聖君而愚臣，古今之常典焉。願王勿疑，須即帝位，我則爲臣之助耳。”大鷦鷯尊對言：“先皇謂，皇位者一日之不可空。故預選明德，立王爲貳，祚之以嗣，授之以民，崇其寵章，令聞於國。我雖不賢，豈棄先帝之命，輒從弟王之願乎？”固辭不承，各相讓之。

是時，額田大中[一]彦皇子將掌倭屯田及屯倉，而謂其屯田司出雲臣之祖淤[二]宇宿禰曰：“是屯田者，自本山守地。是以今吾將治矣，爾之不可掌。”時淤宇宿禰啓于皇太子。皇太子謂之曰：“汝便啓大鷦鷯尊。”於是淤宇宿禰啓大鷦鷯尊曰：“臣所任屯田者，大中彦皇子距不令治。”大鷦鷯尊問倭直祖麻呂曰：“倭屯田者元謂山守

〔一〕原作“仲”，據小學館本校改。
〔二〕原作“游”，據小學館本校改。後同。

地，是如何？”對言：“臣之不知，唯臣弟吾子籠知也。”適是時，吾子籠遣於韓國而未還。爰大鷦鷯尊謂淤宇曰：“爾躬往於韓國，以喚吾子籠。其兼日夜而急往。”乃差淡路之海人八十爲水手。爰淤宇往于韓國，即率吾子籠而來之。因問倭屯田，對言：“傳聞之，於纏向玉城宮御宇天皇之世，科太子大足彦尊，定倭屯田也。是時勅旨：‘凡倭屯田者，每御宇帝皇之屯田也。其雖帝皇之子，非御宇者，不得掌矣。’是謂山守地，非之也。”時大鷦鷯尊遣吾子籠於額田大中彦皇子，而令知狀。大中彦皇子更無如何焉。乃知其惡，而赦之勿罪。

然後大山守皇子每恨先帝廢之非立，而重有是怨。則謀之曰：“我殺太子，遂登帝位。”爰大鷦鷯尊預聞其謀，密告太子，備兵令守。時太子設兵待之。大山守皇子不知其備兵〔一〕，獨領數百兵士，夜半發而行之。會明詣菟道，將渡河。時太子服布袍，取檝櫓，密接度子，以載大山守皇子而濟。至于河中，誂度子，蹈船而傾。於是大〔二〕山守皇子墮河而没，更浮〔三〕流之，歌曰：

知破揶臂苫〔四〕。于旎能和多利珥〔五〕。佐烏刀利珥。破揶鶏務臂苫辞。和餓毛胡珥虚務。〔六〕

然伏兵多起，不得著岸，遂沈而死焉。令求其屍，泛〔七〕於考羅濟。時太子視其屍，歌之曰：

智破揶臂等。于泥〔八〕能和多利珥。和多利涅珥。多氐屢。阿豆

〔一〕“備兵”原作“兵備”，據校本改。
〔二〕原作“太”，據校本改。
〔三〕原作“泛”，據校本改。
〔四〕小學館本校改作“苔”。本歌及後歌同。
〔五〕原作“弭”，據小學館本校改。本歌後同。
〔六〕[42]ちはやひと　うぢのわたりに　さをとりに　はやけむひとし　わがもこにこむ。略譯：“菟道之渡，弄棹一何疾也。其來其來，其來助我也！”見《古事記》50。
〔七〕原作“浮”，據校本改。
〔八〕小學館本作“旎”。

瑳由瀰摩由彌。伊枳羅牟苫。虚虚呂破望閇[一]耐。伊斗羅牟苫。虚虚呂破望閇耐。望苫弊破。枳瀰烏於望臂泥。須惠弊破。伊暮烏於望比泥。伊羅那鶏區。曾虚珥於望比。伽那志鶏區。虚虚珥於望臂。伊枳羅儒層區屢。阿豆瑳由瀰摩由瀰。[二]

乃葬于那羅山。

既而興宫室於菟道而居之，猶由讓位於大鷦鷯尊，以久不即皇位。爰皇位空之，既經三載。時有海人，賫鮮魚之苞苴，獻于菟道宫也。太子令海人曰："我非天皇。"乃返之，令進難波。大鷦鷯尊亦返，以令獻菟道。於是海人之苞苴，餧於往還。更返之，取他鮮魚而獻焉。讓如前日，鮮魚亦餧。海人苦於屢還，乃棄鮮魚而哭。故諺曰"有海人耶，因己物以泣"，其是之緣也。

太子曰："我知不可奪兄王之志。豈久生之，煩天下乎？"乃自死焉。時大鷦鷯尊聞太子薨，以驚之，從難波馳之，到菟道宫。爰太子薨之經三日。時大鷦鷯尊摽擗叫哭，不知所如。乃解髮跨屍，以三呼曰："我弟皇子！"乃應時而活，自起以居。爰大鷦鷯尊語太子曰："悲兮，惜兮，何所以歟自逝之！若死者有知，先帝何謂我乎？"乃太子啓兄王曰："天命也，誰能留焉。若有向天皇之御所，具奏兄王聖之，且有讓矣。然聖王聞我死，以急馳遠路。豈得無勞乎？"乃進同母妹八田皇女曰："雖不足納采[三]，僅充掖庭之數。"乃且伏棺而薨。於是大鷦鷯尊素服，爲之發哀，哭之甚慟。仍葬於菟道山上。

元年春正月丁丑朔己卯，大鷦鷯尊即天皇位。尊皇后曰皇太[四]

〔一〕小學館本作"閉"。本歌後同。

〔二〕43ちはやひと　うぢのわたりに　わたりでに　たてる　あづさゆみまゆみ　いきらむと　こころはもへど　いとらむと　こころはもへど　もとへは　きみをおもひで　すゑへは　いもをおもひで　いらなけく　そこにおもひ　かなしけく　ここにおもひ　いきらずそくる　あづさゆみまゆみ。略譯："菟道之渡，有檀木兮。我欲伐之，我欲取之，於根思君兮，於枝思妹兮。悲哉苦哉，無伐我檀兮！"見《古事記》51。

〔三〕原作"綵"，據小學館本校改。

〔四〕原作"大"，據小學館本改。

后。都難波，是謂高津宫。即宫垣、室屋，弗堊色也。桷梁、柱楹，弗藻餝[一]也。茅茨之蓋，弗剖齊也。此不以私曲之故，留耕績[二]之時者也。初天皇生日，木菟入于産殿。明旦，譽田天皇喚大臣武内宿禰，語之曰："是何瑞也？"大臣對言："吉祥也。復當昨日，臣妻産時，鷦鷯入於産屋，是亦異焉。"爰天皇曰："今朕之子與大臣之子，同日共産，兼有瑞，是天之表焉。以爲取其鳥名，各相易名子，爲後葉之契也。"則取鷦鷯名以名太子，曰大鷦鷯皇子。取木菟名号大臣之子，曰木菟宿禰，是平群臣之始祖也。是年也，太[三]歲癸酉。

二年春三月辛未朔戊寅，立磐之媛命爲皇后。后生大兄去來穗别天皇、住吉仲皇子、瑞齒别天皇、雄朝津間稚子宿禰天皇。又妃日向髮長媛，生大草香皇子、幡梭皇女。

四年春二月己未朔甲子，詔羣臣曰："朕登高臺以遠望之，烟氣不起於域中，以爲百姓既貧，而家無炊者。朕聞，古聖王之世，人人誦詠德之音，家家有康哉歌。今朕臨億兆，於兹三年，頌音不聆，炊烟轉踈。即知五穀不登，百姓窮乏也。封[四]畿之内，尚有不給者，况乎畿外諸國耶？"

三月己丑朔己酉，詔曰："自今之後，至于三載，悉除課役，息百姓之苦。"是日始之，黼衣、鞋[五]履，不弊[六]盡不更爲也。溫飯、煖羹，不酸餧不易也。削心約志，以從事乎無爲。是以宫垣崩而不造，茅茨壞以不葺。風雨入隙，而沾衣被。星辰漏壞，而露床蓐。是後，風雨順時，五穀豐穰。三稔之間，百姓富寛，頌德既滿，炊烟亦繁。

七年夏四月辛未朔，天皇居臺上，而遠望之，烟氣多起。是日，語皇后曰："朕既富矣，豈有愁乎？"皇后對諮："何謂富焉？"天皇

〔一〕小學館本作"飾"。
〔二〕原作"續"，據小學館本校改。
〔三〕原作"大"，據小學館本改。
〔四〕小學館本校改作"邦"。
〔五〕小學館本校改作"絓"。
〔六〕原作"幣"，據小學館本校改。

曰:“煙氣滿國，百姓自富歟。”皇后且言:“宫垣壞而不得脩，殿屋破之衣被露，何謂富乎?”天皇曰:“其天之立君，是爲百姓。然則君以百姓爲本。是以古聖王者，一人飢寒，顧之責身。今百姓貧[一]之，則朕貧也。百姓富之，則朕富也。未之有百姓富之君貧矣。”

秋八月己巳朔丁丑，爲大兄去來穗別皇子定壬生部，亦爲皇后定葛城部。

九月，諸國悉請之曰:“課役並免，既經三年。因此以宫殿朽壞，府庫已空。今黔首富饒，而不拾遺。是以里無鰥寡，家有餘儲。若當此時，非貢税調，以脩理宫室者，懼之其獲罪于天乎?”然猶忍之，不聽矣。

十年冬十月，甫科課役，以構[二]造宫室。於是百姓之不領，而扶老携幼，運材負簣，不問日夜，竭力爭作。是以未經幾時，而宫室悉成。故於今稱聖帝也。

十一年夏四月戊寅朔甲午，詔群臣曰:“今朕視是國者，郊澤曠遠，而田圃少乏。且河水横逝，以流末不駛。聊逢霖雨，海潮逆上，而巷里乘船，道路亦埿。故羣臣共視之，決横源而通海，塞逆流以全田宅。”

冬十月，掘宫北之郊原，引南水以入西海。因以号其水曰堀[三]江。又將防北河之澇，以築茨田堤。是時有兩處之築，而乃壞之難塞。時天皇夢有神，誨之曰:“武藏人強頸、河内人茨田連衫子衫子，此云莒呂母能古。二人以祭於河伯，必獲塞。”則覓二人而得之。因以禱于河神，爰強頸泣悲之，没水而死。乃其堤成焉。唯衫子取全匏兩箇，臨于難塞水。乃取兩箇匏，投於水中，請之曰:“河神祟[四]之，以吾爲幣，是以今吾來也。必欲得我者，沉是匏而不令[五]泛，

〔一〕原作“貪”，據校本改。
〔二〕原作“搆”，據小學館本改。
〔三〕原作“掘”，據小學館本改。後同。
〔四〕原作“崇”，據校本改。
〔五〕原作“合”，據小學館本校改。

則吾知真神，親入水中。若不得沈匏者，自知僞神，何徒亡吾身？”於是飄風忽起，引匏没水。匏轉浪上而不沈，則潝潝[一]浮[二]以遠流。是以衫子雖不死，而其堤且成也。是因衫子之幹，其身非亡耳。故時人号其兩處，曰強頸斷間、衫子斷間也。

是歲，新羅人朝貢。則勞於是役。

十二年秋七月辛未朔癸酉，高麗國貢鐵盾、鐵的。

八月庚子朔己酉，饗高麗客於朝。是日，集群臣及百寮，令射高麗所獻之鐵盾、的。諸人不得射[三]通的，唯的臣祖盾人宿禰，射鐵的通焉。時高麗客等見之，畏其射之勝巧，共起以拜朝。明日，美盾人宿禰，而賜名曰的戸田宿禰。同日，小泊瀨造祖宿禰臣，賜名曰賢遺賢遺，此云左河之能莒里。臣也。

冬十月，掘[四]大溝於山背栗隈縣以潤田。是以其百姓每豐年也。

十三年秋九月，始立茨田屯倉。因定舂米部。

冬十月，造和珥池。

是月，築横野堤。

十四年冬十一月，爲橋於猪甘津。即号其處曰小橋也。

是歲，作大道，置於京中，自南門直指之，至丹比邑。又掘[五]大溝於感玖，乃引石河水，而潤上鈴鹿、下鈴鹿、上豐浦、下豐浦四處郊原，以墾之得四萬餘頃之田。故其處百姓寬饒之，無凶年之患。

十六年秋七月戊寅朔，天皇以宫人桑田玖賀媛，示近習舍人等，曰:“朕欲愛是婦女。苦皇后之妬，不能合，以經多年。何徒棄其盛年乎？”即歌曰:

〔一〕小學館本校改作“瀹瀹”。
〔二〕原作“沉”，改作“浮”。小學館本校改作“汎”。
〔三〕“射”字原缺，據小學館本校補。
〔四〕原作“堀”，據小學館本改。
〔五〕原作“堀”，據小學館本改。

彌儺曾虛赴。於彌能烏苫〔一〕咩烏。多例揶始儺播務。〔二〕

於是播磨國造祖速待獨進之，歌曰：

彌箇始報。破利摩波揶摩智。以播區娜〔三〕輸。伽之古俱等望。阿例揶始儺破務。〔四〕

即日，以玖賀媛賜速待。明日之夕，速待詣于玖賀媛之家。而玖賀媛不和，乃強近帷內。時玖賀媛曰：“妾之寡婦以終年，何能爲君之妻乎？”於是天皇聞之，欲遂速待之志，以玖賀媛副速待，送遣於桑田。則玖賀媛發病，死于道中。故於今有玖賀媛之墓也。

十七年，新羅不朝貢。

秋九月，遣的臣祖砥田宿禰、小泊瀨造祖賢遺臣，而問闕貢之事。於是新羅人懼之，乃貢獻調絹一千四百六十疋，及種種雜物，并八十艘。

二十二年春正月，天皇語皇后曰：“納八田皇女，將爲妃。”時皇后不聽。爰天皇歌以乞於皇后曰：

于磨臂苫〔五〕能。多菟屢虛等太氐。于磋由豆流。多由磨菟〔六〕餓務珥。奈羅陪氐毛餓望。〔七〕

皇后答歌曰：

虛呂望虛曾。赴多弊茂豫耆。瑳由〔八〕迺虛烏。那羅陪務耆瀰破。箇辭古耆呂箇茂。〔九〕

〔一〕小學館本作“苔”。

〔二〕44 みなそこふ　おみのをとめを　たれやしなはむ。略譯：“彼少女臣，孰妻養之？”

〔三〕原作“娜”，據小學館本校改。

〔四〕45 みかしほ　はりまはやまち　いはくだす　かしこくとも　あれやしなはむ。略譯：“雖畏之孔多，播磨速待，可妻養之。”

〔五〕小學館本作“苔”。

〔六〕原作“免”，大系本作“兔”。從小學館本校改。

〔七〕46 うまひとの　たつることだて　うさゆづる　たゆまつがむに　ならべてもがも。略譯：“貴人立言，必有儲弦也。取爲並置，俾毋絕間也。”

〔八〕小學館本校改作“用”。

〔九〕47 ころもこそ　ふたへもよき　さよどこを　ならべむきみは　かしこきろかも。略譯：“衣之二重，猶自可也。夜床並置，君實可畏也！”

天皇又歌曰：

於辭氏屨。那珥破能瑳耆能。那羅弭破苐。那羅陪務苫〔一〕虚曆。曾能古破阿利鷄梅。〔二〕

皇后答歌曰：

那菟務始能。譬務始能虚呂望。赴多弊耆氐。箇區彌夜儾利破。阿珥豫區望阿羅儒。〔三〕

天皇又歌曰：

阿佐豆磨能。避箇能烏瑳箇烏。箇多那耆珥。彌致喻區茂能茂。多愚譬氐序豫枳。〔四〕

皇后遂謂不聽，故默之亦不答言。

三十年秋九月乙卯朔乙丑，皇后遊行紀國到熊野岬，即取其處之御綱葉葉，此云箇始婆。而還。於是日，天皇伺皇后不在，而娶八田皇女，納於宮中。時皇后到難波濟，聞天皇合八田皇女，而大恨之。則其所採御綱葉投於海，而不著岸。故時人号散葉之海，曰葉濟也。爰天皇不知皇后忿不着岸，親幸大津，待皇后之船，而歌曰：

那珥波譬苫〔五〕。須儒赴泥苫羅齊。許辭那豆彌。曾能赴尼苫羅齊。於朋彌赴泥苫禮。〔六〕

時皇后不泊于大津，更引之泝〔七〕江，自山背迴而向倭。明日，天皇遣舍人鳥山，令還皇后。乃歌之曰：

〔一〕小學館本作“苔”。

〔二〕48おしてる　なにはのさきの　ならびはま　ならべむとこそ　そのこはありけめ。略譯：“難波之崎，有並濱也。之子並置，孰謂不可也？”

〔三〕49なつむしの　ひむしのころも　ふたへきて　かくみやだりは　あによくもあらず。略譯：“夏蠶之繭，衣二重也。廝處其間，胡爲其可也？”

〔四〕50あさづまの　ひかのをさかを　かたなきに　みちゆくものも　たぐひてぞよき。略譯：“朝妻小坂，孑然行之。向隅獨泣，何不求友生也？”

〔五〕本歌“苫”小學館本均作“苔”。

〔六〕51なにはひと　すずふねとらせ　こしなづみ　そのふねとらせ　おほみふねとれ。略譯：“難波船人兮，引彼鈴船。川水及腰，引彼鈴船。引彼大御船兮！”

〔七〕小學館本作“沂”。

夜莽之吕珥。伊辞鷄苫[一]利夜莽。伊辭鷄之鷄。阿餓茂赴菟[二]摩珥。伊辭枳阿波牟伽茂。[三]

皇后不還，猶行之。至山背河，而歌曰：

菟[四]藝泥赴。揶莽之吕餓波烏。箇破能朋利。涴餓能朋例麼[五]。箇波區莽珥。多知瑳箇踰屢。毛毛多羅儒。揶素麼能紀破。於朋耆瀰吕箇茂。[六]

即越那羅山，望葛城，歌之曰：

菟[七]藝泥赴。揶莽之吕餓波烏。瀰揶能朋利。和餓能朋例麼。阿烏珥豫[八]辞。儺羅烏輸疑。烏陀氐。夜莽苫[九]烏輸疑。和餓瀰餓朋辞區珥波。箇豆羅紀多伽瀰揶。和藝弊能阿多利。[一〇]

更還山背，興宮室於筒城岡南而居之。

冬十月甲申朔，遣的臣祖口持臣喚皇后。一云，和珥臣祖口子臣。爰口持臣至筒城宫，雖謁皇后，而默之不答。時口持臣沾雪雨，以經日夜，伏于皇后殿前而不避。於是口持臣之妹國依媛，仕于皇后。適是時，侍皇后之側，見其兄沾雨，而流涕之，歌曰：

〔一〕小學館本作“苔”。

〔二〕原作“免”，大系本作“兔”。從小學館本校改。

〔三〕[52]やましろに　いしけとりやま　いしけしけ　あがもふつまに　いしきあはむかも。略譯：“徂彼山背，爾鳥山兮。行邁靡靡，將及吾妻兮。”見《古事記》59。

〔四〕原作“免”，大系本作“兔”。從小學館本校改。

〔五〕原作“磨”，據小學館本校改。

〔六〕[53]つぎねふ　やましろがはを　かはのぼり　わがのぼれば　かはくまにたちさかゆる　ももたらず　やそばのきは　おほきみろかも。略譯：“我之所泝，山背之川兮。河隈有木，茂且繁兮。偉哉如我大君兮！”見《古事記》57。

〔七〕原作“免”，據校本改。

〔八〕原作“須”，據小學館本校改。

〔九〕小學館本作“苔”。

〔一〇〕[54]つぎねふ　やましろがはを　みやのぼり　わがのぼれば　あをによしならをすぎ　をだて　やまとをすぎ　わがみがほしくには　かづらきたかみや　わぎへのあたり。略譯：“我之所泝，山背之川兮。溯彼難波，過那羅兮。大和既遠，是吾欲之國兮。嗟乎嗟乎，吾葛城之宫兮！”見《古事記》58。

揶莽辞呂能。菟菟紀能瀰揶珥。茂能莽烏輸。和餓齊烏瀰例麼。那瀰多愚摩辭茂。[一]

時皇后謂國依媛曰：“何爾泣之？”對言：“今伏庭請謁者，妾兄也。沾雨不避，猶伏將謁，是以泣悲耳。”時皇后謂之曰：“告汝兄令速還，吾遂不返焉。”口持則返之，復奏于天皇。

十一月甲寅朔庚申，天皇浮江幸山背。時桑枝沿[二]水而流之。天皇視桑枝，歌之曰：

菟[三]怒瑳破赴。以破能臂謎餓。飫朋[四]呂伽珥。枳許瑳怒。于羅愚破能紀。豫屢麻志士[五]枳。箇破能區莽愚莽。豫呂朋[六]譬喻玖伽茂。于羅愚破能紀。[七]

明日，乘輿詣于筒城宮，喚皇后，皇后不參見。時天皇歌曰：

菟[八]藝泥赴。揶摩之呂謎能。許久波茂知。于智辞於朋泥。佐和佐和珥。儺餓伊弊劑[九]虛曾。于知和多須。椰[一〇]餓波曳儺須。企以利摩韋區例。[一一]

亦歌曰：

菟藝泥赴。夜莽之呂謎能。許玖波茂知。于智辞於朋泥。泥士

〔一〕[55]やましろの　つつきのみやに　ものまをす　わがせをみれば　なみたぐましも。略譯：“我兄請謁兮，在筒城宮。既見我兄兮，我淚縱横。”見《古事記》62。

〔二〕原作“江”，據小學館本校改。

〔三〕原作“免”，大系本作“兔”。從小學館本校改。

〔四〕原作“明”，據小學館本校改。

〔五〕“士”字原缺，據小學館本校補。

〔六〕原作“明”，據小學館本校改。

〔七〕[56]つのさはふ　いはのひめが　おほろかに　きこさぬ　うらぐはのき　よるましじき　かはのくまぐま　よろほひゆくかも　うらぐはのき。略譯：“有桑之木，美且嘉兮。無居鄙地，其居河之隈兮。嗟爾桑之木兮！”

〔八〕原作“免”，據校本改。

〔九〕“弊劑”小學館本作“幣齊”。

〔一〇〕原作“那”，據小學館本校改。

〔一一〕[57]つぎねふ　やましろめの　こくはもち　うちしおほね　さわさわに　ながいへせこそ　うちわたす　やがはえなす　きいりまゐくれ。略譯：“山背之女，持木鍬兮。掘彼大根，白且喧兮。爾之喧然，如八桑枝兮，吾其來而參兮。”見《古事記》62。

漏[一]能。辞漏多娜武枳。摩箇儒鷄麼虛曾。辞羅儒等茂伊波梅。[二]

時皇后令奏言:“陛下納八田皇女爲妃。其不欲副皇女而爲后。”遂不奉見,乃車駕還宫。天皇於是恨皇后大忿,而猶有戀思。

三十一年春正月癸丑朔丁卯,立大兄去來穗別尊爲皇太子。

三十五年夏六月,皇后磐之媛命薨於筒城宫。

三十七年冬十一月甲戌朔乙酉,葬皇后於那羅山。

三十八年春正月癸酉朔戊寅,立八田皇女爲皇后。

秋七月,天皇與皇后居高臺而避暑。時每夜,自菟[三]餓野有聞鹿鳴。其聲寥亮而悲之,共起可憐之情。及月盡,以鹿鳴不聆,爰天皇語皇后曰:“當是夕而鹿不鳴,其何由焉?”明日,猪名縣佐伯部獻苞苴。天皇令膳夫以問曰:“其苞苴何物也?”對言:“牡鹿也。”問之:“何處鹿也?”曰:“菟餓野。”時天皇以爲,是苞苴者必其鳴鹿也,因謂皇后曰:“朕比有懷抱,聞鹿聲而慰之。今推佐伯部獲鹿之日夜及山野,即當鳴鹿。其人雖不知朕之愛,以適逢獮獲,猶不得已而有恨。故佐伯部不欲近於皇居。”乃令有司,移鄉[四]于安藝渟田,此今渟田佐伯部之祖也。俗曰:“昔有一人,往菟餓,宿于野中。時二鹿卧傍。將及[五]鷄鳴,牡鹿謂牝鹿曰:‘吾今夜夢之,白霜多降之,覆吾身。是何祥焉?’牝鹿答曰:‘汝之出行,必爲人見射而死。即以白鹽塗其身,如霜素之應也。’時宿人心裹異之。未及昧爽,有獵人以射牡鹿而殺。是以時人諺曰:‘鳴牡鹿矣,隨相夢也。’”

〔一〕原作“満”,據小學館本校改。

〔二〕[58]つぎねふ　やましろめの　こくはもち　うちしおほね　ねじろの　しろただむき　まかずけばこそ　しらずともいはめ。略譯:“山背之女,持木鍬兮。掘彼大根,如皓腕兮。未纏而寢,嗒然忘之。既纏而寢,夫孰能忘之?”見《古事記》62。

〔三〕原作“免”,大系本作“兔”。從小學館本。下同。

〔四〕原作“卿”,據校本改。

〔五〕原作“又”,據小學館本校改。

四十年春三〔一〕月，納雌〔二〕鳥皇女欲爲妃，以隼別皇子爲媒。時隼別皇子密親娶，而久之不復命。於是天皇不知有夫，而親臨雌鳥皇女之殿。時皇女織縑女人等歌之曰：

比佐箇多能。阿梅箇儺麼多。謎廼利餓。於瑠箇儺麼多。波揶步佐和氣能。瀰於須譬鵝泥。〔三〕

爰天皇知隼別皇子密婚而恨之。然重皇后之言，亦敦友于〔四〕之義，而忍之勿罪。俄而隼別皇子枕皇女之膝〔五〕以臥，乃語之曰："孰捷鷦鷯與隼焉？"曰："隼捷也。"乃皇子曰："是我所先也。"天皇聞是言，更亦起恨。時隼別皇子之舍人等歌曰：

破夜步佐波。阿梅珥能朋利。等弭〔六〕箇慨梨。伊菟岐餓宇倍能。娑弉岐等羅佐泥。〔七〕

天皇聞是歌，而勃然大怒之曰："朕以私恨，不欲失親，忍之也。何亹矣，私事將及于社稷！"則欲殺隼別皇子。時皇子率雌鳥皇女，欲納伊勢神宮而馳。於是天皇聞隼別皇子逃走，即遣吉備品遲部雄鯽、播磨佐伯直阿俄能胡曰："追之所逮即殺。"爰皇后奏言："雌鳥皇女寔當重罪。然其殺之日，不欲露皇女身。"乃因勅雄鯽等，莫取皇女所賫之足玉、手玉。雄鯽等追之至菟田，迫於素珥山。時隱草中，僅得免，急走而越山。於是皇子歌曰：

破始多氐能。佐餓始枳揶摩茂。和藝毛古等。赴馱利古喻例麼。

〔一〕小學館本校改作"二"。

〔二〕原作"嶋"，據校本改。

〔三〕[59]ひさかたの　あめかなばた　めとりが　おるかなばた　はやぶさわけの　みおすひがね。略譯："天之金機，雌鳥所織。所織云何？隼別之御襲。"見《古事記》67。

〔四〕"友于"原作"于支"，大系本作"于支"。據小學館本校改。

〔五〕原作"滕"，據校本改。

〔六〕原作"珥"，據小學館本校改。

〔七〕[60]はやぶさは　あめにのぼり　とびかけり　いつきがうへの　さざきとらさね。略譯："隼飛衝天，翔林間也。遇彼鷦鷯，取而殺之也。"見《古事記》68。

揶須武志呂箇茂。〔一〕

爰雄鯽等知免，以急追及于伊勢蔣代野而殺之。時雄鯽等探皇女之玉，自裳中得之。乃以二王屍埋于廬杵河邊而復命。皇后令問雄鯽等曰："見皇女之玉乎？"對言："不見也。"

是歲，當新嘗之月，以宴會日，賜酒於内外命婦等。於是近江山君稚守山妻與采女磐坂媛，二女之手有纏良珠。皇后見其珠，既似雌鳥皇女之珠，則疑之，命有司問其玉所得之由。對言："佐伯直阿俄能胡之妻玉也。"仍推鞫阿俄能胡，對曰："誅皇女之日，探而取之。"即將殺阿俄能胡。於是阿俄能胡乃獻己之私地，請免死。故納其地，赦死罪。是以号其地曰玉代。

四十一年春三月，遣紀角宿禰於百濟，始分國郡壃埸〔二〕，具録鄉〔三〕土所出。是時，百濟王之孫〔四〕酒君無禮，由是紀角宿禰訶責百濟王。百濟王懼之，以鐵鎖縛酒君，附襲津彦而進上。爰酒君來，則逃匿于石川錦織首許呂斯之家，則欺之曰："天皇既赦臣罪，故寄汝而活焉。"久之，天皇遂赦其罪。

四十三年秋九月庚子朔，依網屯倉阿弭古捕異鳥，獻於天皇曰："臣每張網捕鳥，未曾得是鳥之類，故奇而獻之。"天皇召酒君示鳥曰："是何鳥矣？"酒君對言："此鳥類多在百濟。得馴而能從人，亦捷飛之掠諸鳥。百濟俗号此鳥曰俱知。是今時鷹也。"乃授酒君，令養馴。未幾時而得馴。酒君則以韋緡著其足，以小鈴着其尾，居腕上，獻于天皇。是日，幸百舌鳥野而遊獵。時雌雉多起，乃放鷹令捕，忽獲數十〔五〕雉。

是月，甫定鷹甘部。故時人号其養鷹之處，曰鷹甘邑也。

〔一〕[61]はしたての　さがしきやまも　わぎもこと　ふたりこゆれば　やすむしろかも。略譯："素珥之山，壁立其嶮。偕妹共度，安樂如薦。"見《古事記》70。

〔二〕原作"場"，據小學館本改。

〔三〕原作"卿"，據校本改。

〔四〕小學館本作"族"。

〔五〕原作"干"，據小學館本校改。

五十年春三月壬辰朔丙申，河內人奏言："於茨田堤，鴈[一]産之。"即日，遣使令視，曰："既實也。"天皇於是歌以問武內宿禰曰：

多莽耆破屢。宇知能阿曾。儺虚曾破。豫能等保臂等。儺虚曾波。區珥能那餓臂等。阿耆豆辟莽。揶莽等能區珥珥。箇利古武等。儺波企箇輸揶。[二]

武內宿禰答歌曰：

夜輸彌始之。和我於朋枳彌波。于陪儺于陪儺。和例烏斗波輸儺。阿企菟辟摩。揶莽等能倶珥珥。箇利古武等。和例破枳箇儒。[三]

五十三年，新羅不朝貢。

夏五月，遣上毛野君祖竹葉瀨，令問其闕貢。是道路之間獲白鹿，乃還之，獻于天皇，更改日而行。俄且重遣竹葉瀨之弟田道，則詔之曰："若新羅距者，舉兵擊之。"仍授精兵。新羅起兵而距之。爰新羅人日日挑戰，田道固塞而不出。時新羅軍卒一人，有放于營外。則掠俘之，因問消息。對曰："有強力者，曰百衝，輕捷猛幹，每爲軍右前鋒。故伺之擊左則敗也。"時新羅空左備右。於是田道連精騎擊其左，新羅軍潰之。因縱兵乘之，殺數百人，即虜四邑之人民以歸焉。

五十五年，蝦夷叛之。遣田道令擊，則爲蝦夷所敗，以死于伊寺水門。時有從者，取得田道之手纏，與其妻，乃抱手纏而縊死。時人聞之流涕矣。是後蝦夷亦襲之，略人民。因以掘田道墓，則有大虵，發瞋目自墓出以咋。蝦夷悉被虵毒，而多死亡，唯一二人得免耳。故時人云："田道雖既亡，遂報讎[四]。何死人之無知耶！"

〔一〕原作"鷹"，據小學館本校改。

〔二〕[62]たまきはる　うちのあそ　なこそは　よのとほひと　なこそは　くにのながひと　あきづしま　やまとのくにに　かりこむと　なはきかすや。略譯："內朝臣乎！汝也世之達人，汝也國之壽人。倭之國，鴈生子，可曾聞歟？"見《古事記》71。

〔三〕[63]やすみしし　わがおほきみは　うべなうべな　われをとはすな　あきづしま　やまとのくにに　かりこむと　われはきかず。略譯："吾大君乎！垂問於臣，事之端詳也。倭之國，鴈生子，臣未曾聞也。"見《古事記》72。

〔四〕原作"儺"，據小學館本校改。

五十八年夏五月，當荒陵松林之南道，忽[一]生兩歷木，挾路而末合。

冬十月，吴國、高麗國，並朝貢。

六十年冬十月，差白鳥陵守等，充役丁。時天皇臨于役所。爰陵守目杵，忽[二]化白鹿以走。於是天皇詔之曰:“是陵自本空。故欲除其陵守，而甫差役丁。今視是恠者，甚懼之。無動陵守者。”則且授土師連等。

六十二年夏五月，遠江國司表上言:“有大樹，自大井河流之，渟于河曲。其大十圍，本一以末兩。”時遣倭直吾子籠，令造船，而自南海運之，將來于難波津，以充御船也。

是歲，額田大中彦皇子獵于闘鷄。時皇子自山上望之，瞻野中有物，其形如廬。仍遣使者令視，還來之曰:“窟也。”因喚闘鷄稲置大山主，問之曰:“有其野中者，何窟矣?”啓之曰:“氷室也。”皇子曰:“其藏如何?亦奚用焉?”曰:“掘土丈餘，以草蓋其上。敦敷茅荻，取氷以置其上，既經夏月而不泮。其用之，即當熱月，漬水酒以用也。”皇子則將來其氷，獻于御所，天皇歡之。自是以後，每當季冬，必藏氷，至春分始散氷也。

六十五年，飛驒國有一人，曰宿儺。其爲人，壹體有兩面，面各相背，頂合無項，各有手足。其有膝[三]而無膕踵，力多以輕捷。左右佩劒，四手並用弓矢。是以不隨皇命，掠略人民爲樂。於是，遣和珥臣祖難波根子武振熊而誅之。

六十七年冬十月庚辰朔甲申，幸河内石津原，以定陵地。

丁酉，始築陵。是日，有鹿忽起野中走之，入役民之中而仆死。時異其忽死，以探其痍，即百舌鳥自耳出之飛去。因視耳中，悉咋割剥。故號其處曰百舌鳥耳原者，其是之緣也。

〔一〕原作“怱”，據校本改。
〔二〕原作“怱”，據校本改。
〔三〕原作“滕”，據校本改。

是歲，於吉備中國川嶋[一]河派，有大虬令苦人。時路人觸其處而行，必被其毒，以多死亡。於是笠臣祖縣守，爲人勇悍[二]而強力。臨派淵，以三全瓠投水曰:“汝屢吐毒，令苦路人，余殺汝虬。汝沉是瓠，則余避之。不能沈者，仍斬汝身。”時水虬化鹿以引入瓠，瓠不沈。即舉劒，入水斬虬。更求虬之黨類，乃諸虬族滿淵底之岫穴。悉斬之，河水變血，故号其水曰縣守淵也。

當此時，妖氣稍動，叛者一二始起。於是天皇夙興夜寐，輕賦薄斂，以寬民萌。布德施惠，以[三]振困窮。吊死問疾，以養孤孀。是以政令流行，天下太平，二十餘年無事矣。

八十七年春正月戊子朔癸卯，天皇崩。

冬十月癸未朔己丑，葬于百舌鳥野陵。

日本書紀卷第十一　終

〔一〕原作“嶋”，據小學館本校改。
〔二〕原作“捍”，據校本改。
〔三〕原作“心”，據小學館本校改。

日本書紀　卷第十二

去來穗別天皇　履中天皇

瑞齒別天皇　反正天皇

去來穗別天皇 履中天皇

去來穗別天皇，大鷦鷯天皇太子也。去來，此云伊弉。母曰磐之媛命，葛城襲津彦女也。

大鷦鷯天皇三十一年春正月，立爲皇太子。時年十五。

八十七年春正月，大鷦鷯天皇崩。皇太子自諒闇出之，未即尊位之間，以羽田矢代宿禰之女黑媛欲爲妃。納采既訖，遣住吉仲皇子，而告吉日。時仲皇子冒太子名，以姧黑媛。是夜，仲皇子忘手鈴於黑媛之家而歸焉。明日之夜，太子不知仲皇子自姧而到之。乃入室，開帳居於玉床。時床頭有鈴音，太子異之，問黑媛曰:“何鈴也?”對曰:“昨夜之非太子所賷鈴乎?何更問妾?”太子自知仲皇子冒名以姧黑媛，則默之避也。

爰仲皇子畏有事，將殺太子。密興兵，圍太子宫。時平群木菟〔一〕宿禰、物部大前宿禰、漢直祖阿知使主三人，啓於太子，太子不信。一云，太子醉以不起。故三人扶太子，令乘馬而逃之。一云，大前宿禰抱太子而乘馬。仲皇子不知太子不在，而焚太子宫，通夜火不滅。太子到河內國埴生坂而醒之，顧望難波，見火光，而大驚。則急馳之，自大坂向倭。至于飛鳥山，遇少女於山口。問之曰:“此山有人

〔一〕原作“免”，大系本作“兔”。從小學館本。

乎?”對曰:“執兵者多滿山中,宜迴自當摩徑踰之。”太子於是以爲,聆少女言而得免難,則歌之曰:

於朋佐箇珥。阿布夜烏等謎烏。瀰知度沛麼。哆駄珥破能邏孺。哆嶋摩知烏能流〔一〕

則更還之。發當縣兵令從身,自龍田山踰之。時有數十人,執兵追來者。太子遠望之曰:“其彼來者誰人也?何步行急之,若賊人乎!”因隱山中而待之。近則遣一人問曰:“曷人?且何處往矣?”對曰:“淡路野嶋之海人也。阿曇連濱子一云,阿曇連里〔二〕友。爲仲皇子令追太子。”於是出伏兵圍之,悉捕得〔三〕。當是時,倭直吾子籠素好仲皇子,預知其謀,密聚精兵數百於攪食栗林,爲仲皇子將拒太子。時太子不知兵塞,而出山行數里。兵衆多塞,不得進行。乃遣使者,問曰:“誰人也?”對曰:“倭直吾子籠也。”便還問使者曰:“誰使焉?”曰:“皇太子之使。”時吾子籠憚其軍衆多在,乃謂使者曰:“傳聞,皇太子有非常之事。將助以備兵待之。”然太子疑其心欲殺,則吾子籠愕之,獻己妹日之媛,仍請赦死罪,乃免之。其倭直等貢采女,蓋始于此時歟。

太子便居於石上振神宮。於是瑞齒別皇子知太子不在,尋之追詣,然太子疑弟王之心而不喚。時瑞齒別皇子令謁曰:“僕無黑心,唯愁太子不在而參赴耳。”爰太子傳告弟王曰:“我畏仲皇子之逆,獨避至於此。何且非疑汝耶?其仲皇子在之,獨猶爲我病,遂欲除。故汝寔勿黑心,更返難波而殺仲皇子,然後乃見焉。”瑞齒別皇子啓太子曰:“大人何憂之甚也?今仲皇子無道,群臣及百姓共惡怨之。復其門下人皆叛爲賊,獨居之無與誰議。臣雖知其逆,未受太子命之故,獨慷慨之耳。今既被命,豈難於殺仲皇子乎?唯獨懼之,既

〔一〕[64]おほさかに あふやをとめを みちとへば ただにはのらず たぎまちをのる。略譯:“遇少女兮,大阪之塗。不言捷徑兮,告我當摩之路。”見《古事記》77。

〔二〕小學館本校改作“黑”。

〔三〕“捕得”小學館本校改作“得捕”。

殺仲皇子，猶且疑臣歟？冀見得忠直者，欲明臣之不欺。”太子則副木菟宿禰而遣焉。爰瑞齒別皇子歎之曰：“今太子與仲皇子，並兄也。誰從矣？誰乖矣？然亡無道，就有道，其誰疑我？”則詣于難波，伺仲皇子之消息。仲皇子思太子已逃亡，而無備。

時有近習隼人，曰刺[一]領巾。瑞齒別皇子陰喚刺領巾，而誂之曰：“爲我殺皇子。吾[二]必敦報汝。”乃脱錦衣、褌與之。刺領巾恃其誂言，獨執矛，以伺仲皇子入廁而刺殺，即隸于瑞齒別皇子。於是木菟宿禰啓於瑞齒別皇子曰：“刺領巾爲人殺己君。其爲我雖有大功，於己君無慈之甚矣。豈得生乎？”乃殺刺領巾。即日向倭也，夜半臻於石上而復命。於是喚弟王以敦寵，仍賜村合屯倉。是日，捉阿曇連濱子。

元年春二月壬午朔，皇太子即位於磐余稚櫻宮。

夏四月辛巳朔丁酉，召阿曇連濱子，詔之曰：“汝與仲皇子共謀逆，將傾國家，罪當于死。然垂大恩，而免死科墨。”即日黥之。因此時人曰阿曇目。亦免從濱子野嶋海人等之罪，役於倭蔣代屯倉。

秋七月己酉朔壬子，立葦田宿禰之女黑媛爲皇妃。妃生磐坂市邊押羽皇子、御馬皇子、青海皇女。一曰，飯豐皇女。次妃幡梭皇女，生中磯皇女。是年也，太歲庚子。

二年春正月丙午朔己酉，立瑞齒別皇子爲儲君。

冬十月，都於磐余。當是時，平羣木菟宿禰、蘇賀滿智宿禰、物部伊莒弗大連、圓圓，此云豆夫羅。大使主，共執國事。

十一月，作磐余池。

三年冬十一月丙寅朔辛未，天皇泛兩枝船于磐余市磯池，與皇妃各分乘而遊宴。膳臣余磯獻酒。時櫻花落于御盞，天皇異之。則召物部長真膽連，詔之曰：“是花也，非時而來。其何處之花矣？汝自可求。”於是長真膽連獨尋花，獲于掖上室山而獻之。天皇歡其希

〔一〕原作“剌”，據小學館本改。後同。
〔二〕小學館本作“我”。

有，即爲宫名。故謂磐余稚櫻宫，其此之緣也。是日，改長真膽連之本姓曰稚櫻部造，又号膳臣余磯曰稚櫻部臣。

四年秋八月辛卯朔戊戌，始之於諸國置國史，記言事達四方志。

冬十月，掘[一]石上溝。

五年春三月戊午朔，於筑紫所居三神，見于宫中，言："何奪我民矣？吾今慚汝。"於是禱而不祠。

秋九月乙酉朔壬寅，天皇狩于淡路嶋。是日，河内飼部等從駕執轡。先是，飼部之黥皆未差。時居嶋伊弉諾神，託祝曰："不堪血臭矣。"因以卜之，兆云："惡飼部等黥之氣。"故自是後，頓絕以不黥飼部而止之。

癸卯，有如風之聲，呼於大虚曰："劒刀太子王也！"亦呼之曰："鳥往來羽田之汝妹者，羽狹丹葬立往！"汝妹，此云儺邇毛。亦曰："狹名來田蔣津之命，羽狹丹葬立往也！"俄而使者忽來曰："皇妃薨。"天皇大驚之，便命駕而歸焉。

丙午，自淡路至。

冬十月甲寅朔甲子，葬皇妃。既而天皇悔之不治神祟[二]，而亡皇妃，更求其咎。或者曰："車持君行於筑紫國，而悉校[三]車持部，兼取充神者。必是罪矣。"天皇則喚車持君，以推問之。事既實焉，因以數之曰："爾雖車持君，縱檢校[四]天子之百姓，罪一也。既分寄于神祇車持部，兼奪取之，罪二也。"則負惡解除、善解除，而出於長渚崎，令祓[五]禊。既而詔之曰："自今以後，不得掌筑紫之車持部。"乃悉收，以更分之奉於三神。

六年春正月癸未朔戊子，立草香幡梭皇女爲皇后。

辛卯，始建藏職，因定藏部。

〔一〕原作"堀"，據小學館本改。
〔二〕原作"崇"，據校本改。
〔三〕原作"挍"，據小學館本改。
〔四〕"檢校"原作"撿挍"，據小學館本改。
〔五〕原作"秡"，據小學館本改。

二月癸丑朔，喚鯽魚磯別王[一]之女大[二]姬郎姬、高鶴郎姬，納於后宫，並爲嬪。於是二嬪恒歎之曰："悲哉！吾兄王何處去耶？"天皇聞其歎，而問之曰："汝何歎息也？"對曰："妾兄鷲住王，爲人強力輕捷。由是獨馳越八尋屋而遊行，既經多日，不得面言。故歎耳。"天皇悦其強力以喚之，不參來。亦重使而召，猶不參來，恒居於住吉邑。自是以後，廢以不求。是讚岐國造、阿波國脚咋別，凡二族之始祖也。

三月壬午朔丙申，天皇玉體不悆，水土不調，崩于稚櫻宫。時年七十。

冬十月己酉朔壬子，葬百舌鳥耳原陵。

瑞齒別天皇　反正天皇

瑞齒別天皇，去來穗別天皇同母弟也。去來穗別天皇二年，立爲皇太子。天皇初生于淡路宫。生而齒如一骨，容姿美麗。於是有井，曰瑞井，則汲之洗太子。時多遲花落，有于井中，因爲太子名也。多遲花者，今虎杖花也。故稱謂多遲比瑞齒別天皇。

六年春三月，去來穗別天皇崩。

元年春正月丁丑朔戊寅，儲君即天皇位。

秋八月甲辰朔己酉，立大[三]宅臣祖木事之女津野媛爲皇夫人。生香火姬皇女、圓皇女。又納夫人弟弟媛，生財皇女與高部皇子。

冬十月，都於河内丹比，是謂柴籬宫。當是時，風雨順時，五穀成熟。人民富饒，天下太平。是年也，太歲丙午。

六年春正月甲申朔丙午，天皇崩于正寢。

日本書紀卷第十二　終

〔一〕原作"玉"，據校本改。
〔二〕小學館本作"太"。
〔三〕原作"太"，據小學館本改。

日本書紀　巻第十三

允恭天皇

雄朝津間稚子宿禰天皇

安康天皇

穴穂天皇

雄朝津間稚子宿禰天皇 允恭天皇〔一〕

雄朝津間稚子宿禰天皇，瑞齒別天皇同母弟也。天皇自岐嶷至於總角，仁惠儉下。及壯篤病，容止不便。

六年春正月，瑞齒別天皇崩。爰群卿議之曰："方今大鷦鷯天皇之子，雄朝津間稚子宿禰皇子與大草香皇子。然雄朝津間稚子宿禰皇子長之，仁孝。"即選吉日，跪上天皇之璽。雄朝津間稚子宿禰皇子謝曰："我不天，久離篤疾，不能步行。且我既欲除病，獨非奏言，而密破身治病，猶勿差。由是先皇責之曰：'汝患病，縱破身，不孝孰甚於茲矣。其長生之，遂不得繼業。'亦我兄二天皇，愚我而輕之，群卿共所知。夫天下者，大器也。帝位者，鴻業也。且民之父母，斯則聖賢之職，豈下愚之任乎？更選賢王宜立矣，寡人弗敢當。"羣臣再拜言："夫帝位不可以久曠，天命不可以謙距。今大王留時逆衆，不正号位，臣等恐百姓望絕也。願大王雖勞，猶即天皇位。"雄朝津間稚子宿禰皇子曰："奉宗廟社稷，重事也。寡人篤疾，不足以稱。"猶辭而不聽。於是羣臣皆固請曰："臣伏計之，大王奉皇祖宗廟，最宜稱。雖天下萬民，皆以爲宜。願大王聽之。"

元年冬十有二月，妃忍坂大中姬命苦羣臣之憂吟，而親執洗手

〔一〕"允恭天皇"四字原缺，據小學館本校補。

水，進于皇子前，仍啓之曰："大王辞而不即位。位空之，既經年月，群臣百寮，愁之不知所爲。願大王從群望，強即帝位。"然皇子不欲聽，而背居不言。於是大中姬命惶之，不知退而侍之，經四五剋。當于此時，季冬之節，風亦烈寒。大中姬所捧鋺水，溢而腕凝，不堪寒以將死。皇子顧之驚，則扶起謂之曰："嗣位重事，不得輙就，是以於今不從。然今羣臣之請，事理灼然，何遂謝耶？"爰大中姬命仰歡，則謂群卿曰："皇子將聽羣臣之請。今當上天皇璽符。"於是羣臣大喜，即日捧天皇之璽符，再拜上焉。皇子曰："群卿共爲天下請寡人，寡人何敢遂辭。"乃即帝位。是年也，太歲壬子。

二年春二月丙申朔己酉，立忍坂大中姬爲皇后。是日，爲皇后定刑部。皇后生木梨輕皇子、名形大娘皇女、境黑彦皇子、穴穗天皇、輕大娘皇女、八釣白彦皇子、大泊瀨稚武天皇、但馬橘大娘皇女、酒見皇女。初，皇后隨母在家，獨遊苑中。時鬪雞國造，從傍徑行之。乘馬而莅籬，謂皇后嘲之曰："能作園乎，汝者也？"汝，此云那鼻苫[一]也。且曰："壓乞，戸母，其蘭一莖焉。"壓乞，此云異提。戸母，此云覩自。皇后則採一根蘭，與於乘馬者，因以問曰："何用求蘭耶？"乘馬者對曰："行山撥蠛也。"蠛，此云摩愚那岐。時皇后結之意裏，乘馬者辭無禮，即謂曰："首也，余不忘矣。"是後，皇后登祚之年，覓乘馬乞蘭者，而數昔日之罪，以欲殺。爰乞蘭者顙搶地叩頭曰："臣之罪實當萬死。然當其日，不知貴者。"於是皇后赦死刑，貶其姓謂稻置。

三年春正月辛酉朔，遣使求良醫於新羅。

秋八月，醫至自新羅，則令治天皇病。未經幾時，病已差也。天皇歡之，厚賞醫以歸于國。

四年秋九月辛巳朔己丑，詔曰："上古之治，人民得所，姓名勿錯。今朕踐祚，於茲四年矣。上下相爭，百姓不安。或誤失己姓，或故認高氏。其不至於治者，蓋由是也。朕雖不賢，豈非正其錯

〔一〕小學館本校改作"苔"。

乎？羣臣議定奏之。”群臣皆言：“陛下舉失正枉，而定氏姓者，臣等冒死。”奏可。

戊申，詔曰：“羣卿、百寮及諸國造等皆各言，或帝皇之裔，或異之天降。然三才顯分以來，多歷萬歲。是以一氏蕃息，更爲萬姓，難知其實。故諸氏姓人等，沐浴齋戒，各爲盟神探湯。”則於味橿丘之辭禍戶碑〔一〕，坐探湯甕，而引諸人令赴曰：“得實則全，僞者必害。”盟神探湯，此云區訶陀智。或埿納釜煮沸，攘手探湯埿。或燒斧火色，置于掌。於是諸人各著木綿手繦，而赴釜探湯。則得實者自全，不得實者皆傷。是以故詐者愕然之，豫退無進。自是之後，氏姓自定，更無詐人。

五年秋七月丙子朔己丑，地震。先是，命葛城襲津彥之孫玉田宿禰，主瑞齒別天皇之殯。則當地震夕，遣尾張連吾襲，察殯宮之消息。時諸人悉聚無闕，唯玉田宿禰無之也。吾襲奏言：“殯宮大夫玉田宿禰，非見殯所。”則亦遣吾襲於葛城，令視玉田宿禰。是日，玉田宿禰方集男女而酒宴焉。吾襲舉狀，具告玉田宿禰。宿禰則畏有事，以馬一匹授吾襲爲禮幣，乃密遮吾襲，而殺于道路，因以逃隱武內宿禰之墓城。天皇聞之，喚玉田宿禰。宿禰疑之，甲服襖中而參赴，甲端自衣中出之。天皇分明欲知其狀，乃令小墾田采女，賜酒于玉田宿禰。爰采女分明瞻衣中有鎧，而具奏于天皇。天皇設兵將殺，玉田宿禰乃密逃出而匿家。天皇更發卒，圍玉田家，而捕之乃誅。

冬十有一月甲戌朔甲申，葬瑞齒別天皇于耳原陵。

七年冬十二月壬戌朔，讌于新室。天皇親之撫琴，皇后起儛，儛既終而不言禮事。當時風俗，於宴會儛者儛終，則自對座長曰：“奉娘子也。”時天皇謂皇后曰：“何失常禮也？”皇后惶之，復起儛。儛竟言：“奉娘子。”天皇即問皇后曰：“所奉娘子者誰也？欲知姓

〔一〕原作“碑”，據小學館本校改。

字。”皇后不獲已，而奏言：“妾弟，名弟姬焉。”弟姬容姿，絕[一]妙無比，其艷色徹衣而晃之，是以時人号曰衣通郎姬也。天皇之志存于衣通郎姬，故強皇后而令[二]進。皇后知之，不輙言禮事。爰天皇歡喜，則明日遣使者喚弟姬。

時弟姬隨母，以在於近江坂田。弟姬畏皇后之情，而不參向。又重七喚，猶固辭以不至。於是天皇不悅，而復勅一舍人中臣烏賊津使主曰：“皇后所進之娘子弟姬，喚而不來。汝自往之，召將弟姬以來，必敦賞矣。”爰烏賊津使主承命退之，糒裹裀中，到坂田。伏于弟姬庭中言：“天皇命以召之。”弟姬對曰：“豈非懼天皇之命？唯不欲傷皇后之志耳。妾雖身亡，不參赴。”時烏賊津使主對言：“臣既被天皇命，必召率來矣。若不將來，必罪之。故返被極刑，寧伏庭而死耳。”仍經七日，伏於庭中。與飲食而不飡，密食懷中之糒。於是弟姬以爲：“妾因皇后之嫉，既拒天皇命。且亡君之忠臣，是亦妾罪。”則從烏賊津使主而來之。到倭春日，食于櫟井上。弟姬親賜酒于使主，慰其意。使主即日至京，留弟姬於倭直吾子籠之家，復命天皇。天皇大歡之，美烏賊津使主，而敦寵焉。然皇后之色不平，是以勿近宮中，則別構殿屋於藤原而居也。適產大泊瀨天皇之夕，天皇始幸藤原宮。皇后聞之恨曰：“妾初自結髮，陪於後宮，既經多年。甚哉，天皇也！今妾產之，死生相半。何故當今夕，必幸藤原！”乃自出之，燒產殿而將死。天皇聞之，大驚曰：“朕過也。”因慰喻皇后之意焉。

八年春二月，幸于藤原，密察衣通郎[三]姬之消息。是夕，衣通郎姬戀天皇而獨居。其不知天皇之臨，而歌曰：

和餓勢故餓。勾倍枳豫臂奈利。佐瑳餓泥能。區茂能於虛奈比。虛豫比辞流辞毛。[四]

〔一〕原作“絁”，據校本改。
〔二〕“令”字原缺，據小學館本校補。
〔三〕“郎”字原缺，據小學館本補。
〔四〕[65] わがせこが　くべきよひなり　ささがねの　くものおこなひ　こよひしるしも。略譯：“瞻彼蛛兮，來我房也。吾之良人兮，其亦來我房也！”

天皇聆是歌，則有感情，而歌之曰：

佐瑳羅餓多。邇之枳能臂毛弘。等枳舍氣帝。阿麻哆絆泥受邇〔一〕。多儺比等用能未。〔二〕

明旦，天皇見井傍櫻華，而歌之曰：

波那具波辞。佐區羅能梅涅。許等梅涅麼。波椰區波梅涅孺。和我梅豆留古羅。〔三〕

皇后聞之，且大恨也。於是衣通郎姬奏言："妾常近王宫，而晝夜相續，欲視陛下之威儀。然皇后則妾之姉也，因妾以恒恨陛下，亦爲妾苦。是以冀離王居，而欲遠居。若皇后嫉意少息歟。"天皇則更興造宫室於河内茅渟〔四〕，而衣通郎姬令居。因此以屢遊獦于日根野。

九年春二月，幸茅渟宫。

秋八月，幸茅渟。

冬十月，幸茅渟。

十年春正月，幸茅渟。於是皇后奏言："妾如毫毛，非嫉弟姬。然恐陛下屢幸於茅渟，是百姓之苦。仰願宜除車駕之數也。"是後希有之幸焉。

十一年春三月癸卯朔丙午，幸於茅渟宫。衣通郎姬歌之曰：

等虚辭陪邇。枳彌母阿閇〔五〕椰毛。異舍儺等利。宇彌能波摩毛能。余留等枳等枳弘。〔六〕

時天皇謂衣通郎姬曰："是歌不可聆他人。皇后聞，必大恨。"故時人号濱藻謂奈能利曾毛也。先是，衣通郎姬居于藤原宫時，天皇詔大伴室屋連曰："朕頃得美麗孃子，是皇后母弟也。朕心異愛之，冀

〔一〕原作"迹"，據小學館本校改。

〔二〕66 ささらがた　にしきのひもを　ときさけて　あまたはねずに　ただひとよのみ。略譯："纖纖錦紐，解兮放兮。良宵不可再，一度其亦可也！"

〔三〕67 はなぐはし　さくらのめで　ことめでば　はやくはめでず　わがめづるこら。略譯："櫻之愛，如佳人兮。胡不早而愛之，嗟尔不可得也！"

〔四〕原作"淳"，據校本改。

〔五〕小學館本作"閉"。

〔六〕68 とこしへに　きみもあへやも　いさなとり　うみのはまもの　よるときときを。略譯："相彼濱藻，寄岸有時。君之幸我，胡爲其迢遙？"

其名欲傳于後葉。奈何？”室屋連依勅而奏可。則科諸國造等，爲衣通郎姬定藤原部。

十四年秋九月癸丑朔甲子，天皇獦于淡路嶋。時麋鹿、猿、猪，莫莫紛紛，盈于山谷，焱起蠅散，然終日以不獲一獸。於是獦止以更卜矣。嶋神祟[一]之曰：“不得獸者，是我之心也。赤石海底有真珠，其珠祠於我，則悉當得獸。”爰更集處處之白水郎，以令探赤石海底。海深不能至底，唯有一海人曰男狹磯，是阿波國長邑之海人也，勝於諸海人。是腰繫繩入海底，差頃之出曰：“於海底有大蝮[二]，其處光也。”諸人皆曰：“嶋神所請之珠，殆有是蝮腹乎？”亦入探之。爰男狹磯抱大蝮而泛出之，乃息絕以死浪上。既而下繩測海底，六十尋。則割蝮，實真珠有腹中，其大如桃子。乃祠嶋神而獦之，多獲獸也。唯悲男狹磯入海死之，則作墓厚葬，其墓猶今存之。

二十三年春三月甲午朔庚子，立木梨輕皇子爲太子。容姿佳麗，見者自感。同母妹輕大娘皇女，亦艷妙也。太子恒念合大娘皇女，畏有罪而默之。然感情既盛，殆將至死。爰以爲：“徒空[三]死者，雖有罪，何得忍乎？”遂竊通，乃悒懷少息。因以歌之曰：

阿資臂紀能。椰摩娜烏菟[四]絇利。椰摩娜箇彌。斯哆媚烏和之勢。志哆那企貳。和餓儺勾菟摩。箇哆儺企貳。和餓儺勾菟摩。去鐏去曾。椰主區泮[五]娜布例。[六]

二十四年夏六月，御膳羹汁凝以作氷。天皇異之，卜其所由。卜者曰：“有內亂。蓋親親相姧乎？”時有人曰：“木梨輕太子姧同母

〔一〕原作“崇”，據校本改。
〔二〕小學館本作“鰒”。本段後同。
〔三〕原作“非”，據小學館本校改。
〔四〕原作“兔”，據小學館本校改。本歌後同。
〔五〕原作“津”，據小學館本校改。
〔六〕[69]あしひきの　やまだをつくり　やまだかみ　したびをわしせ　したなきに　わがなくつま　かたなきに　わがなくつま　こぞこそ　やすくはだふれ。略譯：“造作山田，下樋爲溉兮。我妻忍泣，人莫知其哀兮。思哉思哉，有昨夜兮。肌膚之親，使我心安兮。”見《古事記》78。

妹輕大娘皇女。”因以推問焉。辭既實也，太子是爲儲君，不得罪，則流輕大娘皇女於伊豫。是時太子歌之曰：

於褒企彌烏。志摩珥波夫利。布儺阿摩利。異餓幣利去牟鋤。和餓哆哆瀰由瑃[一]。去等烏許曾。哆多瀰等異絆梅。和餓菟[二]摩烏由梅。[三]

又歌之曰：

阿摩儾霧。箇留惋等賣。異哆儺介麼。臂等資利奴陪瀰。幡舍能夜摩能。波刀能。資哆儺企邇奈勾。[四]

四十二年春正月乙亥朔戊子，天皇崩，時年若干。於是新羅王聞天皇既崩，驚愁之，貢上調船八十艘及種種樂人八十。是泊對馬而大哭，到筑紫亦大哭。泊于難波津，則皆素服之，悉捧御調，且張種種樂器。自難波至于京，或哭泣，或歌儛，遂參會於殯宮也。

冬十一月，新羅吊使等喪禮既闋而還之。爰新羅人恒愛京城傍耳成山、畝傍山，則到琴引坂，顧之曰：“宇泥咩巴椰，彌彌巴椰。”是未習風俗之言語。故訛畝傍山謂宇泥咩，訛耳成山謂瀰瀰耳。時倭飼部從新羅人聞是辭而疑之，以爲新羅人通采女耳。乃返之，啓于大泊瀨皇子。皇子則悉禁固新羅使者，而推問。時新羅使者啓之曰：“無犯采女，唯愛京傍之兩山而言耳。”則知虛言，皆原。於是新羅人大恨，更減貢上之物色及船數。

冬十月庚午朔己卯，葬天皇於河內長野原陵。

〔一〕小學館本校改作“梅”。

〔二〕原作“兔”，據小學館本校改。

〔三〕70おほきみを　しまにはぶり　ふなあまり　いがへりこむぞ　わがたたみゆめ　ことをこそ　たたみといはめ　わがつまをゆめ。略譯：“大君流島，有歸期兮。謹其寢床，莫之汙兮。哀哉我妻，亦莫之汙兮！”見《古事記》85。

〔四〕71あまだむ　かるをとめ　いたなかば　ひとしりぬべみ　はさのやまの　はとの　したなきになく。略譯：“朗聲而泣，人無不知之。山鳩之忍泣，人胡得知之？”見《古事記》82。

穴穗天皇 安康天皇

穴穗天皇，雄朝津間稚子宿禰天皇第二子也。一云，第三子也。母曰忍坂大中姬命，稚渟毛二岐皇子之女也。

四十二年春正月，天皇崩。

冬十月，葬禮畢之。是時太子行暴虐，淫于婦女。國人謗之，群臣不從，悉隸穴穗皇子。爰太子欲襲穴穗皇子，而密設兵。穴穗皇子復興兵將戰。故穴穗括箭、輕括箭，始起于此時也。時太子知羣臣不從，百姓乖違，乃出之，匿物部大前宿禰之家。穴穗皇子聞則圍之。大前宿禰出門而迎之，穴穗皇子歌之曰：

於朋摩弊。烏摩弊輸區塱〔一〕餓。訶那杜加礙。訶區多智豫羅泥。阿梅多知夜梅牟。〔二〕

大前宿禰答歌之曰：

瀰椰比等能。阿由臂能古輸孺。於智珥岐等。瀰椰比等等豫牟。佐杜弭等茂由梅。〔三〕

乃啓皇子曰：“願勿害太子。臣將議。”由是太子自死于大前宿禰之家。一云，流伊豫國。

十二月己巳朔壬午，穴穗皇子即天皇位。尊皇后曰皇太后。則遷都于石上，是謂穴穗宮。當是時，大泊瀨皇子欲聘瑞齒別天皇之女等。女名不見諸記。於是皇女等對曰：“君王恒暴強也。儵忽忿起，則朝見者夕被殺，夕見者朝被殺。今妾等顔色不秀，加以情性拙之，若威儀言語，如毫毛不似王意，豈爲親乎？是以不能奉命。”遂遁以不聽矣。

〔一〕原作“塗”，據小學館本校改。

〔二〕72 おほまへ　をまへすくねが　かなとかげ　かくたちよらね　あめたちやめむ。略譯：“宿禰之宅，金門蔭也。胡不立而候之，以待雨之止也？”見《古事記》80。

〔三〕73 みやひとの　あゆひのこすず　おちにきと　みやひととよむ　さとびともゆめ。略譯：“宮人袴兮，小鈴落兮。宮人動兮，里人愼兮。”見《古事記》81。

元年春二月戊辰朔，天皇爲大泊瀨皇子，欲聘大草香皇子妹幡梭皇女。則遣坂本臣祖根使主，請於大草香皇子曰:“願得幡梭皇女，以欲配大泊瀨皇子。”爰大草香皇子對言:“僕頃患重病，不得愈，譬如物積船以待潮者。然死之命也，何足惜乎？但以妹幡梭皇女之孤，而不能易死耳。今陛下不嫌其醜，將滿荇菜之數，是甚之大恩也。何辭命辱？故欲呈丹心，捧私寶名押木珠縵，一云，立縵。又云，磐木縵。附所使臣根使主，而敢奉獻。願物雖輕賤，納爲信契。”於是根使主見押木珠縵，感其麗美，以爲盜爲己寶，則詐之奏[一]天皇曰:“大草香皇子者不奉命。乃謂臣曰:‘其雖同族，豈以吾妹得爲妻耶？’”既而留縵入己而不獻。

於是天皇信根使主之讒言，則大怒之，起兵圍大草香皇子[二]之家而殺之。是時難波吉師日香蚊父子，並仕于大草香皇子，共傷其君無罪死之。則父抱王頸，二子各執王足而唱曰:“吾君無罪以死之，悲乎！我父子三人生事之，死不殉，是不臣矣。”即自刎之，死於皇尸側。軍衆悉流涕。

爰取大草香皇子之妻中蒂姬，納于宮中，因爲妃。復遂喚幡梭皇女，配大泊瀨皇[三]子。是年也，太歲甲午。

二年春正月癸巳朔己酉，立中蒂姬命爲皇后，甚寵也。初，中蒂姬命生眉輪王於草香皇子，乃依母以得免罪，常養宮中。

三年秋八月甲申朔壬辰，天皇爲眉輪王見弒。辭具在大泊瀨天皇紀[四]。三年後，乃葬菅原伏見陵。

日本書紀卷第十三　終

〔一〕小學館本作“奉”。
〔二〕“皇子”原作“天皇”，據小學館本校改。
〔三〕原作“王”，據小學館本校改。
〔四〕原作“記”，據小學館本校改。

日本書紀　卷第十四

大泊瀬幼武天皇　雄略天皇

大泊瀨幼武天皇，雄朝津間稚子宿禰天皇第五子也。天皇産而神光滿殿，長而伉健過人。

三年八月，穴穗天皇意將沐浴，幸于[一]山宫。遂登樓兮遊目，因命酒兮肆宴。爾乃情盤樂極，間以言談，顧謂皇后去來穗別天皇女，曰中蒂姬皇女，更名長田大娘皇女也。大鷦鷯天皇子大草香皇子，娶[二]長田皇女，生眉輪王也。於後穴穗天皇用根臣讒，殺大草香皇子，而立中蒂姬皇女爲皇后。語在穴穗天皇紀。曰："吾妹，稱妻爲妹，蓋古之俗乎。汝雖親昵[三]，朕畏眉輪王。"眉輪王幼年，遊戲樓下，悉聞所談。既而穴穗天皇枕皇后膝，晝醉眠卧。於是眉輪王伺其熟睡，而刺弑之。

是日，大舍人闕姓字也。驟言於天皇曰："穴穗天皇爲眉輪王見弑。"天皇大驚，即猜兄等，被甲帶刀，率[四]兵自將，逼問八釣[五]白彦皇子。皇子見其欲害，嘿坐不語，天皇乃拔刀而斬。更逼問坂合黑彦皇子。皇子亦知將害，嘿坐不語。天皇忿怒彌盛，乃復并爲欲殺眉輪王，案劾所由。眉輪王曰："臣元不求天位，唯報父仇而已。"坂合黑彦皇子深恐所疑，竊語眉輪王，遂共得間而出，逃入圓大臣宅。天皇使使乞之。大臣以使報曰："蓋聞，人臣有事逃入王室，未

〔一〕原作"干"，據校本改。
〔二〕原作"聚"，據校本改。
〔三〕原作"昵"，據小學館本改。
〔四〕原作"卒"，據小學館本改。
〔五〕原作"鉤"，據校本改。

見君王隱匿臣舍。方今坂合黑彦皇子與眉輪王，深恃臣心，來臣之舍，誰忍送歟？”由是天皇復益興兵，圍大臣宅。大臣出立於庭，索脚帶。時大臣妻持來脚帶，愴矣，傷懷而歌曰：

飫瀰能古簸。多倍能婆伽摩嗚。那那陛嗚絁〔一〕。儞播儞陀陀始諦。阿遙比那陀須暮。〔二〕

大臣裝束已畢，進軍門跪拜曰：“臣雖被戮，莫敢聽命。古人有云‘匹夫之志難可奪’，方屬乎臣。伏願大王，奉獻臣女韓媛與葛城宅七區，請以贖罪。”天皇不許，縱火燔宅。於是大臣與黑彦皇子、眉輪王，俱被燔死。時坂合部連贄宿禰，抱皇子屍而見燔死。其舍人等闕名字也。收取所燒，遂難擇骨，盛之一棺，合葬新漢槻〔三〕本南丘。槻字未詳。蓋是槻乎？

冬十月癸未朔，天皇恨穴穗天皇曾欲以市邊押磐〔四〕皇子傳國而遙付囑後事，乃使人於市邊押磐皇子，陽期校〔五〕獵，勸遊郊野曰：“近江狹狹城山君韓帒言：‘今於近江來田綿蚊屋野，猪、鹿多有。其戴角類枯樹末，其聚脚如弱木林，呼吸氣息，似於朝霧。’願與皇子，孟冬作陰之月，寒風肅然之晨，將逍遙於郊野，聊娱情以騁射。”市邊押磐皇子乃隨馳獵。於是大泊瀨天皇彎弓驟馬，而陽呼曰“猪有”，即射殺市邊押磐皇子。皇子帳内佐伯部賣輪更名仲子。抱屍，駭惋不解所由。反側呼號，往還頭脚，天皇尚誅之。

是月，御馬皇子以曾善三輪君身狹故，思欲遣慮而往。不意道逢邀軍，於三輪磐井側逆戰，不久被捉。臨刑，指井而詛曰：“此水者，百姓唯得飲焉，王者獨不能飲矣！”

十一月壬子朔甲子，天皇命有司，設壇於泊瀨朝倉，即天皇位。遂定宮焉，以平群臣真鳥爲大臣，以大伴連室屋、物部連目爲大連。

〔一〕原作“絽”，據校本改。

〔二〕[74]おみのこは　たへのはかまを　ななへをし　にはにたたして　あよひなだすも。略譯：“臣之我夫，立庭中兮。栲袴七重，撫脚帶兮。”

〔三〕原作“擬”，據校本改。後夾注同。

〔四〕原作“盤”，據小學館本校改。

〔五〕原作“狡”，據小學館本校改。

元年春三月庚戌朔壬子，立草香幡梭[一]姬皇女爲皇后。更名橘姬。

是月，立三妃。元妃葛城圓大臣女，曰韓媛，生白髮武廣國押稚日本根子天皇與稚足姬皇女。更名栲幡娘[二]姬皇女。是皇女侍伊勢大神祠。次有吉備上道臣女稚媛，一本云，吉備窪屋臣女。生二男，長曰磐[三]城皇子，少曰星川稚宮皇子。見下文。次有春日和珥臣深目女，曰童女君，生春日大娘皇女。更名高橋皇女。童女君者，本是采女。天皇與一夜而脤[四]，遂生女子，天皇疑不養。及女子行步，天皇御大殿，物部目大連侍焉。女子過庭，目大連顧謂群臣曰："麗哉，女子！古人有云：'娜毗騰耶皤磨[五]珥。'此古語未詳。徐步清庭者，言誰女子？"天皇曰："何故問耶？"目大連對曰："臣觀女子行步，容儀能似天皇。"天皇曰："見此者咸言，如卿所道。然朕與一宵[六]而脤，産女殊常，由是生疑。"大連曰："然則一宵喚幾迴乎？"天皇曰："七迴喚之。"大連曰："此娘子以清身意，奉與一宵。安輙生疑，嫌他有潔？臣聞，易産腹者，以褌觸體，即便懷脤，況與終宵？而妄生疑也。"天皇命大連，以女子爲皇女，以母爲妃。是年也，太[七]歲丁酉。

二年秋七月，百濟池津媛違天皇將幸，婬於石河楯。舊本云，石河股合首祖楯。天皇大怒，詔大伴室屋大連，使來目部張夫婦四支[八]於木，置假庪上，以火燒死。百濟新撰云："己巳年，蓋鹵王立。天皇遣阿禮奴跪，來索女郎。百濟庄飾慕尼夫人女，曰適稽女郎，貢進於天皇。"

冬十月辛未朔癸酉，幸于吉野宮。

丙子，幸御馬瀨，命虞人縱獵。淩重巘，赴長莽，未及移影，

〔一〕原作"棪"，據校本改。
〔二〕"娘"字小學館本校刪。
〔三〕原作"盤"，據小學館本校改。
〔四〕小學館本作"脹"。本段後同。
〔五〕小學館本校改作"麼"。
〔六〕原作"霄"，據校本改。本段後同。
〔七〕原作"大"，據小學館本改。
〔八〕原作"攴"，據校本改。

獮什七八。每獵大獲，鳥獸將盡。遂旋憩乎林泉，相羊乎藪澤，息行夫，展車馬。問羣臣曰：“獵場之樂，使膳夫割鮮，何與自割？”羣臣忽莫能對。於是天皇大怒，拔刀斬御者大津馬飼。是日，車駕至自吉野宮。國内居民，咸皆振怖。由是皇太后與皇后聞之大懼，使倭采女日媛，舉酒迎進。天皇見采女面貌端麗，形容溫雅，乃和顏悦色曰：“朕豈不欲覩汝妍咲？”乃相携手〔一〕，入於後宮。語皇〔二〕太后曰：“今日遊獵，大獲禽獸。欲與羣臣割鮮野饗，歷問羣臣，莫能有對。故朕嗔焉。”皇太后知斯詔情，奉慰天皇曰：“群臣不悟陛下因遊獵場，置宍〔三〕人部，降問群臣。羣臣嘿然，理且難對。今貢未晚，以我爲初，膳臣長野，能作宍〔四〕膾，願以此貢。”天皇跪禮而受曰：“善哉！鄙人所云‘貴相知心’，此之謂也。”皇太后視天皇悦，歡喜盈懷。更欲貢人曰：“我之厨人菟〔五〕田御戸部、真鋒田高天，以此二人，請將加貢爲宍〔六〕人部。”自茲以後，大倭國造吾子籠宿禰，貢狹穗子鳥別爲宍〔七〕人部。臣、連、伴造、國造，又隨續貢。

是月，置史戸、河上舍人部。天皇以心爲師，誤殺人衆。天下誹謗言，大惡天皇也。唯所愛寵，史部身狹村主青、檜隈民使博德等也〔八〕。

三年夏四月，阿閉〔九〕臣國見更名磯特牛。譖〔一〇〕栲幡皇女與湯人廬城部連武彦曰：“武彦汙皇女而使任身。”湯人，此云與衛。武彦之父枳莒喻聞此流言，恐禍及身，誘率〔一一〕武彦於廬城河，僞使鸕鷀没水捕

〔一〕原作“乎”，據小學館本校改。
〔二〕“皇”字原缺，據小學館本校補。
〔三〕原作“害”，據小學館本校改。
〔四〕原作“害”，據小學館本校改。
〔五〕原作“兔”，據小學館本校改。
〔六〕原作“害”，據小學館本校改。
〔七〕原作“害”，據小學館本校改。
〔八〕“也”字小學館本缺。
〔九〕小學館本作“閉”。
〔一〇〕原作“譖”，據小學館本校改。
〔一一〕原作“卒”，據小學館本校改。

魚，因其不意而打殺之。天皇聞，遣使者，案問皇女。皇女對言：“妾不識也。”俄而皇女賫持神鏡，詣於五十鈴河上，伺人不行，埋鏡經死。天皇疑皇女不在，恒使闇夜東西求覓。乃於河上虹見如蛇，四五丈者。掘〔一〕虹起處，而獲神鏡。移行未遠，得皇女屍。割而觀之，腹中有物如水，水中有石。枳莒喻由斯得雪子罪，還悔殺子，報殺國見。逃匿石上神宮。

四年春二月，天皇射獵於葛城山。忽見長人，來望丹谷，面貌容儀，相似天皇。天皇知是神，猶故問曰：“何處公也？”長人對曰：“現人之神。先稱王諱，然後應導〔二〕。”天皇答曰：“朕是幼武尊也。”長人次稱曰：“僕是一事主神也。”遂與盤于〔三〕遊田，駈逐一鹿，相辭發箭，並轡馳騁。言詞恭恪，有若逢仙。於是日晚田罷，神侍送天皇，至來目水。是時百姓咸言：“有德天皇也！”

秋八月辛卯朔戊申，行幸吉野宮。

庚戌，幸于河上小野。命虞人駈獸，欲躬射而待。虻疾飛來，噆天皇臂。於是蜻蛉忽然飛來，齧虻將去。天皇嘉厥有心，詔羣臣曰：“爲朕讚蜻蛉歌賦之。”群臣莫能敢賦者。天皇乃口號曰：

野磨等能。嗚武羅能陀該儞。之之符須登。拕例柯舉能居登。飫哀磨陛儞麻嗚須。一本，以飫哀磨陛儞麼嗚須，易飫哀枳彌〔四〕儞麻嗚須。飫哀枳瀰簸。賊〔五〕據嗚枳舸斯題。拕磨磨枳能。阿娯羅儞陀陀伺。一本，以陀陀伺，易伊麻伺。施都魔枳能。阿娯羅儞陀陀伺。斯斯魔〔六〕都登。倭我伊麻西磨〔七〕。佐謂麻都登。倭我陀陀西磨〔八〕。陀俱符羅爾。阿武柯枳都枳都。曾能阿武嗚。婀枳豆波野俱譬。波賦武志謀。飫

〔一〕原作“堀”，據小學館本校改。
〔二〕原作“導”，大系本作“道”。此從小學館本校改。
〔三〕原作“干”，據校本改。
〔四〕原作“珍”，據小學館本校改。
〔五〕原作“賦”，據小學館本校改。
〔六〕小學館本作“磨”。
〔七〕小學館本校改作“麼”。
〔八〕小學館本校改作“麼”。

袁枳瀰儞磨都羅符。儺我柯陀播於柯武。婀岐豆斯麻野麻登。一本，以婆賦武志謀以下，易舸矩能御等。難儞於婆武登。蘇羅瀰豆。野磨等能矩儞嗚。婀岐豆斯麻登以符。〔一〕

因讚蜻蛉，名此地爲蜻蛉野。

五年春二月，天皇校〔二〕獵于葛城山。靈鳥忽來，其大如雀，尾長曳地，而且鳴曰："努力努力！"俄而見逐嗔猪，從草中暴出逐人，獦徒緣樹大懼。天皇詔舍人曰："猛獸逢人則止，宜逆射而且刺〔三〕。"舍人性懦弱，緣樹失色，五情無主。嗔猪直來，欲噬天皇。天皇用弓刺止，舉脚踏殺。於是田罷，欲斬舍人。舍人臨刑，而作歌曰：

野須瀰斯志。倭我飫袁枳瀰能。阿蘇磨〔四〕斯志。斯斯能宇拖枳舸斯固瀰。倭我尼㝵能袁利志。阿理嗚能宇倍能。婆利我曳陀。阿西嗚〔五〕。〔六〕

皇后聞悲，興感止之。詔曰："皇后不與天皇，而顧舍人。"對曰："國人皆謂陛下'安野而好獸'，無乃不可乎？今陛下以嗔猪故，而斬舍人，陛下譬無異於豺狼也。"天皇乃與皇后上車歸。呼萬歲曰："樂哉！人皆獵禽獸，朕獵得善言而歸。"

〔一〕75 やまとの　をむらのたけに　ししふすと　たれかこのこと　おほまへにまをす　一本以"おほまへにまをす"易"おほきみにまをす"。　おほきみは　そこをきかして　たままきの　あごらにたたし　一本以"たたし"易"いまし"。　しつまきの　あごらにたたし　ししまつと　わがいませば　さゐまつと　わがたたせば　たくぶらに　あむかきつきつ　そのあむを　あきづはやくひ　はふむしも　おほきみにまつらふ　ながかたはおかむ　あきづしまやまと。一本以"はふむしも"以下易"かくのごと　なにおはむと　そらみつ　やまとのくにを　あきづしまといふ"。略譯："倭之岳兮嗚武羅，或報之兮猪鹿伏。大君聞兮踞胡床，玉爲飾兮綾錦張。吾斯立兮候猪來，有虻營營兮囓我手腓。忽有蜻蛉兮食彼虻，嗟爾昆蟲兮亦爲我雄。我欲蜻蛉兮置此形，蜻蛉島倭兮肇錫爾名。"見《古事記》96。

〔二〕原作"挍"，大系本作"狡"。從小學館本。

〔三〕原作"剌"，據校本改。

〔四〕小學館本校改作"麼"。

〔五〕原作"鳴"，據校本改。

〔六〕76 やすみしし　わがおほきみの　あそばしし　ししのうたきかしこみ　わがにげのぼりし　ありをのうへの　はりがえだ　あせを。略譯："大君遊獵，有嗔猪兮。懼其怒吼，我逃而緣樹兮。彼丘之上，緣榛之枝兮！"見《古事記》97。

夏四月，百濟加須利君蓋鹵王也。飛聞池津媛之所燔殺，適稽女郎也。而籌議曰："昔貢女人爲采女。而既無禮，失我國名。自今以後，不合貢女。"乃告其弟軍君崐支君[一]也。曰："汝宜往日本，以事天皇。"軍君對曰："上君命不可奉違。願賜君婦，而後奉遣。"加須利君則以孕婦，既嫁與軍君曰："我之孕婦，既當産月。若於路産，冀載一船，隨至何處，速令送國。"遂與辭訣，奉遣於朝。

六月丙戌朔，孕婦果如加須利君言，於筑紫各羅嶋産兒，仍名此兒曰嶋君。於是軍君即以一船，送嶋君於國，是爲武寧王。百濟人呼此嶋曰主嶋也。

秋七月，軍君入京。既而有五[二]子。百濟新撰云："辛丑年，蓋鹵王遣王[三]弟琨支君，向大倭侍天皇，以脩先王之好也。"

六年春二月壬子朔乙卯，天皇遊乎泊瀨小野。觀山野之體勢，慨然興感歌曰：

舉暮利矩能。播都制能野磨播。伊底[四]拖智能。與慮斯企野磨。和斯里底能。與盧斯企夜磨能。據暮利矩能。播都制能夜麻播。阿野儞于[五]羅虞波斯。阿野儞于羅虞波斯。[六]

於是名小野曰道小野。

三月辛巳朔丁亥，天皇欲使后妃親桑，以勸蠶事。爰命蜾蠃[七]蜾蠃，人名也。此云須我屢。聚國內蚕。於是蜾蠃誤聚嬰兒，奉獻天皇。天皇大咲，賜嬰兒於蜾蠃曰："汝宜自養。"蜾蠃即養嬰兒於宮墻下，仍賜姓爲少子部連。

〔一〕"支"原作"攴"，據小學館本改。後同。"君"字小學館本校删。

〔二〕原作"吾"，據小學館本校改。

〔三〕此處原有"遣"字，據小學館本校删。

〔四〕原作"麻"，據小學館本校改。

〔五〕原作"干"，據校本改。後句同。

〔六〕[77]こもりくの　はつせのやまは　いでたちの　よろしきやま　わしりでの　よろしきやまの　こもりくの　はつせのやまは　あやにうらぐはし　あやにうらぐはし。略譯："泊瀨之山，其形雄起兮，其裾横絕兮。偉哉泊瀨之山兮！"

〔七〕原作"嬴"，據小學館本校改。後同。

夏四月，吴國遣使貢獻。

七年秋七月甲戌朔丙子，天皇詔少子部連蜾蠃曰："朕欲見三諸岳神之形。或云，此山之神爲大物代[一]主神也。或云，菟田墨坂神也。汝膂力過人，自行捉[二]來。"蜾蠃答曰："試往捉之。"乃登三諸岳，捉取大虵，奉示天皇。天皇不齋戒。其雷虺虺，目精赫赫。天皇畏，蔽目不見，却入殿中，使放於岳。仍改賜名爲雷。

八月，官者吉備弓削部虚空，取急歸家。吉備下道臣前津屋或本云，國造吉備臣山。留使虚空，經月不肯聽上京都。天皇遣身毛君大夫召焉。虚空被召來言："前津屋以小女爲天皇人，以大女爲己人，競令相鬬。見幼女勝，即拔刀而殺。復以小雄雞，呼爲天皇鷄，拔毛剪翼。以大雄鷄，呼爲己鷄，著鈴、金距[三]，競令鬬之。見秃鷄勝，亦拔刀而殺。"天皇聞是語，遣物部兵士三十人，誅殺前津屋并族七十人。

是歲，吉備上道臣田狹侍於殿側，盛稱稚媛於朋友曰："天下麗人，莫若吾婦。茂矣綽矣，諸好備矣。曄矣温矣，種相足矣。鉛花弗御，蘭澤無加。曠世罕儔，當時獨秀者也。"天皇傾耳遙聽，而心悦焉，便欲自求稚媛爲女御，拜田狹爲任那國司。俄而天皇幸稚媛。田狹臣娶稚媛，而生兄君、弟君也。別本云，田狹臣婦名毛媛者，葛城襲津彦子玉田宿禰之女也。天皇聞體貌閑麗，殺夫自幸焉。田狹既之任所，聞天皇之幸其婦，思欲求援而入新羅。于[四]時，新羅不事中國。天皇詔田狹臣子弟君與吉備海部直赤尾曰："汝宜往罰新羅。"於是西漢才伎歡因知利在側，乃進而奏曰："巧於奴者，多在韓國，可召而使。"天皇詔群臣曰："然則宜以歡因知利副弟君等，取道於百濟，并下勅書，令獻巧者。"

〔一〕小學館本校删"代"字。
〔二〕小學館本作"促"。
〔三〕小學館本作"矩"。
〔四〕原作"干"，據校本改。

於是弟君銜命，率[一]衆行，到百濟而入其國。國神化爲老女，忽然逢路。弟君就訪國之遠近，老女報言：“復行一日，而後[二]可到。”弟君自思路遠，不伐而還。集聚百濟所貢今來才伎於大嶋中，託稱候風，淹留數月。任那國司田狹臣乃嘉弟君不伐而還，密使人於百濟，戒弟君曰：“汝之領項有何牢錮，而伐人乎？傳聞，天皇幸吾婦，遂有兒息。兒息已見上文。今恐禍及於身，可蹻足待。吾兒汝者，跨據百濟，勿使通於日本。吾者據有任那，亦勿通於日本。”

弟君之婦樟媛，國家情深，君臣義切。忠踰白日，節冠青松。惡斯謀叛，盜殺其夫，隱埋室內。乃與海部直赤尾，將百濟所獻手末才伎，在大嶋。天皇聞弟君不在，遣日鷹吉士堅磐、固安錢，堅磐，此云柯陀之波。使共復命。遂即安置於倭國吾礪廣津邑，而病死者衆。廣津，此云比盧[三]岐頭。由是天皇詔大伴大連室屋，命東漢直掬，以新漢陶部高貴、鞍部堅貴、畫部因斯羅我、錦部定安那錦、譯語卯安那等，遷居于[四]上桃原、下桃原、真神原三所。或本云，吉備臣弟君還自百濟，獻漢手人部、衣縫部、宍[五]人部。

八年春二月，遣身狹村主青、檜隈民使博德，使於吴國。自天皇即位，至于[六]是歲，新羅國背誕，苞苴不入，於今八年。而大懼中國之心，脩好於高麗。由是高麗王遣精兵一百人守新羅。有頃，高麗軍士一人，取假歸國。時以新羅人爲典馬，典馬，此云于[七]麻柯毗。而顧謂之曰：“汝國爲吾國所破，非久矣。”一本云，汝國果成吾土，非久矣。其典馬聞之，陽患其腹，退而在後。遂逃入國，説其所語。於是新羅王乃知高麗僞守，遣使馳告國人曰：“人殺家內所養鷄之雄者。”國人知意，盡殺國內所有高麗人。惟有遺高麗一人，乘間得脱，逃

〔一〕原作“卒”，據小學館本校改。
〔二〕原作“復”，據小學館本校改。
〔三〕小學館本校改作“慮”。
〔四〕原作“干”，據校本改。
〔五〕原作“害”，據小學館本校改。
〔六〕原作“干”，據校本改。
〔七〕原作“干”，據校本改。

入其國，皆具爲説之。高麗王即發軍兵，屯聚筑足流城，或本云，都久斯岐城。遂歌舞興樂。於是新羅王夜聞高麗軍四面歌舞，知賊盡入新羅地，乃使人於任那王曰：“高麗王征伐我國，當此之時，若綴旒然。國之危殆，過於累卵。命之脩短，大所不計。伏請救於日本府行軍元帥等。”

由是任那王勸膳臣斑[一]鳩、斑鳩，此[二]云伊柯屢餓。吉備臣小梨、難波吉士赤目子，往救新羅。膳臣等未至，營止。高麗諸將未與膳臣等相戰，皆怖。膳臣等乃自力勞軍，令軍中促爲攻具，急進攻之，與高麗相守十餘日。乃夜鑿險爲地道，悉過輜重[三]，設奇兵。會明，高麗謂膳臣等爲遁也，悉軍來追。乃縱奇兵，步騎夾攻，大破之。二國之怨，自此而生。言二國者，高麗、新羅也。膳臣等謂新羅曰：“汝以至弱，當至強。官軍不救，必爲所乘。將成人地，殆於此役。自今以後，豈背天朝也！”

九年春二月甲子朔，遣凡河内直香賜與采女，祠胸方神。香賜與采女既至壇所，香賜，此云舸扡[四]夫。及將行事，姧其采女。天皇聞之曰：“祠神祈福，可不慎歟？”乃遣難波日鷹吉士，將誅之。時香賜即逃亡不在。天皇復遣弓削連豐穗，普求國内縣，遂於三嶋郡藍原，執而斬焉。

三月，天皇欲親伐新羅。神戒天皇曰：“無往也。”天皇由是不果行。勅紀小弓宿禰、蘇我韓子宿禰、大伴談連、談，此云箇陀利。小鹿火宿禰等曰：“新羅自居西土，累葉稱臣，朝聘無違，貢職允濟。逮乎朕之王天下，投身對馬之外，竄跡匝羅之表，阻高麗之貢，吞百濟之城。況復朝聘既闕，貢職莫脩。狼子野心，飽飛飢附。以汝四卿，拜爲大將。宜以王師薄伐，天罰龔行。”於是紀小弓宿禰使大伴室屋大連，憂陳於天皇曰：“臣雖拙弱，敬奉勅矣。但今臣婦命過

〔一〕原作“班”，據校本改。後同。
〔二〕原作“比”，據校本改。
〔三〕“輜重”原作“幡車”，大系本作“輜車”，據小學館本校改。
〔四〕原作“拖”，據小學館本改。

之際，莫能視養臣者。公冀將此事，具陳天皇。”於是大伴室屋大連具爲陳之。天皇聞悲頽歎，以吉備上道采女大海，賜於紀小弓宿禰，爲隨身視養，遂推轂以遣焉。

紀小弓宿禰等即入新羅，行屠傍郡。行屠，並行並擊。新羅王夜聞官軍四面鼓聲，知盡得㖨地，與數百騎馬軍亂走，是以大敗。小弓宿禰追斬敵將陣中。㖨地悉定，遺衆不下。紀小弓宿禰亦收兵，與大伴談連等會。兵復大振，與遺衆戰。是夕，大伴談連及紀岡[一]前來目連，皆力鬬而死。談連從人同姓津麻呂，後入軍中，尋覓其主。從軍不見[二]出，問曰：“吾主大伴公，何處在也？”人告之曰：“汝主等果爲敵手所殺。”指示屍處。津麻呂聞之，踏叱曰：“主既已陷，何用獨全？”因復赴敵，同時殞命。有頃，遺衆自退，官軍亦隨而却。大將軍紀小弓宿禰值病而薨。

夏五月，紀大磐宿禰聞父既薨，乃向新羅，執小鹿火宿禰所掌兵馬、船官及諸小官，專用威命。於是小鹿火宿禰深怨乎大磐宿禰，乃詐告於韓子宿禰曰：“大磐宿禰謂僕曰：‘我當復執韓子宿禰所掌之官，不久也。’願固守之。”由是，韓子宿禰與大磐宿禰有隙。於是百濟王聞日本諸將緣小事有隙，乃使人於韓子宿禰等曰：“欲觀國堺，請垂降臨。”是以韓子宿禰等並轡而往。及至於河，大磐宿禰飲馬於河。是時，韓子宿禰從後而射大磐宿禰鞍瓦後橋。大磐宿禰愕然反視，射墮韓子宿禰，於中流而死。是三臣由前相競，行亂於道，不及百濟王宮而却還矣。

於是采女大海從小弓宿禰喪，到來日本。遂憂諮於大伴室屋大連曰：“妾不知葬所。願占良地。”大連即爲奏之。天皇勅大連曰：“大將軍紀小弓宿禰，龍驤虎視，旁眺八維，掩討逆節，折衝四海。然則身勞萬里，命墜三韓。宜致哀矜，充視喪者。又汝大伴卿，與紀卿等，同國近隣之人，由來尚矣。”於是大連奉勅，使土師連小

〔一〕原作“崗”，據校本改。
〔二〕“不見”原作“覔”，據小學館本校改。

鳥，作家墓於田身輪邑而葬之也。由是大海欣悦，不能自默，以韓奴室、兄麻呂[一]、弟麻呂、御倉、小倉、針，六口送大連。吉備上道蚊嶋田邑家人部是也。

別小鹿火宿禰從紀小弓宿禰喪來時，獨留角國，使倭子連連，未詳何姓人。奉八咫鏡於大伴大連，而祈請曰："僕不堪共紀卿奉事天朝。故請留住角國。"是以大連爲奏於天皇，使留居于角國。是角臣等初居角國，而名角臣，自此始也。

秋七月壬辰朔，河内國言："飛鳥戸郡人田邊史伯孫女者，古市郡人書首加龍之妻也。伯孫聞女産兒，往賀聟家，而月夜還。於蓬蔂丘譽田陵下，蓬蔂，此云伊致寐姑。逢騎赤駿者。其馬時濩略而龍翥，欻聳擢而鴻驚。異體蓬[二]生，殊相逸發。伯孫就視，而心欲之。乃鞭所乘驄馬，齊頭並轡。爾乃赤駿超攄絕[三]於埃塵，驅騖[四]迅於滅沒。於是驄馬後而怠足，不可復追。其乘駿者知伯孫所欲，仍停換馬，相辭取別。伯孫得駿甚歡，驟而入廐，解鞍秣馬眠之。其明旦，赤駿變爲土馬。伯孫心異之，還覓譽田陵，乃見驄馬在於土馬之間。取而代而置所換土馬。"

十年秋九月乙酉朔戊子，身狹村主青將吴所獻二鵝，到於筑紫。是鵝爲水間君犬所囓死。別本云，是鵝爲筑紫嶺縣主泥麻呂犬所囓死。由是，水間君恐怖憂愁，不能自默。獻鴻十隻[五]與養鳥人，請以贖罪。天皇許焉。

冬十月乙卯朔辛酉，以水間君所獻養鳥人等，安置於輕村、磐余村二所。

十一年夏五月辛亥朔，近江國栗太郡言："白鸕鷀居于谷上濱。"因詔置川瀨舍人。

〔一〕"麻呂"原作"麿"，據小學館本校改。本句後同。
〔二〕小學館本校改作"峰"。
〔三〕原作"絁"，據校本改。
〔四〕"驅騖"原作"驅驅騖"，據小學館本校改。
〔五〕原作"侯"，據小學館本校改。

秋七月，有從百濟國逃化來者，自稱名曰貴信。又稱，貴信吴國人也。磐余吴琴彈壃手屋形麻呂等，是其後也。

冬十月，鳥官之禽爲菟田人狗所囓死。天皇瞋，黥面而爲鳥養部。於是信濃國直丁與武藏國直丁侍宿，相謂曰："嗟乎！我國積鳥之高，同於小墓。旦暮而食，尚有其餘。今天皇由一鳥之故，而黥人面，太無道理。惡行之主也。"天皇聞，而使聚積之。直丁等不能忽[一]備。仍詔爲鳥養部。

十二年夏四月丙子朔己卯，身狹村主青與檜隈民使博德，出使于吴。

冬十月癸酉朔壬午，天皇命木工鬪鷄御田，一本云，猪名部御田。蓋誤也。始起樓閣。於是御田登樓，疾走四方，有若飛行。時有伊勢采女，仰觀樓上，恠彼疾行，顚仆於庭，覆所擎饌。饌者，御膳之物也。天皇便疑御田奸其采女，自念將刑，而付物部。時秦酒公侍坐，欲以琴聲，使悟於天皇，横琴彈曰：

柯武柯噬能。伊制能。伊制能奴能。娑柯曳嗚。伊裒甫流柯枳底。志我都矩屢麻泥爾。飫裒枳瀰爾。柯拖俱。都柯陪麻都羅武騰。倭我伊能致謀。那我俱母鵝騰。伊比志拖俱瀰皤夜。阿拖羅陀俱瀰皤夜。[二]

於是天皇悟琴聲，而赦其罪。

十三年春三月，狹穗彦玄孫齒田根命，竊奸采女山邊小嶋子。天皇聞，以齒田根命收付於物部目大連，而使責讓。齒田根命以馬八匹、大刀八口，祓[三]除罪過。既而歌曰：

耶麼能謎能。故思麼古喻衛爾。比登涅羅賦。宇麼能耶都擬播。

〔一〕原作"怱"，據校本改。

〔二〕[78]かむかぜの　いせの　いせのの　さかえを　いほふるかきて　しがつくるまでに　おほきみに　かたく　つかへまつらむと　わがいのちも　ながくもがと　いひしたくみはや　あたらたくみはや。略譯："伊勢野，枝榮榮。五百年，瘁之盡。瘁之盡，以事君。惜工匠，命有終。命有終，不得事其君！"

〔三〕原作"秡"，據小學館本改。

嗚思稽矩謀那斯。〔一〕
目大連聞而奏之。天皇使齒田根命，資財露置於餌香市邊橘本之土。遂以餌香長野邑，賜物部目大連。

秋八月，播磨國御井隈人文石小麻呂，有力強心，肆行暴虐。路中抄劫，不使通行。又斷商客艖艄，悉以奪取。兼違國法，不輸租賦。於是天皇遣春日小野臣大樹，領敢死士一百，並持火炬，圍宅而燒。時自火炎中，白狗暴出，逐大樹臣，其大如馬。大樹臣神色不變，拔刀斬之，即化爲文石小麻呂。

秋九月，木工猪名部真根以石爲質，揮斧斲材。終日斲之，不誤傷刃。天皇遊詣其所，而恠問曰:“恒不誤中石耶?”真根答曰:“竟不誤矣。”乃喚集采女，使脱衣裙而着犢鼻，露所相撲。於是真根暫停仰視而斲，不覺手誤傷刃。天皇因嘖讓曰:“何處奴，不畏朕，用不貞心，妄輒答!”仍付物部，使刑於野。爰有同伴巧者，歎惜真根，而作歌曰:

婀拕羅斯枳。偉儺謎能陀俱彌。柯該志須彌儺皤。旨我那稽摩〔二〕。拕例柯柯該武預。婀拕羅須彌儺皤。〔三〕
天皇聞是歌，反生悔惜，喟然頽歎曰:“幾失人哉!”乃以赦使，乘於甲斐黑駒，馳詣刑所，止而赦之，用解徽纏。復作歌曰:

農播拕磨能。柯彼能矩盧古磨。矩羅枳制播。伊能致志儺磨志。柯彼能俱盧古磨。一本，換伊能致志儺磨志，而云伊志柯孺阿羅磨志。〔四〕

十四年春正月丙寅朔戊寅，身狹村主青等共吴國使，將吴所獻

〔一〕[79]やまのべの　こしまこゆゑに　ひとでらふ　うまのやつぎは　をしけくもなし。略譯:“山邊有女，小嶋子也。馬之八匹，何足惜也!”

〔二〕小學館本校改作“麼”。

〔三〕[80]あたらしき　ゐなべのたくみ　かけしすみなは　しがなけば　たれかかけむよ　あたらすみなは。略譯:“惜也其匠，結彼墨繩。向無其匠，孰結墨繩?”

〔四〕[81]ぬばたまの　かひのくろこま　くらきせば　いのちしなまし　かひのくろこま。一本，換“いのちしなまし”，而云“いしかずあらまし”。略譯:“壯哉黑駒，不及備鞍。向若備鞍，其匠則戕也!”

手末[一]才伎，漢織、吴織及衣縫兄媛、弟媛等，泊於住吉津。

是月，爲吴客道，通磯齒津路，名吴坂。

三月，命臣、連迎吴使，即安置吴人於檜隈野，因名吴原。以衣縫兄媛奉大三輪神，以弟媛爲漢衣縫部也。漢織、吴織、衣縫，是飛鳥衣縫部、伊勢衣縫之先也。

夏四月甲午朔，天皇欲設吴人，歷問群臣曰："其共食者誰好乎？"羣臣僉曰："根使主可。"天皇即命根使主，爲共食者。遂於石上高拔原，饗吴人。時密遣舍人，視察裝餝[二]。舍人復命曰："根使主所著玉縵，太貴最好。又衆人云：'前迎使時，又亦着之。'"於是天皇欲自見，命臣、連，裝如饗之時，引見殿前。皇后仰天歔欷，啼泣傷哀。天皇問曰："何由[三]泣耶？"皇后避床而對曰："此玉縵者，昔妾兄大草香皇子奉穴穗天皇勅，進妾於陛下時，爲妾所獻之物也。故致疑於根使主，不覺涕垂哀泣矣。"

天皇聞驚大怒，深責根使主。根使主對言："死罪死罪，實臣之愆。"詔曰[四]："根使主自今以後，子子孫孫八十聯綿，莫預羣臣之例。"乃將斬之。根使主逃匿至於日根，造稻城而待戰，遂爲官軍見殺。

天皇命有司，二分子孫。一分爲大草香部民，以封皇后。一分賜茅渟縣主，爲負囊者。即求難波吉士日香香子孫賜姓，爲大草香部吉士。其日香香等語，在穴穗天皇紀。

事平之後，小根使主小根使主，根使主子也[五]。夜卧謂人曰："天皇城不堅，我父城堅。"天皇傳聞是語，使人見根使主宅，實如其言，故收殺之。根使主之後爲坂本臣，自是始焉。

十五年，秦民分散臣、連等，各隨欲駈使，勿委秦造。由是秦

〔一〕原作"未"，據小學館本校改。
〔二〕小學館本作"飾"。
〔三〕"何由"二字原缺，據小學館本校補。
〔四〕"曰"字原缺，據小學館本校補。
〔五〕"也"字小學館本缺。

造酒甚以爲憂，而仕於天皇。天皇愛寵之，詔“聚秦民，賜於秦酒公”。公仍領率百八十種勝，奉獻庸調〔一〕絹縑，充積朝庭。因賜姓曰禹豆麻佐。一云，禹豆母利麻佐。皆盈積之貌也。

十六年秋七月，詔宜桑國縣殖桑。又散遷秦民，使獻庸調。

冬十月，詔聚漢部，定其伴造者，賜姓曰直。一本云，賜漢使主等賜姓曰直。

十七年春三月丁丑朔戊寅，詔土師連等，使進應盛朝夕御膳清器者。於是土師連祖吾笥，仍進攝津國來狹狹村，山背國内村、俯見村，伊勢國藤形村及丹波、但馬、因幡私民部，名曰贄土師部。

十八年秋八月己亥朔戊申，遣物部菟代宿禰、物部目連，以伐伊勢朝日郎。朝日郎聞官軍至，即逆戰於伊賀青墓。自矜能射，謂官軍曰:“朝日郎手，誰人可中也?”其所發箭，穿二重甲，官軍皆懼。菟代宿禰不敢進擊，相持二日一夜。於是物部目連自執大刀，使筑紫聞物部大斧手，執楯叱於軍中，俱進。朝日郎乃遙見，而射穿大斧手楯、二重甲，并入身肉一寸。大斧手以楯翳物部目連，目連即獲朝日郎斬之。

由是菟代宿禰羞愧不克，七日不復命。天皇問侍臣曰:“菟代宿禰何不復命?”爰有讚岐田虫別，進而奏曰:“菟代宿禰怯也。二日一夜之間，不能擒執朝日郎。而物部目連率筑紫聞物部大斧手，獲斬朝日郎矣。”天皇聞之怒，輒奪菟代宿禰所有猪名部，賜物部目連。

十九年春三月丙寅朔戊寅，詔置穴穗部。

二十年冬，高麗王大發軍兵，伐盡百濟。爰有少許遺衆，聚居倉下。兵糧既盡，憂泣茲深。於是高麗諸將言於王曰:“百濟心許非常。臣每見之，不覺自失。恐更蔓生，請遂除之。”王曰:“不可矣。寡人聞，百濟國者，日本國之官家，所由來遠久矣。又王入仕天皇，四隣之所共識也。”遂止之。百濟記云:“蓋鹵王乙卯年冬，狛大軍來，攻大城七日七夜，王城降陷，遂失尉禮國。王及大后、王子等，皆没敵手。”

〔一〕此處原有“御調也”三字，據小學館本校删。

二十一年春三月，天皇聞百濟爲高麗所破，以久麻那利賜汶洲王，救興其國。時人皆云：“百濟國雖屬既亡，聚憂倉下，實賴於天皇，更造其國。”汶洲王，蓋鹵王母弟也。日本舊記云：“以久麻那利，賜末多王。”蓋是誤也。久麻那利者，任那國下哆呼利縣〔一〕之別邑也。

二十二年春正月己酉朔，以白髮皇子爲皇太子。

秋七月，丹波國餘社郡管川人水江浦嶋子，乘舟而釣，遂得大龜，便化爲女。於是浦嶋子感以爲婦，相逐入海，到蓬萊山，歷覩仙衆。語在別卷。

二十三年夏四月，百濟文斤王薨。天皇以昆支王五子中，第二末多王幼年聰明，勅喚內裏，親撫頭面，誡〔二〕勅慇懃，使王其國。仍賜兵器，并遣筑紫國軍士五百人，衛送於國。是爲東城王。

是歲，百濟調賦益於常例。筑紫安致臣、馬飼臣等，率船師以擊高麗。

秋七月辛丑朔，天皇寢疾不預。詔：“賞罰支〔三〕度，事無巨細，並付皇太子。”

八月庚午朔丙子，天皇疾彌甚。與百寮辭訣，握手歔欷，崩于大殿。遺詔於大伴室屋大連與東漢掬直曰：

“方今區宇一家，烟火萬里。百姓乂〔四〕安，四夷賓服。此又天意，欲寧區夏。所以小心勵己，日慎一日，蓋爲百姓故也。臣、連、伴造，每日朝參。國司、郡司，隨時朝集。何不罄竭心府，誡勅慇懃。義乃君臣，情兼父子。庶藉〔五〕臣、連智力，內外歡心，欲令普天之下，永保安樂。不謂遘疾彌留，至於大漸。此乃人生常分，何足言及？但朝野衣冠，未得鮮麗。教化政刑，猶未盡善。興言念此，唯以留恨。今年踰若干，不復稱夭。筋力精神，一時勞竭。如此之

〔一〕原作“聯”，據小學館本校改。
〔二〕原作“試”，據小學館本校改。
〔三〕原作“攴”，據校本改。
〔四〕原作“艾”，據小學館本校改。
〔五〕原作“籍”，據校本改。

事，本非爲身〔一〕，止欲安養百姓，所以致此。人〔二〕生子孫，誰不屬念？既爲天下，事須割情。今星川王，心懷悖惡，行闕友于。古人有言：‘知臣莫若君，知子莫若父。’縱使星川得志，共治家國，必當戮辱遍於臣、連，酷毒流於民庶。夫惡子孫已爲百姓所憚，好子孫足堪負荷大業。此雖朕家事，理不容隱。大連等民部廣大，充盈於國。皇太子地居上嗣，仁孝著聞。以其行業，堪成朕志。以此共治天下，朕雖〔三〕瞑目，何所復恨！”一本云，星川王腹惡心麁，天下著聞。不幸朕崩之後，當害皇太子。汝等民部甚多，努力相助，勿令侮慢〔四〕！

是時，征新羅將軍吉備臣尾代，行至吉備國，過家。後所率五百蝦夷等，聞天皇崩，乃相謂之曰：“領制吾國天皇既崩，時不可失也！”乃相聚結，侵寇傍郡。於是尾代從家來，會蝦夷於娑婆水門。合戰，而射蝦夷等。或踊或伏，能避脱箭，終不可射。是以尾代空彈弓弦，於海濱上，射死踊伏者二隊。二櫜之箭既盡，即喚船人索箭，船人恐而自退。尾代乃立弓執末而歌曰：

瀰致儞阿賦耶。嗚之慮能古。阿每儞舉曾。枳舉曳儒阿羅每。矩儞儞播。枳舉曳底那。〔五〕

唱訖，自斬數人，更追至丹波國浦掛水門，盡逼殺之。一本云，追至浦掛，遣人盡殺。

日本書紀卷第十四　終

〔一〕“身”字原缺，據小學館本校補。
〔二〕“人”字原缺，據小學館本校補。
〔三〕“雖”字原缺，據小學館本校補。
〔四〕原作“優”，據校本改。
〔五〕82 みちにあふや　をしろのこ　あめにこそ　きこえずあらめ　くにには　きこえてな。略譯：“戰於道中，尾張之子兮！雖不達天聽，其傳於國中兮！”

日本書紀　卷第十五

白髮武廣國押稚日本根子天皇　清寧天皇

弘計天皇　顯宗天皇

億計天皇　仁賢天皇

白髮武廣國押稚日本根子天皇 清寧天皇[一]

白髮武廣國押稚日本根子天皇，大泊瀨幼武天皇第[二]三子也。母曰葛城韓媛。天皇生而白髮，長而愛民。大泊瀨天皇於諸子中，特所靈異。

二十二年，立爲皇太子。

二十三年八月，大泊瀨天皇崩。吉備稚媛陰謂幼子星川皇子曰："欲登天下之位，先取大藏之官。"長子磐城皇子聞母夫人教其幼子之語，曰："皇太子雖是我弟，安可欺乎？不可爲也。"星川皇子不聽，輒隨母夫人之意，遂取大藏官，鏁閇[三]外門，式備乎[四]難，擁[五]勢自由，費用[六]官物。於是大伴室屋大連言於東漢掬直曰："大泊瀨天皇之遺詔，今將至矣。宜從遺詔，奉皇太子。"乃發軍士，圍繞大藏。自外拒閇，縱火燔殺。是時吉備稚媛，磐城皇子異父兄兄君，城丘前來目，闕名。隨星川皇子而被燔殺焉。惟河內三野縣主小根，慄然振怖，避火逃出，抱草香部吉士漢彦脚，因使祈生於大伴

〔一〕"清寧天皇"四字原缺，據小學館本校補。
〔二〕原作"弟"，據校本改。
〔三〕小學館本作"閉"。本段後同。
〔四〕小學館本校改作"于"。
〔五〕小學館本校改作"權"。
〔六〕原作"由"，據小學館本校改。

室屋大連曰："奴縣主小根，事星川皇子者信，而無有背於皇太子。乞降洪恩，救賜他命。"漢彦乃具爲啓於大伴大連，不入刑類。小根仍使漢彦，啓於大連曰："大伴大連我君降大慈愍，促短之命，既續延長，獲觀日色。"輙以難波來目邑大井戸田十町，送於大連。又以田地與于漢彦，以報其恩。

是月，吉備上道臣等聞朝作亂，思救其腹所生星川皇子，率船師四十艘，來浮於海。既而〔一〕聞被燔殺，自海而歸。天皇即遣使，嘖讓於上道臣等，而奪其所領山部。

冬十月己巳朔壬申，大伴室屋大連率臣、連等，奉璽於皇太子。

元年春正月戊戌朔壬子，命有司，設壇場於磐余甕栗，陟天皇位，遂定宮焉。尊葛城韓媛爲皇太夫人。以大伴室屋大連爲大連，平群真鳥大臣爲大臣，並如故。臣、連、伴造等，各依職位焉。

冬十月癸巳朔辛丑，葬大泊瀨天皇于丹比高鷲原陵。于時隼人晝夜哀號陵側，與食不喫，七日而死。有司造墓陵北，以禮葬之。是年也，太〔二〕歲庚申。

二年春二月，天皇恨無子，乃遣大伴室屋大連於諸國，置白髮部舍人、白髮部膳夫、白髮部靭〔三〕負。冀垂遺跡，令觀於後。

冬十一月，依大嘗供奉之料，遣於播磨國司，山部連先祖伊與來目部小楯，於赤石郡縮見屯倉首忍海部造細目新室，見市邊押磐皇子子億計、弘計。畏敬兼抱，思奉爲君，奉養甚謹，以私供給。便起柴宮，權奉安置，乘驛馳奏。天皇愕然驚歎，良以愴懷曰："懿哉，悅哉！天垂博〔四〕愛，賜以兩兒。"

是月，使小楯持節將左右舍人，至赤石奉迎。語在弘計天皇紀。

三年春正月丙辰朔，小楯等奉億計、弘計，到攝津國。使臣、連持節以王青蓋車迎入宮中。

〔一〕"而"字原缺，據小學館本校補。
〔二〕原作"大"，據小學館本改。
〔三〕小學館本作"靫"。
〔四〕小學館本校改作"溥"。

夏四月乙酉朔辛卯，以億計王爲皇太子，以弘計王爲皇子。

秋七月，飯豐皇女於角刺宫，與夫初交。謂人曰："一知女道，又安可異。終不願交於男。"此曰有夫，未詳也。

九月壬子朔癸丑，遣臣、連，巡省風俗。

冬十月壬午朔乙酉，詔："犬、馬、器翫，不得獻上。"

十一月辛亥朔戊辰，宴臣、連於大庭〔一〕，賜綿、帛。皆任其自取，盡力而出。

是月，海表諸蕃，並遣使進調。

四年春正月庚戌朔丙辰，宴海表諸蕃使者於朝堂。賜物各有差。

夏閏五月，大餔〔二〕五日。

秋八月丁未朔癸丑，天皇親録囚徒。

是日，蝦夷、隼人並内附。

九月丙子朔，天皇御射殿，詔百寮及海表使者射。賜物各有差。

五年春正月甲戌朔己丑，天皇崩于宫。時年若干。

冬十一月庚午朔戊寅，葬於河内坂門原陵。

弘計天皇 顯宗天皇

弘計天皇，更名來目稚子。大兄去來穗别天皇孫也，市邊押磐皇子子也。母曰荑媛。荑，此云波曳。譜第曰："市邊押磐皇子娶蟻臣女荑媛，遂生三男二女。其一曰居夏姫。其二曰億計王，更名嶋稚子，更名大石尊。其三曰弘計王，更名來目稚子。其四曰飯豐女王，亦名忍海部女王。其五曰橘王。"一本以飯豐女王列敘於億計王之上。蟻臣者葦田宿禰子也。天皇久居邊裔，悉知百姓憂苦，恒見枉屈，若納四體溝隍。布德施惠，政令流行，恤貧養孀，天下親附。

穴穗天皇三年十月，天皇父市邊押磐皇子及帳内佐伯部仲子，

〔一〕原作"廷"，據小學館本校改。

〔二〕小學館本作"酺"。

於蚊屋野爲大泊瀨天皇見殺，因埋同穴。於是天皇與億計王，聞父見射，恐懼，皆逃亡自匿。帳內日下部連使主使主，日下部連之名也。使主，此云於瀰。與其子吾田彦，吾田彦，使主之子也。竊奉天皇與億計王，避難於丹波國余社郡。使主遂改名字，曰田疾來。尚恐見誅，從茲遁入播磨國縮見山石室，而自經死。天皇尚不識使主所之，勸兄億計王，向播磨國赤石郡，俱改字曰丹波小子，就仕於縮見屯倉首。縮見屯倉首，忍海部造細目也。吾田彦至此不離，固執臣禮。

白髮天皇二年冬十一月，播磨國司山部連先祖伊與來目部小楯，於赤石郡親辨新嘗供物。一云，巡行郡縣，收斂田租〔一〕也。適會縮見屯倉首縱賞新室，以夜繼晝。爾乃天皇謂兄億計王曰："避亂於斯，年踰數紀。顯名著貴，方屬今宵。"億計王惻然歎曰："其自遵〔二〕揚見害，孰與全身免厄也歟？"天皇曰："吾是去來穗別天皇之孫，而困事於人飼牧牛馬，豈若顯名被害也歟？"遂與億計王相抱涕泣，不能自禁。億計王曰："然則非弟，誰能激揚大節，可以顯著？"天皇固辭曰："僕不才，豈敢宣揚德業。"億計王曰："弟英才賢德，爰無以過。"如是相讓再三，而果使天皇自許稱述。俱就室外，居乎〔三〕下風。屯倉首命居竈傍，左右秉燭。夜深酒酣，次第儛訖。屯倉首謂小楯曰："僕見此秉燭者，貴人而賤己，先人而後己。恭敬撙節，退讓以明禮。撙，猶趍也，相從也，止也。可謂君子。"於是小楯撫絃，命秉燭者曰："起儛！"於是兄弟相讓，久而不起。小楯嘖之曰："何爲太遲？速起儛之。"億計王起儛既了，天皇次起，自整衣帶，爲室壽曰：

築立稚室葛根，築立柱者，此家長御心之鎮也。取舉棟梁者，此家長御心之林也。取置椽橑者，此家長御心之齊也。取置蘆萑〔四〕者，此家長御心之平也。蘆萑，此云哀都利。萑，音之潤反。取結繩葛者，

〔一〕原作"祖"，據大系本改。
〔二〕原作"導"，據小學館本校改。
〔三〕小學館本校改作"于"。
〔四〕原作"萑"，據小學館本校改。後夾注二處同。

此家長御壽之堅也。取葺草葉者，此家長御富之餘也。出雲者新墾，新墾之十握稻之穗[一]，於淺甕釀酒，美飲喫哉，美飲喫哉，此云于魔羅儞烏野羅甫屢柯佞也。吾子等。子者，男子之通稱也。脚日木此傍山，牡鹿之角牡鹿，此云左鳴[二]子加。舉而吾儛者，旨酒餌香市不以直買。手掌憀[三]亮手掌憀[四]亮，此云陀那則舉謀耶[五]羅羅儞。拍上賜，吾常世等。

壽畢，乃赴[六]節歌曰：

伊儺武斯廬。哿簸泝比野儺擬。寐逗愈凱麼。儺弭企於己陀智。曾能泥播宇世儒。[七]

小楯謂之曰："可怜。願復聞之！"天皇遂作殊儛。殊儛，古謂之立出儛。立出，此云陀豆豆。儛狀者乍起乍居而儛之。誥之曰：

倭者彼彼茅原，淺茅原弟日僕是也。

小楯由是深奇異焉，更使唱之。天皇誥之曰：

石上振之神榲[八]，榲，此云須擬。伐本截末，伐本截末，此云謨登岐利須衛於茲婆羅比。於市邊宮治天下，天萬國萬押磐尊御裔僕是也。

小楯大驚離席，悵然再拜，承事供給，率屬欽伏。於是悉發郡民造宮，不日權奉安置。乃詣京都，求迎二王。白髮天皇聞，憙咨歎曰："朕無子也。可以爲嗣。"與大臣、大連，定策禁中。仍使播磨國司來目部[九]小楯，持節將左右舍人，至赤石奉迎。

白髮天皇三年春正月，天皇隨億計王到攝津國。使臣、連持節，以王青蓋車，迎入宮中。

〔一〕"之穗"二字原作"於"，據校本改。
〔二〕小學館本校改作"烏"。
〔三〕原作"摎"，據小學館本校改。
〔四〕原作"摎"，據小學館本校改。
〔五〕原作"那"，據小學館本校改。
〔六〕原作"起"，據小學館本校改。
〔七〕83 いなむしろ　かはそひやなぎ　みづゆけば　なびきおきたち　そのねはうせず。略譯："川之畔，有楊木兮。從水而靡，其根不失兮。"見《古事記》104。
〔八〕原作"榅"，據校本改。後夾注同。
〔九〕原作"郡"，據校本改。

夏四月，立億計王爲皇太子，立天皇爲皇子。

五年春正月，白髮天皇崩。

是月，皇太子億計王與天皇讓位，久而不處。由是天皇姉飯豐青皇女，於忍海角刺宮，臨朝秉政，自稱忍海飯豐青尊。當世詞人歌曰：

野麻登陛儞。瀰我保指母能婆。於尸農瀰能。莒能拕哿紀儺屢。都奴娑之能瀰野。[一]

冬十一月，飯豐青尊崩。葬葛城埴日[二]丘陵。

十二月，百官大會。皇太子億計取天皇之璽，置之天皇之坐，再拜從諸臣之位曰："此天皇之位，有功者可以處之。著貴蒙迎，皆弟之謀也。"以天下讓天皇。天皇顧讓以弟，莫敢即位。又奉白髮天皇先欲傳兄立皇太子，前後固辭曰："日月出矣，而爝火不息，其於光也，不亦難乎[三]？時雨降矣，而猶浸灌[四]，不亦勞乎？所貴爲人弟者奉兄，謀逃脫難，照德解紛，而無處也。即有處者，非弟恭之義。弘計不忍處也。兄友弟恭，不易之典。聞諸古老，安自獨輕？"皇太子億計曰："白髮天皇以吾兄之故，舉天下之事，而先屬我，我其羞之。惟大王首[五]建利遁，聞之者歎息。彰顯帝孫，見之者殞涕。憫憫搢紳，忻荷戴天之慶。哀哀黔首，悅逢履地之恩。是以克固四維，永隆萬葉[六]，功隣造物，清猷映世。超哉，邈矣！粵無得而稱。雖是曰兄，豈先處乎？非功而據，咎悔必至。吾聞，天皇不可以久曠，天命不可以謙拒。大王以社稷爲計，百姓爲心。"發言慷慨，至于流涕。天皇於是知終不處，不逆兄意，乃聽，而不即御坐。世嘉其能以實讓曰："宜哉！兄弟怡怡，天下歸德。篤於親族，則民興仁。"

〔一〕[84]やまとへに　みがほしものは　おしぬみの　このたかきなる　つのさしのみや。略譯："大和之邊，欲何見也？忍海高城，角刺宮也。"
〔二〕小學館本校改作"口"。
〔三〕原作"矣"，據小學館本校改。
〔四〕原作"濩"，據小學館本改。
〔五〕原作"道"，據小學館本校改。
〔六〕原作"業"，據小學館本校改。

元年春正月己巳朔，大臣、大連等奏言:“皇太子億計，聖德明茂，奉讓天下。陛下正統，當奉鴻緒，爲郊廟主，承纘祖無窮之列。上當天心，下厭民望。而不肯踐祚，遂令金銀蕃國，群僚遠近，莫不失望。天命有屬，皇太子推讓，聖德彌盛，福祚孔[一]章。在[二]孺而勤，謙恭慈順。宜奉兄命，承統大業。”制曰:“可。”乃召公卿、百僚[三]於近飛鳥八釣宮，即天皇位。百官陪位者皆忻忻焉。或本云，弘計天皇之宮有二所焉。一宮於少郊，二宮於池野。又或本云，宮於甕栗。

是月，立皇后難波小野王。赦天下。難波小野王，雄朝津間稚子宿禰天皇曾孫，磐城王孫，丘稚子王之女也。

二月戊戌朔壬寅，詔曰:“先王遭離多難，殞命荒郊。朕在幼年，亡逃自匿，猥遇求迎，升纂大業。廣求御骨，莫能知者。”詔畢，與皇太子億計，泣哭憤惋，不能自勝。

是月，召聚耆宿，天皇親歷問。有一老嫗，進曰:“置目知御骨埋處。請以奉示。”置目，老嫗名也。近江國狹狹城山君祖倭俗宿禰[四]妹，名曰置目。見下文。於是天皇與皇太子億計，將老嫗婦，幸于近江國來田綿蚊屋野中。掘[五]出而見，果如婦語。臨穴哀號，言深更慟。自古以來，莫如斯酷。仲子之尸，交横御骨，莫能別者。爰有磐坂皇子之乳母，奏曰:“仲子者上齒墮落，以斯可別。”於是雖由乳母，相別髑髏，而竟難別四支[六]、諸骨。由是仍於蚊屋野中，造起雙陵，相似如一，葬儀無異。詔老嫗置目，居于宮傍近處，優崇賜恤，使無乏少。

是月，詔曰:“老嫗伶俜羸弱，不便行步。宜張繩引絚，扶而出入。繩端懸鐸，無勞謁者，入則鳴之。朕知汝到。”於是老嫗奉詔，鳴鐸而進。天皇遙聞鐸聲，歌曰:

〔一〕原作“禮”，據小學館本校改。
〔二〕“在”字原缺，據小學館本校補。
〔三〕小學館本校改作“寮”。
〔四〕小學館本此處有“之”字。
〔五〕原作“堀”，據小學館本校改。
〔六〕原作“支”，據校本改。

阿佐膩簸囉。嗚贈禰嗚須擬。謨謀逗拖甫。奴底喻羅俱慕與。於岐每俱羅之慕。[一]

三月上巳，幸後苑，曲水宴。

夏四月丁酉朔丁未，詔曰:“凡人主之所以勸民者，惟授官也。國之所以興者，惟賞功也。夫前播磨國司來目部小楯，更名磐楯。求迎舉朕，厥功茂焉[二]。所志願，勿難言。”小楯謝曰:“山官，宿所願。”乃拜山官，改賜姓山部連氏，以吉備臣爲副，以山守部爲民。褒善顯功，酬恩答厚，寵愛殊絕[三]，富莫能儔。

五月，狹狹城山君韓帒宿禰，事連謀殺皇子押磐。臨誅叩頭，言詞極哀。天皇不忍加戮[四]，充陵戶，兼守山，削除籍帳，隸山部連。惟倭帒宿禰因妹置目之功，仍賜本姓狹狹城山君氏。

六月，幸避暑殿，奏樂。會羣臣，設以酒食。是年[五]，太[六]歲乙丑。

二年春三月上巳，幸後苑，曲水宴。是時喜集公卿大夫、臣、連、國造、伴造爲宴。羣臣頻稱萬歲。

秋八月己未朔，天皇謂皇太子億計曰:“吾父先王無罪，而大泊瀨天皇射殺，棄骨郊野，至今未獲。憤歎盈懷，臥泣行號，志雪讎恥。吾聞:‘父之讎不與共戴天，兄弟之讎不反兵，交遊之讎不同國。’夫匹夫之子，居父母之讎，寢苫枕干[七]，不與共國。遇諸市朝，不反兵而便鬬。況吾立爲天子，二年于今矣。願壞其陵，摧骨投散。今以此報，不亦孝乎?”

皇太子億計歔欷不能答，乃諫曰:“不可。大泊瀨天皇正統萬

〔一〕85 あさぢはら　をそねをすぎ　ももづたふ　ぬてゆらくもよ　おきめくらしも。略譯:“淺茅之原，過堩地兮。遙聞鐸聲，置目來兮。”見《古事記》111。

〔二〕原作“烏”，據校本改。

〔三〕原作“絁”，據校本改。

〔四〕小學館本作“戳”。

〔五〕此處小學館本校補“也”字。

〔六〕原作“大”，據小學館本改。

〔七〕原作“于”，據校本改。

機，臨照天下。華夷欣仰，天皇之身也。吾父先王雖是天皇之子，遭遇迍邅，不登天位。以此觀之，尊卑惟別。而忍壞〔一〕陵墓，誰人主以奉天之靈？其不可毀一也。又天皇與億計，曾不蒙遇白髮天皇厚寵殊恩，豈臨寶位？大泊瀨天皇，白髮天皇之父也。億計聞諸老賢，老賢曰：'言無不詶，德無不報。有恩不報，敗俗之深者也。'陛下饗國，德行廣聞於天下。而毀陵翻見於華裔，億計恐其不可以莅國子民也。其不可毀二也。"天皇曰："善哉！"令罷役。

九月，置目老困，乞還曰："氣力衰邁，老耄〔二〕虚羸。要假扶繩，不能進步。願歸桑梓，以送厥終。"天皇聞惋痛，賜物千段，逆傷岐路，重感難期。乃賜歌曰：

於岐每慕與。阿甫彌能於岐每。阿須用利簸。彌野磨我俱利底。彌曳孺哿謨阿羅牟。〔三〕

冬十月戊午朔癸亥，宴羣臣。是時天下安平，民無徭役，歲比登稔，百姓殷富。稻斛〔四〕銀錢一文，馬被野。

三年春二月丁〔五〕巳朔，阿閇〔六〕臣事代銜命，出使于任那。於是月神著人謂之曰："我祖高皇産靈，有預鎔造天地之功。宜以民地，奉我月神。若依請獻我，當福慶。"事代由是還京具奏，奉以歌荒樔田。歌荒樔〔七〕田，在山背國葛野郡。壹伎縣主先祖押見宿禰侍祠。

三月上巳，幸後苑，曲水宴。

夏四月丙辰朔庚申，日神著人，謂阿閇臣事代曰："以磐余田，獻我祖高皇産靈。"事代便奏，依神乞獻田十四町。對馬下縣直侍祠。

戊辰，置福草部。

〔一〕原作"壌"，據校本改。

〔二〕原作"髦"，據小學館本校改。

〔三〕[86] おきめもよ　あふみのおきめ　あすよりは　みやまがくりて　みえずかもあらむ。略譯："近江置目，歸山林兮。明日以降，不復見兮。"見《古事記》112。

〔四〕原作"解"，據小學館本校改。

〔五〕"丁"字原缺，據校本補。

〔六〕小學館本作"閉"。後同。

〔七〕"樔"字原缺，據小學館本校補。

庚辰，天皇崩于八釣宮。

是歲，紀生磐宿禰跨據任那，交通高麗。將西王三韓，整脩宮府，自稱神聖。用任那左魯、那奇他甲肖[一]等計，殺百濟適莫爾解於爾林。爾林，高麗地也。築帶山城，距守東道，斷運糧津，令軍飢困。百濟王大怒，遣領軍古爾解、內頭莫古解等，率衆趣于帶山攻。於是生磐宿禰進軍逆擊。膽氣益壯，所向皆破，以一當百。俄而兵盡力竭，知事不濟，自任那歸。由是百濟國殺佐魯、那奇他甲肖等三百餘人。

億計天皇　仁賢天皇

億計天皇，諱大脚，更名大爲。自餘諸天皇不言諱字。而至此天皇，獨自書者，據舊本耳。字嶋郎，弘計天皇同母兄也。幼而[二]聰穎，才敏多識。壯[三]而仁惠，謙恕溫慈。及穴穗天皇崩，避難於丹波國余社郡。

白髮天皇元年冬十一月，播磨國司山部連小楯詣京求迎。白髮天皇尋遣小楯，持節將左右舍人，至赤石奉迎。

二年夏四月，遂立億計天皇爲皇太子。事具弘計天皇紀。

五年，白髮天皇崩。天皇以天下讓弘計天皇，爲皇太子如故。事具弘計天皇紀也[四]。

三年夏四月，弘計天皇崩。

元年春正月辛巳朔乙酉，皇太子於石上廣高宮即天皇位。或本云，億計天皇之宮有二所焉。一宮於川村，二宮於縮見高野。其殿柱至今未朽。

二月辛亥朔壬子，立前妃春日大娘皇女爲皇后，春日大娘皇女，大泊瀨天皇娶和珥臣深目之女童女君所生也。遂産一男六女。其一曰高橋大娘皇女，其二曰朝嬬皇女，其三曰手白香皇女，其四曰樟氷皇女，其

〔一〕小學館本校改作“背”。後同。
〔二〕“而”字原缺，據小學館本校補。
〔三〕原作“然”，據小學館本校改。
〔四〕“也”字原缺，據校本補。

五曰橘皇女。其六曰小泊瀨稚鷦鷯天皇，及有天下，都泊瀨列城。其七曰真稚皇女。一本，以樟氷皇女列于第三，以手白香皇女列于第四，爲異焉。次和珥[一]臣日[二]爪女糠君娘，生一女，是爲春日山田皇女。一本云，和珥臣日[三]觸女大糠娘生一女，是爲山田大娘皇女，更名赤見皇女。文雖稍異，其實一也。

冬十月丁未朔己酉，葬弘計天皇于傍丘磐杯丘陵。是歲也，太[四]歲戊辰。

二年秋九月，難波小野皇后恐宿不敬，自死。弘計天皇時，皇太子億計侍宴，取瓜將喫，無刀子。弘計天皇親執刀子，命其夫人小野傳進。夫人就前，立置刀子於瓜盤。是日，更酌酒，立喚皇太子。緣斯不敬，恐誅自死。

三年春二月己巳朔，置石上部舍人。

四年夏五月，的臣蚊嶋、穗瓮[五]君瓮，此云倍。有罪，皆下獄死。

五年春二月丁亥朔辛卯，普求國郡散亡佐伯部。以佐伯部仲子之後，爲佐伯造。佐伯部仲子，事見弘計天皇紀。

六年秋九月己酉朔壬子，遣日鷹吉士，使高麗召巧手者。

是秋，日鷹吉士被遣使[六]後，有女人居于難波御津，哭之曰："於母亦兄，於吾亦兄。弱草吾夫㤿憐矣。"言於母亦兄，於吾亦兄，此云於慕尼慕是，阿例尼慕是。言吾夫㤿憐矣，此云阿我圖摩播耶。言弱草，謂古者以弱草喻夫婦，故以弱草爲夫。哭聲甚哀，令人斷腸。菱城邑人鹿父鹿父，人名也。俗呼父爲柯曾。聞而向前曰："何哭之哀甚若此乎？"女人答曰："秋葱之轉雙雙，重也。納，可思惟矣。"鹿父曰："諾。"即知所言矣。

有同伴者，不悟其意，問曰："何以知乎？"答曰："難波玉作部鯽魚女，言鯽魚女，此云浮儺謎。嫁於韓白水郎暵，言韓白水郎暵，此云柯

〔一〕"珥"字原缺，據校本補。
〔二〕原作"曰"，據校本改。
〔三〕原作"曰"，據校本改。
〔四〕原作"大"，據小學館本改。
〔五〕原作"允"，據小學館本校改。後夾注同。
〔六〕"使"字原缺，據小學館本校補。

羅摩能波陀詠[一]。曎，耕麥田之也。生哭女。哭女言哭女，此云儺俱謎。嫁於住道人山寸，生飽田女。韓白水郎曎與其女哭女，曾既俱死。住道人山寸，上姧玉作部鯽魚女，生麁寸。麁寸娶飽田女。於是麁寸從日鷹吉士，發向高麗。由是其妻飽田女，徘徊顧戀，失緒傷心，哭聲尤切，令人腸斷。”玉作部鯽魚女與韓白水郎曎，爲夫婦，生哭女。住道人山寸，娶哭女，生飽田女。山寸妻父韓白水郎曎與其子哭女，曾既俱死。住道人山寸，上姧妻母玉作部鯽魚女，生麁寸。麁寸娶飽田女。或本云，玉作部鯽魚女，共前夫韓白水郎曎，生哭女。更共後夫住道人山寸，生麁寸。則哭女與麁寸，異父兄弟之故，哭女之女飽田女呼麁寸，曰“於母亦兄”也。哭女嫁於山寸，生飽田女。山寸又淫鯽魚女，生麁寸。則飽田女與麁寸，異母兄弟之故，飽田女呼夫麁寸，曰“於吾亦兄”也。古者不言兄弟長幼，女以男稱兄，男以女稱妹。故云“於母亦兄，於吾亦兄”耳。

是歲，日鷹吉士還自高麗，獻工匠須流枳、奴流枳等。今倭國山邊郡額田邑熟[二]皮高麗，是其後也。

七年春正月丁未朔己酉，立小泊瀨稚鷦鷯尊爲皇太子。

八年冬十月，百姓言:“是時國中無事，吏稱其官，海內歸仁，民安其業。”

是歲，五穀登衍，蠶麥善收，遠近清平，戶口滋殖焉。

十一年秋八月庚戌朔丁巳，天皇崩于正寢。

冬十月己酉朔癸丑，葬埴生坂本陵。

日本書紀卷第十五　終

〔一〕小學館本校改作“該”。

〔二〕原作“孰”，據小學館本校改。

日本書紀　卷第十六

小泊瀨稚鷦鷯天皇　武烈天皇

小泊瀨稚鷦鷯天皇，億計天皇太子也。母曰春日大娘皇后。億計天皇七年，立爲皇太子。長好刑理，法令分明，日晏坐朝，幽枉必達，斷獄得情。又頻造諸惡，不脩一善。凡諸酷刑，無不親覽。國內居人，咸皆震怖。

十一年八月，億計天皇崩。大臣平群真鳥臣，專擅國政，欲王日本。陽爲太子營宮〔一〕，了即自居。觸事驕慢，都無臣節。於是太子思欲聘物部麁鹿火大連女影媛，遣媒人，向影媛宅期會。影媛曾奸真鳥大臣男鮪，鮪，此云玆寐。恐違太子所期，報曰："妾望奉待海柘榴市巷。"由是太子欲往期處，遣近侍舍人，就平群大臣宅，奉太子命，求索官馬。大〔二〕臣戲言陽進曰："官馬爲誰飼養？隨命而已。"久之不進。太子懷恨，忍不發顏。果之所期，立歌場衆，歌場，此云宇多我岐。執影媛袖，躑躅從容。俄而鮪臣來，排太子與影媛間立。由是太子放影媛袖，移迴向前立，直當鮪，歌曰：

之裒世能。儺嗚理嗚彌黎磨〔三〕。阿蘇寐俱屢。思寐我簸多泥儞。都〔四〕摩陀氐理彌喩。一本，以之裒世，易彌儺鬥。〔五〕

〔一〕"宮"字原缺，據小學館本校補。
〔二〕原作"太"，據校本改。
〔三〕小學館本校改作"麼"。
〔四〕原作"都都"，據小學館本校改。
〔五〕87しほせの　なをりをみれば　あそびくる　しびがはたでに　つまたてりみゆ。一本，以"しほせ"，易"みなと"。略譯："潮之瀨，其波幾重兮。彼鮪之傍，吾妻立之兮。"見《古事記》108。

鮪答歌曰：

飫瀰能古能。耶陛耶哿羅哿枳。瑜屢世登耶瀰古。〔一〕

太子歌曰：

飫裒陀搓嗚。多黎播枳多搓氐。農哿儒登慕。須衛婆陀志氐謀。阿波夢登茹於謀賦。〔二〕

鮪臣答歌曰：

飫裒枳瀰能。耶陛能矩瀰哿枳。哿哿梅騰謀。儺嗚阿摩之耳彌。哿哿農俱彌柯枳。〔三〕

太子歌曰：

於彌能姑能。耶賦能之魔柯枳。始陀騰余瀰。那爲我與釐據魔。耶黎夢之魔柯枳。一本，以耶賦能之魔柯枳，易耶陛哿羅哿枳。〔四〕

太子贈影媛歌曰：

舉騰我瀰儞。枳謂屢箇皚比謎。拖摩儺羅磨。婀我裒屢柂摩能。婀波寐〔五〕之羅陀魔。〔六〕

鮪臣爲影媛答歌曰：

於裒枳瀰能。瀰於寐能之都波柂。夢須寐陀黎。陀黎耶始比登謀。阿避於謀婆儺俱儞。〔七〕

太子甫知鮪曾得影媛，悉覺父子無敬之狀，赫然大怒。此夜，

〔一〕[88]おみのこの　やへやからかき　ゆるせとやみこ。略譯："臣子之家，有垣八重兮，御子何能緩之?"見《古事記》107。

〔二〕[89]おほたちを　たれはきたちて　ぬかずとも　すゑはたしても　あはむとぞおもふ。略譯："大太刀，垂而立也。今即不拔，來日或以爲會也。"

〔三〕[90]おほきみの　やへのくみかき　かかめども　なをあましじみ　かかぬくみかき。略譯："大君之家，組垣八重也。他媛之不取，而胡欲編此垣也!"見《古事記》109。

〔四〕[91]おみのこの　やふのしばかき　したとよみ　なゐがよりこば　やれむしばかき。一本，以"やふのしばかき"，易"やへからかき"。略譯："臣子之家，柴垣八節也。地震之來，皆傾圮也。"

〔五〕原作"寤"，據小學館本校改。

〔六〕[92]ことがみに　きゐるかげひめ　たまならば　あがほるたまの　あはびしらたま。略譯："琴之頭兮，神影之光。譬如白玉，其唯吾所欲也!"

〔七〕[93]おほきみの　みおびのしつはた　むすびたれ　たれやしひとも　あひおもはなくに。略譯："大君御帶，倭文之布也。縱有斯人，非我思也。"

速向大伴金村連宅，會兵計策。大伴連將數千兵，傲之於路，戮鮪臣於乃樂山。一本云，鮪宿影媛舍，即夜被戮。是時，影媛逐行戮處，見是戮已，驚惶失所，悲涙盈目。遂作歌曰：

伊須能箇瀰。賦屢嗚須擬底。舉慕摩矩羅。拖箇播志須擬。暮能娑幡儞。於裒野該須擬。播屢比能。箇須我嗚須擬。逗摩御暮屢。嗚佐裒嗚須擬。拖摩該儞播。伊比佐倍母理。梅摩暮比儞。瀰逗佐倍母理。儺岐曾裒遲喩俱謀。柯㝵比謎阿婆例。〔一〕

於是影媛收埋既畢，臨欲還家，悲鯁而言：“苦哉！今日失我愛夫！”即便灑涕愴〔二〕矣，纏心歌曰：

婀嗚儞與志。乃樂能婆娑摩儞。斯斯貳暮能。瀰逗矩陛御暮黎〔三〕。瀰儺曾曾矩。思寐能和俱吾嗚。阿娑理逗那偉能古。〔四〕

冬十一月戊寅朔戊子，大伴金村連謂太子曰：“真鳥賊，可擊。請討之。”太子曰：“天下將亂。非希世之雄，不能濟也。能安之者，其在連乎？”即與定謀。於是大伴大連率〔五〕兵自將，圍大臣宅，縱火燔之，所撝雲靡。真鳥大臣恨事不濟，知身難免，計窮望絕〔六〕，廣指鹽詛。遂被殺戮，及其子弟。詛時唯忘角鹿海鹽，不以爲詛。由是角鹿之鹽爲天皇所食，餘海之鹽爲天皇所忌。

十二月，大伴金村連平定賊訖，反政太子。請上尊號曰：“今億計天皇子，唯有陛下。億兆攸〔七〕歸，曾無與二。又賴皇天翼戴，淨

〔一〕[94]いすのかみ　ふるをすぎて　こもまくら　たかはしすぎ　ものさはに　おほやけすぎ　はるひの　かすがをすぎ　つまごもる　をさほをすぎ　たまけには　いひさへもり　たまもひに　みづさへもり　なきそほちゆくも　かげひめあはれ。略譯：“出彼布留，登高橋兮。適彼大宅，過春日兮，臨佐保兮。玉笥以盛飯，玉盌以盛水，嗟我影媛，涕霑衣兮！”

〔二〕原作“搶”，據小學館本校改。

〔三〕小學館本校改作“梨”。

〔四〕[95]あをによし　ならのはさまに　ししじもの　みづくへごもり　みなそそく　しびのわくごを　あさりづなゐのこ。略譯：“乃樂之谷，有片隅兮。隱彼水邊，葬我夫兮。噫家之子，無出我夫兮！”

〔五〕原作“卒”，據校本改。

〔六〕原作“絁”，據校本改。

〔七〕原作“欣”，據小學館本校改。

除凶黨。英略雄斷，以盛天威天祿。日本必有主。主日本者，非陛下而誰？伏願陛下，仰答靈祇，弘宣景命，光宅日本，誕受銀鄉。”於是太子命有司，設壇場於泊瀨列城，陟天皇位。遂定都焉。

是日，以大伴金村連爲大連。

元年春三月丁丑朔戊寅，立春日娘子爲皇后。未詳娘子父〔一〕。是年也，太歲己卯。

二年秋九月，刳孕婦之腹，而觀其胎。

三年冬十月，解人指甲，使掘署預。

十一月，詔大伴室屋大連，發信濃國男丁，作城像於水派邑。仍曰城上也。

是月，百濟意多郎卒，葬於高田丘上。

四年夏四月，拔人頭髮，使昇樹巔，斮倒樹本，落死昇者爲快。

是歲，百濟末多王無道，暴虐百姓。國人遂除而立嶋王，是爲武寧王。百濟新撰云：“末多王無道，暴虐百姓，國人共除。武寧王〔二〕立，諱斯麻王。是琨支〔三〕王子之子，則末多王異母兄也。琨支向倭時，至筑紫嶋，生斯麻王。自嶋還送，不至於京，産於嶋，故因名焉〔四〕。今各羅海中有主嶋，王所産嶋，故百濟人號爲主嶋。”今案，嶋王，是蓋鹵王之子也。末多王，是琨支王之子也。此曰異母兄，未詳也。

五年夏六月，使人伏入塘楲，流出於外，持三刃矛，刺殺爲快。

六年秋九月乙巳朔，詔曰：“傳國之機，立子爲貴。朕無繼嗣，何以傳名？且依天皇舊例，置小泊瀨舍人，使爲代號，萬歲難忘者也。”

冬十月，百濟國遣麻那君進調。天皇以爲，百濟歷年不脩貢職，留而不放。

七年春二月，使人昇樹，以弓射墜而咲。

〔一〕原作“文”，據小學館本校改。
〔二〕“王”字原缺，據小學館本校補。
〔三〕“琨支”原作“混支”，據小學館本校改。後同。
〔四〕“因名焉”原作“固名島”，大系本作“因名島”。從小學館本。

夏四月，百濟王遣斯我君進調。別表曰:“前進調使麻那者，非百濟國主之骨族也。故謹遣斯我，奉事於朝。”遂有子，曰法師君，是倭君之祖也。

八年春三月，使女躶形，坐平板上，牽馬就前遊牝。觀女不淨，沾濕者殺，不濕者没爲官婢，以此爲樂。及是〔一〕時，穿池起苑〔二〕，以盛禽獸。而好田獵，走狗試馬，出入不時，不避大風、甚雨。衣溫〔三〕而忘百姓之寒，食美而忘天下之飢。大進侏儒、倡優，爲爛熳〔四〕之樂。設奇偉之戲，縱靡靡之聲。日夜常與宫人沈湎于酒，以錦繡爲席，衣以綾紈者衆。

冬十二月壬辰朔己亥，天皇崩于列城宫。

日本書紀卷第十六　終

〔一〕小學館本作“此”。

〔二〕原作“菀”，據校本改。

〔三〕原作“濕”，據小學館本校改。

〔四〕小學館本校改作“漫”。

日本書紀　卷第十七

男大迹天皇　繼體天皇

男大迹天皇，更名彦太尊。譽田天皇五世孫，彦主人王子也。母曰振媛。振媛，活目天皇七世孫也。天皇父聞振媛顔容姝妙，甚有孅色，自近江國高嶋郡三尾之別業，遣使聘于三國坂中井。中，此云那〔一〕。納以爲妃，遂産天皇。天皇幼年，父王薨。振媛迺歎曰："妾今遠離桑梓，安能得膝〔二〕養？余歸寧高向，高向者，越前國邑名。奉養天皇。"天皇壯大，愛士禮賢，意豁如也。

天皇年五十七歲，八年冬十二月己亥，小泊瀨天皇崩。元無男女，可絕繼嗣。

壬子，大伴金村大連議曰："方今絕〔三〕無繼嗣，天下何所繫心？自古迄今，禍由斯起。今足仲彦天皇五世孫倭彦王，在丹波國桑田郡。請試設兵仗，夾衛乘輿，就而奉迎，立爲人主。"大臣、大連等，一皆隨爲〔四〕，奉迎如計。於是倭彦王遙望迎兵，懼然失色，仍遁山壑，不知所詣。

元年春正月辛酉朔甲子，大伴〔五〕金村大連更籌議曰："男大迹王，性慈仁孝順，可承天緒。冀慇懃勸進，紹隆帝業。"物部麁鹿火大連、許勢男人大臣等，僉曰："妙簡枝孫，賢者唯男大迹王也！"

〔一〕原作"耶"，據校本改。
〔二〕原作"滕"，據校本改。
〔三〕原作"絁"，據校本改。
〔四〕小學館本校改作"焉"。
〔五〕此處原有"大連"二字，據小學館本校删。

丙寅，遣臣、連等，持節以備法駕，奉迎三國。夾衛兵仗，肅整容儀，警蹕前駈，奄然而至。於是男大迹天皇晏然自若，踞坐胡床。齊[一]列陪臣，既如帝坐。持節使等由是敬憚，傾心委命，冀盡忠誠。然天皇意裏尚疑，久而不就。適知河内馬飼首荒籠，密奉遣使，具述大臣、大連等所以奉迎本意。留二日三夜，遂發，乃喟然而歎曰：“懿哉，馬飼首！汝若無遣使來告，殆取蚩於天下。世云‘勿論貴賤，但重其心’，蓋荒籠之謂乎！”及至踐祚，厚加荒籠寵待。

甲申，天皇行至樟葉宮。

二月辛卯朔甲午，大伴金村大連乃跪上天子鏡、劒璽符，再拜。男大迹天皇謝曰：“子民治國，重事也。寡人不才，不足以稱。願請迴慮擇賢者，寡人不敢當。”大伴大連伏地固請。男[二]大迹天皇西向讓者三，南向讓者再。大伴大連等皆曰：“臣伏計之，大王[三]子民治國，最宜稱。臣等爲宗廟社稷計，不敢忽[四]。幸藉[五]衆願，乞垂聽納。”男大迹天皇曰：“大臣、大連，將相、諸臣，咸推寡人，寡人敢不乖。”乃受璽符。

是日，即天皇位。以大伴金村大連爲大連，許勢男人大臣爲大臣，物部麁鹿火大連爲大連，並如故。是以大臣、大連等，各依職位焉。

庚子，大伴大連奏請曰：“臣聞，前王之宰世也，非維城之固，無以鎮其乾坤。非掖庭之親，無以繼其趺蕚。是故白髮天皇無嗣，遣臣祖父大連室屋，每州安置三種白髮部，言三種者，一白髮部舍人，二白髮部供膳，三白髮部靭[六]負。以留後世之名。嗟夫，可不愴歟！請立手白香皇女，納爲皇后。遣神祇伯等，敬祭神祇，求天皇息，允答民望。”天皇曰：“可矣。”

三月庚申朔，詔曰：“神祇不可乏主，宇宙不可無君。天生黎

〔一〕原作“齋”，據校本改。
〔二〕“請男”原作“男請”，據校本改。
〔三〕此後文三百四十五字（“子民”至“於二兄治後”），原在後文“其三曰耳皇子”後，系誤植。據小學館本校改。
〔四〕原作“怱”，據校本改。
〔五〕原作“籍”，據校本改。
〔六〕小學館本作“靫”。

庶，樹以元首，使司助養，令全性命。大連憂朕無息，披誠款，以國家世世盡忠。豈唯朕日歟？宜備禮儀，奉迎手白香皇女。”

甲子，立皇后手白香皇女，脩教于內。遂生一男，是爲天國排開廣庭尊。開，此云波羅爾〔一〕。是嫡子而幼〔二〕年。於二兄治後，有其天下。二兄者，廣國排武金日尊與武小廣國押盾尊也。見下文。

戊辰，詔曰：“朕聞，士有當年而不耕者，則天下或受其飢矣。女有當年而不績者，天下或受其寒矣。故帝王躬耕而勸農業，后妃親蚕而勉桑序。況厥百寮，暨于萬族，廢棄農績，而至殷富〔三〕者乎？有司普告天下，令識朕懷。”

癸酉，納八妃。納八妃，雖有先後，而此曰癸酉納者，據即天位，占擇良日，初拜後宮爲文。他皆效此。元妃，尾張連草香女，曰目子媛。更名色部。生二子，皆有天下。其一曰勾大兄皇子，是爲廣國排武金日尊。其二曰檜隈高田皇子，是爲武小廣國排盾尊。次妃，三尾角折君妹，曰稚子媛，生大郎皇子與出雲皇女。次坂田大跨王女，曰廣媛。生三女，長曰神前皇女，仲曰茨田皇女，少曰馬來田皇女。次息長真手王女，曰麻績娘子。生荳角皇女，荳角，此云娑佐礙。是侍伊勢大神祠。次茨田連小望女，或曰妹。曰關媛。生三女，長曰茨田大娘皇女，仲曰白坂活日姬皇女，少曰北〔四〕野稚郎〔五〕皇女。更名長石姬。次三尾君堅楲女，曰倭媛。生二男二女，其一曰大娘子皇女。其二曰椀子皇子，是三國公之先也。其三曰耳皇子，其四曰赤姬皇女。次和珥臣河內女，曰荑媛。生一男二女，其一曰雅〔六〕綾姬皇女，其二曰圓娘皇女，其三曰厚皇子。次根王女，曰廣媛。生二男，長曰菟皇子，是酒人公之先也。少曰中皇子，是坂田公之先也。是年也，太〔七〕歲丁亥。

〔一〕小學館本校改作“企”。
〔二〕原作“多”，據小學館本校改。
〔三〕原作“當”，據校本改。
〔四〕小學館本校改作“小”。
〔五〕小學館本校改作“娘”。
〔六〕小學館本作“稚”。
〔七〕原作“大”，據小學館本改。

二年冬十月辛亥朔癸丑，葬小泊瀨稚鷦鷯天皇于傍丘盤[一]杯丘陵。

十二月，南海中耽羅人初通百濟國。

三年春二月，遣使于百濟。百濟本記云：“久羅麻致支彌[二]，從日本來。”未詳。括出在任那[三]日本縣邑百濟百姓，浮逃絕[四]貫三四世者，並遷百濟附貫也。

五年冬十月，遷都山背筒[五]城。

六年夏四月辛酉朔丙寅，遣穗積臣押山，使於百濟。仍賜筑紫國馬四十匹。

冬十二月，百濟遣使貢調。別表請任那國上哆唎、下哆唎、娑陀、牟婁四縣。哆唎國守穗積臣押山奏曰：“此四縣近連百濟，遠隔日本。旦暮易通，鷄犬難別。今賜百濟，合爲同國，固存之策，無以過此。然縱賜合國，後世猶危。況爲異埸[六]，幾年能守？”大伴大連金村具得是言，同謨而奏。迺以物部大連麁鹿火，充[七]宣勅使。物部大連方欲發向難波館，宣勅於百濟客。其妻固要曰：“夫住吉神初以海表金銀之國，高麗、百濟、新羅、任那等，授記胎中譽田天皇。故大后氣長足姬尊與大臣武內宿禰，每國初置官家，爲海表之蕃屏，其來尚矣，抑有由焉。縱削賜他，違本區域。綿世之刺，詎離於口？”大連報曰：“教示合理，恐背天勅。”其妻切諫云：“稱疾莫宣。”大連依諫，由是改使而宣勅。付賜物并制旨[八]，依表賜任那四縣。大兄皇子前有緣事，不聞賜國，晚知宣勅，驚悔欲改令，曰：“自胎中之帝置官家之國，輕隨蕃乞，輙爾[九]賜乎？”乃遣日[一〇]鷹吉士，改宣百濟客。使者答啓：“父天皇圖計便宜，勅賜既畢。子皇子

〔一〕小學館本作“磐”。
〔二〕原作“支禰”，據校本改。
〔三〕“那”字原缺，據校本補。
〔四〕原作“絁”，據校本改。
〔五〕原作“箇”，據小學館本校改。
〔六〕原作“場”，據小學館本改。
〔七〕校本作“宛”。
〔八〕原作“肯”，據校本改。
〔九〕原作“示”，據小學館本校改。
〔一〇〕原作“曰”，據校本改。

豈違帝勅，妄改而令？必是虚也。縱是實者，持杖大頭打，孰與持杖小頭打痛乎？”遂罷。於是或有流言曰：“大伴大連與哆唎國守穗積臣押山，受百濟之賂矣。”

七年夏六月，百濟遣姐彌文貴將軍、洲利即爾將軍，副穗積臣押山，百濟本記云：“委意斯移麻岐彌。”貢五經博士段楊爾。別奏云：“伴跛國略奪臣國己汶之地。伏請天恩，判還本屬。”

秋八月癸未朔戊申，百濟太子淳陀薨。

九月，勾大兄皇子親聘春日皇女。於是月夜清談，不覺天曉。斐然之藻，忽形於言。乃口唱曰：

野絁〔一〕磨俱儞。都磨磨祁毎泥底。播屢比能。毎須我能俱儞儞。俱婆絁謎嗚。阿唎等枳枳底。與慮志謎嗚。阿唎等枳枳底。莾紀佐俱。避能伊陀圖嗚。飫斯毗羅枳。倭例以梨魔志。阿都圖唎。都磨怒唎絁〔二〕底。魔俱囉圖唎。都磨怒唎絁底。伊慕我堤嗚。倭例儞魔柯絁〔三〕毎。倭我堤嗚磨〔四〕。伊慕儞魔柯絁〔五〕毎。磨左棄逗囉。多多企阿藏播梨。矢泊矩矢盧。于魔伊禰矢度儞。儞播都等唎。柯稽播儺俱儺梨。奴都等唎。枳蟻矢播等余武。婆絁〔六〕稽矩謨。伊麻娜以幡孺〔七〕底。阿開儞啓梨倭蟻慕。〔八〕

〔一〕原作“紹”，據小學館本校改。
〔二〕原作“紹”，據小學館本校改。
〔三〕原作“绝”，據校本改。
〔四〕小學館本校改作“麼”。
〔五〕原作“紹”，據校本改。
〔六〕原作“紹”，據校本改。
〔七〕原作“殢”，據校本改。
〔八〕[96]やしまくに　つままきかねて　はるひの　かすがのくにに　くはしめを　ありとききて　よろしめを　ありとききて　まきさく　ひのいたとを　おしひらき　われいりまし　あととり　つまどりして　まくらとり　つまどりして　いもがてを　われにまかしめ　わがてをば　いもにまかしめ　まさきづら　たたきあざはり　ししくしろ　うまいねしとに　にはつとり　かけはなくなり　のつとり　きぎしはとよむ　はしけくも　いまだいはずて　あけにけり　わぎも。略譯：“八洲國，莫可爲儔兮。春日國，有麗女兮，有佳人兮。開檜戶以入，整足具兮，整枕具兮。妹手纏我，我手亦纏妹兮。交擁而眠，雞之鳴兮，鴙之噪兮。愛之未及言，日已旦兮，嗟我妹兮！”見《古事記》2。

妃和唱曰：

莒母唎矩能。簸都細能哿婆庾。那峨例俱屢。駄開能。以矩美娜開余囊開。謨[一]等[二]陛嗚磨[三]。莒等儞都俱唎。須衛陛嗚磨。府曳儞都俱唎。府企儺須。美母盧我紆陪儞。能朋梨陀致。倭我彌細磨。都奴娑播符。以簸例能伊開能。美儺矢駄府。紆嗚謨。紆陪儞堤堤那鎧矩。野須美矢矢。倭我於朋枳美能。於魔細屢。娑佐羅能美於寐能。武須彌陀例。駄例夜矢比等母。紆陪儞泥堤那鎧矩。[四]

冬十一月辛亥朔乙卯，於朝庭，引列百濟姐彌文貴將軍，斯羅汶得至，安羅辛已奚及賁巴委佐，伴跛既殿奚及竹汶至等，奉宣[五]恩勑，以己汶、帶沙，賜百濟國。

是月，伴跛國遣戢支，獻珍寶乞己汶之地。而終不賜國。

十二月辛巳朔戊[六]子，詔曰："朕承天緒，獲保宗廟，兢兢業業。間者，天下安靜，海內清平，屢致豐年，頻使饒國。懿哉，摩呂古示朕心於八方！盛哉，勾大兄光吾風於萬國！日本邕邕，名擅天下。秋津赫赫，譽重王畿。所寶惟賢，爲善最樂。聖化憑茲遠扇，玄功藉[七]此長懸，寔汝之力。宜處春宮，助朕施仁，翼吾補闕。"

八年春正月，太子妃春日皇女，晨朝晏出，有異於常。太子意疑，入殿而見。妃臥床涕泣惋痛，不能自勝。太子恠問曰："今旦涕

〔一〕原作"漠"，據小學館本改。
〔二〕"等"原作"等等"，據小學館本校改。
〔三〕小學館本校改作"麼"。本歌後二處同。
〔四〕[97]こもりくの　はつせのかはゆ　ながれくる　たけの　いくみだけよだけ　もとへをば　ことにつくり　すゑへをば　ふえにつくり　ふきなす　みもろがうへに　のぼりたち　わがみせば　つのさはふ　いはれのいけの　みなしたふ　うをを　うへにでてなげく　やすみしし　わがおほきみの　おばせる　ささらのみおびの　むすびたれ　たれやしひとも　うへにでてなげく。略譯："泊瀨之川，有美竹兮。下而爲琴，上而爲笛兮。登斯諸山，奏而國見兮。磐余有魚，出水而贊兮。大君之御帶，細而垂兮，人人得而贊兮！"
〔五〕"宣"字原缺，據小學館本校補。
〔六〕原作"戌"，據校本改。
〔七〕"功藉"原作"切籍"，據校本改。

泣，有何恨乎？”妃曰：“非餘事也。唯妾所悲者，飛天之鳥，爲愛養兒，樹巔作巢，其愛深矣。伏地之虫，爲護衛子，土中作窟，其護厚焉。乃至於人，豈得無慮？無嗣之恨，方鍾太子，妾名隨絕。”於是太子感痛，而奏天皇。詔曰：“朕子麻呂古，汝妃之詞，深稱於理。安得空爾，無答慰乎？宜賜匝布屯倉，表妃名於萬代。”

三月，伴跛築城於子呑、帶沙，而連滿奚。置烽候、邸閣，以備日本。復築城於爾列比、麻須比，而絙麻且奚、推封。聚士卒、兵器，以逼新羅。駈略子女，剝掠村邑。凶勢所加，罕有遺類。夫暴虐奢侈，惱害侵凌，誅殺尤多，不可詳載。

九年春二月甲戌朔丁丑，百濟使者文[一]貴將軍等請罷。仍勅，副物部連闕名。遣罷歸之。百濟本記云：“物部至至連。”

是月，到于沙都嶋。傳聞，伴跛人懷恨銜毒，恃強縱虐。故物部連率[二]舟師五百，直詣帶沙江。文貴將軍自新羅去。

夏四月，物部連於帶沙江，停住六日。伴跛興師往伐，逼脱衣裳，劫掠所賫，盡燒帷幕。物部連等怖畏逃遁，僅存身命，泊汶慕羅。汶慕羅，嶋名也。

十年夏五月，百濟遣前部木劦[三]不麻甲背，迎勞物部連等於己汶，而引導[四]入國。群臣各出衣裳、斧鐵、帛布，助加國物，積置朝廷，慰問慇懃，賞祿優節。

秋九月，百濟遣州利即次將軍，副物部連來，謝賜己汶之地。別貢五經博士漢高安茂，請代博士段楊[五]爾。依請代。

戊寅，百濟遣灼莫古將軍、日本斯那奴阿比多，副高麗使安定等，來朝結好。

十二年春三月丙辰朔甲子，遷都弟國。

〔一〕原作“父”，據小學館本校改。
〔二〕原作“卒”，據小學館本校改。
〔三〕原作“州”，據校本改。
〔四〕原作“遵”，據校本改。
〔五〕原作“陽”，據小學館本改。

十七年夏五月，百濟國[一]王武寧薨。

十八年春正月，百濟太子明即位。

二十年秋九月丁酉朔己酉，遷都磐余玉穗。一本云，七年也。

二十一年夏六月壬辰朔甲午，近江毛野臣率[二]衆六萬，欲往任那，爲復興建新羅所破南加羅、喙己呑，合任那。於是筑紫國造磐井陰謨叛逆，猶豫[三]經年，恐事難成，恒伺間隙。新羅知是，密行貨賂于磐井所，而勸防遏毛野臣軍。於是磐井掩據火、豐二國，勿使修職。外邀海路，誘致高麗、百濟、新羅、任那等國年貢職船，内遮遣任那毛野臣軍，亂語揚言曰："今爲使者，昔爲吾伴，摩肩觸肘，共器同食。安得卒爾爲使，俾余自伏儞前？"遂戰而不受，驕而自矜。是以毛野臣乃見防遏，中途淹滯。天皇詔大伴大連金村、物部大連麁鹿火、許勢大臣男人等曰："筑紫磐井反，掩有西戎之地。今誰可將者？"大伴大連等僉曰："正直仁勇，通於兵事，今無出於麁鹿火右。"天皇曰："可。"

秋八月辛卯朔，詔曰："咨，大連！惟茲磐井弗率，汝徂征。"物部麁鹿火大連再拜言："嗟！夫磐井，西戎之奸猾。負川阻而不庭，憑山峻而稱亂。敗德反道，侮嫚自賢。在昔道臣，爰及室屋，助帝而罰，拯民塗炭，彼此一時。唯天所贊，臣恒所重，能不恭伐？"詔曰："良將之軍也，施恩推惠，恕己治人。攻如河決，戰如風發。"重詔曰："大將民之司命，社稷存亡，於是乎在。勗哉！恭行天罰。"天皇親操斧鉞，授大連曰："長門以東朕制之，筑紫以西汝制之。專行賞罰，勿煩頻奏。"

二十二年冬十一月甲寅朔甲子，大將軍物部大連麁鹿火，親與賊帥[四]磐井交戰於筑紫御井郡。旗鼓相望，埃塵相接。決機兩陣之間，不避萬死之地。遂斬磐井，果定疆埸[五]。

〔一〕"國"字小學館本缺。
〔二〕原作"卒"，據小學館本校改。
〔三〕小學館本作"預"。
〔四〕原作"師"，據校本改。
〔五〕原作"場"，據小學館本改。

十二月，筑紫君葛子恐坐父誅，獻糟屋屯倉，求贖死罪。

二十三年春三月，百濟王謂下哆唎國守穗積押山臣曰："夫朝貢使者，恒避嶋曲，謂海中嶋曲碕岸也。俗云美佐祁。每苦風波。因茲濕所賫，全壞無色。請以加羅多沙津，爲臣朝貢津路。"是以押山臣爲請聞奏。

是月，遣物部伊勢連父根[一]、吉士老等，以津賜百濟王。於是加羅王謂勅使云："此津從置官家以來，爲臣朝貢津涉。安得輙改賜隣國，違元所封限地？"勅使父根等因斯難以面賜，却還大嶋，別遣録史，果賜扶余。由是加羅結儻新羅，生怨日本。加羅王娶新羅王女，遂有兒息。新羅初送女時，并遣百人，爲女從。受而散置諸縣，令著新羅衣冠。阿利斯等嗔其變服，遣使徵還。新羅大羞，翻欲還女曰："前承汝聘，吾便許婚。今既若斯，請還王女。"加羅己富利知伽未詳。報云："配合夫婦，安得更離？亦有息兒，棄之何往？"遂於所經，拔刀伽、古跛、布那牟[二]羅三城，亦拔北境五城。

是月，遣近江毛野臣，使于安羅，勅勸新羅，更建南加羅、喙己呑。百濟遣將軍君尹貴、麻那甲背、麻鹵等，往赴安羅，式聽詔勅。新羅恐破蕃國官家，不遣大人，而遣夫智奈麻禮、奚奈麻禮等，往赴安羅，式聽詔勅。於是安羅新起高堂，引昇勅使，國主隨後昇階。國内大人預[三]昇堂者一二,百濟使、將軍君等，在於堂下。凡數月，再三謨謀乎堂上。將軍君等，恨在庭焉。

夏四月壬午朔戊子，任那王己能末多干[四]岐來朝。言己能末多者，蓋阿利斯等也。啓大伴大連金村曰："夫海表諸蕃，自胎中天皇，置内官家，不棄本土[五]封其地，良有以也。今新羅違元所賜封限，數越境以來侵。請奏天皇，救助臣國。"大伴大連依乞奏聞。

〔一〕小學館本作"娘"。
〔二〕小學館本校改作"牟"。
〔三〕原作"賴"，據小學館本校改。
〔四〕原作"于"，據小學館本改。後同。
〔五〕原作"王"，據小學館本校改。

是月，遣使送己能末多干岐，并詔在任那近江毛野臣，推問所奏，和解相疑。於是毛野臣次于熊川，一本云，次于任那久斯牟羅。召集新羅、百濟二國之王。新羅王佐利遲，遣久遲布禮，一本云，久禮爾師知于奈師磨里。百濟遣恩率[一]彌騰利，赴集毛野臣所，而二王不自來參。毛野臣大怒，責問二國使云："以小事大，天之道也。一本云，大木端者以大木續之，小木端者以小木續之。何故二國之王不躬來集受天皇勅，輕遣使乎？今縱汝王自來聞勅，吾不肯勅，必追逐退。"久遲布禮、恩率彌騰[二]利，心懷怖畏，各歸召王。由是新羅改遣其上臣伊叱夫禮智干[三]岐，新羅以大臣爲上臣。一本云，伊叱夫禮知奈末[四]。率[五]衆三千來，請聽勅。毛野臣遙見兵仗圍繞，衆數千人，自熊川入任那己叱己利城。伊叱夫禮智干岐次于多多羅原，不敢歸。待三月，頻請聞勅，終不肯宣。伊叱夫禮智所將士卒等，於聚落乞食，相過毛野臣傔人河內馬飼首御狩。御狩入隱他門，待乞者過，捲手遙擊。乞者見云："謹待三月，佇聞勅旨，尚不肯宣，惱聽勅使。乃知欺誑誅戮上臣矣！"乃以所見，具述上臣。上臣抄掠四村，金官、背戊[六]、安多、委陀，是爲四村。一本云，多多羅、須那羅、知[七]多、費智，爲四村也。盡將人物，入其本國。或曰："多多羅等四村之所掠者，毛野臣之過也。"

秋九月，巨[八]勢男人大臣薨。

二十四年春二月丁未朔，詔曰："自磐余彥之帝、水間城之王，皆賴博物之臣，明哲之佐。故道臣陳謨，而神日本以盛。大彥申略，而膽瓊殖用隆。及乎繼體之君，欲立中興之功者，曷嘗不賴賢哲之謨謀乎？爰降小泊瀨天皇之王天下，幸承前聖，隆[九]平日久。俗漸

〔一〕原作"卒"，據小學館本校改。後同。
〔二〕原作"縢"，據校本改。
〔三〕原作"于"，據小學館本改。後同。
〔四〕原作"未"，據小學館本改。
〔五〕原作"卒"，據小學館本校改。
〔六〕小學館本校改作"伐"。
〔七〕小學館本校改作"和"。
〔八〕原作"臣"，據小學館本校改。
〔九〕小學館本作"降"。

蔽而不寤，政浸衰而不改。但須其人，各以類進。有大略者，不問其所短。有高才者，不非其所失。故獲奉宗廟，不危社稷。由是觀之，豈非明佐？朕承帝業，於今二十四年。天下清泰，內外無虞。土脉膏腴[一]，穀稼有實。竊恐元元，由斯生俗，藉[二]此成驕。故令人舉廉節，宣揚大道，流通鴻化。能官之事，自古爲難。爰暨朕身，豈不愼歟！”

秋九月，任那使奏云：“毛野臣遂於久斯牟羅起造舍宅，淹留二歲，一本云三歲者，連去來歲數也。懶聽政焉。爰以日本人與任那人，頻以兒息，諍訟難決，元無能判。毛野臣樂置誓湯曰：‘實者不爛，虛者必爛。’是以投湯爛死者衆。又殺吉備韓子那多利、斯布利，大日本人娶蕃女所生爲韓子也。恒惱人民，終無和解。”於是天皇聞其行狀，遣[三]人徵入，而不肯來。顧[四]以河內母樹馬飼首御狩，奉詣於京而奏曰：“臣未成勅旨還入京鄉，勞往虛歸，慚恧[五]安措。伏願陛下待成國命，入朝謝罪。”奉使之後，更自謨曰：“其調吉士，亦是皇華之使。若先吾取歸，依實奏聞，吾之罪過，必應重矣。”乃遣調吉士，率[六]衆守伊斯枳牟羅城。於是阿利斯等知其細碎爲事，不務所期，頻勸歸朝，尚不聽還。由是悉知行迹，心生翻背。乃遣久禮斯己母使于新羅請兵，奴須久利使于百濟請兵。毛野臣聞百濟兵來，迎討背評，背評，地名。亦名[七]熊備己富里。傷死者半。百濟則捉奴須久利，杻械枷鎖[八]，而共新羅圍城。責罵[九]阿利斯等曰：“可出毛野臣！”毛野臣嬰城自固，勢不可擒。於是二國圖度便地，淹留弦晦。築城而還，號曰久禮牟羅城。還時觸路，拔騰利枳牟羅、布那牟羅、

〔一〕原作“腴”，據小學館本校改。
〔二〕原作“籍”，據校本改。
〔三〕原作“違”，據小學館本校改。
〔四〕原作“領”，據小學館本校改。
〔五〕原作“惡”，據小學館本校改。
〔六〕原作“卒”，據小學館本校改。
〔七〕“名”字原缺，據小學館本校補。
〔八〕小學館本作“鏁”。
〔九〕原作“駟”，據校本改。

牟雌枳牟羅、阿夫羅、久知波多枳五城。

冬十月，調吉士至自任那，奏言："毛野臣爲人傲佷，不閑治體。竟無和解，擾亂加羅，又倜儻任意，而思不防患。"故遣目頰子徵召。目頰子，未詳也。

是歲，毛野臣被召。到于對馬，逢疾而死。送葬，尋河而入近江。其妻歌曰：

比攞哿駄喩。輔曳輔枳能朋樓。阿符美能野。愷那能倭俱吾伊。輔曳府枳能朋〔一〕樓。〔二〕

目頰子初到任那時，在彼鄉〔三〕家等贈〔四〕歌曰：

柯羅屨儞嗚。以柯儞輔居等所。梅豆羅古枳駄樓。武哿左屨〔五〕樓。以祇能和駄唎嗚。梅豆羅古枳駄樓。〔六〕

二十五年春二月，天皇病甚。

丁未，天皇崩于磐余玉〔七〕穗宮，時年八十二。

冬十二月丙申朔庚子，葬于藍野陵。或本云，天皇二十八年歲次甲寅崩。而此云二十五年歲次辛亥崩者，取百濟本記爲文。其文云："太〔八〕歲辛亥三月，師〔九〕進至于安羅，營乞乇城。是月，高麗弑其王安。又聞，日本天皇及太子、皇子，俱崩薨〔一〇〕。"由此而言，辛亥之歲當二十五年矣。後勘校者，知之也。

日本書紀卷第十七　終

〔一〕原作"明"，據校本改。

〔二〕[98]ひらかたゆ　ふえふきのぼる　あふみのや　けなのわくごい　ふえふきのぼる。略譯："行彼枚方，吹笛而溯兮。近江之毛野子，吹笛而溯兮。"

〔三〕原作"卿"，據小學館本校改。

〔四〕原作"賜"，據小學館本校改。

〔五〕小學館本校改作"屢"。

〔六〕[99]からくにを　いかにふことそ　めづらこきたる　むかさくる　いきのわたりを　めづらこきたる。略譯："韓國其云何國兮，目頰子來也！壹岐之路迢迢兮，目頰子來也！"

〔七〕原作"土"，據小學館本校改。

〔八〕原作"大"，據小學館本改。

〔九〕原作"帥"，據校本改。

〔一〇〕原作"葬"，據小學館本校改。

日本書紀　卷第十八

廣國押武金日天皇　安閑天皇

武小廣國押盾天皇　宣化天皇

廣國押武金日天皇 安閑天皇

勾大兄廣國押武金日天皇，男大迹天皇長子也。母曰目子媛。是天皇爲人，墻宇凝峻[一]，不可得窺。桓桓寬大，有人君之量。

二十五年春二月辛丑朔丁未，男大迹天皇立大兄爲天皇。即日，男大迹天皇崩。

是月，以大伴大連、物部麁鹿火大連爲大連，並如故。

元年春正月，遷都于大倭國勾金橋，因爲宮號。

三月癸未朔戊子，有司爲天皇納采億計天皇女春日山田皇女爲皇后。更名山田赤見皇女。別立三妃。立許勢男人大臣女紗手媛，紗手媛弟香香有媛，物部木蓮子木蓮子，此云伊拖寐。大連女宅媛。

夏四月癸丑朔，内膳卿膳臣大麻呂奉勅，遣使求珠伊甚。伊甚國造等詣京遲晚，踰時不進。膳臣大麻呂大怒，收縛國造等，推問所由。國造稚子直等恐懼，逃匿後宮内寢。春日皇后不知直入，驚駭而顛，慚愧無已。稚子直等兼坐闌入，罪當科重。謹專爲皇后獻伊甚屯倉，請贖闌入之罪。因定伊甚屯倉，今分爲郡，屬上總國。

五月，百濟遣下部脩德嫡德孫、上部都德己州己婁等，來貢常調，別上表。

〔一〕原作"峨"，據校本改。

秋七月辛巳朔，詔曰：“皇后雖體同天子，而内外之名殊隔。亦可以充屯倉之地，式樹椒庭，後代遺迹。”迺差勅使，簡擇良田。勅使奉勅，宣於大河内直味張更名里[一]梭。曰：“今汝宜奉進膏腴[二]雌雉田。”味張忽然悋惜，欺誑勅使曰：“此田者，天旱難溉，水潦易浸。費功極多，收獲甚少。”勅使依言，服[三]命無隱。

冬十月庚戌朔甲子，天皇勅大伴大連金村曰：“朕納四妻，至今無嗣。萬歲之後，朕名絕[四]矣。大伴伯父今作何計？每念於玆，憂慮何已。”大伴大連金村奏曰：“亦臣所憂也。夫我國家之王天下者，不論有嗣無嗣，要須因物爲名。請爲皇后次妃，建立屯倉之地，使留後代，令顯前迹。”詔曰：“可矣。宜早安置。”

大伴大連金村奏稱：“宜以小墾田屯倉，與每國田部，給貺紗手媛。以櫻井屯倉，一本云，加貺茅渟山屯倉[五]。與每國田部，給賜香香有媛。以難波屯倉，與每郡钁[六]丁，給貺宅媛。以示於後，式觀乎昔。”詔曰：“依奏施行。”

閏十二月己卯朔壬午，行幸於三嶋，大伴大連金村從焉。天皇使大伴大連，問良田於縣主飯粒。縣主飯粒慶悅無限，謹敬盡誠，仍奉獻上御野、下御野、上桑原、下桑原，并竹村之地，凡[七]合肆拾町。

大伴大連奉勅宣曰：“率土之下，莫匪王封。普天之上，莫匪王域。故先天皇建顯號，垂鴻名，廣大配乎乾坤，光華象乎日月。長駕遠撫，橫逸乎都外。瑩鏡區域，充塞乎無垠。上冠九垓，旁濟[八]八表。制禮以告成功，作樂以彰治定。福應允致，祥慶符合於往歲

〔一〕小學館本作“黑”。
〔二〕原作“腴”，據小學館本校改。
〔三〕大系本作“復”。
〔四〕原作“絁”，據校本改。
〔五〕小學館本此處有“也”字。
〔六〕原作“钁”，據小學館本校改。
〔七〕原作“元”，據小學館本校改。
〔八〕“濟”字原缺，據小學館本校補。

矣。今汝味張，率土幽微百姓，忽爾奉惜王地，輕背使乎宣旨。味張自今以後，勿預郡司。”

於是縣主飯粒喜懼交懷，迺以其子鳥樹獻大連，爲僮竪焉。於是大河内直味張恐畏求悔，伏地汗〔一〕流。啓大連曰：“愚蒙百姓，罪當萬死。伏願每郡以钁〔二〕丁，春時五百丁，秋時五百丁，奉獻天皇，子孫不絕。藉〔三〕此祈生，永爲鑒戒。”别以狹井田六町，賂大伴大連。蓋三嶋竹村屯倉者，以河内縣部曲爲田部之元，於是乎起。

是月，廬城部連枳莒喻女幡媛，偷取物部大連尾輿瓔珞，獻春日皇后。事至發覺，枳莒喻以女幡媛，獻采女丁，是春日部采女也。并獻安藝國過戸廬城部屯倉，以贖女罪。物部大連尾輿恐事由己，不得自安。乃獻十市部，伊勢國來狹狹、登伊來狹狹、登伊，二邑名也。贄土師部，筑紫國膽狹山部也。

武藏國造笠原直使主與同族小杵，相爭國造，使主、小杵，皆名也。經年難決也。小杵性阻有逆，心高無順，密就求援於上毛野君小熊，而謀殺使主。使主覺之走出，詣京言狀。朝庭臨斷，以使主爲國造，而誅小杵。國造使主悚憙交懷，不能默已。謹爲國家，奉置横渟、橘花、多氷、倉樔四處屯倉。是年也，太歲甲寅。

二年春正月戊申朔壬子，詔曰：“間者連年登穀，接境無虞。元元蒼生樂於稼穡，業業黔首免於飢饉。仁風暢乎宇宙，美聲塞乎乾坤。内外清通，國家殷富，朕甚欣焉。可大酺五日，爲天下之歡。”

夏四月丁丑朔，置勾舍人部、勾靭〔四〕部。

五月丙午朔甲寅，置筑紫穗波屯倉、鎌屯倉，豐國滕碕屯倉、桑原屯倉、肝等屯倉、取音讀。大拔屯倉、我鹿屯倉，我鹿，此云阿柯。火國春日部屯倉，播磨國越部屯倉、牛鹿屯倉，備後國後城屯倉、多禰屯倉、來履屯倉、葉稚屯倉、河音屯倉，婀娜國膽殖屯倉、膽年部屯

〔一〕原作“汙”，據小學館本改。
〔二〕原作“钃”，據小學館本校改。
〔三〕原作“籍”，據校本改。
〔四〕小學館本作“靫”。

倉，阿波國春日部屯倉，紀國經湍屯倉、經湍[一]，此云俯矣[二]。河邊屯倉，丹波國蘇斯岐屯倉，皆取音。近江國葦浦屯倉，尾張國間敷屯倉、入鹿屯倉，上毛野國緑[三]野屯倉，駿河國稚贄屯倉。

秋八月乙亥朔，詔置國國犬養部。

九月甲辰朔丙午，詔櫻井田部連、縣犬養連、難波吉士等，主掌屯倉之税。

丙辰，别勅大連云："宜放牛於難波[四]大隅嶋與媛嶋松原。冀垂名於後。"

冬十二月癸酉朔己丑，天皇崩于勾金橋宫，時年七十。

是月，葬天皇于河内舊市高屋丘陵。以皇后春日山田皇女及天皇妹神前皇女，合葬于是陵。

武小廣國押盾天皇　宣化天皇

武小廣國押盾天皇，男大迹天皇第二子也。勾大兄廣國押武金日天皇之同母弟也。

二年十二月，勾大兄廣國押武金日天皇崩，無嗣。群臣奏上劍、鏡於武小廣國押盾尊，使即天皇之位焉。

是天皇爲人，器宇清通，神襟朗邁，不以才地，矜人爲王。君子所服。

元年春正月，遷都于檜隈廬入野，因爲宫號也。

二月壬申朔，以大伴金村大連爲大連，物部麁鹿火大連爲大連，並如故。又以蘇我稲目宿禰爲大臣，阿倍火[五]麻呂臣爲大夫。

三月壬寅朔，有司請立皇后。

〔一〕"湍"字原缺，據小學館本校補。

〔二〕小學館本作"世"。

〔三〕原作"緣"，據校本改。

〔四〕原作"破"，據校本改。

〔五〕小學館本校改作"大"。

己酉，詔曰："立前正妃億計天皇女橘仲皇女爲皇后。"是生一男三女，長曰石姬皇女，次曰小石姬皇女，次曰倉稚綾姬皇女。次曰上殖葉皇子，亦名椀子，是丹比公、偉那公，凡二姓之先也。前庶妃大河内稚子媛生一男，是曰火焰皇子，是椎田君之先也。

夏五月辛丑朔，詔曰："食者，天下之本也。黄金萬貫，不可療飢。白玉千箱，何能救冷？夫筑紫國者，遐邇之所朝届，去來之所關門。是以海表之國，候海水以來賓，望天雲而奉貢。自胎中之帝洎于朕身，收藏穀稼，蓄積儲糧。遥設凶年，厚饗良客。安國之方，更無過此。故朕遣阿蘇仍君，未詳也。加運河内國茨田郡屯倉之穀。蘇我大臣稻目宿禰，宜遣尾張連，運尾張國屯倉之穀。物部大連麁鹿火，宜遣新家連，運新家屯倉之穀。阿倍臣宜遣伊賀臣，運伊賀國屯倉之穀。脩造官家那津之口。又其筑紫、肥、豐三國屯倉，散在縣隔，運輸遥阻。儻如須[一]要，難以備率。亦宜課諸郡分移，聚建那津之口，以備非常，永爲民命。早下郡縣，令知朕心。"

秋七月，物部麁鹿火大連薨。是年也，太歲丙辰。

二年冬十月壬辰朔，天皇以新羅寇於任那，詔大伴金村大連，遣其子磐與狹手彦，以助任那。是時，磐留筑紫，執其國政，以備三韓。狹手彦往鎮任那，加救百濟。

四年春二月乙酉朔甲午，天皇崩于檜隈廬入野宫，時年七十三。

冬十一月庚戌朔丙寅，葬天皇于大倭國身狹桃花鳥坂上陵。以皇后橘皇女及其孺子，合葬于是陵。皇后崩年，傳記無載。孺子者，蓋未成人而薨歟。

日本書紀卷第十八　終

〔一〕"如須"原作"須如"，據校本改。

日本書紀　卷第十九

天國排開廣庭天皇　欽明天皇

天國排開廣庭天皇，男大迹天皇嫡子也。母曰手白香皇后。天皇愛之，常置左右。天皇幼時，夢有人云：“天皇寵愛秦大津父者，及壯大，必有天下。”寤[一]驚，遣使普求，得自山背國紀伊郡深草里，姓字果如所夢。於是忻[二]喜遍身，歎未曾夢。乃告之曰：“汝有何事？”答云：“無也。但臣向伊勢商賈來還，山逢二狼相鬬汙血。乃下馬洗漱口手，祈請曰：‘汝是貴神，而樂麁行。儻逢獵士，見禽尤速。’乃抑止相鬬，拭洗血毛，遂遣放之，俱令全命。”天皇曰：“必此報也。”乃令近侍，優寵日新，大致饒富。及至踐祚，拜大藏省。

四年冬十月，武小廣國押盾天皇崩。皇子天國排開廣庭天皇令群臣曰：“余幼年淺識，未閑政事。山田皇后明閑百揆，請就而決。”山田皇后怖謝曰：“妾蒙恩寵，山海詎[三]同？萬機之難，婦女安預？今皇子者，敬老慈少，禮下賢者，日中不食以待士。加以幼而穎脫，早擅嘉聲，性是寬和，務存矜宥。請諸臣等，早令臨登位，光[四]臨天下。”

冬十二月庚辰朔甲申，天國排開廣庭皇子即天皇位，時年若

〔一〕校本作“寐”。

〔二〕校本作“所”。

〔三〕原作“誰”，據小學館本校改。

〔四〕原作“先”，據校本改。

干〔一〕。尊皇后曰皇太后。大伴金村大連、物部尾輿大連爲大連，及蘇我稻目宿禰大臣爲大臣，並如故。

元年春正月庚戌朔甲子，有司請立皇后。詔曰："立正妃武小廣國押盾天皇女石姬爲皇后。"是生二男一女，長曰箭田珠勝大兄皇子，仲曰譯語田渟中倉太珠敷尊，少曰笠縫皇女。更名狹田毛皇女。

二月，百濟人己知部投化。置倭國添上郡山村，今山村己知部之先也。

三月，蝦夷、隼人並率衆歸附。

秋七月丙子朔己丑，遷都倭國磯城郡磯城嶋。仍號爲磯城嶋金刺〔二〕宮。

八月，高麗、百濟、新羅、任那，並遣使獻，並脩貢職。召集秦人、漢人等諸蕃投化者，安置國郡，編貫戶籍。秦人戶數惣〔三〕七千五十三戶，以大藏掾〔四〕爲秦伴造。

九月乙亥朔己卯，幸難波祝津宮。大伴大連金村、許勢臣稻持、物部大連尾輿等從焉。天皇問諸臣曰："幾許軍卒，伐得新羅？"物部大連尾輿等奏曰："少許軍卒，不可易征。曩者男大迹天皇六年，百濟遣使，表請任那上哆唎、下哆唎、娑陀、牟婁四縣。大伴大連金村輙依表請，許賜所求。由是新羅怨曠積年。不可輕爾而伐。"

於是大伴金村居住吉宅，稱疾不朝。天皇遣青海夫人〔五〕勾子，慰問慇懃。大連怖謝曰："臣所疾者，非餘事也。今諸臣等謂臣滅任那，故恐怖不朝耳。"乃以鞍馬贈使，厚相資敬。青海夫人依實顯奏。詔曰："久竭忠誠，莫恤衆口。"遂不爲罪，優寵彌深。是年也，太歲庚申。

二年春三月，納五妃。元妃，皇后弟，曰稚綾姬皇女。是生石

〔一〕原作"于"，據校本改。
〔二〕原作"剌"，據小學館本改。
〔三〕小學館本作"總"。
〔四〕原作"椽"，據小學館本校改。
〔五〕"人"字原缺，據小學館本校補。

上皇子。次有皇后弟，曰日影皇女。此曰皇后弟，明是檜隈高田天皇女。而列后妃之名，不見母妃姓與皇女名字，不知出何書。後勘者知之。是生倉皇子。次蘇我大臣稻目宿禰女，曰堅鹽媛，堅鹽，此云岐拖志。生七男六女。其一曰〔一〕大兄皇子，是爲橘豐日尊。其二曰磐隈皇女，更名夢皇女。初侍祀於伊勢大神，後坐奸皇子茨城解。其三曰臘嘴〔二〕鳥皇子，其四曰豐御食炊屋姬尊，其五曰椀子皇子，其六曰大宅皇女，其七曰石上部皇子，其八曰山背皇子，其九曰大伴皇女，其十曰櫻井皇子，其十一曰肩野皇女，其十二曰橘本稚皇子，其十三曰舍人皇女。次堅鹽媛同母弟，曰小姉君，生四男一女。其一曰茨城皇子，其二曰葛城皇子，其三曰埿部穴穗部皇女，其四曰埿部穴穗部皇子，更名天香子皇子。一書云，更名住迹皇子。其五曰泊瀨部皇子。一書云，其一曰茨城皇子，其二曰埿部穴穗部皇女，其三曰埿部穴穗部皇子，更名住迹皇子。其四曰葛城皇子，其五曰泊瀨部皇子。一書云，其一曰茨城皇子，其二曰住迹皇子，其三曰埿部穴穗部皇女，其四曰埿部穴穗部皇子，更名天香子。其五曰泊瀨部皇子。帝王本紀，多有古字，撰集之人，屢經遷易。後人習讀，以意刊改，傳寫既多，遂致舛雜，前後失次，兄弟參差。今則考覈古今，歸其真正。一往難識者，且依一撰，而注詳其異。他皆效此。次春日日抓〔三〕臣女，曰糠子。生春日山田皇女與橘麻呂皇子。

夏四月，安羅次旱岐夷呑奚、大不孫、久取柔利，加羅上首位古殿奚，卒麻旱岐，散半奚旱岐兒，多羅下旱岐夷他，斯二岐旱岐兒，子他旱岐等，與任那日本府吉備臣，闕名字。往赴百濟，俱聽詔書。百濟聖明王謂任那旱岐等言："日本天皇所詔者，全以復建任那。今用何策，起建任那？盍各盡忠，奉展聖懷？"任那旱岐等對曰："前再三迴，與新羅議，而無答報。所圖之旨，更告新羅，尚無

〔一〕"曰"字原缺，據校本補。
〔二〕"嘴"字原缺，據小學館本校補。
〔三〕小學館本作"抓"。

報。今宜俱遣使，往奏天皇。夫建任那者，爰〔一〕在大王之意。祗〔二〕承教旨，誰敢間言？然任那境接新羅，恐致卓淳等禍。”等謂㖨〔三〕己吞〔四〕、加羅。言卓淳等國有敗亡之禍。

聖明王曰：“昔我先祖速古王、貴首王之世，安羅、加羅、卓淳旱岐等，初遣使相通，厚結親好，以爲子弟，冀可恒隆。而今被誑新羅，使天皇忿怒〔五〕，而任那憤恨，寡人之過也。我深懲悔，而遣下部〔六〕中佐平麻鹵、城方甲肖〔七〕昧奴等赴加羅，會于任那日本府相盟。以後繫念相續，圖建任那，旦夕無忘。今天皇詔稱速建任那，由是欲共爾曹謨計，樹立任那〔八〕國，宜善圖之。又於任那境，徵召新羅，問聽與不。乃俱遣使，奏聞天皇，恭承示教。儻如使人未還之際，新羅候隙，侵逼任那，我當往救，不足爲憂。然善守備，謹警無忘。別汝所噵〔九〕，恐致卓淳等禍，非新羅自強故所能爲也。其㖨己吞居加羅與新羅境際，而被連年攻敗，任那無能救援，由是見亡。其南加羅，蕞爾狹小，不能卒備，不知所託，由是見亡。其卓淳上下携貳，至〔一〇〕欲自附，內應新羅，由是見亡。因斯而觀，三國之敗，良有以也。昔新羅請援於高麗，而攻擊任那與百濟，尚不剋之，新羅安獨滅任那乎？今寡人與汝戮力并心，翳賴天皇，任那必起。”因贈物各有差，忻忻而還。

秋七月，百濟聞安羅日本府與新羅通計，遣前部奈率〔一一〕鼻利莫古、奈率宣文、中部奈率木刕昧淳、紀臣奈率彌麻沙等，紀臣奈率者，

〔一〕原作“奚”，據小學館本改。
〔二〕原作“祇”，據小學館本改。
〔三〕原作“喙”，據校本改。後同。
〔四〕原作“答”，據小學館本校改。後同。
〔五〕原作“恕”，據校本改。
〔六〕原作“郡”，據小學館本校改。
〔七〕小學館本作“背”。
〔八〕小學館本此處有“等”字。
〔九〕原作“導”，大系本作“道”，據小學館本校改。
〔一〇〕小學館本校改作“主”。
〔一一〕原作“卒”，據小學館本校改。後同。

蓋是紀臣娶[一]韓婦所生。因留百濟，爲奈率者也。未詳其父。他皆效此也。使于安羅，召到新羅任那執事，謨建任那。别以安羅日本府河内直通計新羅，深責罵之。百濟本記云："加不至費直、阿賢移那斯、佐魯麻都等。"未詳也。乃謂任那曰："昔我先祖速古王、貴首王，與故旱岐等，始約和親，式爲兄弟。於是我以汝爲子弟，汝以我爲父兄。共事天皇，俱距強敵，安國全家，至于今日。言念先祖與舊旱岐和親之詞，有如皎日。自茲以降，勤修隣好，遂敦與國，恩踰骨肉。善始有終，寡人之所恒願。未審何緣，輕用浮辭，數歲之間，慨然失志。古人云追悔無及，此之謂也。上達雲際，下及泉中，誓神乎今，改咎乎昔，一無隱匿，發露所爲，精誠通靈，深自克責，亦所宜取。蓋聞，爲人後者，貴能負荷先軌，克昌堂構，以成勳業也。故今追崇先世和親之好，敬順天皇詔勅之詞，拔取新羅所折之國南加羅、㖨己呑等，還屬本貫，遷實任那，永[二]作父兄，恒朝日本。此寡人之所食不甘味，寢不安席，悔往戒今之所勞想也。夫新羅甘言希誑，天下之所知也。汝等妄信，既墮人權。方今任那境接新羅，宜常設備，豈能施析[三]？爰恐陷罹[四]誣欺網穽，喪國亡家，爲人繫虜。寡人念茲，勞想而不能自安矣。竊聞，任那與新羅運策席際，現蜂蛇恠，亦衆所知。且夫妖祥所以戒行，灾異所以悟人，當是明天告戒，先靈之徵表者也。禍至追悔，滅後思興，孰云及矣？今汝遵余，聽天皇勅，可立任那，何患不成？若欲長存本土，永御舊民，其謨在茲，可不慎也！"

聖明王更謂任那日本府曰："天皇詔稱：'任那若滅，汝則無資。任那若興，汝則有援。今宜興建任那，使如舊日，以爲汝助，撫養黎民。'謹承詔勅，悚懼填胸。誓效丹誠，冀隆任那。永事天皇，猶如往日。先慮未然，然後康樂。今日本府復能依詔，救助任那，是

〔一〕原作"聚"，據校本改。
〔二〕原作"求"，據小學館本校改。
〔三〕"施析"小學館本校改作"弛柝"。
〔四〕原作"羅"，據校本改。

爲天皇所必褒[一]讚，汝身所當賞祿。又日本卿等，久住任那之國，近接新羅之境。新羅情狀，亦是所知。毒害任那，謨防日本，其來尚矣，匪唯今年。而不敢動者，近羞百濟，遠恐天皇。誘事朝廷，僞和任那。如斯感激任那日本府者，以未禽任那之間，僞示伏從之狀。願今候其間隙，佔[二]其不備，一擧兵而取之。天皇詔勅，勸立南加羅、㖨己呑，非但數十年。而新羅一不聽命，亦卿所知。且夫信敬天皇，爲立任那，豈若是乎？恐卿等輙信甘言，輕被謾語，滅任那國，奉辱天皇。卿其戒之，勿爲他欺！"

秋七月，百濟遣紀臣奈率彌麻沙、中部奈率己連，來奏下韓任那之政，并上表之。

四年夏四月，百濟紀臣奈率彌麻沙等罷之。

秋九月，百濟聖明王遣前部奈率真牟貴文、護德己州己婁，與物部施德麻哿牟等，來獻扶南財物與奴[三]二口。

冬十一[四]月丁亥朔甲午，遣津守連，詔百濟曰："在任那之下韓百濟郡令、城主，宜附日本府。"并持詔書，宣曰："爾屢撝[五]表，稱當建任那，十餘年矣。表奏如此，尚未成之。且夫任那者，爲爾國之棟梁。如折棟梁，誰成屋宇？朕念在茲，爾須早早建。汝若早建任那，河內直等河內直，已見上文。自當止退。豈足云乎？"是日，聖明王聞宣勅已，歷問三佐平內頭及諸臣曰："詔勅如是，當復何如？"三佐平等答曰："在下韓之我郡令、城主，不可出之。建國之事，宜早聽聖勅。"

十二月，百濟聖明王復以前詔，普示群臣曰："天皇詔勅如是，當復何如？"上佐平沙宅己婁、中佐平木刕[六]麻那、下佐平木尹貴、

〔一〕原作"裒"，據小學館本改。
〔二〕原作"詀"，大系本作"諾"，據小學館本校改。
〔三〕"奴"字原缺，據小學館本校補。
〔四〕"一"字原缺，據校本補。
〔五〕小學館本校改作"抗"。
〔六〕原作"州"，據校本改。本句後同。

德率[一]鼻利莫古、德率東城道天、德率木刕昧淳、德率國雖多、奈率燕比善那等，同議曰："臣等稟性愚闇，都無智略。詔建任那，早須奉勅。今宜召任那執事、國國旱岐等，俱謀同計，抗表述志。又河內直、移那斯、麻都等，猶住安羅，任那恐難建之。故亦并表，乞移本處也。"聖明王曰："群臣所議，甚稱寡人之心。"

是月，乃遣施德高分，召任那執事與日本府執事。俱答言："過正旦而往聽焉。"

五年春正月，百濟國遣使，召任那執事與日本府執事。俱答言："祭神時到。祭了而往。"

是月，百濟復遣使，召任那執事與日本府執事。日本府、任那，俱不遣執事，而遣微者。由是百濟不得俱謀建任那國。

二月，百濟遣施德馬武、施德高分屋、施德斯那奴次酒等，使于任那，謂日本府與任那旱岐等曰："我遣紀臣奈率彌麻沙、奈率己連、物部連奈率用歌多，朝謁天皇。彌麻沙等還自日本，以詔書宣曰：'汝等宜共在彼日本府，早建良圖，副朕所望。爾其戒之，勿被他誑。'又津守連從日本來，百濟本記云："津守連己麻奴跪。"而語訛不正，未詳。宣詔勅，而問任那之政。故將欲共日本府、任那執事，議定任那之政，奉奏天皇。遣召三迴，尚不來到。由是不得共論圖計任那之政，奉奏天皇矣。今欲請留津守連，別以疾使，具申情狀，遣奏天皇。當以三月十日，發遣使於日本。此使便到，天皇必須問汝。汝日本府卿、任那旱岐等，各宜發使，共我使人，往聽天皇所宣之詔。"

別謂河內直：百濟本記云："河內直、移那斯、麻都。"而語訛，未詳其正也。"自昔迄今，唯聞汝惡。汝先祖等，百濟本記云："汝先那干[二]陀甲背、加臘直岐甲背[三]。"亦云"那歌陀甲背、鷹歌岐彌"。語訛未詳。俱懷姧僞，誘說爲歌可君，百濟本記云："爲歌岐彌。名有非岐。"專信其言，不憂國難。

〔一〕原作"卒"，據校本改。後同。
〔二〕原作"于"，據校本改。
〔三〕原作"肖"，據校本改。

乖背吾心，縱肆暴虐。由是見逐，職汝之由。汝等來住任那，恒行不善。任那日損，職汝之由。汝是雖微，譬猶小火燒焚山野，連延〔一〕村邑。由汝行惡，當敗任那。遂使海西諸國官家，不得長奉天皇之闕。今遣奏天皇，乞移汝等，還其本處。汝亦往聞。”

又謂日本府卿、任那旱岐等曰：“夫建任那之國，不假天皇之威，誰能建也？故我思欲就天皇，請將士，而助任那之國。將士之糧，我當須運。將士之數，未限若干〔二〕。運糧之處，亦難自決。願居一處，俱論可不，擇從其善，將奏天皇。故頻遣召，汝猶不來，不得議也。”

日本府答曰：“任那執事，不赴召者，是由吾不遣，不得往之。吾遣奏天皇，還使宣曰：‘朕當以印歌臣，語訛未詳。遣於新羅。以津守連，遣於百濟。汝待聞勅際，莫自勞往新羅、百濟也。’宣勅如是。會聞印歌臣使於新羅，乃追遣問天皇所宣。詔曰：‘日本臣與任那執事，應就新羅，聽天皇勅。’而不宣就百濟聽命也。後津守連遂來過此，謂之曰：‘今余被遣於百濟者，將出在下韓之百濟郡令、城主。’唯聞此說，不聞任那與日本府，會於百濟，聽天皇勅。故不往焉，非任那意。”

於是任那旱岐等曰：“由使來召，便欲往參。日本府卿不肯發遣，故不往焉。大王爲建任那，觸情曉示。覩兹忻喜，難可具申。”

三月，百濟遣奈率阿乇〔三〕得文、許勢奈率歌麻、物部奈率〔四〕歌非等，上表曰：“奈率彌麻沙、奈率己連等，至臣蕃，奉詔書曰：‘爾等宜共在彼日本府，同謀善計，早建任那。爾其戒之，勿被他誑。’又津守連等至臣蕃，奉勅書，問建任那。恭承來勅，不敢停時，爲欲共謀。乃遣使，召日本府百濟本記云：“遣召烏〔五〕胡跛臣。”蓋是的

〔一〕原作“近”，據小學館本校改。
〔二〕原作“于”，據校本改。
〔三〕原作“亡”，據校本改。
〔四〕原作“卒”，據校本改。後句二處同。
〔五〕原作“焉”，大系本作“爲”。據小學館本校改。

臣也。與任那。俱對言：‘新年既至，願過而往。’久而不就，復遣使召。俱對言：‘祭[一]時既至，願過而往。’久而不就，復遣使召。而由遣微者，不得同計。夫任那之不赴召者，非其意焉，是阿賢移那斯、佐魯麻都，二人名也，已見上文。奸佞之所作也。夫任那者，以安羅爲兄，唯從其意。安羅人者，以日本府爲天，唯從其意。百濟本記云：“以安羅爲父，以日本府爲本也。”今的臣、吉備臣、河内直等，咸從移那斯、麻都指撝而已。移那斯、麻都，雖是小家微者，專擅日本府之政。又制任那，障而勿遣。由是，不得同計奏答天皇。故留己麻奴跪，蓋是津守連也。别遣使迅如飛鳥，奉奏天皇。假使二人二人者，移那斯與麻都也。在於安羅，多行奸佞，任那難建，海西諸國，必不獲事。伏請移此二人，還其本處。勅喻日本府與任那，而圖建任那。故臣遣奈率彌麻沙、奈率己連等，副己麻奴跪，上表以聞。於是詔曰：‘的臣等，等者，謂吉備弟君臣、河内直等也。往來新羅，非朕心也。曩者，印支[二]彌未詳。與阿[三]鹵旱岐在時，爲新羅所逼，而不得耕種。百濟路迴，不能救急。由的臣等往來新羅，方得耕種，朕所曾聞。若已建任那，移那斯、麻都，自然却退，豈足云乎？’伏承此詔，喜懼兼懷。而新羅誑朝，知匪天勅。新羅春取㖨淳，仍擯出我久禮山戍[四]，而遂有之。近安羅處，安羅耕種。近久禮山處，新[五]羅耕種。各自耕之，不相侵奪。而移那斯、麻都，過耕他界，六月逃去。於印支彌後來許勢臣時，百濟本記云：“我留印支彌之後，至既洒臣時。”皆未詳。新羅無復侵逼他境，安羅不言爲新羅逼不得耕種。臣嘗聞，新羅每春秋，多聚兵甲，欲襲安羅與荷山。或聞，當襲加羅。頃得書信，便遣將士，擁守任那，無懈息也。頻發鋭兵，應時往救。是以任那隨序耕種，新羅不敢侵逼。而奏‘百濟路迴，不能救急，由

〔一〕原作“奈”，據小學館本校改。
〔二〕原作“支”，據校本改。
〔三〕原作“河”，據校本改。
〔四〕原作“戎”，據小學館本校改。
〔五〕原作“斯”，據校本改。

的臣等往來新羅，方得耕種’，是上欺天朝，轉成姧佞也。曉然若是，尚欺天朝。自餘虛妄，必多有之。的臣等猶住安羅，任那之國恐難建立，宜早退却。臣深懼之，佐魯麻都雖是韓腹，位居大連。廁日本執事之間，入榮班貴盛之[一]例[二]。而今反著新羅奈麻禮冠，即身心歸附，於他易照。熟觀所作，都無怖畏。故前奏惡行，具録聞訖。今猶著他服，日赴新羅域[三]，公私往還，都無所憚。夫喙國之滅，匪由他也。喙國之函跛旱岐，貳心加羅國，而內應新羅，加羅自外合戰，由是滅焉。若使函跛旱岐不爲內應，喙國雖少，未必亡也。至於卓淳，亦復然之。假使卓淳國主不爲內應新羅招寇，豈至滅乎？歷觀諸國敗亡之禍，皆由內應貳心人者。今麻都等腹心新羅，遂著其服，往還旦夕，陰搆[四]姧心。乃恐任那，由茲永滅。任那若滅，臣國孤危。思欲朝之，豈復得耶？伏願天皇玄鑒遠察，速移本處，以安任那。”

冬十月，百濟使人奈率[五]得文、奈率歌麻等罷歸。百濟本記云：“冬十月，奈率得文、奈率歌麻等還自日本，曰：‘所奏河內直、移那斯、麻都等事，無報勅也。’”

十一月，百濟遣使，召日本府臣、任那執事曰：“遣朝天皇奈率得文、許勢奈率哥[六]麻、物部奈率哥非等，還自日本。今日本府臣及任那國執事，宜來聽勅，同議任那。”日本吉備臣，安羅下旱岐大不孫、久取柔利，加羅上首位古殿奚、卒麻君、斯二岐君、散半奚君兒，多羅二首位訖乾智，子他旱岐，久嵯旱岐，仍赴百濟。於是百濟王聖明，略以詔書示曰：“吾遣奈率[七]彌麻佐、奈率己連、奈率

〔一〕“之”原作“之之”，據校本改。
〔二〕大系本作“列”。
〔三〕原作“城”，據校本改。
〔四〕小學館本作“構”。
〔五〕原作“卒”，據小學館本校改。本句後及夾注同。
〔六〕原作“奇”，據校本改。本句後同。
〔七〕原作“卒”，據小學館本校改。本句後同。

用哥〔一〕多等，朝於日本。詔曰：‘早建任那。’又津守連奉勅，問成任那，故遣召之。當復何如，能建任那？請各陳謀。”吉備臣、任那旱岐等曰：“夫建任那國，唯在大王。欲冀遵王，俱奏聽勅。”

聖明王謂之曰：“任那之國，與吾百濟，自古以來，約爲子弟。今日本府印岐彌，謂在任那日本臣名也。既討新羅，更將代我，又樂聽新羅虚誕謾語也。夫遣印岐彌〔二〕於任那者，本非侵害其國。未詳。往古來今，新羅無道。食言違信，而滅卓淳。股肱之國，欲快返悔。故遣召到，俱承恩詔，欲冀興繼任那之國，猶如舊日，永爲兄弟〔三〕。竊聞，新羅、安羅兩國之境，有大江水，要害之地也。吾欲據此，脩繕六城。謹請天皇三千兵士，每城充以五百，并我兵士，勿使作田而過〔四〕惱者，久禮山之五城，庶自投兵降首。卓淳之國，亦復當興。所請兵士，吾給衣糧。欲奏天皇，其策一也。猶於南韓，置郡令、城主者，豈欲違背天皇，遮斷貢調之路？唯庶尅濟多難，殲撲強敵。凡厥凶黨，誰不謀附？北敵強大，我國微弱。若不置南韓郡領、城主，脩理防護，不可以禦此強敵，亦不可以制新羅。故猶置之，攻逼新羅，撫存任那。若不爾者，恐見滅亡，不得朝聘。欲奏天皇，其策二也。又吉備臣、河內直、移那斯、麻都，猶在任那國者，天皇雖詔建成任那，不可得也。請移此四人，各遣還其本邑。奏於天皇，其策三也。宜與日本臣、任那旱岐等，俱奉遣使，同奏天皇，乞聽恩詔。”

於是吉備臣、旱岐等曰：“大王所述三策，亦協愚情而已。今願歸以敬諮日本大臣、謂在任那日本府之大臣也。安羅王、加羅王，俱遣使同奏天皇。此誠千載一會之期，可不深思而熟計歟？”

十二月，越國言：“於佐渡嶋北御名部之碕岸，有肅慎人，乘一船舶而淹留，春夏捕魚充食。彼嶋之人言非人也，亦言鬼魅，不敢

〔一〕原作“奇”，據校本改。
〔二〕原作“禰”，據校本改。
〔三〕小學館本作“妹”。
〔四〕小學館本校改作“逼”。

近之。嶋東禹武邑人採拾椎子，爲欲熟喫，著灰裏炮。其皮甲化成二人，飛騰火上一尺餘許，經時相鬭。邑人深以爲異，取置於庭。亦如前飛，相鬭不已。有人占云：‘是邑人必爲魃〔一〕鬼所迷惑。’不久如言，被其抄掠。於是，肅愼人移就瀨波〔二〕河浦。浦神嚴忌，人不敢近。渴飲其水，死者且半，骨積於巖岫。俗呼肅愼隈也。”

六年春三月，遣膳臣巴提便，使于百濟。

夏五月，百濟遣奈率〔三〕其㥄、奈率用歌多、施德次酒等上表。

秋九月，百濟遣中部護德菩提等，使于任那。贈吴財於日本府臣及諸旱岐，各有差。

是月，百濟造丈六佛像。製願文曰：“蓋聞，造丈六佛，功德甚大。今敬造，以此功德，願天皇獲勝善之德，天皇所用彌移居國，俱蒙福祐。又願普天之下一切衆生，皆蒙解脱。故造之矣。”

冬十一月，膳臣巴提便還自百濟言：“臣被遣使，妻子相逐去。行至百濟濱，濱，海濱也。日晚停宿。小兒忽亡，不知所之。其夜大雪，天曉始求，有虎連跡。臣乃帶刀擐甲，尋至巖岫。拔刀曰：‘敬受絲綸，劬勞陸海，櫛風沐雨，藉〔四〕草班荊者，爲愛其子，令紹父業也。惟汝威神，愛子一也。今夜兒亡，追蹤覓至，不畏亡命，欲報故來。’既而其虎進前，開口欲噬。巴提便忽申左手，執其虎舌，右手刺殺，剥取皮還。”

是歲〔五〕，高麗大亂，被誅殺者衆。百濟本記云：“十二月甲午，高麗國〔六〕細羣與麁羣，戰于宮〔七〕門，伐鼓戰鬭。細羣敗，不解兵三日，盡捕誅細羣子孫。戊戌，狛國〔八〕香岡上王薨也。”

〔一〕小學館本校改作“魅”。
〔二〕“波”字原缺，據小學館本校補。
〔三〕原作“卒”，據小學館本改。本句後同。
〔四〕原作“籍”，據校本改。
〔五〕小學館本作“年”。
〔六〕“麗國”原作“國麗”，據校本改。
〔七〕原作“官”，據校本改。
〔八〕原作“鵠”，據小學館本校改。

七年春正月甲辰朔丙午，百濟使人中部奈率〔一〕己連等罷歸。仍賜以良馬七十匹、船一十隻。

夏六月壬申朔癸未，百濟遣中部奈率〔二〕掠葉禮等獻調。

秋七月，倭國今來郡言："於五年春，川原民直宮宮，名。登樓騁望，乃見良駒。紀伊國漁者負贄草馬之子也。睨影高鳴，輕超母脊。就而買取，襲養兼年。及壯，鴻驚龍翥，別輩越群。服御隨心，馳驟合度，超渡大內丘之壑十八丈焉。川原民直宮，檜隈邑人也。"

是歲，高麗大亂，凡鬭死者二千餘。百濟本記云："高麗以正月丙午，立中夫人子爲王，年八歲。狛王有三夫人。正夫人無子。中夫人生世子，其舅氏麁羣也。小夫人生子，其舅氏細羣也。及狛王疾篤，細羣、麁羣，各欲立其夫人之子。故細羣死者，二千餘人也。"

八年夏四月，百濟遣前部德率〔三〕真慕宣文、奈率歌麻等，乞救軍。仍貢下部東城子言，代德率汶休麻那。

九年春正月癸巳朔乙未，百濟使人前部德率真〔四〕慕宣文等請罷。因詔曰："所乞救軍，必當遣救。宜速報王。"

夏四月壬戌朔甲子，百濟遣中部杆率掠葉禮等奏曰："德率宣文等，奉勅至臣蕃曰：'所乞救兵，應時遣送。'祗承恩詔，嘉慶無限。然馬津城之役，正月辛丑，高麗率〔五〕衆，圍馬津城。虜謂之曰：'由安羅國與日本府，招來勸罰。'以事准況，寔當相似。然三廻欲審其言，遣召，而並不來，故深勞念。伏願可畏天皇，西蕃皆稱日本天皇爲可畏天皇。先爲勘當。暫停所乞救兵，待臣遣報。"詔曰："式聞呈奏，爰覿所憂。日本府與安羅，不救隣難，亦朕所疾也。又復密使于高麗者，不可信也。朕命即自遣之，不命何容可得？願王開襟緩帶，恬然自安，勿深疑懼。宜共任那，依前勅，戮〔六〕力俱防北敵，各守所封。

〔一〕原作"卒"，據小學館本改。
〔二〕原作"卒"，據小學館本改。
〔三〕原作"卒"，據小學館本改。本句後同。
〔四〕原作"直"，據小學館本改。
〔五〕原作"卒"，據小學館本校改。
〔六〕小學館本作"戳"。

朕當遣送若干人，充實安羅逃亡空地。”

六月辛酉朔壬戌，遣使詔于百濟曰：“德率〔一〕宣文取歸以後，當復何如？消息何如？朕聞，汝國爲狛賊所害。宜共任那，策勵同謀，如前防距。”

閏七月庚申朔辛未，百濟使人掠葉禮等罷歸。

冬十月，遣三百七十人於百濟，助築城於得爾辛。

十年夏六月乙酉朔辛卯，將德文〔二〕貴、固德馬次文等請罷歸。因詔曰：“延那斯、麻都，陰私遣使高麗者，朕當遣問虛實。所乞軍者，依願停之。”

十一年春二月辛巳朔庚寅，遣使詔于百濟百濟本記云：“三月十二日辛酉，日本使人阿比多率〔三〕三舟，來至都下。”曰：“朕依施德久貴、固德馬進文等所上表意，一一教示，如視掌中。思欲具情，冀將盡抱。大市頭歸後，如常無異。今但欲審報辭，故遣使之。又復聞，奈率〔四〕馬武是王之股肱臣也。納上傳下，甚協王心，而爲王佐。若欲國家無事，長作官家，永奉天皇，宜以馬武爲大使，遣朝而已。”

重詔曰：“朕聞，北敵強暴。故賜矢三十具，庶防一處。”

夏四月庚辰朔，在百濟日本王人，方欲還之。百濟本記云：“四月一日庚辰，日本阿比多還也。”百濟王聖明謂王人曰：“任那之事，奉勅堅守。延〔五〕那斯、麻都之事，問與不問，唯從勅之。”因獻高麗奴六口。別贈王人奴一口。皆攻爾林所禽〔六〕奴也。

乙未，百濟遣中部奈率〔七〕皮久斤、下部施〔八〕德灼干那等，獻狛虜十口。

〔一〕原作“卒”，據校本改。
〔二〕小學館本校改作“久”。
〔三〕原作“卒”，據小學館本改。
〔四〕原作“卒”，據校本改。
〔五〕原作“近”，據小學館本校改。
〔六〕原作“會”，據小學館本校改。
〔七〕原作“卒”，據小學館本改。
〔八〕原作“他”，據小學館本校改。

十二年春三月，以麥種一千斛，賜百濟王。

是歲，百濟聖明王親率〔一〕衆及二國兵，二國謂新羅、任那也。往伐高麗，獲漢城之地，又進軍討平壤。凡六郡之地，復故地。

十三年夏四月，箭田珠勝大兄皇子薨。

五月戊辰朔乙亥，百濟、加羅、安羅，遣中部德率〔二〕木刕〔三〕今敦、河内部阿斯比多等，奏曰："高麗與新羅，通和并勢，謀滅臣國與任那。故謹求請救兵，先攻不意。軍之多少，隨天皇勅。"詔曰："今百濟王、安羅王、加羅王，與日本府臣等，俱遣使奏狀聞訖。亦宜共任那，并心一力。猶尚若茲，必蒙上天擁護之福，亦賴可畏天皇之靈也。"

冬十月，百濟聖明王更名聖王。遣西部姬氏達率〔四〕怒唎斯致契等，獻釋迦佛金銅像一軀、幡蓋若干、經論若干卷。別表，讚流通、禮拜功德云："是法於諸法中，最爲殊勝，難解難入。周公、孔子，尚不能知。此法能生無量無邊福德果報，乃至成辨無上菩提。譬如人懷隨意寶，逐所須用，盡依情，此妙法寶亦復然。祈願依情，無所乏。且夫遠自天竺，爰洎三韓，依教奉持，無不尊敬。由是，百濟王臣明謹遣陪臣怒唎斯致契〔五〕，奉傳帝國，流通畿内，果佛所記'我法東流'。"

是日，天皇聞已，歡喜踊躍。詔使者云："朕從昔來，未曾得聞如是微妙之法。然朕不自決。"乃歷問群臣曰："西蕃獻佛相貌端嚴，全未曾看。可禮以不？"蘇我大臣稻目宿禰奏曰："西蕃諸國，一皆禮之。豐秋日本，豈獨背也？"物部大連尾輿、中臣連鎌子，同奏曰："我國家之王天下者，恒以天地社稷百八十神，春夏秋冬，祭拜爲事。方今改拜蕃神，恐致國神之怒。"天皇曰："宜付情願人稻目

〔一〕原作"卒"，據校本改。
〔二〕原作"卒"，據小學館本改。
〔三〕原作"州"，據校本改。
〔四〕原作"卒"，據校本改。
〔五〕"契"字原缺，據小學館本校補。

宿禰，試令禮拜。”大臣跪受而忻悦，安置小墾田家。懃脩出世業，爲因淨捨向原家爲寺。於後國行疫氣，民致夭殘，久而愈多，不能治療。物部大連尾輿、中臣連鎌子，同奏曰：“昔日不須臣計，致斯病死。今不遠而復，必當有慶。宜早投弃，懃求後福。”天皇曰：“依奏。”有司乃以佛像，流弃難波堀江，復縱火於伽藍，燒燼更無餘。於是天無風雲，忽災大殿。

是歲，百濟棄漢城與平壤。新羅因此入居漢城，今新羅之牛頭方、尼彌方也。地名，未詳。

十四年春正月甲子朔乙亥，百濟遣上部德率〔一〕科野次酒、杆率禮塞敦等，乞軍兵。

戊寅，百濟使人中部杆率木刕〔二〕今敦、河内部阿斯比多等罷歸。

夏五月戊辰朔，河内國言：“泉郡茅渟海中，有梵音。震響若雷聲，光彩晃曜如日色。”天皇心異之，遣溝邊直，此但曰直，不書名字。蓋是傳寫誤失矣。入海求訪。

是時，溝邊直入海，果見樟木浮海玲瓏。遂取而獻天皇。命畫工，造佛像二軀。今吉野寺放光樟像也。

六月，遣内臣，闕〔三〕名。使於百濟。仍賜良馬二疋、同船二隻、弓五十張、箭五十具。勅云：“所請軍者，隨王所須。”別勅：“醫博士、易博士、曆博士等，宜依番上下。今〔四〕上件色人，正當相代年月，宜付還使相代。又卜書、曆本、種種藥物，可付送。”

秋七月辛酉朔甲子，幸樟勾宮。蘇我大臣稻目宿禰奉勅遣王辰爾，數録船賦。即以王辰爾爲船長，因賜姓爲船史。今船連之先也。

八月辛卯朔丁酉，百濟遣上部奈率〔五〕科野新羅、下部固德汶休帶山等，上表曰：“去年臣等同議，遣内臣德率〔六〕次酒、任那大夫

〔一〕原作“卒”，據小學館本改。
〔二〕原作“州”，據校本改。
〔三〕原作“關”，據校本改。
〔四〕小學館本校改作“今”。
〔五〕原作“卒”，據小學館本校改。
〔六〕原作“卒”，據校本改。

等，奏海表諸彌移居之事。伏待恩詔，如春草之仰甘雨也。今年忽聞，新羅與狛國通謀云：‘百濟與任那，頻詣日本。意謂是乞軍兵，伐我國歟？事若實者，國之敗亡，可企踵而待。庶先日本兵未發之間，伐取安羅，絕[一]日本路。’其謀若是。臣等聞茲，深懷危懼。即遣疾使輕舟，馳表以聞。伏願天慈，速遣前軍後軍，相續來救。逮于秋節，以固海表彌移居也。若遲晚者，噬臍無及矣。所遣軍衆，來到臣國，衣糧之費，臣當充給。來到任那，亦復如是。若不堪給，臣必助充，令無乏少。別的臣敬受天勅，來撫臣蕃。夙夜乾乾，勤修庶務。由是，海表諸蕃，皆稱其善，謂當萬歲肅清海表。不幸云亡[二]，深用追痛。今任那之事，誰可脩治？伏願天慈，速遣其代，以鎮任那。又復海表諸國，甚乏弓馬。自古迄今，受之天皇，以禦強敵。伏願天慈，多貺弓馬。”

冬十月庚寅朔己酉，百濟王子餘[三]昌明王子，盛[四]德王也。悉發國中兵，向高麗國，築百合野塞，眠食軍士。是夕觀覽，鉅野墳腴[五]，平原瀰迤[六]，人跡罕見，犬聲蔑聞。俄而儵忽之際，聞鼓吹之聲。餘昌乃大驚，打鼓相應，通夜固守。淩晨起見曠野之中，覆如青山，旌旗充滿。會明，有著頸鎧者一騎，插鐃者鐃字未詳。二騎，珥豹尾者二騎，并五騎，連轡到來，問曰：“少兒等言：‘於吾野中，客人有在。’何得不迎禮也？今欲早知與吾可以禮問答者姓名年位。”餘昌對曰：“姓是同姓，位是杆率[七]，年二十九矣。”百濟反問，亦如前法而對答焉。遂乃立標而合戰。於是百濟以鉾刺[八]墮高麗勇士於馬斬首。仍刺舉頭於鉾末，還入示衆。高麗軍將，憤怒益甚。是時百濟

〔一〕原作“絁”，據小學館本校改。
〔二〕原作“巳”，據校本改。
〔三〕原作“餘”，大系本作“餘”，小學館本作“余”。從大系本。後同。
〔四〕小學館本校改作“威”。
〔五〕原作“腴”，據小學館本校改。
〔六〕原作“迤”，大系本作“逸”，據小學館本改。
〔七〕原作“卒”，據校本改。
〔八〕原作“刺”，據小學館本改。後句同。

歡叫之聲，可裂天地。復其偏將，打鼓疾鬪，追却高麗王於東聖山之上。

十五年春正月戊子朔甲午，立皇子渟中倉太珠敷尊爲皇太子。

丙申，百濟遣中部木刕施德文次、前部施德曰佐分屋等於筑紫，諮内臣、佐伯連等曰：“德率[一]次酒、杆率塞敦等，以去年閏月四日到來云：‘臣等臣等者，謂内臣也。以今[二]年正月到。’如此導而未審。來不也，又軍數幾[三]何，願聞若干，預治營壁。”別諮：“方聞：‘奉可畏天皇之詔，來詣筑紫，看送賜軍。’聞之歡喜，無能比者。此年之役，甚危於前。願遣賜軍，使逮正月。”於是内臣奉勅而答報曰：“即令[四]遣助軍數一千、馬一百疋、船四十隻。”

二月，百濟遣[五]下部杆率[六]將軍三貴、上部奈率物部烏等，乞救兵。仍貢德率東城子莫古，代前番奈率東城子言。五經博士王柳貴，代固德馬丁安。僧曇惠[七]等九人，代僧道深等七人。別奉勅，貢易博士施德王道良、曆博士固德王保孫、醫博士奈率[八]王有㥄陀、採藥師施德潘量豐、固德丁有陀、樂人施德三斤、季德己麻次、季德進奴、對德進陀。皆依請代之。

三月丁亥朔，百濟使人中部木刕[九]施德文次等罷歸。

夏五月丙戌朔戊子，内臣率[一〇]舟師，詣于百濟。

冬十二月，百濟遣下部杆率[一一]汶斯干奴，上表曰：“百濟王臣明及在安羅諸倭臣等、任那諸國旱岐等奏：以斯羅無道，不畏天皇，

〔一〕原作“卒”，據校本改。後句同。
〔二〕小學館本校改作“來”。
〔三〕原作“畿”，據校本改。
〔四〕原作“命”，據小學館本校改。
〔五〕原作“遺”，據小學館本校改。
〔六〕原作“卒”，據校本改。本段後同。
〔七〕小學館本作“慧”。
〔八〕原作“卒”，據小學館本改。
〔九〕原作“州”，據校本改。
〔一〇〕原作“卒”，據校本改。
〔一一〕原作“卒”，據校本改。

與狛同心，欲殘滅海北彌移居。臣等共議，遣有至臣等，仰乞軍士，征伐斯羅。而天皇遣有至臣，帥[一]軍以六月至來，臣等深用歡喜。以十二月九日，遣攻斯羅。臣先遣東方領物部莫哥武連，領其方軍士，攻函山城。有至臣所將來民筑紫物部莫奇委沙奇，能射火箭。蒙天皇威靈，以月九日酉時，焚城拔之。故遣單使，馳船奏聞。"別奏："若但斯羅者，有至臣所將軍士，亦可足矣。今狛與斯羅，同心戮力，難可成功。伏願速遣竹斯嶋上諸軍士，來助臣國，又助任那，則事可成。"又奏："臣別遣軍士萬人，助任那，并以奏聞。今事方急，單[二]船遣奏。但奉好錦二疋、毾㲪一領、斧三百口，及所獲城民男二女五。輕薄追用悚懼。"

餘昌謀伐新羅。耆老諫曰："天未與，懼禍及。"餘昌曰："老矣，何怯也？我事大國，有何懼也？"遂入新羅國，築久陀牟羅塞。其父明王憂慮餘昌長苦行陣[三]，久廢眠食。父慈多闕，子孝希成。乃自往迎慰勞。

新羅聞明王親來，悉發國中兵，斷道擊破。是時，新羅謂佐知村飼馬奴苦都更名谷智。曰："苦都，賤奴也。明王，名主也。今使賤奴殺名主，冀傳後世莫忘於口。"已而[四]苦都乃獲明王，再拜曰："請斬王首。"明王對曰："王頭不合受奴手。"苦都曰："我國法違背所盟，雖曰國王，當受奴手。"一本云，明王乘踞胡床，解授佩刀於谷知令斬。明王仰天大息涕泣，許諾曰："寡人每念，常痛入骨髓。"顧計不可苟活，乃延首受斬。苦都斬首而殺，掘坎而埋。一本云，新羅葬理明王頭骨，而以禮送餘骨於百濟。今新羅王埋明王骨於北廳階下，名此廳曰都堂。

餘昌遂見圍繞，欲出不得。士卒遑駭，不知所圖。有能射人，筑紫國造。進而彎弓，占擬射落新羅騎卒最勇壯者。發箭之利，通

〔一〕原作"師"，據校本改。
〔二〕原作"草"，據校本改。
〔三〕原作"陳"，據大系本改。
〔四〕原作"卯"，據小學館本校改。

所乘鞍前後橋，及其被甲領會也。復續發箭如雨，彌厲[一]不懈，射却圍軍。由是餘昌及諸將等，得從間道逃歸。餘昌讚國造射却圍軍，尊而名曰鞍橋君。鞍橋，此云矩羅膩。

於是新羅將等具知百濟疲盡，遂欲謀滅無餘。有一將云："不可。日本天皇以任那事，屢責吾國。況復謀滅百濟官家，必招後患。"故止之。

十六年春二月，百濟王子餘昌，遣王子惠王子惠者，威[二]德王之弟也。奏曰："聖明王爲賊見殺。"十五年，爲新羅所殺。故今奏之。天皇聞而傷恨，迺遣使者，迎津慰問。

於是許勢臣問王子惠曰："爲當欲留此間？爲當欲向本鄉？"惠答曰："依憑[三]天皇之德，冀報考王之讎。若垂哀憐，多賜兵革，雪垢復讎，臣之願也。臣之去留，敢不唯命是從。"俄而蘇我臣問訊曰："聖王妙達天道地理，名流四表八方。意謂永保安寧，統領海西蕃國，千年萬歲，奉事天皇。豈圖一旦眇然昇遐，與水無歸，即安玄室。何痛之酷，何悲之哀！凡在含情，誰不傷悼[四]？當復何咎，致玆禍也？今復何術，用鎮國家？"惠報答之曰："臣禀性愚蒙，不知大計。何況禍福所倚，國家存亡者乎？"蘇我卿曰："昔在天皇大泊瀨之世，汝國爲高麗所逼，危甚累卵。於是天皇命神祇伯，敬受策於神祇。祝者廼託神語報曰：'屈請建邦之神，往救將亡之主，必當國家謐靖，人物乂安。'由是請神往救，所以社稷安寧。原夫建邦神者，天地割判[五]之代，草木言語之時，自天降來，造立國家之神也。頃聞，汝國輟而不祀。方今悛悔前過，脩理神宮，奉祭神靈，國可昌盛。汝當莫忘。"

秋七月己卯朔壬午，遣蘇我大臣稻目宿禰、穗積磐弓臣等，使

〔一〕小學館本作"厲"。
〔二〕原作"盛"，據校本改。
〔三〕原作"馮"，據校本改。
〔四〕原作"憚"，據小學館本校改。
〔五〕原作"剕"，據校本改。

于吉備五郡，置白猪屯倉。

八月，百濟餘昌謂諸〔一〕臣等曰：“少子今願，奉爲考王出家脩道。”諸臣、百姓報言：“今君王欲得出家脩道者，且奉教也。嗟夫！前慮不定，後有大患，誰之過歟？夫百濟國者，高麗、新羅之所爭欲滅。自始開國，迄于是歲。今此國宗，將授何國？要須道理分明應教。縱使能用耆老之言，豈至於此？請悛前過，無勞出俗。如欲果願，須度國民。”餘昌對曰：“諾。”即就圖於臣下。臣下遂用相議，爲度百人，多造幡蓋，種種功德云云。

十七年春正月，百濟王子惠請罷。仍賜兵仗、良馬甚多。亦頻賞祿，衆所欽歎。於是遣阿倍臣、佐伯連、播磨直，率〔二〕筑紫國舟師，衛送達國。別遣筑紫大〔三〕君，百濟本記云：“筑紫君兒，火中君弟。”率勇士一千，衛送彌氐〔四〕。彌〔五〕氐，津名。因令守津路要害之地焉。

秋七月甲戌朔己卯，遣蘇我大臣稻目宿禰等，於備前兒嶋郡置屯倉。以葛城山田直瑞子爲田令。田令，此云陀豆歌毗。

冬十月，遣蘇我大臣稻目宿禰等，於倭國高市郡，置韓人大身狹屯倉、言韓人者，百濟也。高麗人小身狹屯倉。紀國置海部屯倉。一本云，以處處韓人，爲大身狹屯倉田部。高麗人爲小〔六〕身狹屯倉田部。是即以韓人、高麗人爲田部，故因爲屯倉之號也。

十八年春三月庚子朔，百濟王子餘昌嗣立，是爲威德王。

二十一年秋九月，新羅遣彌至己知奈末〔七〕，獻調賦。饗賜邁常。奈末喜歡而罷曰：“調賦使者，國家之所貴重，而私議之所輕賤。行李者，百姓之所懸命，而選用之所卑下。王政之弊，未必不由此也。請差良家子爲使者，不可以卑賤爲使。”

〔一〕“諸”字原缺，據小學館本補。
〔二〕原作“卒”，據校本改。本段後同。
〔三〕小學館本校改作“火”。
〔四〕小學館本作“弖”。後夾注同。
〔五〕原作“禰”，據校本改。
〔六〕原作“少”，據校本改。
〔七〕原作“未”，據小學館本校改。後同。

二十二年，新羅遣久禮叱及伐干，貢調賦。司賓饗遇禮數減常。及伐干忿恨而罷。

是歲，復遣奴氏大舍，獻前調賦。於難波大郡，次序諸蕃，掌客額田部連、葛城直等，使列于〔一〕百濟之下而引導。大舍怒還，不入館舍，乘船歸至穴門。於是脩治穴門館。大舍問曰："爲誰客造？"工匠河内馬飼首押勝欺紿曰："遣問西方無禮使者之所停宿處也。"大舍還國，告其所言。故新羅築城於阿羅波斯山，以備日本。

二十三年春正月，新羅打滅任那官家。一本云，二十一年，任那滅焉。總言任那，別言加羅國、安羅國、斯二岐國、多羅國、卒麻國、古嵯國、子他國、散半下國、乞飡國、稔禮國，合十國。

夏六月，詔曰："新羅西羌〔二〕小醜，逆天無狀。違我恩義，破我官家。毒害我黎民，誅殘我郡縣。我氣長足姬尊靈聖聰明，周行天下，劬勞群庶，饗育萬民。哀新羅所窮見歸，全新羅王將戮之首，授新羅要害之地，崇新羅非次之榮。我氣長足姬尊，於新羅何薄？我百姓，於新羅何怨？而新羅長戟強弩，淩蹙〔三〕任那。距〔四〕牙鉤爪，殘虐含靈。刳肝斮趾，不厭其快。曝骨焚屍，不謂其酷。任那族姓、百姓以還，窮刀極俎，既屠且膾。豈有率〔五〕土之賓，謂爲王臣，乍食人之禾，飲人之水，孰〔六〕忍聞此，而不悼〔七〕心？況乎太子、大臣，處趺蕚之親，泣血銜冤寄。當蕃屏之任，摩頂至踵之恩。世受前朝之德，身當後代之位。而不能瀝膽抽腸，共誅姧逆，雪天地之痛酷，報君父之仇讎，則死有恨臣子之道不成！"

是月，或有譖〔八〕馬飼首歌依曰："歌依之妻逢臣讚岐鞍韉有異。

〔一〕原作"干"，據校本改。
〔二〕原作"差"，據校本改。
〔三〕原作"戚"，據小學館本校改。
〔四〕小學館本校改作"鉅"。
〔五〕原作"卒"，據校本改。
〔六〕原作"熟"，據小學館本校改。
〔七〕原作"憚"，據校本改。
〔八〕原作"讃"，據小學館本校改。

熟而熟視，皇后御鞍也。”即收廷尉，鞫問極切。馬飼首歌依乃揚言誓曰：“虚也，非實。若是實者，必被天災。”遂因苦問，伏地而死。死未經時，急災於殿。廷尉收縛其子守石與名〔一〕瀨氷，守石、名瀨氷，皆名也。將投火中，投火爲刑，蓋古之制也。咒曰：“非吾手投，以祝手投〔二〕。”咒訖欲投火。守石之母祈請曰：“投兒火裏，大〔三〕災果臻。請付祝人，使作神奴。”乃依母請，許没神奴。

秋七月己巳朔，新羅遣使獻調賦。其使人知新羅滅任那，耻背國恩，不敢請罷，遂留不歸本土，例同國家百姓。今河内國更荒郡鸕鷀野邑新羅人之先也。

是月，遣大將軍紀男麻呂宿禰，將兵出哆唎。副將河邊臣瓊缶出居曾山，而欲問新羅攻任那之狀。遂到任那，以薦集部首登弭，遣於百濟，約束軍計。登弭仍宿妻家，落印書、弓箭於路。新羅具知軍計，卒起大兵，尋屬敗亡，乞降歸附。紀男麻呂宿禰取勝旋師，入百濟營。令軍中曰：“夫勝不忘敗，安必慮危，古之善教也。今處疆〔四〕畔，豺〔五〕狼交接，而可輕忽，不思變難哉？况復平安之世，刀劍不離於身。蓋君子之武備，不可〔六〕以已。宜深警戒，務崇斯令。”士卒皆委心而服事焉。

河邊臣瓊缶獨進轉鬪，所向皆拔。新羅更舉白旗，投兵降首。河邊臣瓊缶元不曉兵，對舉白旗，空爾〔七〕獨進。新羅鬪將曰：“將軍河邊臣今欲降矣。”乃進軍逆戰，盡鋭遄攻破之，前鋒所傷甚衆。倭國造手彦自知難救，棄軍遁逃。新羅鬭將手持鉤戟，追至城洫，運戟擊之。手彦因騎駿馬，超渡城洫，僅以身免。鬪將臨城洫而歎曰：“久須尼自利！”此新羅語，未詳也。

〔一〕原作“中”，據小學館本校改。
〔二〕“以祝手投”四字原缺，據小學館本校補。
〔三〕原作“天”，據校本改。
〔四〕原作“彊”，據校本改。
〔五〕小學館本作“犲”。
〔六〕“可”字原缺，據小學館本校補。
〔七〕原作“示”，據小學館本校改。

於是河邊臣遂引兵退，急營於野。於是士卒盡相欺蔑，莫有遵承。鬬將自就營中，悉生虜河邊臣瓊缶等及其隨婦。于時父子夫婦，不能相恤。鬬將問河邊臣曰：“汝命與婦，孰與尤愛？”答曰：“何愛一女，以取禍乎？如何不過命也！”遂許爲妾。鬬將遂於露地，奸其婦女。婦女後還，河邊臣欲就談之。婦人甚以慚恨，而不隨曰：“昔君輕賣妾身。今何面目以相遇？”遂不肯言。是婦人者坂本臣女，曰甘美媛。同時所虜調吉士伊企儺，爲人勇烈，終不降服。新羅鬬將拔刀欲斬，逼而脱褌，追令以尻臀向日本，大號叫叫，咷也。曰：“日本將齧我臗脽！”即号叫曰：“新羅王啗我臗脽！”雖被苦逼，尚如前叫，由是見殺。其子舅子亦抱其父而死。伊企儺辭旨難奪，皆如此。由此特爲諸將帥所痛惜。

其妻大葉子亦並見禽，愴然而歌曰：

柯羅俱爾能。基能陪儞陀致底。於譜磨故幡。比例甫囉須母。耶魔等陛武岐底。〔一〕

或有和曰：

柯羅俱爾能。基能陪儞陀陀志。於譜磨故幡。比禮甫羅須彌喩。那儞婆陛武岐底。〔二〕

八月，天皇遣大將軍大伴連狹手彦，領兵數萬，伐于高麗。狹手彦乃用百濟計，打破高麗，其王踰墻而逃。狹手彦遂乘勝以入宮，盡得珍寶貺賂、七織帳、鐵屋還來。舊本云，鐵屋在高麗西高樓上。織帳張於高麗王内寢。以七織帳，奉獻於天皇。以甲二領、金餝〔三〕刀二口、銅鏤鍾三口、五色幡二竿、美女媛媛，名也。并其從女吾田子，送於蘇我稻目宿禰大臣。於是大臣遂納二女以爲妻，居輕曲殿。鐵屋在長安寺。是寺不知在何國。一本云，十一年，大伴狹手彦連共百濟國，駈却高麗王陽香於比津留都。

〔一〕[100] からくにの　きのへにたちて　おほばこは　ひれふらすも　やまとへむきて。略譯：“大葉子兮，韓城上兮。揮其領巾，向日本兮。”

〔二〕[101] からくにの　きのへにたたし　おほばこは　ひれふらすみゆ　なにはへむきて。略譯：“大葉子兮，韓城上兮。見揮其領巾，向難波兮。”

〔三〕小學館本作“飾”。

冬十一月，新羅遣使獻，并貢調[一]賦。使人悉知國家憤新羅滅任那，不敢請罷。恐致刑戮，不歸本土，例同百姓。今攝津國三嶋郡埴廬新羅人之先祖也。

二十六年夏五月，高麗人頭霧唎耶陛等投化於筑紫，置山背國。今畝原、奈羅、山村高麗人之先祖也。

二十八年，郡國大水。飢，或人相食。轉傍郡穀以相救。

三十年春正月辛卯朔，詔曰："量置田部，其來尚矣。年甫十餘，脱籍免課者衆。宜遣膽津，膽津者，王辰爾之甥也。檢[二]定白猪田部丁籍。"

夏四月，膽津檢閲白猪田部丁者，依詔定籍，果成田戸。天皇嘉膽津定籍之功[三]，賜姓爲白猪史。尋拜田令，爲瑞子之副。瑞子見上。

三十一年春三月甲申朔，蘇我大臣稲目宿禰薨。

夏四月甲申朔乙酉，幸泊瀬柴籬宫。越人江渟臣裙代詣京奏曰："高麗使人，辛苦風浪，迷失浦津。任水漂流，忽到着岸。郡司隱匿，故臣顯奏。"詔曰："朕承帝業若干年，高麗迷路，始到越岸。雖苦漂溺，尚全性命。豈非徽猷廣被，至德魏魏[四]，仁化傍通，洪恩蕩蕩者哉！有司宜於山城國相樂郡，起館淨治，厚相資養。"

是月，乘輿至自泊瀬柴籬宫。遣東漢氏直糠兒、葛城直難波，迎召高麗使人。

五月，遣膳臣傾子於越，饗高麗使。傾子，此云舸施[五]部古。大使審知膳臣是皇華使，乃謂道君曰："汝非天皇，果如我疑。汝既伏拜膳臣，倍復足知百姓。而前詐余，取調入己，宜速還之，莫煩飾語。"膳臣聞之，使人採[六]索其調，具爲與之，還京復命。

〔一〕原作"誷"，據校本改。
〔二〕原作"撿"，據小學館本改。下句同。
〔三〕原作"切"，據小學館本校改。
〔四〕"魏魏"小學館本作"巍巍"。
〔五〕小學館本校改作"拕"。
〔六〕小學館本校改作"探"。

秋七月壬子朔，高麗使到于近江。

是月，遣許勢臣猿與吉士赤鳩，發自難波津，控引船於狹狹波山。而裝飾船，乃往迎於近江北山，遂引入山背高楲館。則遣東漢坂上直子麻呂、錦部首大石，以爲守護。更饗高麗使者於相樂館。

三十二年春三月戊申朔壬子，遣坂田耳子郎君，使於新羅，問任那滅由。

是月，高麗獻物并表，未得呈奏。經歷數旬，占待良日。

夏四月戊寅朔壬辰，天皇寢疾不豫。皇太子向外不在，驛馬召到，引入卧内。執其手詔曰："朕疾甚，以後事屬汝。汝須打新羅，封建任那。更造夫婦，惟如舊日，死無恨之。"

是月，天皇遂崩于内寢，時年若干。

五月，殯于河内古市。

秋八月丙子朔，新羅遣弔[一]使未叱号[二]失消等，奉哀於殯。

是月，未叱号失消等罷。

九月，葬于檜隈坂合陵。

日本書紀卷第十九　終

〔一〕原作"予"，據校本改。

〔二〕小學館本校改作"子"。後句同。

日本書紀　卷第二十

渟中倉太珠敷天皇　敏達天皇

渟中倉太珠敷天皇，天國排開廣庭天皇第[一]二子也。母曰石姬皇后。石姬皇后，武小廣國押盾天皇女也。天皇不信佛法，而愛文史。

二十九年，立爲皇太子。

三十二年四月，天國排開廣庭天皇崩。

元年夏四月壬申朔甲戌，皇太子即天皇位。尊皇后曰皇太后。

是月，宫于百濟大井。以物部弓削守屋大連爲大連如故。以蘇我馬子宿禰爲大臣。

五月壬寅朔，天皇問皇子與大臣曰:“高麗使人今何在?”大臣奉對曰:“在於相樂館。”天皇聞之，傷惻極甚，愀然而歎曰:“悲哉！此使人等，名既奏聞於先考天皇矣。”乃遣群臣相樂館，檢[二]録所獻調物，令送京師。

丙辰，天皇執高麗表疏，授於大臣。召聚諸史，令讀解之。是時諸史於三日内，皆不能讀。爰有船史祖王辰爾，能奉讀釋。由是天皇與大臣俱爲讚美曰:“勤乎，辰爾！懿哉，辰爾！汝若不愛於學，誰能讀解?宜從今始近侍殿中。”既而詔東西諸史曰:“汝等所習之業，何故不就?汝等雖衆，不及辰爾。”又高麗上表疏，書于烏羽。字隨羽黑，既無識者。辰爾乃蒸羽於飯氣，以帛印羽，悉寫其字。朝庭悉異之。

〔一〕原作“弟”，據校本改。
〔二〕原作“撿”，據小學館本改。

六月，高麗大使謂副使等曰："磯城嶋天皇時，汝等違吾所議，被欺於他，妄分國調，輙與微者。豈非汝等過歟？其若我國王聞，必誅汝等。"副使等自相謂之曰："若吾等至國時，大使顯噵吾過，是不祥事也。"思欲偷殺而斷其口。是夕謀泄。大使知之，裝束衣帶，獨自潛行。立館中庭，不知所計。時有賊一人，以杖出來，打大使頭而退。次有賊一人，直向大使，打頭與手而退。大使尚嘿然立地，而拭面血。更有賊一人，執刀急來，刺大使腹而退。是時，大使恐，伏地拜。後有賊一人，既殺而去。明旦，領客東漢坂上直子麻呂等，推問其由。副使等乃作矯詐曰："天皇賜妻於大使。大使違勅不受，無禮兹甚。是以臣等爲天皇殺焉。"有司以禮收葬。

秋七月，高麗使人罷歸。是年〔一〕，太歲壬辰。

二年夏五月丙寅朔戊辰，高麗使人泊于越海之岸，破船溺死者衆。朝庭猜頻迷路，不饗放還。仍勅吉備海部直難波，送高麗使。

秋七月乙丑朔，於越海岸，難波與高麗使等相議，以送使難波船人大嶋首磐日、狹丘首間狹，令乘高麗使船。以高麗二人，令乘送使船。如此互乘，以備姧志。俱時發船，至數里許。送使難波乃恐畏波浪，執高麗二人，擲入於海。

八月甲午朔丁未，送使難波還來，復命曰："海裏鯨魚大有，遮囓船與檝櫂。難波等恐魚吞船，不得入海。"天皇聞之，識其謾語，駈使於官，不放還國。

三年夏五月庚申朔甲子，高麗使人泊于越海之岸。

秋七月己未朔戊寅，高麗使人入京奏曰："臣等去年相逐送使，罷歸於國。臣等先至臣蕃。臣蕃即准使人之禮，禮饗大嶋首磐日等。高麗國王別以厚禮禮之。既而送使之船，至今未到。故更謹遣使人并磐日等，請問〔二〕臣使不來之意。"天皇聞，即數難波罪曰："欺誑朝庭，一也。溺殺隣使，二也。以兹大罪，不合放還。"以斷其罪。

〔一〕小學館本作"歲"。
〔二〕原作"聞"，據小學館本校改。

冬十月戊子朔丙申，遣蘇我馬子大臣於吉備國，增益白猪屯倉與田部。即以田部名籍，授于白猪史膽津。

戊戌，詔船史王辰爾弟牛，賜姓爲津史。

十一月，新羅遣使進調。

四年春正月丙辰朔甲子，立息長真手王女廣姬爲皇后。是生一男二女。其一曰押坂彦人大兄皇子，更名麻呂古皇子。其二曰逆登皇女，其三曰菟〔一〕道磯津貝皇女。

是月，立一夫人。春日臣仲君女，曰老女君〔二〕夫人。更名藥君娘也〔三〕。生三男一女。其一曰難波皇子，其二曰春日皇子，其三曰桑田皇女，其四曰大派皇子。次采女伊勢大鹿首小熊女，曰菟名子夫人。生太姬皇女更名櫻井皇女。與糠手姬皇女。更名田村皇女。

二月壬辰朔，馬子宿禰大臣還于京師，復命屯倉之事。

乙丑，百濟遣使進調，多益恒歲。天皇以新羅未建任那，詔皇子與大臣曰：“莫懶懈於任那之事。”

夏四月乙酉朔庚寅，遣吉士金子使於新羅，吉士木蓮子使於任那，吉士譯語彦使於百濟。

六月，新羅遣使進調，多益常例。并進多多羅、須奈羅、和陀、發鬼四邑之調。

是歲，命卜者，占海部王家地與絲井王家地。卜便〔四〕襲吉。遂營宮於譯語田，是謂幸玉宮。

冬十一月，皇后廣姬薨。

五年春三月己卯朔戊子，有司請立皇后。詔立豐御食炊屋姬尊爲皇后。是生二男五女。其一曰菟道貝鮹皇女，更名菟道磯津貝皇女也。是嫁於東宮〔五〕聖德。其二曰竹田皇子。其三曰小墾田皇女，是嫁於

〔一〕原作“免”，據校本改。
〔二〕小學館本校改作“子”。
〔三〕“也”字小學館本校刪。
〔四〕原作“使”，據小學館本校改。
〔五〕原作“官”，據校本改。

彦人大兄皇子。其四曰鸕鷀守皇女。更名輕守皇女。其五曰尾張皇子。其六曰田眼皇女，是嫁於息長足日廣額天皇。其七曰櫻井弓張皇女。

六年春二月甲辰朔，詔置日祀部、私部。

夏五月癸酉朔丁丑，遣大別王與小黑吉士，宰於百濟國。王人奉命，爲使三韓，自稱爲宰。言宰於韓，蓋古之典乎？如今言使也。餘皆倣此。大別王，未詳所出也。

冬十一月庚午朔，百濟國王付還使大別王等，獻經論若干卷，并律師、禪師、比丘尼、咒禁師、造佛工、造寺工六人。遂安置難波大別王寺。

七年春三月戊辰朔壬申，以菟道皇女侍伊勢祠。即奸池邊皇子，事顯而解。

八年冬十月，新羅遣枳叱政奈末[一]進調，并送佛像。

九年夏六月，新羅遣安刀奈末[二]、失消奈末進調。不納以還之。

十年春潤二月，蝦夷數千，寇於邊境。由是召其魁帥[三]綾糟等，魁帥者，大毛人也。詔曰："惟儞蝦夷者，大足彦天皇之世，合殺者斬，應原者赦。今朕遵彼前例，欲誅元惡。"於是綾糟等懼然恐懼，乃下泊瀨中流，面三諸岳，歃[四]水而盟曰："臣等蝦夷，自今以後，子子孫孫古語云，生兒八十綿連連[五]。用清明心，事奉天闕。臣等若違盟者，天地諸神及天皇靈，絶滅臣種矣！"

十一年冬十月，新羅遣安刀奈末、失消奈末進調。不納以還之。

十二年秋七月丁酉朔，詔曰："屬我先考天皇之世，新羅滅内官家之國。天國排開廣庭天皇二十三年，任那爲新羅所滅。故云新羅滅我内官家也。先考天皇謀復任那，不果而崩，不成其志。是以朕當奉助神謀，復興任那。今在百濟火葦北國造阿利斯登子達率日羅，賢而有勇。故

〔一〕原作"未"，據小學館本校改。
〔二〕原作"未"，據小學館本校改。本句後同，後十一年條並同。
〔三〕原作"師"，據校本改。後夾注同。
〔四〕原作"漱"，據小學館本校改。
〔五〕"連連"小學館本校改作"連"。

朕欲與其人相計。”乃遣紀國造押勝與吉備海部直羽嶋，喚於百濟。

冬十月，紀國造押勝等還自百濟。復命於朝曰：“百濟國主奉惜日羅，不肯聽上。”

是歲，復遣吉備海部直〔一〕羽嶋，召日羅於百濟。羽嶋既之百濟，欲先私見日羅，獨自向家門底。俄而有家裏來韓婦，用韓語言：“以汝之根，入我根内。”即入家去。羽嶋便覺其意，隨後而入。於是日羅迎來，把手使坐於座，密告之曰：“僕竊聞之，百濟國主奉疑天朝，奉遣臣後，留而弗還。所以奉惜，不肯奉進。宜宣勅時，現嚴猛色，催急召焉。”羽嶋乃依其計，而召日羅。

於是百濟國主怖畏天朝，不敢違勅。奉遣以日羅、恩率、德爾、余怒、哥奴知、參官、柂師德率次干德、水手等若干人。日羅等行到吉備兒嶋屯倉，朝庭遣大伴糠手子連，而慰勞焉。復遣大夫等於難波館，使訪日羅。是時日羅被甲乘馬，到門底下，乃進廳前，進退跪拜，歎恨而曰：“於檜隈宮御寓〔二〕天皇之世，我君大伴金村大連奉爲國家，使於海表火葦北國造刑部靭〔三〕部阿利斯登之子，臣達率日羅，聞天皇召，恐畏來朝。”乃解其甲，奉於天皇。乃營館於阿斗桑市，使住日羅，供給隨欲。

復遣阿倍目臣、物部贄子連、大伴糠手子連，而問國政於日羅。日羅對言：“天皇所以治天下政，要須護養黎民。何遽興兵，翻將失滅？故今令〔四〕議者仕奉朝列臣、連、二造，二造者，國造、伴造也。下及百姓，悉皆饒富，令無所乏。如此三年，足食足兵，以悦使民。不憚水火，同恤國難。然後多造船舶，每津列置，使觀客人，令生恐懼。爾乃以能使使於百濟，召其國王。若不來者，召其太〔五〕佐平、王子等來，即自然心生欽伏，後應問罪。”又奏言：“百濟人謀言：

〔一〕“直”字原缺，據小學館本校補。
〔二〕原作“寓”，據大系本改。
〔三〕小學館本作“靫”。
〔四〕小學館本校改作“合”。
〔五〕小學館本作“大”。

‘有船三百，欲請筑紫。’若其實請，宜陽賜予。然則百濟欲新造國，必先以女人、小子，載船而至。國家望於此時，壹岐〔一〕、對馬多置伏兵，候至而殺，莫翻被詐。每於要害之所，堅築壘塞矣。”

於是恩率、參官臨罷國時，舊本，以恩率爲一人，以參官爲一人也。竊語德爾等言：“計吾過筑紫許，汝等偷殺日羅者。吾具白王，當賜高爵，身及妻子，垂榮於後。”德爾、余奴皆聽許焉，參官等遂發途於血鹿。於是日羅自桑市村遷難波館。德爾等晝夜相計，將欲殺。時日羅身光，有如火焰，由是德爾等恐而不殺。遂於十二月晦，候失光殺。日羅更蘇生曰：“此是我駈使奴等所爲，非新羅也。”言畢而死。屬是時，有新羅使，故云爾也。天皇詔贄子大連、糠手子連，令收葬於小郡西畔丘前。以其妻子、水手等，居于石川。於是大伴糠手子連議曰：“聚居一處，恐生其變。”乃以妻子居于石川百濟村，水手等居于石川大伴村。收縛德爾等，置於下百濟阿〔二〕田村。遣數大夫，推問其事。德爾等伏罪言：“信是恩率、參官教使爲也。僕等爲人之下，不敢違矣。”由是下獄復命於朝庭。乃遣使於葦北，悉召日羅眷族，賜德爾等任情決罪。是時葦北君等受而皆殺，投彌賣嶋。彌賣嶋，蓋姫嶋也。日羅移葬於葦北。於後海畔者言：“恩率之船被風没海。參官之船漂泊津嶋，乃始得歸。”

十三年春二月癸巳朔庚子，遣難波吉士木蓮子，使於新羅，遂之任那。

秋九月，從百濟來鹿深臣，闕名字。有彌勒石像一軀。佐伯連闕名字。有佛像一軀。

是歲，蘇我馬子宿禰請其佛像二軀，乃遣鞍部村主司馬達等、池邊直氷〔三〕田，使於四方，訪覓修行者。於是唯於播磨國，得僧還俗者，名高麗惠便。大臣乃以爲師，令度司馬達等女嶋，曰善信尼。年十一歲。又度善信尼弟子二人。其一漢人夜菩之女豐女，名曰禪藏

〔一〕原作“伎”，據校本改。
〔二〕小學館本校改作“河”。
〔三〕原作“水”，據小學館本校改。

尼。其二錦織壼之女石女，名曰惠善尼。壼，此云都[一]符。馬子獨[二]依佛法，崇敬三尼。乃以三尼，付氷田直與達等，令供衣食。經營佛殿於宅東方，安置彌勒石像。屈請三尼，大會設齋[三]。此時達等得佛舍利於齋食上，以舍利獻於馬子宿禰。馬子宿禰試以舍利，置鐵質中，振鐵鎚打。其質與鎚，悉被摧壞，而舍利不可摧毀。又投舍利於水，舍利隨心所願，浮沈於水。由是馬子宿禰、池邊氷田、司馬達等，保信佛法，修行不懈。馬子宿禰亦於石川宅脩治佛殿。佛法之初，自茲而作。

十四年春二月戊子朔壬寅，蘇我大臣馬子宿禰起塔於大野丘北，大會設齋[四]。即以達等所獲舍利，藏塔柱頭。

辛亥，蘇我大臣患疾，問於卜者。卜者對言："祟[五]於父時所祭佛神之心也。"大臣即遣子弟，奏其占狀。詔曰："宜依卜者之言，祭祠父神。"大臣奉詔，禮拜石像，乞延壽命。是時國行疫疾，民死者衆。

三月丁巳朔，物部弓削守屋大連與中臣勝海大夫奏曰："何故不肯用臣言？自考天皇及於陛下，疫疾流行，國民可絕。豈非專由蘇我臣之興行佛法歟？"詔曰："灼然，宜斷佛法。"

丙戌，物部弓削守屋大連自詣於寺，踞坐胡床，斫倒其塔，縱火燔之，并燒佛像與佛殿。既而取所燒餘佛像，令棄難波堀[六]江。是日，無雲風雨。大連被雨衣，訶責馬子宿禰與從行法侶，令生毀辱之心。乃遣佐伯造御室，更名於閭礙也。喚馬子宿禰所供善信等尼。由是馬子宿禰不敢違命，惻愴啼泣，喚出尼等，付於御室。有司便奪尼等三衣禁錮，楚撻海石榴市亭。

天皇思建任那，差坂田耳子王爲使。屬此之時，天皇與大連

〔一〕原作"部"，據小學館本校改。
〔二〕原作"猶"，據小學館本校改。
〔三〕原作"齊"，據校本改。後句同。
〔四〕原作"齊"，據校本改。
〔五〕原作"崇"，據校本改。
〔六〕原作"掘"，據小學館本校改。

卒[一]患於瘡，故不果遣。詔橘豐日皇子曰："不可違背考天皇勅，可勤修乎任那之政也。"又發瘡死者，充盈於國。其患瘡者言身如被燒被打被摧，啼泣而死。老少竊相謂[二]曰："是燒佛像之罪矣。"

夏六月，馬子宿禰奏曰："臣之疾病，至今未愈。不蒙三寶之力，難可救治。"於是詔馬子宿禰曰："汝可獨行佛法。宜斷餘人。"乃以三尼，還付馬子宿禰。馬子宿禰受而歡悦，嘆未曾有，頂禮三尼。新營精舍，迎入供養。或本云，物部弓削守屋大連、大三輪逆君、中臣磐余連，俱謀滅佛法，欲燒寺塔，并棄佛像。馬子宿禰諍而不從。

秋八月乙酉朔己亥，天皇病彌留，崩于大殿。是時，起殯宮於廣瀨。馬子宿禰大臣，佩刀而誄[三]。物部弓削守屋大連听然而咲曰："如中獵箭之雀鳥焉。"次弓削守屋大連手脚搖震而誄。搖震，戰慄也。馬子宿禰大臣咲曰："可懸鈴矣。"由是二臣微生怨恨，三輪君逆使隼人相距於殯庭。穴穗部皇子欲取天下，發憤稱曰："何故事死王之庭，弗事生王之所也！"

日本書紀卷第二十　終

〔一〕原作"率"，據校本改。
〔二〕小學館本作"語"。
〔三〕原作"誅"，據校本改。後句同。

日本書紀　卷第二十一

橘豐日天皇　用明天皇

泊瀬部天皇　崇峻天皇

橘豐日天皇 用明天皇

橘豐日天皇，天國排開廣庭天皇第〔一〕四子也。母曰堅鹽媛。天皇信佛法，尊神道。

十四年秋八月，渟中倉太珠敷天皇崩。

九月甲寅朔戊午，天皇即天皇位。宮於磐余，名曰池邊雙槻宮。以蘇我馬子宿禰爲大臣，物部弓削守屋連爲大連，並如故。

壬申，詔曰云云。以酢香手姬皇女拜伊勢神宮，奉日神祀。是皇女自此天皇時，逮于炊屋姬天皇之世，奉日神神〔二〕祀。自退葛城而薨。見炊屋姬天皇紀。或本云，三十七年間，奉日神祀，自退而薨。

元年春正月壬子朔，立穴穗部間人皇女爲皇后。是生四男。其一曰厩戸皇子。更名豐〔三〕耳聰聖德。或名豐聰耳法大王，或云法主王。此之〔四〕皇子初居上宮，後移斑〔五〕鳩。於豐御食炊屋姬天皇世，位居東宮，揔〔六〕攝萬機，行天皇事。語見豐御食炊屋姬天皇紀。其二曰來目皇子，其三曰殖粟皇子，其四曰茨田皇子。立蘇我大臣稻目宿禰女石

〔一〕原作“弟”，據校本改。
〔二〕“神神”小學館本校改作“神”。
〔三〕“豐”字原缺，據小學館本校補。
〔四〕“此之”小學館本校改作“是”。
〔五〕原作“班”，據校本改。
〔六〕原作“摠”，據小學館本改。

寸名爲嬪。是生田目皇子。更名豐浦皇子。葛城直磐村女廣子生一男一女。男曰麻呂子皇子，此當麻公之先也。女曰酢香手姬皇女，歷三代以奉日神。

夏五月，穴穗部皇子欲姧炊屋姬皇后，而自強入於殯宮。寵臣三輪君逆乃喚兵衛，重璅宮門，拒而勿入。穴穗部皇子問曰："何人在此？"兵衛答曰："三輪君逆在焉。"七呼開門，遂不聽入。於是穴穗部皇子謂大臣與大連曰："逆頻無禮矣！於殯庭誄[一]曰：'不荒朝庭，淨如鏡面，臣治平奉仕。'即是無禮。方今天皇子弟多在，兩大臣侍。誰得恣情，專言奉仕？又余觀殯內，拒不聽入。自呼'開門'，七迴不應。願欲斬之。"兩大臣曰："隨命。"於是穴穗部皇子陰謀王天下之事，而口詐在於殺逆君。遂與物部守屋大連，率兵圍繞磐余池邊。逆君知之，隱於三諸之岳。是日夜半，潛自山出，隱於[二]後宮。謂炊屋姬皇后之別業。是名海石榴市宮[三]。逆之同姓白堤與橫山，言逆君在處。

穴穗部皇子即遣守屋大連或本云，穴穗部皇子與泊瀨部皇子，相計而遣守屋大連。曰："汝應往討逆君并其二子。"大連遂率兵去。蘇我馬子宿禰外聞斯計，詣皇子所，即逢門底，謂皇子家門也。將之大連所。時諫曰："王者不近刑人，不可自往。"皇子不聽而行。馬子宿禰即便隨去，到於磐余，行至於池邊也。而切諫之。皇子乃從諫止，仍於此處踞坐胡床，待大連焉。大連良久而至。率衆報命曰："斬逆等訖。"或本云，穴穗部皇子自行射殺。於是馬子宿禰惻然頽歎曰："天下之亂不久矣！"大連聞而答曰："汝小臣之所不識也。"此三輪君逆者，譯語田天皇之所寵愛，悉委內外之事焉。由是炊屋姬皇后與馬子宿禰，俱發恨於穴穗部皇子也。是年也，太歲丙午。

二年夏四月乙巳朔丙子[四]，御新嘗於磐余河上。是日，天皇得

〔一〕原作"誅"，據校本改。
〔二〕"於"字原缺，據小學館本補。
〔三〕小學館本此處有"也"字。
〔四〕小學館本校改作"午"。

病，還入於宫，羣臣侍焉。天皇詔群臣曰："朕思欲歸三寶，卿等議之。"群臣入朝而議。物部守屋大連與中臣勝海連，違詔議曰："何背國神，敬他神也？由來不識若斯事矣！"蘇我馬子宿禰大臣曰："可隨詔而奉助，詎生異計。"於是皇弟皇子皇弟皇子者，穴穗部皇子。即天皇庶弟。引豐國法師，闕名也。入於内裏。物部守屋大連邪〔一〕睨大怒。是時押坂部史毛屎急來，密語大連曰："今羣臣圖卿，復將斷路。"大連聞之，即退於阿都，阿都，大連之别業所在地名也。集聚人焉。中臣勝海連於家集衆，隨助大連。遂作太子彦人皇子像與竹田皇子像厭之。俄而知事難濟，歸附彦人皇子於〔二〕水派宫。水派，此云美麻多。舍人迹見赤檮〔三〕伺勝海連自彦人皇子所退，拔刀而殺。迹見，姓也，赤檮，名也。赤檮，此云伊知毗。大連從阿都家，使物部八坂、大市造小坂、漆部造兄，謂馬子大臣曰："吾聞羣臣謀我，我故退焉。"馬子大臣乃使土師八嶋連，於大伴毗羅夫連所，具述大連之語。由是毗羅夫連手執弓箭、皮楯，就槻曲家，不離晝夜，守護大臣。槻曲家者，大臣家也。

天皇之瘡轉盛，將欲終時，鞍部多須奈司馬達等子也。進而奏曰："臣奉爲天皇出家脩道。又奉造丈六佛像及寺。"天皇爲之悲慟。今南淵坂田寺木丈六佛像、挾〔四〕侍菩薩是也。

癸丑，天皇崩于大殿。

秋〔五〕七月甲戌朔甲午，葬于磐余池上陵。

泊瀨部天皇　崇峻天皇

泊瀨部天皇，天國排開廣庭天皇第十二子也。母曰小姉君。稻目

〔一〕原作"耶"，據校本改。
〔二〕"於"字原缺，據小學館本校補。
〔三〕原作"擣"，據校本改。後夾注同。
〔四〕原作"狭"，據校本改。
〔五〕"秋"字原缺，據小學館本校補。

宿禰女也。已見上文。

二年夏四月，橘豐日天皇崩。

五月，物部大連軍衆三度驚駭。大連元欲去餘皇子等，而立穴穗部皇子爲天皇。及至於今，望因遊獦〔一〕，而謀替立。密使人於穴穗部皇子曰："願與皇子將馳獦於淡路。"謀泄。

六月甲辰朔庚戌，蘇我馬子宿禰等奉炊屋姬尊，詔佐伯連丹經手、土師連磐村、的臣真嚙曰："汝等嚴兵速往，誅殺穴穗部皇子與宅部皇子。"是日夜半，佐伯連丹經手等圍穴穗部皇子宮。於是衛士先登樓上，擊穴穗部皇子肩。皇子落於樓下，走入偏室。衛士等舉燭而誅。

辛亥，誅宅部皇子。宅部皇子，檜隈天皇之子，上女王之父也。未詳。善穴穗部皇子，故誅。

甲子，善信阿尼等謂大臣曰："出家之途，以戒爲本。願向百濟，學受戒法。"

是月，百濟調使來朝。大臣謂使人曰："率此尼等，將渡汝國，令學戒法。了時發遣。"使人答曰："臣等歸蕃，先導國王，而後發遣，亦〔二〕不遲也。"

秋七月，蘇我馬子宿禰大臣勸諸皇子與群臣，謀滅物部守屋大連。泊瀬部皇子、竹田皇子、厩戶皇子、難波皇子、春日皇子、蘇我馬子宿禰大臣、紀男〔三〕麻呂宿禰、巨勢臣比良夫、膳臣賀拖夫、葛城臣烏那羅，俱率軍旅，進討大連。大伴連嚙、阿倍〔四〕臣人、平羣臣神手、坂本臣糠手、春日臣，闕名字。俱率軍兵，從志紀郡到澀河家。大連親率子弟與奴軍，築稻城而戰。於是大連昇衣揩朴枝間，臨射如雨。其軍強盛，填家溢野。皇子等軍與群臣衆，怯弱恐怖，三迴却還。

〔一〕校本作"獵"。後句同。
〔二〕原作"久"，大系本作"又"。從小學館本。
〔三〕原作"臣"，據小學館本校改。
〔四〕原作"陪"，據小學館本改。

是時厩戸皇子束髮於額，古俗，年少兒，年十五六間，束髮於額。十七八間，分爲角子。今亦然之。而隨軍後。自忖[一]度曰：“將無見敗？非願難成。”乃斮取白膠木，疾作四天王像，置於頂髮，而發誓言：白膠木，此云農[二]利涅。“今若使我勝敵，必當奉爲護世四王，起立寺塔。”蘇我馬子大臣又發誓言：“凡諸天王、大神王等，助衛於我，使獲利益，願當奉爲諸天與大神王，起立寺塔，流通三寶。”誓已，嚴種種兵，而進討伐。爰有迹見首赤檮[三]，射墮大連於枝下，而誅大連并其子等。由是大連之軍忽然自敗。合軍悉被皂衣，馳獦[四]廣瀬勾原而散。

是役，大連兒息與眷屬，或有逃匿葦原改姓換名者，或有[五]逃亡不知所向者。時人相謂曰：“蘇我大臣之妻，是物部守屋大連之妹也。大臣妄用妻計，而殺大連矣。”平亂之後，於攝津國造四天王寺。分大連奴半與宅，爲大寺奴、田莊。以田一萬頃，賜迹見首赤檮。蘇我大臣亦依本願，於飛鳥地起法興寺。

物部守屋大連資人捕鳥部萬，萬，名也。將一百人守難波宅。而聞大連滅，騎馬夜逃向茅渟縣有真香邑。仍過婦宅，而遂匿山。朝庭議曰：“萬懷逆心，故隱此山中。早須滅族，可不怠歟？”萬衣裳弊垢，形色憔悴，持弓帶劍，獨自出來。有司遣數百衛士圍萬。萬即驚匿篁蘗，以繩繫竹，引動令他惑己所入。衛士等被詐，指搖竹馳言：“萬在此！”萬即發箭，一無不中。衛士等恐，不敢近。萬便弛弓挾腋，向山走去。衛士等即夾河追射，皆不能中。於是有一衛士，疾馳先萬，而伏河側，擬射中膝。萬即拔箭，張弓發箭，伏地而號曰：“萬爲天皇之[六]楯，將效其勇，而不推問。翻致逼迫，於此窮矣！可共語者來，願聞殺虜之際！”衛士等競馳射萬，萬便拂捍飛

[一] 原作“忻”，據小學館本校改。
[二] 原作“豊”，據校本改。
[三] 原作“擣”，據校本改。後同。
[四] 校本作“獵”。
[五] “有”字原缺，據校本補。
[六] “之”字原缺，據小學館本補。

矢，殺三十餘人。仍以持劒，三截其弓，還屈其劒，投河水裏，別以刀子刺頸死焉。河内國司以萬死狀，牒[一]上朝庭。朝庭下符稱[二]：“斬之八段，散梟八國。”河内國司即依符旨。臨斬梟時，雷鳴大雨。

爰有萬養白犬，俯仰迴吠於其屍側。遂噛舉頭，收置古冢。横卧枕側，飢死於前。河内國司尤異其犬，牒[三]上朝庭。朝庭哀不忍聽，下符稱曰：“此犬世所希聞，可觀於後。須使萬族作墓而葬。”由是萬族雙起墓於有真香邑，葬萬與犬焉。

河内國言：“於餌香川原，有被斬人，計將數百。頭身既爛，姓字難知。但以衣色，收取其身者。爰有櫻井田部連膽渟所養之犬，噛續身頭，伏側固守，使收已至，乃起行之。”

八月癸卯朔甲辰，炊屋姬尊與群臣，勸進天皇，即天皇之位。以蘇我馬子宿禰爲大臣如故。卿大夫之位亦如故。

是月，宫於倉梯。

元年春三月，立大伴糠手連女小手子爲妃。是生蜂子皇子與錦代皇女。

是歲，百濟國遣使并僧惠總[四]、令斤、惠寔等，獻佛舍利。百濟國遣恩率首信、德率蓋文、那率福富味身等進調，并獻佛舍利，僧聆照律師、令威、惠衆、惠宿、道嚴、令開等，寺工太良未太、文賈古子，鑪盤博士將德白昧淳，瓦博士麻奈父奴、陽貴文、陵貴文、昔麻帝彌，畫工白加。蘇我馬子宿禰請百濟僧等，問受戒之法。以善信尼等，付百濟國使恩率首信等，發遣學問。壞飛鳥衣縫造祖樹葉之家，始作法興寺。此地名飛鳥真神原，亦名飛鳥苫田。是年，太歲戊申。

二年秋七月壬辰朔，遣近江臣滿於東山道使，觀蝦夷國境。遣

〔一〕原作“牒”，據校本改。
〔二〕原作“偁”，據小學館本改。
〔三〕原作“牒”，據校本改。
〔四〕原作“摠”，據小學館本改。

宍[一]人臣鴈於東海道使，觀東方濱海諸國境。遣阿倍臣於北陸道使，觀越等諸國境。

三年春三月，學問尼善信等自百濟還，住櫻井寺。

冬十月，入山取寺材。

是歲，度尼大伴狹手彦連女善德、大伴[二]狛夫人、新羅媛善妙、百濟媛妙光，又漢人善聰、善通、妙德、法定照、善智聰、善智惠、善光等。鞍部司馬達等子多須奈，同時出家，名曰德齊法師。

四年夏四月壬子朔甲子，葬譯語田天皇於磯長陵。是其妣皇后所葬之陵也。

秋八月庚戌朔，天皇詔群臣曰:“朕思欲建任那。卿等何如?”羣臣奏言:“可建任那官家，皆同陛下所詔。”

冬十二[三]月己卯朔壬午，差紀男麻呂宿禰、巨勢[四]臣比良夫、狹臣[五]、大伴囓連、葛城烏奈良臣爲大將軍，率氏氏臣、連爲裨將，部隊領二萬餘軍，出居筑紫。遣吉士金於新羅，遣吉士木蓮子於任那，問任那事。

五年冬十月癸酉朔丙子，有獻山猪。天皇指猪詔曰:“何時如斷此猪之頸，斷朕所嫌之人?”多設兵仗，有異於常。

壬午，蘇我馬子宿禰聞天皇所詔，恐嫌於己，招聚儻者，謀弑[六]天皇。

是月，起大法興寺佛堂與步廊。

十一月癸卯朔乙巳，馬子宿禰詐於羣臣曰:“今日進東國之調。”乃使東漢直駒，殺于天皇。或本云，東漢直駒，東漢直磐井子也。是日，葬天皇于倉梯岡陵。或本云，大伴嬪小手子恨寵之衰，使人於蘇我馬子宿禰曰:“頃者有獻山猪，天皇指猪而詔曰:‘如斷猪頸，何時斷朕思人?’且於內裏，大作兵

〔一〕原作“完”，據小學館本改。
〔二〕“大伴”原缺，據小學館本校補。
〔三〕小學館本校改作“一”。
〔四〕小學館本此處校補“猿”字。
〔五〕“比良夫”“狹臣”五字，小學館本無。
〔六〕原作“殺”，據校本改。

仗。”於是馬子宿禰聽而驚之。

丁未，遣驛使於筑紫將軍所曰：“依於內亂，莫怠外事。”

是月，東漢直駒偷隱蘇我娘[一]嬪河上娘爲妻。河上娘，蘇我馬子宿禰女也。馬子宿禰忽不知河上娘爲駒所偷，而謂死去。駒奸[二]嬪事顯，爲大臣所殺。

日本書紀卷第二十一　終

〔一〕“娘”字小學館本校删。

〔二〕小學館本校改作“汙”。

日本書紀　卷第二十二

豐御食炊屋姫天皇　推古天皇

豐御食炊屋姬天皇，天國排開廣庭天皇中女也，橘豐日天皇同母妹也。幼曰額田部皇女。姿色端麗，進止軌制。年十八歲，立爲渟中倉太玉敷天皇之皇后。三十四歲，渟中倉太珠敷天皇崩。三十九歲，當于泊瀨部天皇五年十一月，天皇爲大臣馬子宿禰見殺。嗣位既空，群臣請渟中倉〔一〕太珠敷天皇之皇后額田部皇女，以將令踐祚，皇后辞讓之。百寮上表勸進，至于三，乃從之。因以奉天皇〔二〕璽印。

冬十二月壬申朔己卯，皇后即天皇位於豐浦宫。

元年春正月壬寅朔丙辰，以佛舍利，置于法興寺刹柱礎中。

丁巳，建刹柱。

夏四月庚午朔己卯，立厩戸豐聰耳皇子爲皇太子。仍録攝政，以萬機悉委焉。橘豐日天皇第二子也，母皇后曰穴穗部間人皇女。皇后懷妊開胎之日，巡行禁中，監察諸司。至于馬官，乃當厩戸，而不勞忽産之。生而能言，有聖智。及壯，一聞十人訴〔三〕，以勿失能辨，兼知未然。且習内教於高麗僧惠〔四〕慈，學外典於博士覺哿，兼〔五〕悉達矣。父天皇愛之，令居宫南上殿。故稱其名，謂上宫厩戸

〔一〕原作“食”，據小學館本校改。
〔二〕小學館本此處有“之”字。
〔三〕原作“訢”，據校本改。
〔四〕小學館本校改作“慧”。後同。
〔五〕小學館本校改作“並”。

豐聰耳太子。

秋九月，改葬橘豐日天皇於河内磯長陵。

是歲，始造四天王寺於難波荒陵。是年也，太歲癸丑。

二年春二月丙寅朔，詔皇太子及大臣，令興隆三寶。是時，諸臣連等各爲君親之恩，競造佛舍，即是謂寺焉。

三年夏四月，沈水漂著於淡路嶋，其大一圍。嶋人不知沈水，以交薪燒於竈。其煙氣遠薰，則異以獻之。

五月戊午朔丁卯，高麗僧惠〔一〕慈歸化，則皇太子師之。

是歲，百濟僧〔二〕惠〔三〕聰來之。此兩僧弘演佛教，並爲三寶之棟梁。

秋七月，將軍等至自筑紫。

四年冬十一月，法興寺造竟。則以大臣男善德臣拜寺司。是日惠慈、惠〔四〕聰二僧，始住於法興寺。

五年夏四月丁丑朔，百濟王遣王子阿佐朝貢。

冬十一月癸酉朔甲子〔五〕，遣吉士磐金於新羅。

六年夏四月，難波吉士磐金至自新羅，而獻鵲二隻〔六〕。乃俾養於難波杜，因以巢枝而産之。

秋八月己亥朔，新羅貢孔雀一隻。

冬十月戊戌朔丁未，越國獻白鹿一頭。

七年夏四月乙未朔辛酉，地動，舍屋悉破。則令四方，俾祭地震神。

秋九月癸亥朔，百濟貢駱駝〔七〕一疋、驢一疋、羊二頭、白雉一隻。

〔一〕小學館本校改作“慧”。後同。
〔二〕“僧”字原缺，據小學館本校補。
〔三〕小學館本作“慧”，大系本作“慧”。據後文改。
〔四〕小學館本校改作“慧”。
〔五〕小學館本校改作“午”。
〔六〕原作“侯”，據小學館本校改。後秋八月、秋九月條同。
〔七〕原作“駞”，據校本改。

八年春二月，新羅與任那相攻。天皇欲救任那。

是歲，命境部臣爲大將軍，以穗積臣爲副將軍。並闕名。則將萬餘衆，爲任那擊新羅。於是直指新羅，以泛海往之。乃到于新羅，攻五城而拔。於是新羅王惶之，舉白旗，到于將軍之麾下而立。割多多羅、素奈羅、弗知鬼、委陀、南迦羅、阿羅羅六城，以請服。時將軍共議曰："新羅知罪服之，強擊不可。"則奏上。爰天皇更遣難波吉師神於新羅，復遣難波吉士木蓮子於任那，並檢校[一]事狀。爰新羅、任那王，二國遣使貢調。仍奏表之曰："天上有神，地有天皇。除是二神，何亦有畏乎？自今以後，不有相攻。且不乾船柂[二]，每歲必朝。"則遣使以召還將軍。將軍等至自新羅，即新羅亦侵任那。

九年春二月，皇太子初興宮室于斑[三]鳩。

三月甲申朔戊子，遣大伴連囓[四]于高麗，遣坂本臣糠手于百濟，以詔之曰："急救任那。"

夏五月，天皇居于耳梨行宮。是時大[五]雨，河水漂蕩，滿于宮庭。

秋九月辛巳朔戊子，新羅之間諜者迦摩多到對馬。則捕以貢之，流于[六]上野。

冬十一月庚辰朔甲申，議攻新羅。

十年春二月己酉朔，來目皇子爲擊新羅將軍，授諸神部及國造、伴造等，并軍衆二萬五千人。

夏四月戊申朔，將軍來目皇子到于筑紫。乃進屯嶋郡，而聚船舶運軍糧。

六月丁未朔己酉，大伴連囓、坂本臣糠手，共至自百濟。是時

〔一〕"檢校"原作"撿挍"，據小學館本改。
〔二〕原作"拖"，大系本作"拕"。從小學館本。
〔三〕原作"班"，據校本改。後同。
〔四〕原作"齧"，據校本改。
〔五〕原作"火"，據小學館本校改。
〔六〕"于"字小學館本缺。

來目皇子臥病，以不果征討。

冬十月，百濟僧觀勒來之。仍貢曆本及天文、地理書，并遁甲、方術之書也。是時選書生三四人，以俾學習於觀勒[一]矣。陽胡史祖玉陳習曆法，大友村主高聰學天文、遁甲，山背臣日[二]立學方術。皆學以成業。

閏[三]十月乙亥朔己丑，高麗僧僧隆、雲聰，共來歸。

十一年春二月癸酉朔丙子，來目皇子薨於筑紫，仍驛使以奏上。爰天皇聞之大驚，則召皇太子、蘇我大臣，謂之曰："征新羅大將軍來目皇子薨之。其臨大事而不遂矣。甚悲乎！"仍殯于周芳娑婆。乃遣土師連猪手，令掌殯事。故猪手連之孫曰娑婆連，其是之緣也。後葬於河内埴生山岡上。

夏四月壬申朔，更以來目皇子之兄當麻皇子，爲征新羅將軍。

秋七月辛丑朔癸卯，當麻皇子自難波發船。

丙午，當麻皇子到播磨。時從妻舍人姬王薨於赤石，仍葬于赤石檜笠岡上。乃當麻皇子返之，遂不征討。

冬十月己巳朔壬申，遷于小墾田宮。

十一月己亥朔，皇太子謂諸大夫曰："我有尊佛像。誰得是像以恭拜？"時秦造河勝進曰："臣拜之。"便受佛像，因以造蜂岡寺。

是月，皇太子請于天皇，以作大楯及靫[四]，靫，此云由岐。又絵于旗幟。

十二月戊辰朔壬申，始行冠位。大德、小德、大仁、小仁、大禮、小禮、大信、小信、大義、小義、大智、小智，并十二階。並以當色絁縫之，頂撮總[五]如囊，而著緣焉。唯元日著髻華。髻華，此云于孺。

〔一〕原作"勤"，據校本改。
〔二〕此處原有"並"字，據小學館本校删。
〔三〕小學館本作"潤"。
〔四〕小學館本作"靫"。後夾注同。
〔五〕原作"摠"，據小學館本改。

十二年春正月戊戌朔，始賜冠位於諸臣，各有差。

夏四月丙寅朔戊辰，皇太子親肇作憲法十七條：

“一曰、以和爲貴，無忤爲宗。人皆有黨，亦少達者。是以或不順君父，乍違于隣里。然上和下睦，諧於論事，則事理自通，何事不成？

“二曰、篤敬三寶。三寶者，佛、法、僧也。則四生之終歸，萬國之極宗。何世何人，非貴是法？人鮮尤惡，能教從之。其不歸三寶，何以直枉？

“三曰、承詔必謹。君則天之，臣則地之。天覆地載，四時順行，萬〔一〕氣得通。地欲覆天，則致壞耳。是以君言臣承，上行下靡。故承詔必慎，不謹自敗。

“四曰、群卿百寮，以禮爲本。其治民之本，要在乎禮。上不禮而下非齊，下無禮以必有罪。是以群臣有禮，位次不亂。百姓有禮，國家自治。

“五曰、絕饗〔二〕棄欲，明辨訴〔三〕訟。其百姓之訟，一日千事。一日尚爾，況乎累歲。須〔四〕治訟者，得利爲常，見賄聽讞。便有財之訟，如石投水。乏者之訴〔五〕，似水投石。是以貧民則不知所由，臣道亦於焉闕。

“六曰、懲惡勸善，古之良典。是以無匿人善，見惡必匡。其諂詐者，則爲覆國家之利器，爲絕人民之鋒劒。亦佞媚者，對上則好說下過，逢下則誹謗上失。其如此人，皆無忠於君，無仁於民，是大亂之本也。

“七曰、人各有任，掌宜不濫。其賢哲任官，頌音則起。奸者有官，禍亂則繁。世少生知，尅念作聖。事無大少，得人必治。時無

〔一〕原作“方”，據小學館本校改。
〔二〕小學館本作“餮”。
〔三〕原作“訢”，據校本改。
〔四〕小學館本校改作“頃”。
〔五〕原作“訢”，大系本作“訟”。從小學館本。

急緩，遇賢自寬。因此國家永久，社稷勿危。故古聖王爲官以求人，爲人〔一〕不求官。

“八曰、羣卿百寮，早朝晏退。公事靡盬〔二〕，終日難盡。是以遲朝不逮于急，早退必事不盡。

“九曰、信是義本，每事有信。其善惡成敗，要在于信。羣臣共信，何事不成？群臣無信，萬事悉敗。

“十曰、絕忿棄瞋，不怒人違。人皆有心，心各有執。彼是則我非，我是則彼非。我必非聖，彼必非愚，共是凡夫耳。是非之理，詎能可定？相共賢愚，如鐶無端。是以彼人雖瞋，還恐我失。我獨雖得，從衆同舉。

“十一曰、明察功過，賞罰必當。日者賞不在功，罰不在罪〔三〕。執事群卿，宜明賞罰。

“十二曰、國司、國造，勿斂百姓。國非二君，民無兩主。率土兆民，以王爲主。所任官司，皆是王臣。何敢與公，賦斂百姓？

“十三曰、諸任官者，同知職掌。或病或使，有闕於事。然得知之日，和如曾識。其以非與聞，勿防公務。

“十四曰、群臣百寮，無有嫉妬。我既嫉人，人亦嫉我。嫉妬之患，不知其極。所以智勝於己則不悅，才優於己則嫉妬。是以五百之乃今〔四〕遇賢，千載以難待一聖。其不得賢聖，何以治國？

“十五曰、背私向公，是臣之道矣。凡夫人有私必有恨，有憾必非同。非同則以私妨公，憾起則違制害法。故初章云上下和諧，其亦是情歟？

“十六曰、使民以時，古之良典。故冬月有間，以可使民。從春至秋，農桑之節，不可使民。其不農何食，不桑何服？

“十七曰、夫事不可獨斷，必與衆宜論。少事是輕，不可必衆。

〔一〕“爲人”二字原缺，據小學館本校補。
〔二〕原作“鹽”，據校本改。
〔三〕原作“罰”，據小學館本改。
〔四〕原作“令”，據小學館本改。

唯逮論大事，若疑有失，故與衆相辨，辞則得理。”

秋九月，改朝禮。因以詔之曰:“凡出入宫門，以兩手押地，兩脚跪之，越梱則立行。”

是月，始定黄書畫師、山背畫師。

十三年夏四月辛酉朔，天皇詔皇太子、大[一]臣及諸王、諸臣，共同發誓願，以始造銅、繡丈六佛像各一軀。乃命鞍作鳥爲造佛之工。是時，高麗國大興王聞日本國天皇造佛像，貢上黄金三百兩。

閏七月己未朔，皇太子命諸王、諸臣，俾著褶。

冬十月，皇太子居斑鳩宫。

十四年夏四月乙酉朔壬辰，銅、繡丈六佛像並造竟。是日也，丈六銅像坐於元興寺金堂。時佛像高於金堂戶，以不得納堂。於是諸工人等議曰:“破堂戶而納之。”然鞍作鳥之秀工，以[二]不壞戶得入堂。即日設齋[三]。於是會集人衆，不可勝數。

自是年初，每寺四月八日、七月十五日設齋。

五月甲寅朔戊午，勅鞍作鳥曰:“朕欲興隆内典，方將建佛刹，肇求舍利，時汝祖父司馬達等便獻舍利。又於國無僧尼，於是汝父多須那，爲橘豐日天皇，出家恭敬佛法。又汝姨嶋女初出家，爲諸尼導者，以修行釋教。今朕爲造丈六佛，以求好佛像。汝之所獻佛本，則合朕心。又造佛像既訖，不得入堂。諸工人不能計，以將破堂戶，然汝不破戶而得入。此皆汝之功也。”即賜大仁位。因以給近江國坂田郡水田二十町焉。鳥以此田，爲天皇作金剛寺，是今謂南淵坂田尼寺。

秋七月，天皇請皇太子，令講勝鬘[四]經。三日，説竟之。

是歲，皇太子亦講法華經於岡本宫。天皇大喜之，播磨[五]國水

〔一〕原作“太”，據校本改。
〔二〕“以”字小學館本校刪。
〔三〕原作“齊”，據校本改。
〔四〕原作“縵”，據校本改。
〔五〕原作“麻”，據校本改。

田百町施于皇太子。因以納于斑鳩寺。

十五年春二月庚辰朔，定壬生部。

戊子，詔曰："朕聞之，曩者我皇祖天皇等宰世也，跼天蹐地，敦禮神祇。周祠山川，幽通乾坤。是以陰陽開和，造化共調。今當朕世，祭祀神祇，豈有怠乎？故羣臣爲竭心，宜拜神祇。"

甲午，皇太子及大臣率百寮，以祭拜神祇。

秋七月戊申朔庚戌，大禮小野臣妹子遣於大唐。以鞍作福利爲通事。

是歲冬，於倭國作高市池、藤原池、肩岡池、菅原池。山背國掘〔一〕大溝於栗隈。且河內國作戶苅池、依網池。亦每國置屯倉。

十六年夏四月，小野臣妹子至自大唐。唐國号妹子臣曰蘇因高。即大唐使人裴世清、下客十二人，從妹子臣至於筑紫。遣難波吉士〔二〕雄成，召大唐客裴世清等。爲唐客，更造新館於難波高麗館之上。

六月壬寅朔丙辰，客等泊于難波津。是日，以餝〔三〕船三十艘，迎客等于江口，安置新館。於是以中臣宮地連烏〔四〕磨呂、大河內直糠手、船史王平爲掌客。

爰妹子臣奏之曰："臣參還之時，唐帝以書授臣。然經過百濟國之日，百濟人探以掠取。是以不得上。"於是羣臣議之曰："夫使人雖死之，不失旨。是使矣，何怠之，失大國之書哉！"則坐流刑。時天皇勅之曰："妹子雖有失書之罪，輙不可罪。其大國客等聞之，亦不良。"乃赦之不坐也。

秋八月辛丑朔癸卯，唐客入京。是日，遣餝〔五〕騎七十五疋，而迎唐客於海石榴市衢。額田部連比羅夫以告禮辞焉。

壬子，召唐客於朝庭，令奏使旨。時阿倍鳥臣、物部依網連抱，

〔一〕原作"堀"，據小學館本改。
〔二〕原作"師"，據小學館本校改。
〔三〕小學館本作"飾"。
〔四〕"烏"字原缺，據小學館本補。
〔五〕小學館本作"飾"。

二人爲客之導者也。於是大唐之國信物，置於庭中。時使主裴世清親持書，兩度再拜，言上使旨而立之。其書曰："皇帝問倭皇，使人長吏大禮蘇因高等至具懷。朕欽承寶命，臨仰區宇。思弘德化，覃被含靈。愛育之情，無隔遐邇。知皇介[一]居海表，撫寧民庶，境内安樂，風俗融和。深氣至誠，遠脩朝貢，丹款之美，朕有嘉焉。稍暄，比如常也。故遣鴻臚寺掌客裴世清等，指[二]宣往意，并送物如別。"時阿倍臣出進，以受其書而進行。大伴囓連迎出承書，置於大門前机上而奏之，事畢而退焉。是時，皇子、諸王、諸臣，悉以金髻華著頭，亦衣服皆用錦紫繡織及五色綾羅。一云，服色皆用冠色。

丙辰，饗唐客等於朝。

九月辛未朔乙亥，饗客等於難波大郡。

辛巳，唐客裴世清罷歸。則復以小野妹子臣爲大使，吉士雄成爲小使，福利爲通事，副于唐客而遣之。爰天皇聘唐帝，其辭曰："東天皇敬白西皇帝。使人鴻臚寺掌客裴世清等至，久憶方解。季秋薄冷，尊何如？想清念[三]，此即如常。今遣大禮蘇因高、大禮乎那利等往。謹白，不具。"

是時遣於唐國學生倭漢直福因、奈羅譯語惠明、高向漢人玄理、新漢人大國，學問僧新漢人日文、南淵漢人請安、志賀漢人惠[四]隱、新[五]漢人廣濟等，并八人也。

是歲，新羅人多化來。

十七年夏四月丁酉朔庚子，筑紫大宰奏上言："百濟僧道欣、惠彌爲首一十人，俗人[六]七十五人，泊于肥後國葦北津。"是時遣難波吉士德摩呂、船史竜，以問之曰："何來也？"對曰："百濟王命，以遣於吴國。其國有亂不得入，更返於本鄉。忽逢暴風，漂蕩海中。

〔一〕原作"命"，據小學館本校改。
〔二〕原作"稍"，據校本改。
〔三〕小學館本校改作"悆"。
〔四〕小學館本校改作"慧"。
〔五〕"新"字原缺，據小學館本校補。
〔六〕"人"字小學館本校删。

然有大幸，而泊于聖帝之邊境，以歡喜。”

五月丁卯朔壬午，德摩呂等復奏之。則返德摩呂、竜二人，而副百濟人等，送本國。至于對馬，以道人等十一，皆請之欲留。乃上表而留之，因令住元興寺。

秋九月，小野臣妹子至自大唐，唯通事福利不來。

十八年春三月，高麗王貢上僧曇徵、法定。曇徵知五經，且能作彩色及紙墨，并造碾磑。蓋造碾磑，始于是時歟。

秋七月，新羅使人沙㖨部奈末〔一〕竹世士〔二〕，與任那使人㖨部大舍首智買，到于筑紫。

九月，遣使召新羅、任那使人。

冬十月己丑朔丙申，新羅、任那使人臻於京。是日，命額田部連比羅夫，爲迎新羅客莊馬之長。以膳臣大伴，爲迎任那客莊馬之長。即安置阿斗河邊館。

丁酉，客等拜朝庭。於是命秦造河勝、土部連菟，爲新羅導者。以間人連鹽蓋、阿閇〔三〕臣大籠，爲任那導者。共引以自南門入之，立于庭中。時大伴咋連、蘇我豐浦蝦夷臣、坂本糠手臣、阿倍鳥子臣，共自位起之，進伏于庭。於是兩國客等各再拜，以奏使旨。乃四大夫起進，啓於大臣。時大臣自位起，立廳前而聽焉。既而賜禄諸客，各〔四〕有差。

乙巳，饗使人等於朝。以河内漢直贄爲新羅共食者，錦織首久僧爲任那共食者。

辛亥，客禮畢，以歸焉。

十九年夏五月五日，藥獵〔五〕於菟〔六〕田野。取鷄鳴時集于藤原池上，以會明乃往之。粟田細目臣爲前部領，額田部比羅夫連爲後部

〔一〕原作“未”，據小學館本校改。
〔二〕原作“土”，據小學館本校改。
〔三〕小學館本作“閉”。
〔四〕“各”字原缺，據小學館本校補。
〔五〕校本作“獵”。
〔六〕原作“兔”，據小學館本改。

領。是日，諸臣服色，皆隨冠色，各著髻華。則大德、小德並用金，大仁、小仁用豹尾，大禮以下用鳥尾。

秋八月，新羅遣沙㖨部奈末〔一〕北叱智，任那遣習部大舍親智周智，共朝貢。

二十年春正月辛巳朔丁亥，置酒宴羣卿。是日，大臣上壽歌曰：

夜須彌志斯。和餓於朋耆彌能。訶句理摩須。阿摩能椰蘇訶礙。異泥多多須。彌蘇羅烏彌禮磨〔二〕。豫呂豆余珥。訶勾志茂餓茂。知余珥茂。訶句志茂餓茂〔三〕。訶之胡彌弖。菟〔四〕伽陪摩都羅武。烏呂餓彌弖。菟伽陪摩都羅武。宇多豆紀摩都流。〔五〕

天皇和曰：

摩蘇餓豫。蘇餓能古羅破。宇摩奈羅摩〔六〕。辟〔七〕武伽能古摩。多智奈羅磨。句禮能摩差比。宇倍之訶茂。蘇餓能古羅烏。於朋枳彌能。菟伽破須羅志枳。〔八〕

二月辛亥朔庚午，改葬皇太〔九〕夫人堅鹽媛於檜隈大陵。〔一〇〕是日，誄於輕街。第一〔一一〕，阿倍內臣鳥誄天皇之命，則奠靈。明器、明衣之

〔一〕原作“未”，據小學館本校改。

〔二〕小學館本校改作“麼”。後歌同。

〔三〕原文此處“知余珥茂訶句志茂餓茂”重出，據小學館本校删。

〔四〕原作“兔”，據小學館本校改。本歌後同，後歌同。

〔五〕[102]やすみしし　わがおほきみの　かくります　あまのやそかげ　いでたたす　みそらをみれば　よろづよに　かくしもがも　ちよにも　かくしもがも　かしこみて　つかへまつらむ　をろがみて　つかへまつらむ　うたづきまつる。略譯：“我之大君，臨八十蔭。出而視之，觀彼青空。千代而臨，萬代而臨。事君以畏，事君以崇，以歌以詠。”

〔六〕小學館本校改作“麼”。

〔七〕小學館本校改作“譬”。

〔八〕[103]まそがよ　そがのこらは　うまならば　ひむかのこま　たちならば　くれのまさひ　うべしかも　そがのこらを　おほきみの　つかはすらしき。略譯：“美哉蘇我，蘇我之子。馬則日向，太刀則吴。蘇我之子也，維大君之使也！”

〔九〕原作“大”，據校本改。

〔一〇〕原文此處有“弟一”二字，據小學館本校删。

〔一一〕原作“弟”，據校本改。本段後同。

類，萬五千種也。第二，諸皇子等以次第各誄之。第三，中臣宮地連烏摩侶誄大臣之辞。第四，大臣引率八腹臣等，便以境部臣摩理勢，令誄氏姓之本矣。時人云，摩理勢、烏摩侶二人能誄，唯烏臣不能誄也。

夏五月五日，藥獵〔一〕之。集于羽田，以相連參趣於朝。其裝束如菟田之獵。

是歲，自百濟國有化來者。其面身皆斑〔二〕白，若有白癩者乎。惡其異於人，欲棄海中嶋。然其人曰:“若惡臣之斑皮者，白斑牛馬不可畜於國中。亦臣有小才，能構山岳之形。其留臣而用，則爲國有利。何空之弃海嶋耶?”於是聽其辞以不棄，仍令構須彌山形及吴橋於南庭。時人號其人曰路子工，亦名芝耆摩呂。

又百濟人味摩之歸化曰:“學于吴，得伎樂儛。”則安置櫻井，而集少年，令習伎樂儛。於是真野首弟子、新漢齊文二人，習之傳其儛。此今大市首、辟田首等祖也〔三〕。

二十一年冬十一月，作掖上池、畝傍池、和珥池。又自難波至京置大道。

十二月庚午朔，皇太子遊〔四〕行於片岡。時飢者臥道垂。仍問姓名，而不言。皇太子視之，與飲食。即脱衣裳覆飢者，而言:“安臥也。”則歌之曰:

斯那提流。箇多烏箇夜摩爾。伊比爾惠弖。許夜勢屢。諸能多比等阿波禮。於夜那斯爾。那禮奈理鷄迷夜。佐須陀氣能。枳彌波夜那祇。伊比爾惠弖。許夜勢留。諸能多比等阿波禮。〔五〕

〔一〕校本作“獵”。
〔二〕原作“班”，據校本改。本段後同。
〔三〕“此今大市首辟田首等祖也”一句原缺，據小學館本校補。
〔四〕原作“逝”，據校本改。
〔五〕104 しなてる　かたをかやまに　いひにゑて　こやせる　そのたひとあはれ　おやなしに　なれなりけめや　さすたけの　きみはやなき　いひにゑて　こやせる　そのたひとあはれ。略譯:“片岡山兮，田人飢而臥也。生而無親乎? 亦無其主君乎? 田人飢而臥也!”

辛未，皇太子遣使令視飢者。使者還來之曰：“飢者既死。”爰皇太子大悲之。則因以葬埋於當處，墓固封也。數日之後，皇太子召近習[一]者，謂之曰：“先日卧于道飢者，其非凡人，[二]必真人也。”遣使令視。於是使者還來之曰：“到於墓所而視之，封埋勿動。乃開以見，屍骨既空，唯衣服疊置棺上。”於是皇太子復返使者，令取其衣，如常且服矣。時人大異之曰：“聖之知聖，其實哉！”逾惶。

二十二年夏五月五日，藥獦[三]也。

六月丁卯朔己卯，遣犬上君[四]御田鍬、矢田部造闕名。於大唐。

秋八月，大臣卧病。爲大臣而男女并一千人出家。

二十三年秋九月，犬上君御田鍬、矢田部造，至自大唐。百濟使則從犬上君而來朝。

十一月己丑朔庚寅，饗百濟客矣。

癸卯，高麗僧惠[五]慈歸于國。

二十四年春正月，桃李實之。

三月，掖玖人三口歸化。

夏五月，夜句人七口來之。

秋七月，亦掖玖人二十口來之。先後并三十人，皆安置於朴井。未及還，皆死焉。

秋七月，新羅遣奈末[六]竹世士[七]，貢佛像。

二十五年夏六月，出雲國言：“於神戶郡有瓜，大如缶。”

是歲，五穀登之。

二十六年秋八月癸酉朔，高麗遣使貢方物。因以言：“隋煬帝興三十萬衆攻我，返之爲我所破。故貢獻俘虜貞公、普通二人，及鼓

〔一〕原文此處有“先”字，據小學館本刪。
〔二〕原文此處有“爲”字，據小學館本刪。
〔三〕校本作“獵”。
〔四〕“君”字原缺，據小學館本補。
〔五〕小學館本校改作“慧”。
〔六〕原作“未”，據小學館本校改。
〔七〕原作“土”，據校本改。

吹、弩、抛[一]石之類十物，并土物、駱駝[二]一疋。”

是年，遣河邊臣闕名。於安藝國，令造舶。至山覓舶材，便得好材，以名將伐。時有人曰:“霹靂木也。不可伐。”河邊臣曰:“其雖雷神，豈逆皇命耶?”多祭幣帛，遣人夫令伐，則大雨雷電之。爰河邊臣案劒曰:“雷神無犯人夫，當傷我身!”而仰待之。雖十餘霹靂，不得犯河邊臣。即化少魚，以挾樹枝，即取魚焚之。遂脩理其舶。

二十七年夏四月己亥朔壬寅，近江國言:“於蒲生河有物，其形如人。”

秋七月，攝津國有漁父，沈罟於堀江。有物入罟，其形如兒。非魚非人，不知所名。

二十八年秋八月，掖玖人二口流來於伊豆嶋。

冬十月，以砂礫葺檜隈陵上，則域外積土成山。仍每氏科之，建大柱於土山上。時倭漢坂上直樹柱，勝之太[三]高，故時人号之曰大柱直也。

十二月庚寅朔，天有赤氣，長一丈餘，形似雉[四]尾。

是歲，皇太子、嶋大臣共議之，録天皇記及國記，臣、連、伴造、國造、百八十部并公民等本記。

二十九年春二月己丑朔癸巳，半夜，厩戸豐聰耳皇子命薨于斑[五]鳩宮。是時諸王、諸臣及天下百姓，悉長老如失愛兒，而鹽酢之味在口不嘗。少幼者如亡慈父母，以哭泣之聲滿於行路。乃耕夫止耜[六]，舂女不杵。皆曰[七]:“日月失輝，天地既崩。自今以後，誰恃哉!”

是月，葬上宮太子於磯長陵。當是時，高麗僧惠[八]慈聞上宮皇

〔一〕原作“抛”，據小學館本校改。
〔二〕原作“駞”，據校本改。
〔三〕原作“大”，據小學館本改。
〔四〕原作“碓”，據小學館本校改。
〔五〕原作“班”，據校本改。
〔六〕原作“耕”，據小學館本改。
〔七〕“曰”字原缺，據小學館本補。
〔八〕小學館本校改作“慧”。本段後同。

太子薨，以大悲之，爲皇太子請僧而設齋[一]。仍親說經之日，誓願曰："於日本國有聖人，曰上宫豐聰耳皇子。固天攸[二]縱，以玄聖之德生日本之國。苞貫三統，纂先聖之宏猷。恭敬三寶，救黎元之厄。是實大[三]聖也。今太子既薨之，我雖異國，心在斷金。其獨生之，有何益矣！我以來年二月五日必死。因以遇上宫太子於淨土，以共化衆生。"於是惠慈當于期日而死之。是以時人之彼此共言："其獨非上宫太子之聖，惠慈亦聖也。"

是歲，新羅遣奈末[四]伊彌買朝貢，仍以表書奏使旨。凡新羅上表，蓋始起于此時歟。

三十一年秋七月，新羅遣大使奈末[五]智洗爾，任那遣達率奈末智，並來朝。仍貢佛像一具，及金塔并舍利，且大觀頂幡一具、小幡十二條。即佛像居於葛野秦寺。以餘舍利、金塔、觀頂幡等，皆納于四天王寺。

是時，大唐學問者僧惠齊[六]、惠光，及醫惠日、福因等，並從智洗爾等來之。於是惠日等共奏聞曰："留于唐國學者，皆學以成業，應喚。且其大唐國者，法式備定珍國也。常須達。"

是歲，新羅伐任那，任那附新羅。於是天皇將討新羅，謀及大臣，詢于羣卿。田中臣對曰："不可急討。先察狀，以知逆，後擊之不晚也。請試遣使，覩其消息。"中臣連國曰："任那是元我內官家。今新羅人伐而有之，請戒戎旅，征伐新羅，以取任那附百濟。寧非益有于新羅乎？"田中臣曰："不然。百濟是多反覆之國，道路之間尚詐之。凡彼所請，皆非之。故不可附百濟。"則不果征焉。

爰遣吉士[七]磐金於新羅，遣吉士倉下於任那，令問任那之事。

〔一〕原作"齊"，據校本改。
〔二〕原作"欣"，據小學館本校改。
〔三〕原作"太"，據小學館本改。
〔四〕原作"未"，據小學館本校改。
〔五〕原作"未"，據小學館本校改。本句後同。
〔六〕原作"濟"，據校本改。
〔七〕原作"土"，據校本改。

時新羅國主遣八大夫，啓新羅國事於磐金，且啓任那國事於倉下。因約曰："任那小國，天皇附庸。何新羅輙有之？隨常定內官家，願無煩矣。"則遣[一]奈末[二]智洗遲副於吉士磐金，復以任那人達率奈末遲副於吉士倉下。仍貢兩國之調。然磐金等未及于還，即年以大德境部臣雄摩侶、小德中臣連國爲大將軍，以小德河邊臣禰受、小德物部依網連乙等、小德波多臣廣庭、小德近江脚身臣飯盖、小德平群臣宇志、小德大伴連、闕名。小德大宅臣軍爲副將軍，率數萬衆，以征討新羅。時磐金等共會於津，將發船，以候風波。於是船師滿海多至，兩國使人望瞻之愕然，乃還留焉。更代堪遲大舍[三]，爲任那調使而貢上。於是磐金等相謂之曰："是軍起之，既違前期。是以任那之事，今亦不成矣。"則發船而渡之。唯將軍等始到任那而議之，欲襲新羅。於是新羅國王[四]聞軍多至，而豫慴之請服。時將軍等共議以上表之。天皇聽矣。

冬十一月，磐金、倉下等至自新羅。時大臣問其狀。對曰："新羅奉命，以驚懼之。則並差專使，因以貢兩國之調。然見船師至，而朝貢使人更還耳。但調猶貢上。"爰大臣曰："悔乎，早遣師矣！"時人曰："是軍事者，境部臣、阿曇連，先多得新羅幣物之故，又勸大臣。是以未待使旨，而早征伐耳。"

初，磐金等渡新羅之日，比及津，莊船一艘迎於海浦。磐金問之曰："是船者何國迎船？"對曰："新羅船也。"磐金亦曰："曷無任那之迎船？"即時更爲任那加一船。其新羅以迎船二艘，始于是時歟。

自春至秋，霖雨大水，五穀不登焉。

三十二年夏四月丙午朔戊申，有一僧，執斧毆祖父。時天皇聞之，召大臣，詔之曰："夫出家者，賴[五]歸三寶，具懷戒法。何無懺

〔一〕"遣"字原缺，據小學館本補。
〔二〕原作"未"，據小學館本校改。本句後同。
〔三〕原作"倉"，據小學館本校改。
〔四〕小學館本作"主"。
〔五〕小學館本校改作"頓"。

忌，輙犯惡逆？今朕聞，有僧以毆祖父。故悉聚諸寺僧尼，以推問之。若事實者，重罪之。”於是集諸僧尼而推之。則惡逆僧及諸僧[一]尼並將罪。於是百濟觀勒[二]僧表上以言：“夫佛法自西國至于漢，經三百歲。乃傳之至於百濟國，而僅一百年矣。然我王聞日本天皇之賢哲，而貢上佛像及内典，未滿百歲。故當今時，以僧尼未習法律，輙犯惡逆。是以諸僧尼惶懼，以不知所如。仰願其除惡逆者以外僧尼[三]，悉赦而勿罪，是大功德也。”天皇乃聽之。

戊午，詔曰：“夫道人尚犯法，何以誨俗人？故自今已後，任僧正、僧都，仍應檢校[四]僧尼。”

壬戌，以觀勒僧爲僧正，以鞍部德積爲僧都。即日，以阿曇連闕名。爲法頭。

秋九月甲戌朔丙子，校[五]寺及僧尼，具録其寺所造之緣，亦僧尼入道之緣，及度之年月日也。當是時，有寺四十六所，僧八百十六人，尼五百六十九人，并一千三百八十五人。

冬十月癸卯朔，大臣遣阿曇連、闕名。阿倍臣摩侶二臣，令奏于天皇曰：“葛城縣者，元臣之本居也，故因其縣爲姓名。是以冀之，常得其縣，以欲爲臣之封縣。”於是天皇詔曰：“今朕則自蘇我[六]出之，大臣亦爲朕舅也。故大臣之言，夜言矣夜不明，日言矣[七]日不晚，何辞不用？然今當[八]朕之世，頓失是縣，後君曰‘愚癡婦人臨天下，以頓亡其縣’，豈獨朕不賢耶？大臣亦不忠。是後葉之惡名。”則不聽。

三十三年春正月壬申朔戊寅，高麗王貢僧惠灌。仍任僧正。

〔一〕“僧”字原缺，據小學館本補。
〔二〕“觀勒”，原作“觀勤”，小學館本作“勸勒”。從大系本。後同。
〔三〕“尼”字原缺，據小學館本補。
〔四〕“檢校”原作“撿挍”，據小學館本改。
〔五〕原作“挍”，據小學館本改。
〔六〕小學館本校改作“何”。
〔七〕此處原有“則”字，據小學館本删。
〔八〕小學館本校删“當”字。

三十四年春正月，桃李華之。

三月，寒以霜降。

夏五月戊子朔丁未，大臣薨。仍葬于桃原墓。大臣則稻目宿禰之子也。性有武略，亦有辨才。以恭敬三寶，家於飛鳥河之傍。乃庭中開小池，仍興小嶋於池中，故時人曰嶋大臣。

六月，雪也。

是歲，自三月至七月，霖雨。天下大飢之。老者噉草根而死于道垂，幼者含乳以母子共死。又強盜竊盜並大起之，不可止。

三十五年春二月，陸奧國有狢化〔一〕人以歌之。

夏五月，有蠅聚集，其凝累十丈之浮虚以越信濃坂，鳴音如雷，則東至上野國而自散。

三十六年春二月戊寅朔甲辰，天皇臥病。

三月丁未朔戊申，日有蝕盡之。

壬子，天皇病甚之，不可諱。則召田村皇子謂之曰："昇天位而經綸鴻基，馭萬機以亨育黎元，本非輒言，恒之所重。故汝慎以察之，不可輒言。"即日，召山背大兄，教之曰："汝肝稚之。若雖心望，而勿諠言。必待羣言以宜從。"

癸丑，天皇崩之。時年七十五。即殯於南庭。

夏四月壬午朔辛卯，雹零，大如桃子。

壬辰，雹零，大如李子。自春至夏，旱之。

秋九月己巳朔戊子，始起天皇喪〔二〕禮。是時羣臣各誄於殯宮。先是天皇遺詔於群臣曰："比年五穀不登，百姓大〔三〕飢。其爲朕興陵，以勿厚葬。便宜葬于竹田皇子之陵。"

壬辰，葬竹田皇子之陵。

日本書紀卷第二十二　終

〔一〕原作"比"，據校本改。
〔二〕原作"哀"，據小學館本校改。
〔三〕原作"太"，據校本改。

日本書紀　卷第二十三

息長足日廣額天皇　舒明天皇

息長足日廣額天皇，渟中倉太珠敷天皇孫，彦人大兄皇子之子也。母曰糠手姬皇女。

豐御食炊屋姬天皇二十九年，皇太子豐聰耳尊薨。而未立皇太子。

以三十六年三月，天皇崩。

九月，葬禮畢之，嗣位未定。當是時，蘇我蝦夷臣爲大臣。獨欲定嗣位，顧畏羣臣不從，則與阿倍麻吕臣議，而聚群臣，饗於大臣家。食訖將散，大臣令阿倍臣語羣臣曰:“今天皇既崩，無嗣。若急不計，畏有亂乎？今以詎王爲嗣？天皇卧病之日，詔田村皇子曰:‘天下大任，本非輙言。爾田村皇子，慎以察之，不可緩。’次詔山背大兄王曰:‘汝獨莫誼讙，必從羣言，慎以勿違。’則是天皇遺言焉。今誰爲天皇？”時群臣嘿之無答。亦問之，非答。強且問之。於是大伴鯨連進曰:“既從天皇遺命耳。更不可待羣言。”阿倍臣則問曰:“何謂也？開其意。”對曰:“天皇曷思歟？詔田村皇子曰‘天下大任也，不可緩’。因此而言，皇位既定。誰人異言？”時采女臣摩禮志、高向臣宇摩、中臣連彌氣、難波吉士身刺四臣曰:“隨大伴連言，更無異。”許勢臣大摩吕、佐伯連東人、紀臣鹽手三人進曰:“山背大兄王，是宜爲天皇。”唯蘇我倉摩吕臣更名雄當。獨曰:“臣也當時不得便言。更思之後啓。”爰大臣知羣臣不和，而不能成事，退之。

先是，大臣獨問境部摩理勢臣曰:“今天皇崩，無嗣。誰爲天皇？”對曰：“舉山背大兄爲天皇。”

是時，山背大兄居於斑[一]鳩宮，漏聆是議。即遣三國王、櫻井臣和慈古二人，密謂大臣曰：“傳聞之，叔父以田村皇子欲爲天皇。我聞此言，立思矣，居思矣，未得其理。願分明欲知叔父之意。”

於是大臣得山背大兄之告，而不能獨對。則喚阿倍臣、中臣連、紀臣、河邊臣、高向臣、采女臣、大伴連、許勢臣等，仍曲舉山背大兄之語。既而便且謂大夫等曰：“汝大夫等共詣於斑鳩宮，當啓山背大兄王曰：‘賤臣何之獨輙定嗣位？唯舉天皇之遺詔，以告于群臣。群臣並言：如遺言，田村皇子自當嗣位。更詎異言？是羣卿言也，特非臣心。但雖有臣私意，而惶之不得傳啓，乃面日親啓焉。’”

爰羣大夫等，受大臣之言，共詣於斑鳩宮，使三國王、櫻井臣，以大臣之辞啓於山背大兄[二]。時大兄王使傳問羣大夫等曰：“天皇遺詔，奈之何？”對曰：“臣等不知其深。唯得大臣語狀稱，天皇卧病之日，詔田村皇子曰：‘非輕輙言來國政。是以爾田村皇子，慎以言之，不可緩。’次詔大兄王曰：‘汝肝稚，而勿諠言。必宜從群臣[三]言。’是乃近侍諸女王及采女等悉知之，且大王所察。”

於是大兄王且令問之曰：“是遺詔也，專誰人聆焉？”答曰：“臣等不知其密。”既而更亦令告羣大夫等曰：“愛之叔父勞思，非一介之使，遣[四]重臣等而教覺，是大恩也。然今群卿所導天皇遺命者，小小違我之所聆。吾聞天皇卧病，而馳上之，侍于門下。時中臣連彌氣自禁省出之曰：‘天皇命以喚之。’則參進向于閤門。亦栗隈采女黑女迎於庭中，引入大殿。於是近習者栗下女王爲首，女孺鮪女等八人，并數十人，侍於天皇之側，且田村皇子在焉。時天皇沈病，不能覩我。乃栗下女王奏曰：‘所喚山背大兄王參赴。’即天皇起臨之，詔曰：‘朕以寡薄，久勞大業。今曆運將終，以病不可諱。故汝

〔一〕原作“班”，據校本改。後同。
〔二〕“兄”字原缺，據小學館本校補。
〔三〕“臣”字原缺，據小學館本校補。
〔四〕原作“遺”，據小學館本校改。

本爲朕之心腹，愛寵之情，不可爲比。其國家大基，是非朕世，自本務之。汝雖肝稚，慎以言。’乃當時侍之近習者，悉知焉。故我蒙是大恩，而一則以懼，一則[一]以悲。踴躍歡喜，不知所如。仍以爲，社稷宗廟，重事也。我眇少以不賢，何敢當焉？當是時，思欲語叔父及羣卿等。然未有可導之時，於今非言耳。吾[二]曾將訊叔父之病，向京而居豐浦寺。是日，天皇遣八口采女鮪女，詔之曰：‘[三]汝叔父大臣常爲汝愁言，百歲之後，嗣位非當汝乎？故慎以自愛矣。’既分明有是事，何疑也？然我豈餮天下，唯顯聆事耳，則天神地祇共證之。是以冀正欲知天皇之遺勅。亦大臣所遣群卿者，從來如嚴矛嚴矛，此云伊箇之保[四]虛。取中事，而奏請人等也。故能宜白叔父。”

既而泊瀨仲王別喚中臣連、河邊臣，謂之曰：“我等父子，並自蘇我出之，天下所知。是以如高山恃之。願嗣位勿輙言。”則令三國王、櫻井臣，副羣卿而遣之曰：“欲聞還言。”時大臣遣紀臣、大伴連，謂三國王、櫻井臣曰：“先日言訖，更無異矣。然臣敢之輕誰王也，重誰王也？”

於是數日之後，山背大兄亦遣櫻井臣，告大臣曰：“先日之事，陳聞耳。寧違叔父哉？”是日大臣病動，以不能面言於櫻井臣。明日，大臣喚櫻井臣，即遣阿倍臣、中臣連、河邊臣、小墾田臣、大伴連，啓山背大兄言：“自磯城嶋宮御宇天皇之世及近世者，羣卿皆賢哲也。唯今臣不賢，而遇當乏人時，誤居群臣上耳。是以不得定基。然是事重也，不能傳導。故老臣雖勞，面啓之。其唯不誤遺勅者也，非臣私意。”

既而大臣傳阿倍臣、中臣連，更問境部臣曰：“誰王爲天皇？”對曰：“先是大臣親問之日，僕啓既訖之。今何更亦傳以告耶？”乃大忿而起行之。適是時，蘇我氏諸族等悉集，爲嶋大臣造墓，而次

〔一〕小學館本作“即”。
〔二〕小學館本作“我”。
〔三〕此處原有“爲”字，據小學館本校删。
〔四〕小學館本校改作“倍”。

于墓所。爰摩理勢臣壞墓所之廬，退蘇我田家而不仕。時大臣慍之，遣身狹〔一〕君勝牛、錦織首赤猪，而誨曰："吾知汝言之非，以干支〔二〕之義，不得害。唯他非汝是，我必忤他從汝。若他是汝非，我當乖汝從他。是以汝遂有不從者，我與汝有瑕，則國亦亂。然乃後生言之，吾二人破國也，是後葉之惡名焉。汝慎以勿起逆心。"然猶不從，而遂赴于斑鳩，住於泊瀨王宮。

於是大臣益怒，乃遣羣卿，請于山背大兄曰："頃〔三〕者摩理勢違臣，匿於泊瀨王宮。願得摩理勢，欲推其所由。"爰大兄王答曰："摩理勢素聖皇所好，而暫來耳。豈違叔父之情耶？願勿瑕。"則謂摩理勢曰："汝不忘先王之恩而來，甚愛矣。然其因汝一人，而天下應亂。亦先王臨没〔四〕，謂諸子等曰：'諸惡莫作，諸善奉行。'余承斯言，以爲永戒。是以雖有私情，忍以無怨。復我不能違叔父。願自今以後，勿憚改意。從群，而無退。"是時大夫等且誨摩理勢臣之曰："不可違大兄王之命。"於是摩理勢臣進無所歸，乃泣哭更還之。居於家十餘〔五〕日，泊瀨王忽發病薨。

爰摩理勢臣曰："我生之誰恃矣！"大臣將殺境部臣，而興兵遣之。境部臣聞軍至，率仲子阿椰，出于門，坐胡床而待。時軍至，乃令來目物部伊區比以絞之，父子共死，乃埋同處。唯兄子毛津，逃匿于尼寺瓦舍，即姧一二尼。於是一尼嫉妬令顯，圍寺將捕，乃出之入畝傍山。因以探山，毛津走無〔六〕所入，刺頸而死山中。時人歌曰：

于泥備椰摩。虛多智于須家苫〔七〕。多能彌介茂。氣菟能和區吴

〔一〕"身狹"原作"狹身"，據小學館本校改。
〔二〕原作"支"，據校本改。
〔三〕原作"項"，據校本改。
〔四〕原作"設"，據小學館本校改。
〔五〕小學館本作"余"。
〔六〕"無"原作"無無"，據小學館本校改。
〔七〕小學館本校改作"苔"。

能。虚茂邏勢利祁牟。〔一〕

元年春正月癸卯朔丙午，大臣及羣卿共以天皇之璽印，獻於田村皇子。則辞之曰："宗廟重事矣。寡人不賢，何敢當乎？"群臣伏固請曰："大王先朝鍾愛，幽顯屬心。宜纂皇綜，光臨億兆。"即日，即天皇位。

夏四月辛未朔，遣田部連闕名。於掖玖。是年也，太歲己丑。

二年春正月丁卯朔戊寅，立寶皇女爲皇后。后生二男一女，一曰葛城皇子，近江大津宮御宇天皇。二曰間人皇女，三曰大海皇子。淨御原宮御宇天皇。夫人蘇我嶋大臣女法提郎媛，生古人皇子。更名大兄皇子。又娶吉備國蚊屋采女，生蚊屋皇子。

三月丙寅朔，高麗大使宴子拔、小使若德，百濟大使恩率素子、小使德率武德，共朝貢。

秋八月癸巳朔丁酉，以大仁犬上君三田耜、大仁藥師惠日，遣於大唐。

庚子，饗高麗、百濟客於朝。

九月癸亥朔丙寅，高麗、百濟客歸于國。

是月，田部連等至自掖玖。

冬十月壬辰朔癸卯，天皇遷於飛鳥岡傍，是謂岡本宮。

是歲，改脩理難波大郡及三韓館。

三年春二月辛卯朔庚子，掖玖人歸化。

三月庚申朔，百濟王義慈入王子豐章爲質。

秋九月丁巳朔乙亥，幸于攝〔二〕津國有間溫湯。

冬十二月丙戌朔戊戌，天皇至自溫湯。

四年秋八月，大唐遣高表仁，送三田耜，共泊于對馬。是時學問僧靈雲、僧旻及勝鳥養，新羅送使等從之。

〔一〕[105] うねびやま　こたちうすけど　たのみかも　けつのわくごの　こもらせりけむ。略譯："畝傍之木，一何少兮！毛津之子，何能籠兮？"

〔二〕"攝"字小學館本校刪。

冬十月辛亥朔甲寅，唐國使人高表仁等，到[一]于難波津。則遣大伴連馬養，迎於江口。船卅[二]二艘及鼓、吹、旗幟，皆具整餝[三]。便告高表仁等曰："聞天子所命之使到于天皇朝，迎之。"時高表仁對曰："風寒之日，餝[四]整船艘，以賜迎之，歡愧也。"於是令難波吉士小槻、大河内直矢伏爲導者，到館前。乃遣伊岐史乙等、難波吉士八牛，引客等入於館。即日給神酒。

五年春正月己卯朔甲辰，大唐客高表仁等歸國。送使吉士雄摩呂、黑麻呂等，到對馬而還之。

六年秋八月，長星見南方，時人曰彗[五]星。

七年春正[六]月，彗[七]星廻[八]見于東。

夏六月乙丑朔甲戌，百濟遣達率柔等朝貢。

秋七月乙未朔辛丑，饗百濟客於朝。

是月，瑞蓮生於劒池，一莖二花。

八年春正月壬辰朔，日蝕。

三月，悉劾姧采女者，皆罪之。是時三輪君小鷦鷯苦其推鞫[九]，刺[一〇]頸而死。

夏五月，霖雨大水。

六月，災岡本宫。天皇遷居田中宫。

秋七月己丑朔，大派王謂豐浦大臣曰："群卿及百寮朝參已懈。自今以後，卯始朝之，巳後退之。因以鍾爲節。"然大臣不從。

是歲，大旱，天下飢之。

〔一〕小學館本校改作"泊"。
〔二〕"卅"小學館本作"三十"。
〔三〕小學館本作"飾"。
〔四〕小學館本作"飾"。
〔五〕小學館本校改作"篲"。
〔六〕小學館本校改作"三"。
〔七〕小學館本校改作"篲"。
〔八〕原作"迴"，據校本改。
〔九〕原作"鞠"，據小學館本校改。
〔一〇〕原作"判"，據校本改。

九年春二月丙辰朔戊寅，大星從東流西，便有音似雷。時人曰流星之音，亦曰地雷。於是僧旻僧曰:“非流星，是天狗也。其吠聲似雷耳。”

三月乙丑〔一〕朔丙戌，日蝕之。

是歲，蝦夷叛以不朝。即拜大仁上毛野君形名爲將軍令討。還爲蝦夷見敗，而走入壘，遂爲賊所圍。軍衆悉漏城空之，將軍迷不知所如。時日暮，踰垣欲逃。爰方名君妻歎曰:“慷哉，爲蝦夷將見殺!”則〔二〕謂夫曰:“汝祖等，渡蒼海，跨萬里，平水表政，以威武傳於後葉。今汝頓屈先祖之名，必爲後世見嗤。”乃酌酒，強之〔三〕飲夫，而親佩夫之劍，張十弓，令女人數十俾鳴弦。既而夫更起之，取伏〔四〕仗而進之。蝦夷以爲軍衆猶多，而稍引退之。於是散卒更聚，亦振旅焉。擊蝦夷大敗，以悉虜。

十年秋七月丁未朔乙丑，大風之，折木發屋。

九月，霖雨，桃李華。

冬十月，幸有間溫湯宮。

是歲，百濟、新羅、任那，並朝貢。

十一年春正月乙巳朔壬子，車駕還自溫湯。

乙卯，新嘗。蓋因幸有間，以闕新嘗歟?

丙辰，無雲而雷。

丙寅，大風而雨。

己巳，長星見西北。時旻師曰:“彗星也。見則飢之。”

秋七月，詔曰:“今年，造作大宮及大寺。則以百濟川側〔五〕爲宮處。”是以西民造宮，東民作寺。便以書直縣爲大匠。

秋九月，大唐學問僧惠隱、惠雲，從新羅送使入京。

〔一〕小學館本校改作“酉”。
〔二〕“則”字原缺，據小學館本校補。
〔三〕小學館本此處有“令”字。
〔四〕小學館本“伏”字校刪。
〔五〕原作“測”，據校本改。

冬十一月庚子朔，饗新羅客於朝。因給冠位一級。

十二月己巳朔壬午，幸于伊豫溫湯宮。

是月，於百濟川側建九重塔。

十二年春二月戊辰朔甲戌，星入月。

夏四月丁卯朔壬午，天皇至自伊豫，便居廐坂宮。

五月丁酉朔辛丑，大設齋〔一〕。因以請惠隱僧，令說無量壽經。

冬十月乙丑朔乙亥，大唐學問僧清安、學生高向漢人玄理，傳新羅而至之。仍百濟、新羅朝貢之使共從來之。則各賜爵一級。

是月，徙於百濟宮。

十三年冬十月己丑朔丁酉，天皇崩于百濟宮。

丙午，殯於宮北，是謂百濟大殯。是時東宮開別皇子，年十六而誄之。

日本書紀卷第二十三　終

〔一〕原作"齊"，據小學館本改。

日本書紀　卷第二十四

天豐財重日足姬天皇　皇極天皇

天豐財重日重日，此云伊柯之比。足姬天皇，渟中倉太珠敷天皇曾孫，押坂彦人大兄皇子孫，茅渟王女也。母曰吉備姬王。天皇順考古道，而爲政也。息長足日廣額天皇二年，立爲皇后。

十三年十月，息長足日廣額天皇崩。

元年春正月丁巳朔辛未，皇后即天皇位。以蘇我臣蝦夷爲大臣，如故。大臣兒入鹿更名鞍作。自執國政，威勝於父。由是盜賊恐攝，路不拾遺。

乙酉，百濟使人大仁阿曇連比羅夫，從筑紫國乘驛馬來言："百濟國聞天皇崩，奉遣弔使。臣隨弔使，共到筑紫。而臣望仕於葬，故先獨來也。然其國者今大亂矣。"

二月丁亥朔戊子，遣阿曇山背連比羅〔一〕夫、草壁吉士磐金、倭漢書直縣，遣百濟弔使所，問彼消息。弔使報言："百濟國主謂臣言：'塞上恒作惡之。請付還使，天朝不許。'"百濟弔使傔人等言："去年十一月，大佐平智積卒。又百濟使人擲崐崘使於海裏。今年正月，國主母薨。又弟王子兒翹岐及其母妹女子四人，内佐平岐味，有高名之人卌〔二〕餘，被放於嶋。"

壬辰，高麗使人泊難波津。

〔一〕原作"良"，據小學館本校改。
〔二〕"卌"小學館本作"四十"。

丁未，遣諸大夫於難波郡，檢〔一〕高麗國所貢金銀等并其獻物。使人貢獻既訖，而諮云："去年六月，弟王子薨。秋九月，大臣伊梨柯須彌殺大王，并殺伊梨渠世斯等百八十餘人。仍以弟王子〔二〕兒爲王，以己同姓都須流金流爲大臣。"

戊申，饗高麗、百濟客於難波郡。詔大臣曰："以津守連大海，可使於高麗。以國勝吉士水鷄，可使於百濟。水〔三〕鷄，此云倶比〔四〕那。以草壁吉士真跡，可使於新羅。以坂本吉士長兄，可使於任那。"

庚戌，召翹岐，安置於安〔五〕曇山背連家。

辛亥，饗高麗、百濟客。

癸丑，高麗使人、百濟使人並罷歸。

三月丙辰朔戊午，無雲而雨。

辛酉〔六〕，新羅遣賀騰極使與吊喪使。

庚午，新羅使人罷歸。

是月，霖雨。

夏四月丙戌朔癸巳，太〔七〕使翹岐將其從者拜朝。

乙未，蘇我大臣於〔八〕畝傍家喚百濟翹岐等，親對語話。仍賜良馬一疋、鐵二十鋌。唯不喚塞上。

是月，霖雨。

五月乙卯朔己未，於河内國依網屯倉前，召翹岐等，令觀射獵。

庚午，百濟國調〔九〕使船與吉士船，倶泊于難波津。蓋吉士前奉使於百濟乎？

壬申，百濟使人進調。吉士服命。

〔一〕原作"撿"，據小學館本改。
〔二〕"子"字原缺，據小學館本校補。
〔三〕原作"氷"，據小學館本校改。
〔四〕小學館本校改作"毘"。
〔五〕小學館本校改作"阿"。
〔六〕"辛酉"二字原缺，據小學館本校補。
〔七〕小學館本作"大"。
〔八〕"於"字原缺，據小學館本校補。
〔九〕"調"字原缺，據小學館本校補。

乙亥，翹岐從者一人死去。

丙申[一]，翹岐兒死去。是時翹岐與妻，畏忌兒死，果不臨喪。凡百濟、新羅風俗，有死亡者，雖父母、兄弟、夫婦、姉妹[二]，永不自看。以此而觀，無慈之甚，豈別禽獸？

丁丑，熟稻始[三]見。

戊寅，翹岐將其妻子，移於百濟大井家。乃遣人葬兒於石川。

六月乙酉朔庚子，微雨。

是月，大旱。

秋七月甲寅朔壬戌，客星入月。

乙亥，饗百濟使人大佐平智積等於朝。或本云，百濟使人大佐平智積及兒達率——闕名——恩率軍善。乃命健兒，相撲於翹岐前。智積等宴畢而退，拜翹岐門。

丙子，蘇我臣入鹿豎者，獲白雀子。是日同時，有人以白雀納籠，而送蘇我大臣。

戊寅，羣臣相謂[四]之曰："隨村村祝部所教，或殺牛馬祭諸社神，或頻移市，或禱河伯，既無所效。"蘇我大臣報曰："可於寺寺轉讀大乘經典。悔過如佛所説，敬而祈雨。"

庚辰，於大寺南庭，嚴佛、菩薩像與四天王像，屈請衆僧，讀大乘[五]經等。于時蘇我大臣手執香鑪，燒香發願。

辛巳，微雨。

壬午，不能祈雨。故停讀經。

八月甲申朔，天皇幸南淵河上，跪拜四方，仰天而祈。即雷大雨，遂雨五日，溥潤天下。或本云，五日連雨，九穀登熟。於是天下百姓俱稱萬歲曰至德天皇。

〔一〕小學館本校改作"子"。
〔二〕"姉妹"原作"妹姉"，據小學館本校改。
〔三〕"始"字原缺，據小學館本校補。
〔四〕小學館本校改作"語"。
〔五〕小學館本校改作"雲"。

己丑，百濟使、參官等罷歸，仍賜大舶與同船三艘。同船，母慮紀舟。是日夜半，雷鳴[一]西南角，而風雨。參官等所乘船舶，觸岸而破。

丙申，以小[二]德授百濟質達率長福，中客以下授位一級，賜物各有差。

戊辰[三]，以船賜百濟參官等，發遣。

己亥，高麗使人罷歸。

己酉，百濟、新羅使人罷歸。

九月癸丑朔乙卯，天皇詔大臣曰："朕思欲起造大寺，宜發近江與越之丁。"百濟大寺。復課諸國，使造船舶[四]。

辛未，天皇詔大臣曰："起是月限十二月以來，欲營宮室，可於國國取殿屋材。然東限遠江，西限安藝，發造宮丁。"

癸酉，越邊蝦夷[五]，數千內附。

冬十月癸未朔庚寅，地震而雨。

辛卯，地震。是夜，地震而風。

甲午，饗蝦夷[六]於朝。

丁酉，蘇我大臣設蝦夷[七]於家，而躬慰問。是日，新羅吊使船與賀騰極使船，泊于壹岐[八]嶋。

丙午夜中，地震。

是月，行夏令。無雲而[九]雨。

十一月壬子[一〇]朔癸丑，大雨雷。

〔一〕小學館本此處校補"於"字。
〔二〕原作"少"，據小學館本改。
〔三〕小學館本校改作"戊"。
〔四〕原作"舫"，據小學館本校改。
〔五〕原作"蛦"，據小學館本校改。
〔六〕原作"蛦"，據小學館本校改。
〔七〕原作"蛦"，據小學館本校改。
〔八〕原作"伎"，據校本改。
〔九〕"而"字原缺，據小學館本校補。
〔一〇〕"壬子"二字原缺，據小學館本校補。

丙辰夜半，雷一鳴於西北角。

己未，雷五鳴於西北角。

庚申，天暖如春氣。

辛酉，雨下。

壬戌，天暖如春氣。

甲子，雷一鳴於北方，而風發。

丁卯，天皇御新嘗。是日，皇太子、大臣各自新嘗。

十二月壬午朔，天暖如春氣。

甲申，雷五鳴於晝，二鳴於夜。

甲午，初發息長足日廣額天皇喪。是日，小德巨勢臣德太代大派皇子而誄，次小德粟田臣細目代輕皇子而誄，次小德大伴連馬飼代大臣而誄。

乙未，息長山田公奉誄日嗣。

辛丑，雷三鳴於東北角。

庚寅，雷二鳴於東，而風雨。

壬寅，葬息長足日廣額天皇于滑谷崗〔一〕。是日，天皇遷移於小墾田宮。或本云，遷於東宮南庭之權宮。

甲辰，雷一鳴於夜，其聲若裂。

辛亥，天暖如春氣。

是歲，蘇我大臣蝦夷〔二〕，立己祖廟於葛城高宮，而爲八佾之儛。遂作歌曰：

野麻騰能。飫斯能毗稜栖嗚。倭拖羅務騰。阿庸比拖豆矩梨。舉始豆矩羅符母。〔三〕

又盡發舉國之民，并百八十部曲，預造雙墓於〔四〕今來。一曰大陵，

〔一〕小學館本作“岡”。

〔二〕原作“蛦”，據小學館本校改。

〔三〕106 やまとの　おしのひろせを　わたらむと　あよひたづくり　こしづくらふも。略譯：“大和忍海，渡廣瀨兮。繫彼足結，締腰之帶兮。”

〔四〕“於”字原缺，據小學館本補。

爲大臣墓。一曰小陵，爲入鹿臣墓。望死之後，勿使勞人。更悉聚上宮乳部之民，乳部，此云美父〔一〕。役使營〔二〕兆所。於是上宮大娘姬王發憤而歎曰："蘇我臣專擅國政，多行無禮。天無二日，國無二王。何由任意悉役封民！"自茲結恨，遂取俱亡。是年也，太歲壬寅。

二年春正月壬子朔旦，五色大雲，滿覆於天，而闕於寅。一色青霧，周起於地。

辛酉，大風。

二月辛巳朔庚子，桃華始見。

乙巳，雹傷草木華葉。

是月，風雷雨氷〔三〕。行冬令。國内巫覡等折取枝葉懸掛〔四〕木綿，伺候大臣渡橋之時，爭陳神語入微之說。其巫甚多，不可悉聽。

三月辛亥朔癸亥，災難波百濟客館堂與民家室。

乙亥，霜傷草木華葉。

是月，風雷雨氷。行冬令。

夏四月庚辰朔丙戌，大風而雨。

丁亥，風起天寒。

己亥，西風而雹。天寒，人着緜袍三領。

庚子，筑紫大宰馳驛奏曰："百濟國主兒翹岐弟王子，共調使來。"

丁未，自權宮移幸飛鳥板蓋新宮。

甲辰，近江國言："雹下，其大徑一寸。"

五月庚戌朔乙丑，月有蝕之。

六月己卯朔辛卯，筑紫大宰馳驛奏曰："高麗遣使來朝。"羣卿聞而謂之曰："高麗自己亥年不朝，而今年朝也。"

辛丑，百濟進調船，泊于難波津。

〔一〕原作"文"，據小學館本校改。
〔二〕小學館本校改作"塋"。
〔三〕"雨氷"原作"氷雨"，據小學館本校改。
〔四〕原作"桂"，據小學館本校改。

秋七月己酉朔辛亥，遣數大夫於難波郡，檢[一]百濟國調與獻物。於是大夫問調使曰："所進國調，欠少前例。送大臣物，不改去年所還之色。送羣卿物，亦全不將來。背違前例，其狀何也？"大使達率自斯、副使恩率軍善，俱答諮曰："即今可備。"自斯質達率武子之子。

是月，茨田池水大臭，小虫覆水。其虫口黑而身白。

八月戊申[二]朔壬戌，茨田池水變如藍汁，死虫覆水。溝瀆之流亦復凝結，厚三四寸，大小魚臭如夏爛死。由是不中喫焉。

九月丁丑朔壬午，葬息長足日廣額天皇于押坂陵。或本云，呼廣額天皇爲高市天皇也。

丁亥，吉備嶋皇祖母命薨。

癸巳，詔土師娑婆連猪手，視皇祖母[三]喪。天皇自皇祖母命卧病，及至發喪，不避床側，視養無倦。

乙未，葬皇祖母命于檀弓崗[四]。是日，大雨而雹。

丙午，罷造皇祖母命墓役。仍賜臣、連、伴造帛布，各有差。

是月，茨田池水漸變成白色，亦無臭氣。

冬十月丁未朔己酉，饗賜群臣、伴造於朝堂庭，而議授位之事。遂詔國司："如前所勅，更無改換。宜之厥任，慎爾所治。"

壬子，蘇我大臣蝦夷[五]緣病不朝。私授紫冠於子入鹿，擬大臣位。復呼其弟，曰物部大臣。大臣之祖母，物部弓削大連之妹。故因母財，取威於世。

戊午，蘇我臣入鹿獨謀將廢上宮王等，而立古人大兄爲天皇。于時，有童謠曰：

伊波能杯儞。古佐屢渠梅野俱。渠梅多儞母。多礙底騰哀囉栖。

〔一〕原作"撿"，據小學館本改。

〔二〕"戊申"原作"戊月戊申"，據小學館本校改。

〔三〕小學館本此處校補"命"字。

〔四〕小學館本作"岡"。

〔五〕原作"蛦"，據小學館本校改。後同。

歌麻之之能烏膩。〔一〕

蘇我臣入鹿深忌上宮王等威名振於天下，獨謨僭立。

是月，茨田池水還清。

十一月丙子朔，蘇我臣入鹿遣小德巨勢德太臣、大仁土師娑婆連，掩山背大兄王等於斑〔二〕鳩。或本云，以巨勢德太臣、倭馬飼首爲將軍。於是奴三成與數十舍人，出而拒戰。土師娑婆連中箭而死，軍衆恐退。軍中之人相謂之曰："一人當千，謂三成歟？"山背大兄仍取馬骨，投置內寢，遂率其妃并子弟等，得間逃出，隱膽〔三〕駒山。三輪文屋君、舍人田目連及其女，菟田諸石、伊勢阿部堅經從焉。巨勢德太臣等燒斑鳩宮，灰中見骨，誤謂王死，解圍退去。

由是山背大兄王等，四五日間淹留於山，不得喫飲〔四〕。三輪文屋君進而勸曰："請移向於深草屯倉，從茲乘馬詣東國，以乳部爲本，興師還戰，其勝必矣。"山背大兄王等對曰："如卿所導，其勝必然。但吾情冀，十年不役百姓。以一身之故，豈煩勞萬民？又於後世，不欲民言，由吾之故喪己父母。豈其戰勝之後，方言丈夫哉！夫損身固國，不亦丈〔五〕夫者歟？"

有人遙見上宮王等於山中，還導〔六〕蘇我臣入鹿。入鹿聞而大懼，速發軍旅，述王所在於高向臣國押曰："速可向山，求捉〔七〕彼王。"國押報曰："僕守天皇宮，不敢出外。"入鹿即將自往。于時古人大兄皇子喘息而來問："向何處？"入鹿具說所由。古人皇子曰："鼠伏穴而生，失穴而死。"入鹿由是止行，遣軍將等，求於膽〔八〕駒，竟不能覓。

〔一〕[107]いはのへに　こさるこめやく　こめだにも　たげてとほらせ　かましし のをぢ。略譯："巖之上，小猿燒米。食哉食哉，山羊之小父兮！"
〔二〕原作"班"，據校本改。後同。
〔三〕原作"瞻"，據小學館本校改。
〔四〕小學館本校改作"飯"。
〔五〕原作"大"，據小學館本校改。
〔六〕小學館本校改作"遵"。
〔七〕原作"投"，據小學館本校改。
〔八〕原作"瞻"，據小學館本校改。

於是山背大兄王等自山還入斑鳩寺，軍將等即以兵圍寺。於是山背大兄王使三輪文屋君謂軍將等曰：“吾起兵伐入鹿者，其勝定之。然由一身之故，不欲傷殘百姓。是以吾之一身賜於入鹿。”終與子弟、妃妾，一時自經俱死也。于時五色幡蓋，種種伎樂，照灼於空，臨垂於寺。衆人仰觀稱嘆，遂指示於入鹿。其幡蓋等變爲黑雲，由是入鹿不能得見。

蘇我大臣蝦夷聞山背大兄王等總[一]被亡於入鹿，而嗔罵曰：“噫！入鹿極甚愚癡，專行暴惡。儞之身命，不亦殆乎？”時人説前謠之應曰：“以‘伊波能杯儞’，而喻上宫。以‘古佐屢’，而喻林臣。林臣，入鹿也。以‘渠梅野倶’，而喻燒上宫。以‘渠梅挖[二]儞母。陀礙底騰裒羅栖。柯麻之之能嗚膩’，而喻山背王之頭髮斑[三]雜毛似山羊。”又曰：“棄捨其宫，匿深山相也。”

是歲，百濟太子餘豐以蜜蜂房四枚，放養於三輪山，而終不蕃息。

三年春正月乙亥朔，以中臣鎌子連拜神祇伯。再三固辞不就，稱疾退居三嶋。于時輕皇子患脚不朝。中臣鎌子連曾善於輕皇子，故詣彼宫而將侍宿。輕皇子深識中臣鎌子連之意氣高逸，容止難犯，乃使寵妃阿倍氏，淨掃别殿，高鋪新蓐，靡不具給，敬重特異。中臣鎌子連便感所遇，而語舍人曰：“殊奉恩澤，過前所望。誰能不使王天下耶[四]！”謂充舍人爲駈使也。舍人便以所語，陳於皇子，皇子大悦。

中臣鎌子連爲人忠[五]正，有匡濟心。乃憤蘇我臣入鹿失君臣長幼之序，挾闚闟社稷之權，歷試接[六]王宗之中，而求可立功名哲主。便附心於中大兄，疏然未獲展其幽抱。偶預中大兄於法興寺槻樹之下打毱之侶，而候皮鞋隨毱脱落，取置掌中，前跪恭奉。中大兄對

〔一〕原作“惣”，據小學館本改。
〔二〕原作“拖”，據校本改。
〔三〕原作“班”，據校本改。
〔四〕小學館本校改作“乎”。
〔五〕原作“惠”，據小學館本校改。
〔六〕小學館本此處校補“於”字。

跪敬執。自茲相善，俱述所懷，既無所匿。復恐他嫌頻接，而俱手把黃卷，自學周孔之教於南淵先生所。遂於路上，往還之間，並肩潛圖，無不相協。

於是中臣鎌子連議曰："謀大事者，不如有輔。請納蘇我倉山[一]田麻呂長女爲妃，而成婚姻之昵[二]。然後陳說，欲與計事。成功之路，莫近於茲。"中大兄聞而大悅，曲從所議。中臣鎌子連即自往媒[三]要訖。而長女所期之夜，被偷於族。族，謂身狹臣也。由是倉山田臣憂惶仰臥，不知所爲。少女恠父憂惶，就而問曰："憂惶[四]何也？"父陳其由。少女曰："願勿爲憂。以我奉進，亦復不晚。"父便大悅，遂進其女。奉以赤心，更無所忌。中臣鎌子連舉佐伯連子麻呂、葛城[五]稚犬養連網田於中大兄，曰云云。

三月，休留休留，茅鴟也。産子於豐浦大臣大津宅倉。

倭國言："頃[六]者，菟田郡人押坂直，闕名。將一童子，欣遊雪上。登菟田山，便見紫菌挺雪而生，高六寸餘，滿四町許。乃使童子採取，還示隣家。總[七]言不知，且疑毒物。於是押坂直與童子煮而食之，大有氣味。明日往見，都不在焉。押坂直與童子因[八]喫菌羹，無病而壽。"或人云："蓋俗不知芝草，而妄言菌耶[九]？"

夏六月癸卯朔，大伴馬飼連獻百合華。其莖長八尺，其本異而末連。

乙巳，志紀上郡言："有人於三輪山見猿晝睡，竊執其臂，不害其身。猿猶合眼歌曰：

〔一〕"倉山"原作"山倉"，據小學館本校改。
〔二〕原作"眤"，據小學館本改。
〔三〕原作"謀"，據小學館本校改。
〔四〕原作"悔"，據校本改。
〔五〕原作"木"，據小學館本校改。
〔六〕原作"項"，據校本改。
〔七〕原作"摠"，據小學館本改。
〔八〕小學館本校改作"由"。
〔九〕小學館本校改作"乎"。

武舸都烏爾。陀底屢制羅我。儞古禰〔一〕舉曾。倭我底嗚騰羅每。拖我佐基泥。作基〔二〕泥曾母野。倭我底騰羅須謀野。〔三〕

其人驚恠猿歌，放捨而去。此是經歷數年，上宮王等爲蘇我鞍作圍於膽駒山之兆也。”

戊申，於劍池蓮中，有一莖二萼者。豐浦大臣妄推曰：“是蘇我臣將來〔四〕之瑞也。”即以金墨書，而獻大法興寺丈六佛。

是月，國内巫覡等折取枝葉，懸掛木緜，伺大臣渡〔五〕橋之時，爭陳神語入微之説。其巫甚多，不可具聽。老人等曰：“移風之兆也。”于時有謠歌三首。其一曰：

波魯波魯〔六〕儞〔七〕。渠騰曾枳舉喻屢。之麻能野父播羅。〔八〕

其二曰：

烏智可拖〔九〕能。阿婆〔一〇〕努能枳枳始。騰余謀作儒。倭例播禰始柯騰。比騰曾騰余謀須。〔一一〕

其三曰：

烏麻〔一二〕野始儞。倭例烏比岐例底。制始比騰能。於謀提母始羅孺。伊弊母始羅孺母〔一三〕。〔一四〕

〔一〕小學館本校改作“泥”。

〔二〕“作基”原作“基佐”，大系本作“佐基”。從小學館本。

〔三〕[108] むかつをに　たてるせらが　にこでこそ　わがてをとらめ　たがさきでさきでそもや　わがてとらすもや。略譯：“向峯其人，有柔手兮。孰之裂手，乃執我手兮？”

〔四〕原作“榮”，據校本改。

〔五〕原作“度”，據小學館本校改。

〔六〕“波魯波魯”原作“波波魯魯”，據小學館本校改。

〔七〕原作“爾”，據小學館本改。

〔八〕[109] はろはろに　ことそきこゆる　しまのやぶはら。略譯：“言之雖遙，亦可聞也，島之藪原也。”

〔九〕小學館本作“拕”。

〔一〇〕小學館本校改作“娑”。

〔一一〕[110] をちかたの　あさののきぎし　とよもさず　われはねしかど　ひとそとよもす。略譯：“淺野有雉，鳴而飛兮。潛而寢之，人而噪兮。”

〔一二〕小學館本校改作“麼”。

〔一三〕此處原有“也”字，據小學館本校删。

〔一四〕[111] をばやしに　われをひきれて　せしひとの　おもてもしらず　いへもしらずも。略譯：“誘而入林，既犯我兮。不知其貌，亦不知其家兮。”

秋七月，東國不盡河邊人大生部多，勸祭虫於村里之人曰："此者常世神也。祭此神者，致富與壽。"巫覡等遂詐託於神語曰："祭常世神者，貧人致富，老人還少。"由是加勸捨民家財寶，陳酒陳菜、六畜於路側，而使呼曰："新富入來！"都鄙之人取常世虫置於清座，歌儛求福，棄捨珍財。都無所益，損費極甚。於是葛野秦造河勝，惡民所惑，打大生部多。其巫覡等恐，休〔一〕勸祭。時人便作歌曰：

禹都麻佐波。柯微騰母柯微騰。枳舉曳俱屢。騰舉預能柯微乎。宇智岐多麻須母。〔二〕

此虫者常生於〔三〕橘樹，或生於曼椒。曼椒，此云褒〔四〕曾紀。其長四寸餘，其大如頭指許。其色緑〔五〕而有黑點。其貌全似養蠶。

冬十一月，蘇我大臣蝦夷、兒入鹿臣，雙起家於甘檮岡。稱大臣家曰上〔六〕宮門，入鹿家曰谷宮門。谷，此云波佐麻。稱男女曰王子。家外作城柵，門傍作兵庫。每門置盛水舟一，木鉤數十，以備火災。恒使力人，持兵守家。大臣使長直於大丹穗山造桙削寺，更起家於畝傍山東，穿池爲城，起庫儲箭。恒將五十兵士，繞身出入。名健人曰東方儐從者。氏氏人等入侍其門，名曰祖子孺者。漢直等全侍二門。

四年春正月，或於阜嶺，或於河邊，或於宮寺之間，遙見有物，而聽猿吟。或一十許，或二十許。就而視之，物便不見。尚聞鳴嘯之響，不能獲覩其身。舊本云，是歲，移京於難波，而板蓋宮爲墟之兆〔七〕。時人曰："此是伊勢大神之使也。"

〔一〕此處原有"其"字，據小學館本校刪。
〔二〕112 うづまさは　かみともかみと　きこえくる　とこよのかみを　うちきたますも。略譯："常世之神，神之神也。太秦聞之，打而懲也。"
〔三〕"於"字原缺，據小學館本補。
〔四〕原作"裒"，據小學館本校改。
〔五〕原作"緣"，據校本改。
〔六〕"上"字原缺，據小學館本校補。
〔七〕小學館本此處校補"也"字。

夏四月戊戌朔，高麗學問僧等言："同學鞍作得志，以虎爲友，學取其術。或使枯山變爲青山，或使黄地變爲白水。種種奇術，不可殫究。又虎授其針曰：'慎矣慎矣，勿令人知。以此治之，病無不愈。'果如所言，治無不差。得志恒以其針，隱置柱中。於後虎折其柱，取針走去。高麗國知得志欲歸之意，與毒殺之。"

六月丁酉朔甲辰，中大兄密謂倉山田麻呂臣曰："三韓進調之日，必將使卿讀唱其表。"遂陳欲斬入鹿之謀。麻呂臣奉許焉。

戊申，天皇御大極殿，古人大兄侍焉。中臣鎌子連知蘇我入鹿臣爲人多疑，晝夜持劍，而教俳優，方便令解。入鹿臣咲而解劍，入侍于座。倉山田麻呂臣進，而讀唱三韓表文。

於是中大兄戒衛門府，一時俱鏁十二通門，勿使往來。召聚衛門府於一所，將給祿。時中大兄即自執長槍，隱於殿側。中臣鎌子連等持弓矢，而爲助衛。使海犬養連勝麻呂，授[一]箱中兩劍於佐伯連子麻呂與葛城稚犬養連網田，曰："努力努力，急須應斬！"子麻呂等以水送飯，恐而反吐。中臣鎌子連嘖而使勵。倉山田麻呂臣恐唱表文將盡，而子麻呂等不來，流汗[二]沃身，亂聲動手。鞍作臣恠而問曰："何故掉戰？"山田麻呂對曰："恐近天皇，不覺流汗[三]。"

中大兄見子麻呂等畏入鹿威，便旋不進，曰："咄嗟！"即共子麻呂等，出其不意，以劍傷割入鹿頭肩。入鹿驚起，子麻呂運手揮劍，傷其一脚。入鹿轉就御座，叩頭曰："當居嗣位，天之子也。臣不知罪，乞垂審察。"天皇大驚，詔中大兄曰："不知所作。有何事耶？"中大兄伏地奏曰："鞍作盡滅天宗，將傾日位。豈以天孫代鞍作耶[四]？"蘇我臣入鹿更名鞍作。天皇即起，入於殿中。佐伯連子麻呂、稚犬養連網田，斬入鹿臣。是日雨下，潦水溢庭。以席、障子覆鞍作屍。

〔一〕原作"投"，據小學館本改。
〔二〕原作"汙"，據校本改。
〔三〕原作"汙"，據校本改。
〔四〕小學館本校改作"乎"。

古人大兄見，走入私宫，謂於人曰：“韓人殺鞍作臣。謂因韓政而誅。吾心痛矣。”即入卧内，杜門不出。中大兄即入法興寺，爲城而備。凡諸皇子、諸王、諸卿大夫、臣、連、伴造、國造，悉皆隨侍。使人賜鞍作臣屍於大臣蝦夷。於是漢直等總[一]聚眷屬，擐甲持兵，將[二]助大臣設軍陣。中大兄使將軍巨勢德陀臣，以天地開闢君臣始有説於賊黨，令知所起。於是高向臣國押謂漢直等曰：“吾等由君大郎，應當被戮。大臣亦於今日明日，立俟其誅決矣。然則爲誰空戰，盡被刑乎？”言畢，解劍投弓，捨此而去。賊徒亦隨散走。

己酉，蘇我臣蝦夷等臨誅，悉燒天皇記、國記、珍寶。船史惠尺即疾取所燒國記，而奉中大兄。是日，蘇我臣蝦夷及鞍作屍許葬於墓，復許哭泣。

於是或人説第一謠歌曰：“其歌所謂‘波魯波魯儞。渠騰曽枳舉喻屢。之麻能野父[三]播羅’，此即宫殿接起於嶋大臣家，而中大兄與中臣鎌子連密圖大義，謀戮入鹿之兆也。”説第二謠歌曰：“其歌所謂‘烏智可拖[四]能。阿婆[五]努能枳枳始。騰余謀佐儒。倭例播禰始柯騰。比騰曽騰余謀須’，此即上宫王等性順，都無有罪，而爲入鹿見害。雖不自報，天使人誅之兆也。”説第三謠歌曰：“其歌所謂‘烏磨[六]野始儞。倭例烏比岐以例底。制始比騰能。於謀提母始羅孺。伊弊母始羅孺母也’，此即入鹿臣忽於宫中，爲佐伯連子麻呂、稚犬養連網田所斬之兆也。”

庚戌[七]，讓位於輕皇子，立中大兄爲皇太子。

日本書紀卷第二十四　終

〔一〕原作“摠”，據小學館本改。
〔二〕“將”字原缺，據小學館本校補。
〔三〕原作“文”，據小學館本校改。
〔四〕小學館本作“拕”。
〔五〕小學館本校改作“娑”。
〔六〕小學館本校改作“麼”。
〔七〕小學館本作“戊”。

日本書紀　卷第二十五

天萬豐日天皇　孝德天皇

天萬豐日天皇，天豐財重日足姬天皇同母弟也。尊佛法，輕神道。斮生國魂社樹之類是也。爲人柔仁好儒，不擇貴賤，頻降恩勅。

天豐財重日足姬天皇四年六月庚戌，天豐財重日足姬天皇思欲傳位於中大兄，而詔曰云云。中大兄退，語於中臣鎌子連。中臣鎌子連議曰："古人大兄，殿下之兄也。輕皇子，殿下之舅也。方今古人大兄在，而殿下陟天皇位，便違人弟恭遜之心。且立舅以答民望，不亦可乎？"於是中大兄深嘉厥議，密以奏聞。天豐財重日足姬天皇授璽綬禪位，策曰"咨！爾輕皇子"云云。輕皇子再三固辞，轉讓於古人大兄更名古人大市皇子。曰："大兄命，是昔天皇所生，而又年長。以斯二理，可居天位。"於是古人大兄避座逡巡，拱手辭曰："奉順天皇聖旨，何勞推讓於臣？臣願出家，入于吉野，勤修佛道，奉祐天皇。"辭訖，解所佩刀投擲於地，亦命帳內皆令解刀。即自詣於法興寺佛殿與塔間，剔除髯髮，披著袈裟。由是輕皇子不得固辭，升壇即祚。于時大伴長德字馬飼。連帶金靭[一]，立於壇右。犬上健部君帶金靭，立於壇左。百官臣、連、國造、伴造、百八十部，羅列匝拜。是日，奉號於[二]豐財天皇曰皇祖母尊，以中大兄爲皇太子。以阿倍內麻呂臣爲左大臣，蘇我倉山田石川麻呂臣爲右大臣。以大錦冠授中臣鎌子連，爲內臣，增封若干戶云云。中臣鎌子連懷至忠

〔一〕小學館本作"靫"。後句同。
〔二〕"號於"原作"於號"，據小學館本校改。

之誠，據宰臣之勢，處官司之上。故進退廢置，計從事立云云。以沙門旻法師、高向史玄理爲國博士。

辛亥，以金策賜阿倍倉梯麻吕大臣與蘇我山田石川麻吕大臣。或本云，賜練金。

乙卯，天皇、皇祖母尊、皇太子，於大槻樹之下，召集羣臣，盟曰。告天神地祇曰："天覆地載，帝道唯一。而末代澆薄，君臣失序。皇天假手於我，誅殄暴逆。今共瀝心血。而自今以後，君無二政，臣無貳朝。若貳此盟，天灾地妖，鬼誅人伐。皎如日月也。"

改天豐財重日足姬天皇四年，爲大化元年。

大化元年秋七月丁卯朔戊辰，立息長足日廣額天皇女間人皇女爲皇后。立二妃。元妃阿倍倉梯麻吕大臣女，曰小足媛，生有間皇子。次妃蘇我山田石川麻吕大臣女，曰乳娘。

丙子，高麗、百濟、新羅，並遣使進調。百濟調使[一]兼領任那使，進[二]任那調。唯百濟大使佐平緣福，遇病留津館，而不入於京。巨勢德大[三]臣詔於高麗使曰："明神御宇日本天皇詔旨：'天皇所遣之使，與高麗神子奉遣之使，既往短而將來長。是故可以溫和之心，相繼往來而已。'"又詔於百濟使曰："明神御宇日本天皇詔旨：'始我遠皇祖之世，以百濟國爲内官家，譬如三絞之綱。中間以任那國屬賜百濟。後遣三輪栗隈君東人，觀察任那國堺，是故百濟王隨勅悉示其堺。而調有闕，由是却還其調。任那所出物者，天皇之所明覽。夫自今以後，可具題國與所出調。汝佐平等，不易面來，早須明報。今重遣三輪君東人、馬飼造。'"闕名。又勅："可送遣鬼部達率意斯妻子等。"

戊寅，天皇詔阿倍倉梯萬侶大臣、蘇我石川萬侶大臣曰："當遵上古聖王之跡，而治天下。復當有信，可治天下。"

己卯，天皇詔阿倍倉梯麻吕大臣、蘇我石川萬侶大臣曰："可歷

〔一〕原作"進"，據小學館本校改。
〔二〕"進"字原缺，據小學館本校補。
〔三〕小學館本作"太"。

問大夫與百伴造等，以悦使民之路。”

庚辰，蘇我石川麻呂大臣奏曰：“先以祭鎮神祇，然後應議政事。”是日，遣倭漢直比羅夫於尾張國，忌部首子麻呂於美濃國，課供神之幣。

八月丙申朔庚子，拜東國等國司。仍詔國司等曰：“隨天神之所奉寄，方今始將脩萬國。凡國家所有公民，大小所領人衆，汝等之任，皆作戶籍，及校〔一〕田畝。其薗池水陸之利，與百姓俱。又國司等，在國不得判罪。不得取他貨賂，令致民於貧苦。上京之時，不得多從百姓於己，唯得使從國造、郡領。但以公事往來之時，得騎部內之馬，得飡部內之飯。介以上，奉法，必須褒〔二〕賞。違法，當降爵位。判官以下，取他貨賂，二倍徵之，遂以輕重科罪。其長官從者九人，次官從者七人，主典從者五人，若違限外將者，主與所從之人，並當科罪。若有求名之人，元非國造、伴造、縣稻置，而輙詐訴，言‘自我祖時，領此官家，治是郡縣’，汝等國司，不得隨詐便牒於朝，審得實狀，而後可申。又於閑曠之所，起造兵庫，收聚國郡刀甲弓矢。邊國近與蝦夷〔三〕接境處者，可盡數集其兵，而猶假授〔四〕本主。其於倭國六縣被遣使者，宜造戶籍，并校〔五〕田畝。謂檢〔六〕覈墾田頃畝及民戶口年紀。汝等國司，可明聽退。”即賜帛布，各有差。

是日，設鍾、匱於朝，〔七〕詔曰：“若憂訴之人，有伴造者，其伴造先勘當而奏。有尊長者，其尊長先勘當而奏。若其伴造、尊長，不審所訴，收牒納匱，以其罪罪之。其收牒者，昧旦執牒，奏於內裏。朕題年月，便示羣卿。或懈怠不理，或阿黨有曲，訴者可以撞

〔一〕原作“挍”，據小學館本改。
〔二〕原作“裒”，據小學館本改。
〔三〕原作“蛦”，據小學館本校改。後同。
〔四〕“授”字原缺，據小學館本校補。
〔五〕原作“挍”，據小學館本改。
〔六〕原作“撿”，據小學館本改。
〔七〕此處小學館本有“而”字。

鍾。由是懸鍾置匱於朝，天下之民咸知朕意。又男女之法者，良男良女共所生子，配其父。若良男娶婢所生子，配其母。若良女嫁奴所生子，配其父。若兩家奴婢所生子，配其母。若寺家仕丁之子者，如良人法。若別入奴婢者，如奴婢法。今克見人爲制之始。”

癸卯，遣使於大寺，喚聚僧尼而詔曰：“於磯城嶋宮御宇天皇十三年中，百濟明王奉傳佛法於我大倭。是時，群臣俱不欲傳，而蘇我稻目宿禰獨信其法。天皇乃詔稻目宿禰，使奉其法。於譯語田宮御宇天皇之世，蘇我馬子宿禰追遵考父之風，猶重能仁[一]之教。而餘臣不信，此典幾亡。天皇詔馬子宿禰，而使奉其法。於小墾田宮御宇天皇[二]之世，馬子宿禰奉爲天皇，造丈六繡像、丈六銅像，顯揚佛教，恭敬僧尼。朕更復思崇正教，光啓大猷。故以沙門狛大法師、福亮、惠雲、常安、靈雲、惠至、寺主。僧旻、道登、惠隣、惠妙[三]，而爲十師。別以惠妙法師爲百濟寺寺主。此十師等，宜能教導衆僧，脩行釋教，要使如法。凡自天皇至于伴造所造之寺，不能營者，朕皆助作。今拜寺司等與寺主。巡行諸寺，驗僧尼、奴婢、田畝之實，而盡顯奏。”即以來目臣、闕名。三輪色夫君、額田部連甥爲法頭。

九月丙寅朔，遣使者於諸國，治兵。或本云，從六月至九月，遣使者於四方國，集種種兵器。

戊辰，古人皇子與蘇我田口臣川堀[四]、物部朴井連[五]椎子、吉備笠臣[六]垂、倭漢文直麻呂、朴市秦造田來津，謀反。或本云，古人太子。或本云，古人大兄。此皇子入吉野山，故或云吉野太子。垂，此云之娜屢。

丁丑，吉備笠臣垂自首於中大兄曰：“吉野古人皇子與蘇我田口

〔一〕此處原有“世”字，據小學館本删。
〔二〕“天皇”二字原缺，據小學館本校補。
〔三〕“惠妙”二字原缺，據小學館本校補。
〔四〕原作“掘”，據小學館本校改。
〔五〕“連”字原缺，據小學館本校補。
〔六〕“臣”字原缺，據小學館本校補。

臣川堀[一]等謀反。臣預其徒。”或本云，吉備笠臣垂言於阿倍大臣與蘇我大臣曰：“臣預於吉野皇子謀反之徒，故今自首也。”中大兄即使菟田朴室古、高麗宮知，將兵若干，討古人大市皇子等。或本云，十一月甲午三十日，中大兄使阿倍渠曾倍臣、佐伯部子麻呂二人，將兵三十人攻古人大兄，斬古人大兄與子。其妃妾自經死。或本云，十一月，吉野大兄王謀反，事覺伏誅也。

甲申，遣使者於諸國，録民元數。仍詔曰：“自古以降，每天皇時，置標代民，垂名於後。其臣、連等，伴造、國造，各置己民，恣情駈使。又割國縣山海、林野、池田，以爲己財，爭戰不已。或者兼并數萬頃田，或者全無容針少地。及[二]進調賦時，其臣、連、伴造等，先自收斂，然後分進。脩治宮殿，築造園陵，各率己民，隨事而作。易曰：‘損上益下，節以制度，不傷財，不[三]害民。’方今百姓猶乏，而有勢者分割水陸以爲私地，賣與百姓，年索其價。從今以後，不得賣地。勿妄作主，兼并劣弱。”百姓大悅。

冬十二月乙未朔癸卯，天皇遷都難波長柄豐碕。老人等相謂之曰：“自春至夏，鼠向難波，遷都之兆也。”

戊午，越國言：“海畔枯查向東移去，沙上有跡，如耕田狀。”是年也，太[四]歲乙巳。

二年春正月甲子朔，賀正禮畢，即宣改新之詔曰：

“其一曰、罷昔在天皇等所立子代之民、處處屯倉，及別臣、連、伴造、國造、村首所有部曲之民、處處田莊。仍賜食封大夫以上，各有差。降以布帛賜官人、百姓有差。又曰，大夫所使治民也，能盡其治則民賴之。故重其祿，所以爲民也。

“其二曰、初脩京師，置畿内國司、郡司、關塞、斥候、防人、驛馬、傳馬，及造鈴契，定山河。凡京每坊置長一[五]人，四坊置令

〔一〕原作“掘”，據小學館本改。
〔二〕“及”字小學館本校刪。
〔三〕“不”字原缺，據小學館本校補。
〔四〕原作“大”，據校本改。
〔五〕“一”字原缺，據小學館本校補。

一人，掌按檢[一]戶口，督察姧非。其坊令，取坊內明廉強直堪時務者充。里坊長，並取里坊百姓清正強幹者充。若當里坊無人，聽於比里坊簡用。凡畿[二]內，東自名墾橫河以來，南自紀伊兄山以來，兄，此云制。西自赤石櫛淵以來，北自近江狹狹波合坂山以來，爲畿[三]內國。凡郡以四十里爲大郡，三十里以下四里以上爲中郡，三里爲小郡。其郡司，並取國造性識清廉堪時務者，爲大領、少領。強幹聰敏工書算者，爲主政、主帳。凡給驛馬、傳馬，皆依[四]鈴、傳符剋數。凡諸國及關，給鈴契。並長官執，無次官執。

"其三曰、初造戶籍、計帳、班田收授之法。凡五十戶爲里，每里置長一人，掌按檢[五]戶口，課殖農桑，禁察非違，催駈賦役。若山谷阻險，地遠人稀之處，隨便量置[六]。凡田長三十步，廣十二步爲段，十段爲町。段租稻二束二把，町租稻二十二束。

"其四曰、罷舊賦役，而行田之調。凡絹、絁、絲、緜，並隨鄉土所出。田一町絹一丈，四町成疋。長四丈，廣二尺半。絁二丈，二町成疋，長、廣同絹。布四丈，長、廣[七]同絹、絁。一町成端。絲、綿絇屯，諸處不見。別收戶別之調。一戶貲[八]布一丈二尺。凡調副物鹽贄，亦隨鄉土所出。凡官馬[九]者，中馬每一百戶輸一疋，若細馬每二百戶輸一疋。其買馬直者，一戶布一丈二尺。凡兵者，人身輸刀、甲、弓、矢、幡、鼓。凡仕丁者，改舊每三十戶一人，以一人充廝[一〇]也。而每五十戶一人，以一人充廝[一一]。以充諸司。以五十戶充仕

〔一〕原作"撿"，據小學館本改。
〔二〕原作"幾"，據小學館本改。
〔三〕原作"幾"，據校本改。
〔四〕"皆依"原作"依皆"，據小學館本校改。
〔五〕原作"撿"，據小學館本改。
〔六〕"若山谷阻險地遠人稀之處隨便量置"十五字原置下文"二十二束"後，據小學館本校改。
〔七〕"廣"字原缺，據小學館本校補。
〔八〕原作"皆"，據小學館本改。
〔九〕原作"長"，據小學館本校改。
〔一〇〕原作"廁"，據小學館本校改。
〔一一〕原作"廁"，據小學館本校改。

丁一人之糧。一戸庸布一丈二尺，庸米五斗。凡采女者，貢郡少領以上姉妹及子女形容端正者。從丁一人，從女二人。以一百戸充采女一人糧。庸布、庸米，皆准仕丁。”

是月，天皇御子代離宫。遣使者，詔郡國脩營兵庫。蝦夷〔一〕親附。或本云，壞難波狹屋部邑子代屯倉，而起行宫。

二月甲午朔戊申，天皇幸宫東門，使蘇我右大臣詔曰：

“明神御宇日本倭根子天皇，詔於集侍卿等、臣、連、國造、伴造及諸百姓。朕聞，明哲之御民者，懸鍾於門而觀百姓之憂，作屋於衢而聽路行之謗。雖芻蕘之説，親問爲師。由是朕前下詔曰：‘古之治天下，朝有進善之旌，誹謗之木。所以通治道，而來諫者也。皆所以廣詢于下也。管子曰：“黄帝立明堂之議者，上觀於賢也。堯有衢室之問者，下聽於民也。舜有告善之旌，而主不蔽〔二〕也。禹立建鼓於朝，而備訊望也。湯有總街之庭〔三〕，以觀民非也。武王有靈臺之囿，而賢者進也。此故聖帝明王所以有而勿失，得而勿亡也。”所以懸鍾設匱，拜收表人。使憂諫人，納表于匱。詔收表人，每旦奏請。朕得奏請，仍又〔四〕示羣卿，便使勘當，庶無留滯。如群卿等或懈怠不懃，或阿黨比周，朕復不肯聽諫，憂訴之人，當可撞鍾。’詔已如此。既而有民明直心，懷國土之風，切諫陳疏，納於設匱。故今顯示，集在黎民。其表稱‘緣奉國政，到於京民，官官留使於雜役’云云。朕猶以之傷惻，民豈復思至此。然遷都未久，還似于賓。由是不得不使，而強役之。每念於斯，未嘗安寢。朕觀此表，嘉歎難休。故隨所諫之言，罷處處之雜役。昔詔曰‘諫者題名’，而不隨詔命者，自非求利，而將助國。不言題不，諫朕廢忘。”

又詔：“集在國民，所訴多在。今將解理，諦聽所宣。其欲決疑，入京朝集者，且莫退散，聚侍於朝。”

〔一〕原作“蛦”，據小學館本校改。後同。
〔二〕原作“弊”，據小學館本校改。
〔三〕原作“廷”，據小學館本校改。
〔四〕“又”字小學館本校刪。

高麗、百濟、任那、新羅，並遣使貢獻調賦。

乙卯，天皇還自子代離宮。

三月癸亥朔甲子，詔東國國司等曰："集侍羣卿大夫，及臣、連、國造、伴造，并諸百姓等，咸可聽之。夫君於天地之間，而宰萬民者，不可獨制，要須臣翼。由是代代之我皇祖等，共卿祖考俱治。朕復思欲蒙神護力，共卿等治。故前以良家大夫，使治東方八道。既而國司之任，六人奉法，二人違令，毀譽各聞。朕便美厥奉法，疾斯違令。凡將治者，若君如臣，先當正己而後正他。如不自正，何能正人？是以不自正者，不擇君臣，乃可受殃。豈不慎矣！汝率而正，孰敢不正？今隨前勅，而處斷之。"

辛巳，詔東國朝集使等曰：

"集侍群卿大夫，及國造、伴造，并諸百姓等，咸可聽之。以去年八月，朕親誨曰：'莫因官勢，取公私物。可喫部內之食，可騎部內之馬。若違所誨，次官以上降其爵位，主典以下決其笞杖。入己物者，倍而徵之。'詔既若斯。今問朝集使及諸國造等：'國司至任，奉所誨不？'於是朝集使等具陳其狀：

"'穗積臣咋所犯者，於百姓中每戶求索，仍悔還物，而不盡與。其介富制臣、闕名。巨勢臣紫檀二人之過者，不正其上云云。凡以下官人，咸有過也。其巨勢德禰臣所犯者，於百姓中每戶求索，仍悔還物，而不盡與。復取田部之馬。其介朴井連、押坂連並闕名。二人者，不正其上所失，而翻共求己利，復取國造之馬。臺直須彌初雖諫上，而遂俱濁。凡以下官人，咸有過也。其紀麻利耆拖臣所犯者，使人於朝倉君、井上君二人之所，而爲牽來其馬視之。復使朝倉君作刀，復得朝倉君之弓、布。復以國造所送兵代之物，不明還主，妄傳國造。復於所任之國被他偷刀，復於倭國被他偷刀。是其紀臣、其介三輪君大口、河邊臣百依等過也。其以下官人，河邊臣磯泊、丹比深目、百舌鳥長兄、葛城福草、難波癬龜〔一〕、俱毗柯梅。

〔一〕"龜"字原文在夾注之後。據小學館本校改。

犬養五十君、伊岐史麻呂、丹比大[一]眼，凡是八人等，咸有過也。其阿曇連闕名。所犯者，和[二]德史有所患時，言[三]於國造，使送官物。復取湯部之馬。其介膳部臣百依所犯者，草代之物，收置於家。復取國造之馬，而換他馬來。河邊臣磐管、湯麻呂兄弟二人，亦有過也。大市連闕名。所犯者，違於前詔。前詔曰："國司等莫於任所，自斷民之所訴。"輙違斯詔，自判菟礪人之所訴[四]，及中臣德之[五]奴事。中臣德亦是同罪也。涯田臣闕名。之過者，在於倭國被偷官刀，是不謹也。小緑[六]臣、丹波臣，是拙而無犯。並闕名。忌部木菓、中臣連正月二人，亦有過也。羽田臣、田口臣二人，並無過也。闕名。平羣臣闕名。所犯者，三國人所訴[七]有而未問。'

"以此觀之，紀麻利耆拖臣、巨勢德禰臣、穗積咋臣，汝等三人，所怠拙也。念斯違詔，豈不勞情？夫爲君臣以牧民者，自率而正，孰敢不直？若君或臣，不正心者，當受其罪，追悔何及？是以凡諸國司，隨過輕重，考而罰之。又諸國造違詔送財於己國司，遂倶求利，恒懷穢惡，不可不治。念雖若是，始處新宮，將幣諸神，屬乎今歲。又於農月，不合使民，緣造新宮，固不獲已。深感[八]二途，大赦天下。自今以後，國司、郡司，勉之勗之，勿爲放逸。宜遣使者，諸國流人及獄中囚，一皆放捨。別鹽屋鯯魚、鯯魚，此云舉能之盧[九]。神社福草、朝倉君、椀子連、三河大伴直、蘆尾直[一〇]，四人並闕名。此六人奉順天皇，朕深讚美厥心。宜罷官司處處屯田，及吉備嶋皇祖母處處貸稻。以其屯田，班賜羣臣及伴造等。又於脱籍寺，

〔一〕原作"犬"，據小學館本校改。
〔二〕"和"字原缺，據小學館本校補。
〔三〕"言"字原缺，據小學館本校補。
〔四〕原作"訢"，據校本改。
〔五〕"之"字原缺，據小學館本校補。
〔六〕原作"緣"，據校本改。
〔七〕原作"訢"，據校本改。
〔八〕原作"減"，據小學館本校改。
〔九〕小學館本校改作"慮"。
〔一〇〕"尾直"二字原缺，據小學館本校補。

入田與山。”

壬午，皇太子使使奏請曰：“昔在天皇等世，混齊天下而治。及逮于今，分離失業。謂國業也。屬天皇我皇可牧萬民之運，天人合應，厥政惟新。是故慶之尊之，頂戴伏奏。現爲明神御八嶋國天皇，問於臣曰：‘其群臣、連及伴造、國造，所有昔在天皇日所置子代入部，皇子等私有御名入部，皇祖大兄御名入部，謂彦人大兄也。及其屯倉，猶如古代而置以不？’臣即恭承所詔，奉答而曰：‘天無雙日，國無二王。是故兼并天下，可使萬民，唯天皇耳。別以入部及所封民，簡充仕丁，從前處分。自餘以外，恐私駈役。故獻入部五百二十四口、屯倉一百八十一所。’”

甲申，詔曰：

“朕聞，西土之君戒其民曰：‘古之葬者，因高爲墓，不封不樹。棺槨足以朽骨，衣衿足以朽宍〔一〕而已。故吾營此丘墟不食之地，欲使易代之後，不知其所。無藏金、銀、銅、鐵，一以〔二〕瓦器，合古塗車、蒭靈之義。棺漆際會奠〔三〕三過，飯含無以珠玉，無施珠襦玉柙〔四〕。諸愚俗所爲也。’又曰：‘夫〔五〕葬者藏也，欲人之不得見也。’迺者我民貧絕〔六〕，專由營墓。爰陳其制，尊卑使別。

“夫王以上之墓者，其内長九尺，濶五尺。其外域，方九尋，高五尋。役一千人，七日使訖。其葬時，帷帳等用白布，有轜車。上臣之墓者〔七〕，其内長、濶及高，皆准於上。其外域方七〔八〕尋，高三尋。役五百人，五日使訖。其葬時，帷帳等用白布，擔而行之。蓋此以肩擔輿而送之乎？下臣之墓者，其内長、濶及高，皆准於上。其外域

〔一〕原作“完”，據小學館本改。
〔二〕“以”原作“以以”，據小學館本校改。
〔三〕“奠”字小學館本缺。
〔四〕原作“押”，據小學館本校改。
〔五〕“夫”字原缺，據小學本校補。
〔六〕原作“絁”，據校本改。
〔七〕“者”字原缺，據小學館本補。
〔八〕此處原有“等”字，據小學館本校刪。

方五尋，高二尋半。役二百五十人，三日使訖。其葬時，帷帳等用白布，亦准於上。大仁、小仁之墓者，其內〔一〕長九〔二〕尺，高、濶各四尺，不封使平。役一百人，一日使訖。大禮以下小智以上之墓者，皆准大仁。役五十人，一日使訖。凡王以下小智以上之墓者，宜用小石。其帷帳等，宜用白布。庶人亡時，收埋於地。其帷帳等，可用麁布，一日莫停。凡王以下及至庶民，不得營殯。凡自畿內及諸國等，宜定一所，而使收埋，不得汙穢散埋〔三〕處處。凡人死亡之時，若經自殉，或絞人殉，及強殉亡人之馬，或爲亡人藏寶於墓，或爲亡人斷髮刺股而誄，如此舊俗，一皆悉斷。或本云，無藏金、銀、錦、綾五綵。又曰，凡自諸臣及至于民，不得用金、銀。縱有違詔犯所禁者，必罪其族。

“復有見言不見，不見言見，聞言不聞，不聞言聞。都無正語正見，巧詐者多。

“復〔四〕有奴婢，欺主貧困，自託勢家求活。勢家仍強留買，不送本主者多。

“復有妻妾，爲夫被放之日，經年之後，適他恒理。而此前夫，三四年後，貪求後夫財物，爲己利者甚衆。

“復有恃勢之男，浪要他女，而未納際，女自適人，其浪要者嗔求兩家財物，爲己利者甚衆。

“復有亡夫之〔五〕婦，若經十年及二十年，適人爲婦，并未嫁之女始適人時，於是妬斯夫婦，使祓除多。

“復有爲妻被嫌離者，特由慙愧所惱，強爲事瑕之婢。事瑕，此云居騰作柯。

“復有屢嫌己婦〔六〕奸他，好向官司請決。假使得明三証，而俱顯

〔一〕原作“外”，據小學館本校改。
〔二〕“九”原作“九九”，據小學館本校改。
〔三〕原作“理”，據小學館本改。
〔四〕“復”字原缺，據小學館本校補。
〔五〕“之”字原缺，據小學館本校補。
〔六〕“婦”字原缺，據小學館本補。

陳，然後可諮，詎生浪訴？

“復有被役邊畔之[一]民，事了還鄉之日，忽然得疾，卧死路頭。於是路頭之家，乃謂之曰：‘何故使人死於余路？’因[二]留死者友伴，強使祓除。由是，兄雖卧死於路，其弟不收者多。

“復有百姓溺死於河，逢者乃謂之曰：‘何故於我使遇溺人？’因[三]留溺者友伴，強使祓除。由是，兄雖溺死於河，其弟不救者衆。

“復有被役之民，路頭炊飯。於是路頭之家，乃謂之曰：‘何故任情，炊飯余路？’強使祓除。

“復有百姓就他借甑炊飯，其甑觸物而覆。於是甑主乃使祓除。如是等類，愚俗所染，今悉除斷，勿使復爲。

“復有百姓，臨向京日。恐所乘馬疲瘦不行，以布二尋、麻二束送參河、尾張兩國之人，雇令養飼，乃入于京。於還鄉日，送鍬一口。而參河人等不能養飼，翻令瘦[四]死。若是細馬，即生貪愛，工作謾語，言被偷失。若是牝馬，孕於己家，便使祓[五]除，遂奪其馬。飛聞若是。故今立制，凡養馬於路傍國者，將被雇人，審告村首，首，長也。方授詶物。其還鄉日，不須更報。如致疲損，不合得物。縱違斯詔，將科重罪。

“罷市司、要路津濟渡子之調賦，給與田地。

“凡始畿內及四方國，當農作月，早務營田，不合使喫美物與酒。宜差清廉使者，告於畿內。其四方諸國國造等，宜擇善使，依詔催勤。”

秋八月庚申朔癸酉，詔曰：

“原夫天地陰陽，不使四時相亂。惟此天地，生乎萬物。萬物之內，人是最靈。最靈之間，聖爲人主。是[六]以聖主天皇，則天御

〔一〕“之”字原缺，據小學館本校補。
〔二〕原作“困”，據小學館本校改。
〔三〕原作“困”，據小學館本校改。
〔四〕原作“疲”，據小學館本校改。
〔五〕原作“秡”，據小學館本改。
〔六〕原作“見”，據小學館本校改。

寓[一]，思人獲所，暫不廢胸。而始王之名名，臣、連、伴造、國造，分其品部，別彼名名。復以其民品部，交雜使居國縣。遂使父子易姓，兄弟異宗，夫婦更互殊名，一家五分六割。由是爭競之訟，盈國充朝，終不見治，相亂彌盛。粵以始於今之御寓天皇及臣、連等，所有品部，宜悉皆罷，爲國家民。其假借王名爲伴造，其襲據祖名爲臣、連，斯等深不悟情，忽聞若是所宣，當思祖名所借滅。由是預宣，使聽知朕所懷。王者之兒，相續御寓，信知時帝與祖皇名，不可見忘於世。而以王名輕掛川野呼名，百姓誠可畏焉。凡王者之号，將隨日月遠流。祖子之名，可共天地長往。如是思，故宣之。始於祖子奉仕卿大夫、臣、連、伴造、氏氏人等，或本云，名名王民。咸可聽聞。今以汝等使仕狀者，改去舊職，新設百官，及着位階，以官位敘。今發遣國司，并彼國造，可以奉聞。去年付於朝集之政者，隨前處分，以收數田，均給於民，勿生彼我。凡給田者，其百姓家近接於田，必先於近。如此奉宣。凡調賦者，可收男身之[二]調。凡仕丁者，每五十戶一人，宜觀國國壇堺，或書或圖，持來奉示。國縣之名，來時將定。國國可築堤地，可穿溝所，可墾田間，均給使造。當聞解此所宣。”

九月，遣小德高向博士黑麻呂於新羅，而使貢質。遂罷任那之調。黑麻呂，更名玄理。

是月，天皇御蝦蟇行宮。或本云，離宮。

是歲，越國之鼠，晝夜[三]相連，向東移去。

三年春正月戊子朔壬寅，射於朝庭。是日，高麗、新羅並遣使，貢獻調賦。

夏四月丁巳朔壬午，詔曰：“惟神惟神者，謂隨神道。亦謂[四]自有神道也。我子應治故寄。是以與天地之初，君臨之國也。自始治國皇

〔一〕原作“寓”，據小學館本校改。本段後同。
〔二〕“之”字原缺，據小學館本校補。
〔三〕“夜”原作“夜夜”，據小學館本校改。
〔四〕“謂”字原缺，據小學館本校補。

祖之時，天下大同，都無彼此者也。既而頃者，始於神名、天皇名名，或別爲臣、連之氏，或別爲造等之色。由是率土民心，固執彼此，深生我汝，各守名名。又拙弱臣、連、伴造、國造，以彼爲姓，神名、王名逐自心之所歸，妄付前前處處。前前，猶謂人人也。爰以神名、王名爲人賂物之故，入他奴婢，穢汙清名，遂即民心不整，國政難治。是故今者，隨在天神屬可治平之運，使悟斯等。而治國治民，是先是後，今日明日，次而續詔。然素賴天皇聖化，而習舊俗之民，未詔之間，必當難待。故始於皇子、群臣及諸百姓，將賜庸調。”

是歲，壞小郡而[一]營宮。天皇處小郡宮，而定禮法。其制曰：“凡有位者，要於寅時，南門之外，左右羅列。候日初出，就庭再拜，乃侍于廳。若晚參者，不得入侍。臨[二]到午時，聽鍾而罷。其擊鍾吏者，垂赤巾於前。其鍾臺者，起於中庭。”

工人大山位倭漢直荒田井比羅夫，誤穿溝瀆，控引難波，而改穿疲勞百姓。爰有上疏諫者。天皇詔曰：“妄聽比羅夫所詐，而空穿瀆，朕之過也。”即日罷役。

冬十月甲寅朔甲子，天皇幸有間[三]溫湯。左右大臣、羣卿大夫從焉。

十二月晦，天皇還自溫湯，而停武庫行宮。武庫，地名也。是日，灾皇太子宮。時人大驚恠。

是歲，制七色一十三階之冠。一曰織冠。有大小二階。以織爲之，以繡裁冠之緣。服色並用深紫。二曰繡冠。有大小二階。以繡爲之，其冠之緣、服色，並同織冠。三曰紫冠。有大小二階。以紫爲之，以織裁冠之緣。服色用淺紫。四曰錦冠。有大小二階。其大錦冠，以大伯仙錦爲之，以織裁冠之緣。其小錦冠，以小伯仙錦爲

〔一〕“而”字原缺，據小學館本校補。
〔二〕原文“臨”字重出，據小學館本校刪。
〔三〕小學館本作“馬”。

之，以大伯仙錦裁冠之緣。服色並用真[一]緋。五曰青冠。以青絹爲之。有大小二階。其大青冠，以大伯仙錦裁冠之緣。其小青冠，以小伯仙錦裁冠之緣。服色並用紺。六曰黑冠。有大小二階。其大黑冠，以車形錦裁冠之緣。其小黑冠，以菱形錦裁冠之緣。服色並用緑。七曰建武。初位。又名立身。以[二]黑絹爲之，以紺裁冠之緣。別有鐙冠，以黑絹爲之。

其冠之背張漆羅，以緣與鈿異其高下，形似於[三]蟬。小錦冠以上之鈿雜金、銀爲之，大小青冠之鈿以銀爲之，大小黑冠之鈿以銅爲之，建武之冠無鈿也。此冠者，大會、饗客，四月、七月齋時所着焉。

新羅遣上臣大阿飡[四]金春秋等，送博士小德高向黑麻呂、小山中中臣連押熊來，獻孔雀一隻、鸚鵡一隻。仍以春秋爲質。春秋，美姿顔，善談咲。

造渟足柵，置柵戶。老人等相謂之曰："數年鼠向東行，此造柵之兆乎？"

四年春正月壬午朔，賀正焉。是夕，天皇幸于難波碕宮。

二月壬子朔，於三韓遣學問僧。

己未[五]，阿倍大臣請四衆於四天王寺，迎佛像四軀，使坐于塔內。造靈鷲山像，累積鼓爲之。

夏四月辛亥朔，罷古冠。左右大臣猶著古[六]冠。

是歲，新羅遣使貢調。治磐舟柵，以備蝦夷。遂選越與信濃之民，始置柵戶。

五年春正月丙午朔，賀正焉。

二月，制冠十九階。一曰大織，二曰小織，三曰大繡，四曰

〔一〕原作"直"，據小學館本改。
〔二〕"以"字原缺，據小學館本校補。
〔三〕"於"字原缺，據小學館本校補。
〔四〕原作"滄"，據小學館本校改。
〔五〕原作"來"，據小學館本校改。
〔六〕原作"右"，據校本改。

小繡，五曰大紫，六曰小紫，七曰大花[一]上，八曰大花下，九曰小花上，十曰小花下，十一曰大山上，十二曰大山下，十三曰小山上，十四曰小山下，十五曰大乙上，十六曰大乙下，十七曰小乙上，十八曰小乙下，十九曰立身。

是月，詔博士高向玄理與釋僧旻，置八省、百官。

三月乙巳朔辛酉，阿倍大臣薨。天皇幸朱雀門，舉哀而慟。皇祖母尊、皇太子等及諸公卿，悉隨哀哭。

戊辰，蘇我臣日向日向，字身刺。譖倉山田大臣於皇太子曰："僕之異母兄麻呂，伺皇太子遊於海濱，而將害之。將反，其不久。"皇太子信之。天皇使大伴狛連、三國麻呂公、穗積嚙臣，於蘇我倉山田麻呂大臣所，而問反之虛實。大臣答曰："被問之報，僕面當陳天皇之所。"天皇更遣三國麻呂公、穗積嚙臣，審其反狀。麻呂大臣亦如前答。天皇乃將興軍，圍大臣宅。大臣乃將二子法師與赤猪，更名秦[二]。自茅渟道逃向於倭國境。大臣長子興志先是在倭，謂在山田之家。營造其寺。今忽聞父逃來之事，迎於今來大槻，近就前行入寺。顧謂大臣曰："興志請自直進，逆拒來軍。"大臣不許焉。是夜，興志意欲燒宮，猶聚士卒[三]。宮謂小墾田宮。

己巳，大臣謂長子興志曰："汝愛身乎？"興志對曰："不愛也。"大臣仍陳説於山田寺衆僧及長子興志，與數十人曰："夫[四]爲人臣者，安構逆於君？何失孝於父？凡此伽[五]藍者，元非自身故造，奉爲天皇誓作。今我見譖身刺[六]，而恐横誅。聊望黄泉，尚懷忠退。所以來寺，使易終時。"言畢，開佛殿之戶，作發誓曰："願我生生世世，不怨君王！"誓訖，自經而死。妻子殉死者八。

是日，以大伴狛連與蘇我日向臣爲將領衆，使追大臣。將軍大

〔一〕原作"華"，據小學館本校改。後"大花下""小花上"句同。
〔二〕原作"奏"，據小學館本校改。
〔三〕原作"率"，據校本改。
〔四〕原作"大"，據小學館本校改。
〔五〕原作"迦"，據校本改。
〔六〕原作"判"，據校本改。

伴連等及到黑山，土師連身、采女臣使主麻呂從山田寺馳來告曰："蘇我大臣既與三男一女，俱自經死。"由是將軍等從丹比坂歸。

庚午，山田大臣之妻子及隨身者，自經死者衆。穗積臣嚙捉聚大臣伴黨田口臣筑紫等，著枷反縛。

是夕，木臣麻呂、蘇我臣日向、穗積臣嚙，以軍圍寺。喚物部二田造鹽，使斬大臣之頭。於是二田鹽仍拔大刀，刺舉其宍〔一〕，叱咤啼叫，而始斬之。

甲戌，坐蘇我山田大臣而被戮者，田口臣筑紫、耳梨道德、高田醜醜〔二〕，此云之渠。雄、額田部湯坐連、闕名。秦吾寺等，凡十四人。被絞者九人，被流者十五人。

是月，遣使者收山田大臣資財。資財之中，於好書上題皇太子書，於重寶上題皇太子物。使者還申所收之狀，皇太子始知大臣心猶貞淨，追生悔恥，哀歎難休。即拜日向臣於筑紫大宰帥〔三〕。世人相謂之曰："是隱流乎？"

皇太子妃蘇我造媛，聞父大臣爲鹽所斬，傷心痛惋。惡聞鹽名，所以近侍於造媛者，諱〔四〕稱鹽名，改曰堅鹽。造媛遂因傷心，而致死焉。皇太子聞造媛徂逝，愴然傷怛〔五〕，哀泣極甚。於是野中川原史滿，進而奉歌。歌曰：

耶麻鵝播爾。烏志賦拖都威底。陀虞毗預倶。陀虞陛屢伊慕乎。多例柯威爾雞武。〔六〕其一

模騰渠等爾。婆那播左該騰摸。那爾騰柯母。于都倶之伊母我。磨陀左枳涅渠農。〔七〕其二

〔一〕原作"完"，據校本改。

〔二〕"醜"字原缺，據小學館本校補。

〔三〕原作"師"，據校本改。

〔四〕原作"名"，據小學館本改。

〔五〕小學館本作"怛"。

〔六〕113 やまがはに　をしふたつゐて　たぐひよく　たぐへるいもを　たれかゐにけむ。略譯："山川鴛鴦，諧爾爲偶。諧爾吾妹，孰率而歸？"

〔七〕114 もとごとに　はなはさけども　なにとかも　うつくしいもが　またさきでこぬ。略譯："彼木之株，花遍開也。吁嗟吾愛，夫何不開也？"

皇太子慨然頽歎褒美曰："善矣！悲矣！"乃授御琴而使唱，賜絹四疋、布二十端、綿二褁。

夏四月乙卯朔甲午，於小紫巨勢德陀古臣授大紫，爲左大臣。於小紫大伴長德連字馬飼。授大紫，爲右大臣。

五月癸卯朔，遣小花〔一〕下三輪君色夫、大山上掃部連角麻吕等於新羅。

是歲，新羅王遣沙㖨部沙飡〔二〕金多遂爲質，從者三十七〔三〕人。僧一人，侍郎二人，丞〔四〕一人，達官郎一人，中客五人，才伎十人，譯語一人，雜傔人十六人〔五〕。并三十七人也。

白雉元年春正月辛丑朔，車駕幸味經宫，觀賀正禮。味經，此云阿膩〔六〕賦。是日，車駕還宫。

二月庚午朔戊寅，穴戶國司草壁連醜經，獻白雉曰："國造首之同族贄，正月九日，於麻山獲焉。"於是問諸百濟君。百濟君〔七〕曰"後漢明帝永平十一年，白雉在所見焉"云云。又問沙門等。沙門對曰："耳所未〔八〕聞，目所未覩。宜赦天下，使悦民心。"道登法師曰："昔高麗欲營伽藍，無地不覽。便於一所，白鹿徐行。遂於此地，營造伽〔九〕藍，名白鹿薗寺，住持佛法。又白雀見于一寺田莊，國人僉曰休祥。又遣大唐使者，持死三足烏來，國人亦曰休祥。斯等雖微，尚謂祥物，況復白雉？"僧旻法師曰："此謂休祥，足爲希物。伏聞，王者旁流四表，則白雉見。又王者祭祀不相踰，宴食、衣服有節，則至。又王者清素，則山出白雉。又王者仁聖則見。又〔一〇〕周成王時，

〔一〕原作"華"，據小學館本改。
〔二〕原作"食"，據小學館本校改。
〔三〕"七"字原缺，據小學館本校補。
〔四〕原作"承"，據小學館本校改。
〔五〕"人"字原缺，據小學館本校補。
〔六〕原作"賦"，據校本改。
〔七〕"百濟君"三字原缺，據小學館本校補。
〔八〕"所未"二字原作"未所"，據小學館本校改。
〔九〕原作"迦"，據校本改。
〔一〇〕"又"字原缺，據小學館本校補。

越裳氏來獻白雉曰：'吾聞國之黄耇曰，久矣無别風淫雨，江海不波溢，三年於兹矣。意中國有聖人乎？盍往朝之？故重三譯而至。'又晉武帝咸寧元年，見松滋，是則休祥。可赦天下。"是以白雉使放于園。

甲申，朝庭隊仗，如元會儀。左右大臣、百官人等，爲四列於紫門外。以粟田臣飯虫等四人，使執雉輿，而在前去。左右大臣乃率百官及百濟君豐璋，其弟塞城、忠勝，高麗侍醫毛治，新羅侍學士等，而至中庭。使三國公麻呂、猪名公高見、三輪君甕穗、紀臣乎麻呂岐太四人，代執雉輿，而進殿前。時左右大臣就執輿前頭，伊勢王、三國公麻呂、倉臣小屎執輿後頭，置於御座之前。天皇即召皇太子，共執而觀。皇太子退而再拜。使巨勢大臣奉賀曰："公卿、百官人等奉賀，陛下以清平之〔一〕德治天下之故，爰有白雉，自西方出。乃是陛下及至千秋萬歲，淨治〔二〕四方大八嶋，公卿、百官及諸百姓等，冀罄忠誠勤將事。"奉賀訖再拜。

詔曰："聖王出世，治天下時，天則應之，示其祥瑞。曩者西土之君，周成王世與漢明帝時，白雉爰見。我日本國譽田天皇之世，白烏〔三〕樔〔四〕宫。大鷦鷯帝之時，龍馬西見。是以自古迄今，祥瑞時見，以應有德，其類多矣。所謂鳳凰、騏驎、白雉、白烏，若斯鳥獸及于草木，有符應者，皆是天地所生休祥嘉瑞也。夫明聖之君，獲斯祥瑞，適其宜也。朕惟虚薄，何以享斯？蓋此專由扶翼公卿、臣、連、伴造、國造等，各盡丹誠，奉遵制度之所致也。是故始於公卿及百官等，以清白意，敬奉神祇，並受休祥，令榮天下。"

又詔曰："四方諸國郡等，由天委付之故，朕總〔五〕臨而御寓〔六〕。今我親神祖之所知穴戸國中，有此嘉瑞。所以大赦天下，改元白

〔一〕"之"字原缺，據小學館本校補。
〔二〕原作"侣"，據小學館本校改。
〔三〕原作"鳥"，據小學館本校改。
〔四〕原作"摷"，據校本改。
〔五〕原作"摠"，據小學館本改。
〔六〕原作"寓"，據校本改。

雉。”仍禁放鷹於穴戶境[一]，賜公卿大夫以下至于令史，各有差。於是褒美國司草壁連醜經，授大山，并大給祿[二]，復穴戶三年調役。

夏四月，新羅遣使貢調。或本云，是天皇世[三]，高麗、百濟、新羅三國，每年遣使貢獻也。

冬十月，爲入宮地，所壞丘墓及被遷人者，賜物各有差。即遣將作大匠荒田井直比羅夫，立宮堺標。

是月，始造丈六繡像、俠侍、八部等四[四]十六像。

是歲，漢山口直大口奉詔刻千佛像。遣倭漢直縣、白髮部連鐙、難波吉士胡床於安藝國，使造百濟舶二隻。

二年春三月甲午朔丁未，丈六繡像等成。

戊申，皇祖母尊請十師等設齋。

夏[五]六月，百濟、新羅遣使貢調獻物。

冬十二月晦，於味經宮請二千一百餘僧尼，使讀一切經。是夕，燃二千七百餘燈於朝庭內，使讀安宅、土側等經。於是天皇從於大郡遷居新宮，號曰難波長柄豐碕宮。

是歲，新羅貢調使知萬沙飡等，著唐國服，泊于筑紫。朝庭惡恣移俗，訶嘖追還。于時巨勢大臣奏請之曰：“方今不伐新羅，於後必當有悔。其伐之狀，不須擧力。自難波津至于筑紫海裏，相接浮盈艫舳，召新羅問其罪者，可易得焉。”

三年春正月己未朔，元日禮訖，車駕幸大郡宮。

自正月至是月，班田既訖。凡田長三十步爲段，十段爲町。段租稻一束半，町租稻十五束。

三月戊午朔丙寅，車駕還宮。

夏四月戊子朔壬寅，請沙門惠隱於內裏，使講無量壽經。以沙

〔一〕小學館本校改作“堺”。
〔二〕“祿”字原作“各有差”，據小學館本校改。
〔三〕“世”字原缺，據小學館本校補。
〔四〕小學館本校改作“三”。
〔五〕“夏”字原缺，據小學館本校補。

門惠資爲論議者，以沙門一千爲作聽衆。

丁未，罷講。自於此日初，連雨水，至于九日。損壞宅屋，傷害田苗，人及牛馬溺死者衆。

是月，造戶籍。凡五十戶爲里，每里長一人。凡戶主皆以家長爲之。凡戶皆五家相保，一人爲長，以相檢〔一〕察。

新羅、百濟遣使貢調，獻物。

秋九月，造宮已訖。其宮殿之狀不可殫〔二〕論。

冬十二月晦〔三〕，請天下僧尼於内裏，設齋，大捨，燃燈。

四年夏五月辛亥朔壬戌，發遣大唐大使小山上吉士長丹，副使小乙上吉士駒，駒，更名絲。學問僧道嚴、道通、道光、惠施、覺勝、弁正、惠照、僧忍、知聰、道昭、定惠、定惠，内大臣之長子也。安達、安達，中臣渠每連之子。道觀，道觀，春日粟田臣百濟之子。學生巨勢臣藥、藥，豐足臣之子。氷連老人，老人，真玉之子。或本，以學問僧知辨〔四〕、義德，學生坂合部連磐積而增焉。并一〔五〕百二十一人，俱乘一船，以室原首御田爲送使。又大使大山下高田首根麻呂、更名八掬脛。副使小乙上掃守連小麻呂，學問僧道福、義向，并一百二十人，俱乘一船，以土師連八手爲送使。

是月，天皇幸旻法師房，而問其疾，遂口勅恩命。或本，於五年七月云，僧旻法師臥病於阿曇寺。於是天皇幸而問之，仍執其手曰："若法師今日亡者，朕從明日亡。"

六月，百濟、新羅遣使貢調，獻物。脩治處處大道。天皇聞旻法師命終，而遣使吊，并多送贈。皇祖母尊及皇太子等，皆遣使吊旻法師喪。遂爲法師，命畫工狛豎部子麻呂、鯽魚戶直等，多造佛、菩薩像，安置於川原寺。或本云，在山田寺。

〔一〕原作"撿"，據小學館本校改。
〔二〕原作"彈"，據校本改。
〔三〕原作"皆"，據小學館本校改。
〔四〕小學館本作"弁"。
〔五〕"并一"二字原缺，據小學館本校補。

秋七月，被遣大唐使人高田根麻呂等，於薩麻之曲、竹嶋之門〔一〕，合船没死。唯有五人，繫胸一板，流遇竹嶋，不知所計。五人之中，門部金採竹爲筏，泊于神嶋。凡此五人，經六日六夜，而全不食飯。於是褒美金，進位給禄。

是歲，太子奏請曰："欲冀遷于倭京。"天皇不許焉。皇太子乃奉皇祖母尊、間人皇后，并率皇弟等，往居于倭飛鳥河邊行宮。于時公卿大夫、百官人等，皆隨而遷。由是天皇恨，欲捨於國位。令造宮於山碕，乃送歌於間人皇后曰：

舸娜紀都該。阿我柯賦古麻播。比枳涅世儒。阿我柯賦古麻乎。比騰瀰都羅武箇。〔二〕

五年春正月戊申朔夜，鼠向倭都而遷。

壬子，以紫冠授中臣鎌足連，增封若干戸。

二月，遣大唐押使大錦上高向史玄理，或本云，夏五月，遣大唐押使大花〔三〕下高向玄理。大使小錦下河邊臣麻呂，副使大山下藥師惠日，判官大乙上書直麻呂、宮首阿彌陀、或本云，判官小山下書直麻呂。小乙上崗〔四〕君宜、置始連大伯、小乙下中臣間人連老、老，此云於喩。田邊史鳥等，分乘二船，留連數月，取新羅道，泊于萊州。遂到于京，奉覲天子。於是東宮監門郭丈舉，悉問日本國之地里及國初之神名，皆隨問而答。押使高向玄理卒於大唐。伊吉博得言："學問僧惠妙於唐死。知聰於海死。智國於海死。智宗以庚寅年付新羅船歸。覺勝於唐死。義通於海死。定惠以乙丑年付劉德高等船歸。妙位、法勝，學生氷連老人、高黄金并十二人，別倭種韓智興、趙元寶，今年共使人歸。"

夏四月，吐火羅國男二人、女二人，舍衛女一人，被風流來于日向。

〔一〕小學館本校改作"間"。

〔二〕[115]かなきつけ　あがかふこまは　ひきでせず　あがかふこまを　ひとみつらむか。略譯："吾飼之駒，著金木兮。吾飼之駒，莫引而出兮。莫引而出，人何以見之？"

〔三〕原作"華"，據小學館本改。

〔四〕小學館本作"岡"。

秋七月甲戌朔丁酉，西海使吉士長丹等，共百濟、新羅遣[一]使，泊于筑紫。

是月，褒美西海使等奉對唐國天子，多得文書、寶物。授小山上大使吉士長丹以少花[二]下，賜封二百戶，賜姓爲吳氏。授小乙下[三]副使吉士駒以小山上。

冬十月癸卯朔，皇太子聞天皇病疾，乃奉皇祖母尊、間人皇后，并率皇弟、公卿等，赴難波宮。

壬子，天皇崩于正寢。仍起殯於南庭，以小山上百舌鳥土師連土德，主殯宮之事。

十二月壬寅朔己酉，葬于大坂磯長陵。是日，皇太子[四]奉皇祖母尊，遷居倭河邊行宮。老者語之曰:“鼠向倭都，遷都之兆也。”

是歲，高麗、百濟、新羅，並[五]遣使奉吊。

日本書紀卷第二十五　終

〔一〕小學館本校改作“送”。
〔二〕原作“華”，據小學館本改。
〔三〕小學館本校改作“上”。
〔四〕此處原有“母”字，據小學館本校删。
〔五〕“並”字原缺，據小學館本校補。

日本書紀　卷第二十六

天豐財重日足姫天皇　齊明天皇

天豐財重日足姬天皇，初適於橘豐日天皇之孫高向王，而生漢皇子。後適於息長足日廣額天皇，而生二男一女。二年，立爲皇后。見息長足日廣額天皇紀。

十三年冬十月，息長足日廣額天皇崩。明年正月，皇后即天皇位。改元四年六月，讓位於天萬豐日天皇。稱天豐財重日足姬天皇曰皇祖母尊。天萬豐日天皇後五年十月崩。

元年春正月壬申朔甲戌，皇祖母尊即天皇位於飛鳥板蓋宮。

夏五月庚午朔，空中有乘龍者。貌似唐人，著青油笠，而自葛城嶺馳隱膽駒山。及至午時，從於住吉松嶺之上，西向馳去。

秋七月己巳朔己卯，於難波朝饗北北越。蝦夷九十九人，東東陸奥。蝦夷九十五人。并設百濟調使一百五十人。仍授柵養蝦夷九人，津刈蝦夷〔一〕六人，冠各二階。

八月戊戌朔，河邊臣麻吕等自大唐還。

冬十月丁酉朔己酉，於小墾田造起宮闕，擬將瓦覆。又於深山廣谷，擬造宮殿之材，朽爛者多。遂止弗作。

是冬，災飛鳥板蓋宮。故遷居飛鳥川原宮。

是歲，高麗、百濟、新羅並遣使進調。百濟大使西部達率余宜受，副使東部恩率調信仁，凡一百餘人。蝦夷、隼人率衆内屬，詣闕朝獻。新羅

〔一〕原作"蛦"，據小學館本校改。

別以及湌彌武爲質，以十二人爲才伎者。彌武遇疾而死。是年也，太[一]歲乙卯。

二年秋八月癸巳朔庚子，高麗遣達沙等進調。大使達沙，副使伊利之，總[二]八十一人。

九月，遣高麗大使膳臣葉積，副使坂合部連磐鍬，大判官犬[三]上君白麻呂，中判官河內書首，闕名。小判官大藏衣縫造麻呂。

是歲，於飛鳥岡本更定宮地。時高麗、百濟、新羅，並遣使進調。爲張紺幕於此宮地，而饗焉。

遂起宮室。天皇乃遷，號曰後飛鳥岡本宮。於田身嶺，冠以周垣。田身，山名。此云大務。復於嶺上兩槻樹邊起觀，號爲兩槻宮，亦曰天宮。

時好興事，廼使水工穿渠，自香山西至石上山。以舟二百隻載石上山石，順流控引於宮東山，累石爲垣。時人謗曰："狂心渠。損費，功夫三萬餘矣。費損，造垣功夫七萬餘矣。宮材爛矣，山椒埋矣。"又謗曰："作石山丘，隨作自破。"若據未成之時，作此謗乎？又作吉野宮。

西海使佐伯連栲繩、闕位階級。小山下難波吉士國勝等自百濟還，獻鸚鵡一隻。災岡本宮。

三年秋七月丁亥朔己丑，覩貨邏國男二人、女四人，漂泊于筑紫。言："臣等初漂泊于海見嶋。"乃以驛召。

辛丑，作須彌山像於飛鳥寺西，且設盂蘭瓮會。暮饗覩[四]貨邏人。或本云，墮羅人。

九月，有間皇子性黠陽狂云云。往牟婁溫湯，僞療病來。讚國體勢，曰"纔觀彼地，病自蠲消"云云。天皇聞悅，思欲往觀。

是歲，使使於新羅曰："欲將沙門智達、間人連御廐、依網連稚

〔一〕原作"大"，據校本改。
〔二〕原作"摠"，據校本改。
〔三〕原作"大"，據小學館本校改。
〔四〕原作"都"，據小學館本校改。

子〔一〕等，付汝國使，令送到大唐。”新羅不肯聽送，由是沙門智達等還歸。西海使小花〔二〕下阿曇連頰垂、小山下津臣傴僂，傴僂，此云俱豆磨。自百濟還，獻駱駝〔三〕一箇、驢二箇。

石見國言白狐見。

四年春正月甲申朔丙申，左大臣巨勢德太〔四〕臣薨。

夏四月，阿陪臣闕名。率船師一百八十艘，伐蝦夷。齶田、渟代二郡蝦夷，望怖乞降。於是勒軍，陳船於齶田浦。齶田蝦夷恩荷進而誓曰："不爲官軍故持弓矢。但奴等性食肉，故持。若爲官軍，以儲弓矢，齶田浦神知矣。將清白心，仕官朝矣。"仍授恩荷以小乙上，定渟代、津輕二郡郡領。遂於有間濱召聚渡嶋蝦夷等，大饗而歸。

五月，皇孫建王年八歲薨，今城谷上起殯而收。天皇本以皇孫有順，而器重之，故不忍哀，傷慟極甚。詔群臣曰："萬歲千秋之後，要合葬於朕陵。"廼〔五〕作歌曰：

伊磨紀那屢。乎武例我禹杯爾。俱謨娜尼母。旨屢俱之多多婆。那爾柯那皚柯武。〔六〕其一

伊喩之之乎。都那遇舸播杯能。倭柯矩娑能。倭柯俱阿利岐騰。阿我謨婆儺俱爾。〔七〕其二

阿須箇我播。瀰儺蟻羅毗都都。喩矩瀰都能。阿比娜謨儺俱母。於母保喩屢柯母。〔八〕其三

天皇時時唱而悲哭。

〔一〕小學館本作“兒”。
〔二〕原作“華”，據小學館本校改。
〔三〕原作“駞”，據小學館本改。
〔四〕原作“大”，據校本改。
〔五〕原作“輙”，據小學館本校改。
〔六〕116 いまきなる　をむれがうへに　くもだにも　しるくしたたば　なにかなげかむ。略譯："今城之丘，有雲立兮。胡爲而太息兮？"
〔七〕117 いゆししを　つなぐかはへの　わかくさの　わかくありきと　あがもはなくに。略譯："射豕之川畔，有若草兮。吁嗟乎哀哉，若是之殤兮！"
〔八〕118 あすかがは　みなぎらひつつ　ゆくみづの　あひだもなくも　おもほゆるかも。略譯："飛鳥之川，其水湯湯兮。維我之思，不絕如其汪肆兮。"

秋七月辛巳朔甲申，蝦夷〔一〕二百餘詣闕朝獻。饗賜贍〔二〕給，有加於常。仍授柵養蝦夷二人位一階，渟代郡大領沙尼具那小乙下，或所云，授位二階，使檢〔三〕戶口。少領宇婆左建武，勇健者二人位一階。別賜沙尼具那等䱧旗二十頭、鼓二面、弓矢二具、鎧二領。授津輕郡大領馬武大乙上，少領青蒜小乙下，勇健者二人位一階。別賜馬武等䱧旗二十頭、鼓二面、弓矢二具、鎧二領。授都岐沙羅柵造闕名。位二階，判官位一階。授渟足柵造大伴君稻積小乙下。又詔渟代郡大領沙尼〔四〕具那，檢〔五〕覆蝦夷戶口與虜戶口。

是月，沙門智通、智達，奉勅乘新羅船往大唐國，受無性衆生義於玄奘法師所。

冬十月庚戌朔甲子，幸紀溫湯。天皇憶皇孫建王，愴爾悲泣，乃口號曰：

耶麻古曳底。于瀰倭柂留騰母。於母之樓枳。伊麻紀能禹知播。倭須羅庾麻旨珥。〔六〕其一

瀰儺度能。于之裒能矩娜利。于那俱娜梨。于之廬母俱例尼。飫岐底舸〔七〕庾舸武。〔八〕其二

于都俱之枳。阿餓倭柯枳古弘。飫岐底舸庾舸武。〔九〕其三〔一〇〕

詔秦大藏造萬里曰："傳斯歌，勿令忘於世。"

十一月庚辰朔壬午，留守官蘇我赤兄臣語有間皇子曰："天皇所

〔一〕原作"蛈"，據小學館本校改。
〔二〕原作"瞻"，據小學館本校改。
〔三〕原作"撿"，據小學館本改。
〔四〕原作"奈"，據小學館本校改。
〔五〕原作"撿"，據小學館本改。
〔六〕[119]やまこえて　うみわたるとも　おもしろき　いまきのうちは　わすらゆましじ。略譯："越山兮渡海，唯今城之樂兮莫忘。"
〔七〕原作"婀"，據校本改。
〔八〕[120]みなとの　うしほのくだり　うなくだり　うしろもくれに　おきてかゆかむ。略譯："乘流兮入海，心抑抑兮如晦。嗟亡靈兮死離散！"
〔九〕[121]うつくしき　あがわかきこを　おきてかゆかむ。略譯："若子兮吾所愛，嗟亡靈兮死離散！"
〔一〇〕原作"二"，據校本改。

治政事，有三失矣。大起倉庫，積聚民財，一也。長穿渠水，損費公糧，二也。於舟載石，運積爲丘，三也。”有間皇子乃知赤兄之善己，而欣然報答之曰：“吾年始可用兵時矣。”

甲申，有間皇子向赤兄家，登樓而謀，夾膝自斷。於是知相之不祥，俱盟而止。皇子歸而宿之。是夜半，赤兄遣物部朴井連鮪，率造宫丁，圍有間皇子於市經家。便遣驛使，奏天皇所。

戊子，捉有間皇子與守君大石、坂合〔一〕部連藥、鹽屋連鯯魚，送紀溫湯。舍人新田部米麻吕從焉。於是皇太子親問有間皇子曰：“何故謀反〔二〕？”答曰：“天與赤兄知，吾全不解。”

庚寅，遣丹比小澤連國襲，絞有間皇子於藤白坂。是日，斬鹽屋連鯯魚、舍人新田部連米〔三〕麻吕於藤白坂。鹽屋連鯯魚臨誅言：“願令右手作國寶器。”流守君大石於上毛野國，坂合部藥於尾張國。或本云，有間皇子與蘇我臣赤兄、鹽屋連小戈、守君〔四〕大石、坂合部連藥，取短籍卜謀反之事。或本云，有間皇子曰：“先燔宫室，以五百人，一日兩夜，邀牟婁津，疾以船師斷淡路國，使如牢圄，其事易成。”〔五〕人諫曰：“不可也。所計既然而無德矣。方今皇子年始十九，未及成人。可至成人而得其德。”他日，有間皇子與一判事謀反之時，皇子案机之脚，無故自斷。其謨不止，遂被誅戮也。

是歲，越〔六〕國守阿部〔七〕引田臣比羅夫討肅慎，獻生羆二、羆皮七十枚。沙門智踰造指南車。出雲國言：“於北海濱魚死而積。厚三尺許，其大如鮐。雀喙〔八〕針鱗，鱗長數寸。俗曰：‘雀入於海，化而爲魚，名曰雀魚。’”或本云，至庚申年七月，百濟遣使奏言：“大唐、新羅并力伐我，既以義慈王、王后、太子爲虜而去。”由是國家以兵士甲卒，陣西北畔，繕修

〔一〕“合”字原缺，據小學館本補。
〔二〕原作“人”，據小學館本校改。
〔三〕原作“未”，據小學館本校改。
〔四〕“君”字原缺，據小學館本校補。
〔五〕此處小學館本校補“或”字。
〔六〕原作“起”，據小學館本校改。
〔七〕“阿”原作“河”，據校本改。“部”小學館本校改作“倍”。
〔八〕小學館本校改作“啄”。

城柵，斷塞山川之兆[一]。又西海使小花下阿曇連頰垂，自百濟還言："百濟伐新羅還時，馬自行道於寺金堂，晝夜勿息，唯食草時止。"或本云，至庚申年，爲敵所滅之應也。

五年春正月己卯朔辛巳，天皇至自紀溫湯。

三月戊寅朔，天皇幸吉野而肆宴焉。

庚辰，天皇幸近江之平浦。平，此云毗羅。

丁亥，吐火羅人共妻舍衛婦人來。

甲午，甘檮丘東之川上，造須彌山，而饗陸奧與越蝦夷[二]。檮，此云柯之。川上，此云箇播羅。

是月，遣阿倍臣，闕名。率船師一百八十艘，討蝦夷國。阿倍臣簡集飽田、渟代二郡蝦夷[三]二百四十一人，其虜三十一人，津輕郡蝦夷[四]一百十二人，其虜四人，膽[五]振鉏蝦夷二十人於一所，而大饗賜祿。膽[六]振鉏，此云伊浮梨娑陛。即以船一隻與五色綵帛，祭彼地神。至肉入籠時，問菟[七]蝦夷膽[八]鹿嶋、菟穗名二人進曰："可以後方羊蹄爲政所焉。"肉入籠，此云之之梨姑。問菟，此云塗毗宇。菟穗名，此云宇保那。後方羊蹄，此云斯梨蔽之。政所，蓋蝦夷郡乎？隨膽[九]鹿嶋等語，遂置郡領而歸。授道奧與越國司位各二階，郡領與主政各一階。或本云，阿倍引田臣比羅夫與肅慎戰而歸，獻虜卌[一〇]九人。

秋七月[一一]丙子朔戊寅，遣小錦下坂合部連石布、大仙下津守連吉祥，使於唐國。仍以[一二]道奧蝦夷男女二人，示唐天子。伊吉連博德

〔一〕小學館本此處校補"也"字。
〔二〕原作"蛦"，據小學館本校改。
〔三〕原作"蛦"，據小學館本校改。
〔四〕原作"蛦"，據小學館本校改。
〔五〕原作"瞻"，據小學館本校改。
〔六〕原作"瞻"，據小學館本校改。
〔七〕原作"兔"，據校本改。本段後同。
〔八〕原作"瞻"，據小學館本校改。
〔九〕原作"瞻"，據小學館本校改。
〔一〇〕"卌"小學館本作"四十"。
〔一一〕此處原有"朔"字，據小學館本校刪。
〔一二〕此處原有"陸"字，據小學館本校刪。

書曰:“同天皇之世，小錦下坂合部石布連、大山下津守吉祥連等二船，奉使吴唐之路。以己未年七月三日，發自難波三津之浦。八月十一日，發自筑紫大津之浦。九月十三日，行到百濟南畔之嶋，嶋名毋分明。以十四日寅時，二船相從，放出大海。十五日日入之時，石布連船横遭逆風。漂到南海之嶋，嶋名爾加委，仍爲嶋人所滅。便東漢長直阿利麻、坂合部連稻積等五人，盗乘嶋人之船，逃到括州。州縣[一]官人送到洛陽之京。十六日夜半之時，吉祥連船行到越州會稽縣須岸山。東北風，風太急。二十三[二]日，行到餘姚縣。所乘大船及諸調度之物，留著彼處。潤十月一日，行到越州之底。十月十五日，乘驛入京。二十九日，馳到東京。天子在東京。三十日，天子相見，問訊之:‘日本國天皇，平安以不?’使人謹答:‘天地合德，自得平安。’天子問曰:‘執事卿等，好在以不?’使人謹答:‘天皇憐重，亦得好在。’天子問曰:‘國内平不?’使人謹答:‘治稱天地，萬民無事。’天子問曰:‘此等蝦夷國有何方?’使人謹答:‘國有東北。’天子問曰:‘蝦夷幾種?’使人謹答:‘類有三種。遠者名都加留，次者麁蝦夷，近者名熟蝦夷。今此熟蝦夷，每歲入貢本國之朝。’天子問曰:‘其國有五穀?’使人謹答:‘無之。食肉存活。’天子問曰:‘國有屋舍?’使人謹答:‘無之。深山之中止住樹本。’天子重曰:‘朕見蝦夷身面之異，極理喜恠。使人遠來辛苦，退在館裏，後更相見。’十一月一日，朝有冬至之會，會日亦覲。所朝諸蕃之中，倭客最勝。後由出火之亂，棄而不復檢[三]。十二月三[四]日，韓智興傔[五]人西漢大麻吕，枉讒我客。客等獲罪唐朝，已決流罪。前流智興於三千里之外。客中有伊吉連博德奏，因即免罪。事了之[六]後，勅旨:‘國家來年必有海東之政。汝等倭客，不得東歸。’遂逗西京，幽置別處。閉戶防禁，不許東西。困苦經年。”難波吉士男人書曰:“向大唐大使，觸嶋而[七]覆。副使親覲天子，奉示蝦夷。於是蝦夷以白鹿皮一、弓三、箭八十，獻于天子。”

庚寅，詔羣臣，於京内諸寺勸講盂蘭盆經，使報七世父母。

〔一〕原作“懸”，據校本改。
〔二〕原作“二”，據校本改。
〔三〕原作“撿”，據小學館本改。
〔四〕原作“二”，據校本改。
〔五〕原作“倫”，據小學館本校改。
〔六〕“之”字原缺，據小學館本補。
〔七〕“而”字原缺，據小學館本補。

是歲，命出雲國造闕名。修嚴神之宮。狐嚙斷於友郡役丁所執葛末而去。又狗嚙置死人手臂於言屋社。言屋，此云伊浮瑘。天子崩兆。又高麗使人持羆皮一枚，稱其價曰：“綿六十斤。”市司咲而避去。高麗畫師子〔一〕麻呂，設同姓賓於私家日，借〔二〕官羆皮七十枚，而爲賓席。客〔三〕羞恠而退。

六年春正月壬寅朔，高麗使人乙相賀取文等一百餘，泊于筑紫。

三月，遣阿倍〔四〕臣闕名。率船師二百艘，伐肅慎國。阿倍〔五〕臣以陸奥蝦夷，令乘己船，到大河側。於是渡嶋蝦夷一千餘，屯聚海畔，向河而營。營中二人進而急叫曰：“肅慎船師多來，將殺我等之故，願欲濟河而仕官矣。”阿倍臣遣船，喚至兩箇蝦夷〔六〕，問賊隱所與其船數。兩箇蝦夷〔七〕便指隱所曰：“船二十餘艘。”即遣使喚，而不肯來。阿倍臣乃積綵帛、兵、鐵等於海畔，而令貪嗜。肅慎乃陳船師，繫羽於木，舉而爲旗，齊棹〔八〕近來，停於淺處。從一船裏，出二老翁，迴行，熟視所積綵帛等物。便換著單衫，各提布一端，乘船還去。俄而老翁更來，脱置換衫，并置提布，乘船而退。阿倍臣遣數船使喚，不肯來，復於弊賂弁嶋。食頃乞和，遂不肯聽，弊賂弁，度〔九〕嶋之別也。據己柵戰。于時能登臣馬身龍爲敵被殺。猶戰未倦之間，賊破殺己妻子。

夏五月辛丑朔戊申，高麗使人乙相賀取文〔一〇〕等，到難波館。

是月，有司奉勅，造一百高座、一百納袈裟，設仁王般若之會。又皇太子初造漏剋，使民知時。又阿倍引田臣闕名。獻夷五十餘。又

〔一〕“子”字原缺，據小學館本補。
〔二〕原作“倩”，據小學館本校改。
〔三〕小學館本此處校補“等”字。
〔四〕原作“陪”，據小學館本改。
〔五〕原作“陪”，據小學館本改。
〔六〕原作“蛦”，據小學館本校改。
〔七〕原作“蛦”，據小學館本校改。
〔八〕原作“掉”，據校本改。
〔九〕小學館本作“渡”。
〔一〇〕原作“父”，據校本改。

於石上池邊，作須彌山，高如廟塔，以饗肅慎四十七人。又舉國百姓無故持兵，往還於道。國老言：“百濟國失所之相乎？”

秋七月庚子朔己[一]卯，高麗使人乙相賀取文[二]等罷歸。又都[三]䟽羅人乾豆波斯達阿，欲歸本土，求請送使曰：“願後朝於大國，所以留妻爲表。”乃與數十人入于西海之路。高麗沙門道顯日本世記曰：“七月云云。春秋智借大將軍蘇定方之手，使擊百濟，亡之。或曰，百濟自亡。由君大夫人妖女之無道，擅奪國柄，誅殺賢良故，召斯禍矣。可不慎歟！可不慎歟！其注云，新羅春秋智，不得願於内臣蓋金。故亦使於唐，捨俗衣冠，請媚於天子，投禍於隣國，而構[四]斯意行者也。”伊吉連博德書云：“庚申年八月，百濟已平之後，九月十二日，放客[五]本國。十九日，發自西京。十月十六日，還到東京，始得相見阿利麻等五人。十一月一日，爲將軍蘇定方等所捉百濟王以下太子隆等諸王子十三人，大佐平沙宅千福、國弁成以下三十七人，并五十許人，奉進朝堂，急引趍向天子。天子恩[六]勅，見前放著。十九日，賜勞。二十四日，發自東京。”

九月己亥朔癸卯，百濟遣達率闕名。沙彌覺從等來奏曰：或本云，逃來告難。“今年七月，新羅恃力作勢，不親於隣。引構[七]唐人，傾覆百濟。君臣總[八]俘，略無噍類。或本云，今年七月十日，大唐蘇定方，率船師軍尾資之津。新羅王春秋智率兵馬，軍于怒受利之山。夾擊百濟，相戰三日，陷我王城。同月十三日，始破王城。怒受利山，百濟之東境[九]也。於是西部恩率鬼室福信赫然發憤，據任射岐山。或本云，北任劍[一〇]利山。達率餘自進，據中部久麻怒利城。或本云，都都岐留山。各營一所，誘聚散卒。兵盡

〔一〕小學館本校改作“乙”。
〔二〕原作“父”，據校本改。
〔三〕小學館本校改作“覩”。
〔四〕原作“搆”，據小學館本改。
〔五〕原作“容”，據小學館本校改。
〔六〕原作“息”，據校本改。
〔七〕原作“搆”，據小學館本改。
〔八〕原作“摠”，據小學館本改。
〔九〕小學館本校改作“堺”。
〔一〇〕小學館本校改作“敍”。

前役，故以棓戰。新羅軍破，百濟奪其兵。既而百〔一〕濟兵翻鋭，唐不敢入。福信等遂鳩集同國，共保王城。國人尊曰〔二〕‘佐平福信，佐平自進’。唯福信起神武之權，興既亡之國。”

冬十月，百濟佐平鬼室福信，遣佐平貴智等，來獻唐俘一百餘人。今美濃國不破、片縣二郡唐人等也。又乞師請救。并乞王子余豐璋〔三〕曰或本云，佐平貴智、達率正珍〔四〕也。“唐人率我蝥賊，來蕩搖我疆埸〔五〕，覆我社稷，俘我君臣。百濟王義慈，其妻恩古，其子隆等，其臣佐平千福〔六〕、國弁成、孫登等，凡五十餘。秋〔七〕七月十三日，爲蘇將軍所捉，而送去於唐國。蓋是無故持兵之徵乎？而百濟國遙賴天皇護念，更鳩集以成邦。方今謹願，迎百濟國遣侍天朝王子豐璋，將爲國主”云云。詔曰“乞師請救，聞之古昔。扶危繼絕，着自恒典。百濟國窮來歸我，以‘本邦喪亂，靡依靡告，枕戈嘗膽〔八〕，必存拯救’遠來表啓，志有難奪。可分命將軍，百道俱前。雲會雷動，俱集沙㖨，翦其鯨鯢，紓〔九〕彼倒懸。宜有司具爲與之，以禮發遣”云云。送王子豐璋及妻子與其叔父忠勝等。其正發遣之時，見于七年。或本云，天皇立豐璋爲王，立塞上爲輔，而以禮發遣焉。

十二月丁卯朔庚寅，天皇幸于難波宮。天皇方隨福信所乞之意，思幸筑紫將遣救軍，而初幸斯備諸軍器。

是歲，欲爲百濟將伐新羅，乃勅駿河國造船。已訖，挽至續〔一〇〕麻郊之時，其船夜中無故艫舳相反。衆知終敗。科野國言：“蠅羣向西，飛踰巨坂。大十圍許，高至蒼天。”或知救軍敗績之恠。有童謠曰：

〔一〕“百”字原缺，據小學館本校補。
〔二〕原作“日”，據校本改。
〔三〕原作“障”，據小學館本校改。
〔四〕原作“改”，據小學館本校改。
〔五〕原作“場”，據小學館本改。
〔六〕“臣佐平千福”原作“巨王佐平子福”，據小學館本校改。
〔七〕此處原有“於”字，據小學館本刪。
〔八〕原作“瞻”，據校本改。
〔九〕原作“綈”，據小學館本校改。
〔一〇〕原作“績”，據小學館本校改。

摩比邏矩都能俱例豆例於社[一]幣陀乎邏賦俱能理歌理鵝美和陀騰能理歌美烏能陛陀烏邏賦俱能理歌理鵝甲子騰和與騰美烏能階[二]陀烏邏賦俱能理歌理鵝[三]

七年春正月丁酉朔壬寅，御船西征，始就于海路。

甲辰，御船到于大伯海。時大田姬皇女產女焉，仍名是女曰大伯皇女。

庚戌，御船泊于伊豫熟田津石湯行宮。熟田津，此云儞枳陀[四]豆。

三月丙申朔庚申，御船還至于娜[五]大津，居于磐瀨行宮。天皇改此，名曰長津。

夏四月，百濟福信遣使上表，乞迎其王子糺解。釋道顯日本世紀[六]曰："百濟福信獻書，祈其君糺解於東朝。"或本云，四月，天皇遷居于朝倉宮。

五月乙未朔癸卯，天皇遷居于朝倉橘廣庭宮。是時，斮除朝倉社木，而作此宮之故，神忿壞殿。亦見宮中鬼火[七]。由是，大舍[八]人及諸近侍病死者衆。

丁巳，耽羅始遣王子阿波伎等貢獻。伊吉連博得書云："辛酉年正月二十五日，還到越州。四月一日，從越州上路，東歸。七日，行到檉岸山明。以八日雞鳴之時，順西南風，放船大海。海中迷途，漂蕩辛苦。九日八夜，僅到耽羅之嶋。便即招慰嶋人王子阿波岐[九]等九人，同載客船，擬獻帝朝。五月二十三日，奉進朝倉之朝。耽羅入朝，始於此時。又爲智興傔人東漢草直足嶋所讒，使人等不蒙

〔一〕小學館本校改作“能”。
〔二〕小學館本作“陛”。
〔三〕[122] まひらくつのくれつれをのへたをらふくのりかりがみわたとのりかみをのへたをらふくのりかりが甲子とわよとみをのへたをらふくのりかりが。按此童謠除“甲子”一詞外皆不可解，至今莫衷一是。小學館注以“をのへた”爲“尾邊田”指百濟，全篇略指新羅與唐侵吞百濟，而日本援軍將敗北也。
〔四〕小學館本校改作“柁”。
〔五〕原作“娜”，據校本改。
〔六〕小學館本校改作“記”。
〔七〕“宮中鬼火”原作“中”，據小學館本校改。
〔八〕原作“倉”，據小學館本校改。
〔九〕小學館本校改作“伎”。

寵命。使人等怨，徹[一]于上天之神，震死足嶋。時人稱曰：‘大倭天報之近。’”

六月，伊勢王薨。

秋七月甲午朔丁巳，天皇崩于朝倉宮。

八月甲子朔，皇太子奉徙天皇喪，還至磐瀨宮。是夕，於朝倉山上有鬼，著大笠，臨視喪儀。衆皆嗟恠。

冬十月癸亥朔己巳，天皇之喪歸就于海。於是皇太子泊於一所，哀慕天皇，乃口號曰：

枳瀰我梅能。姑裒之枳舸羅儞。娑[二]底底威底。舸矩野姑悲武謀。枳瀰我梅弘報梨。[三]

乙酉，天皇之喪，還泊于難波。

十一月壬辰朔戊戌，以天皇喪殯于飛鳥川原。自此發哀，至于九日。日本世記云：“十一月，福信所獲唐人續[四]守言等，至于筑紫。”或本云，辛酉年，百濟佐平福信所獻唐俘一百六口，居于近江國墾田。庚申年，既云福信獻唐俘，故今存注。其決焉。

日本書紀卷第二十六　終

〔一〕原作“撤”，據小學館本校改。

〔二〕小學館本校改作“婆”。

〔三〕123 きみがめの　こほしきからに　はててゐて　かくやこひむも　きみがめをほり。略譯：“君之目，我所愛兮。偕君佇立，愛君之目兮。”

〔四〕原作“績”，據小學館本校改。

日本書紀　卷第二十七

天命開別天皇　天智天皇

天命開别天皇，息長足日廣額天皇太子也。母曰天豐財重日足姬天皇。天豐財重日足姬天皇四年，讓位於天萬豐日天皇，立天皇爲皇太子。天萬豐日天皇後五年十月崩。明年，皇祖母尊即天皇位。七年七月丁巳，崩。皇太子素服稱制。

是月，蘇將軍與突厥王子契苾加力等，水陸二路，至于高麗城下。皇太子遷居于[一]長津宫，稍聽水表之軍政。

八月，遣前將軍大花[二]下阿曇比邏夫連、小花下河邊百枝臣等，後將軍大花下阿倍引田[三]比邏夫臣、大山上物部連熊、大山上守君大石等，救於百濟。仍送兵仗[四]、五穀。或本續此末云，别使大山下狹井連檳榔、小山下秦造田來津，守護百濟。

九月，皇太子御長津宫，以織冠授於百濟王子豐璋，復以多臣蔣敷之妹妻之焉。乃遣大山下狹井連檳榔、小山下秦造田來津，率軍五千餘，衛送於本鄉。於是豐璋入國之時，福信迎來，稽首奉國朝政，皆悉委焉。

十二月，高麗言："惟十二月，於高麗國，寒極浿[五]凍。故唐軍

〔一〕原作"子"，據小學館本校改。
〔二〕原作"華"，據小學館本校改。後二句同。
〔三〕原作"由"，據小學館本校改。
〔四〕原作"杖"，據小學館本校改。
〔五〕原作"淇"，據小學館本校改。

雲車、衝輣，鼓鉦吼然。高麗士卒[一]，膽[二]勇雄壯，故更取唐二壘。唯有二塞，亦備夜取之計。唐兵抱膝而哭。鋭鈍力竭，而不能拔。”噬臍之耻，非此而何？釋道顯云：“言春秋之志，正起于高麗，而先聲百濟。百濟近侵，甚苦急。故爾也。”

是歲，播磨國司岸田臣麻呂[三]等獻寶劒，言：“於狹夜郡人禾田穴内獲焉。”又日本救高麗軍將等，泊于百濟加巴利濱，而然火焉。灰變爲孔，有細響，如鳴鏑。或曰：“高麗、百濟終亡之徵乎？”

元年春正月辛卯朔丁巳，賜百濟佐平鬼室福信矢十萬隻、絲五百斤、綿一千斤、布一千端、韋一千張、稻種三千斛。

三月庚寅朔癸巳，賜百濟王布三百端。

是月，唐人、新羅人伐高麗。高麗乞救國家。仍遣軍將，據疏留城。由是唐人不得略其南堺，新羅不獲輸其西壘。

夏四月，鼠産於馬尾。釋道顯占曰：“北國之人將附南國。蓋高麗破，而屬日本乎？”

[四]五月，大將軍大錦中阿曇比邏夫連等，率船師一百七十艘，送豐璋等於[五]百濟國。宣勅，以豐璋等使繼其位。又予金策於福信，而撫其背，褒賜爵禄。于時豐璋等與福信稽首受勅，衆爲流涕。

六月己未朔丙戌，百濟遣達率萬智等，進調獻物。

冬十二月丙戌朔，百濟王[六]豐璋、其臣佐平福信等，與狹井連、闕名。朴市田來津，議曰：“此州柔者，遠隔田畝，土地磽确。非農桑之地，是拒戰之場。此焉久處，民可飢饉。今可遷於避城。避城者，西北帶以古[七]連旦涇之水，東南據深埿巨堰之防。繚以周田，決渠

〔一〕原作“率”，據小學館本校改。
〔二〕原作“瞻”，據小學館本校改。
〔三〕“麻呂”原作“磨”，大系本作“磨”，據小學館本校改。
〔四〕此處原有“夏”字，據小學館本校删。
〔五〕“於”字原缺，據小學館本校補。
〔六〕“王”字原缺，據小學館本校補。
〔七〕原作“右”，據校本改。

降雨。華實之毛，則三韓之上腴[一]焉。衣食之源，則二儀之隩區矣。雖曰地卑，豈不遷歟？”於是朴市田來津獨進而諫曰：“避城與敵所在之間，一夜可行，相近茲甚。若有不虞，其悔難及者矣。夫飢者後也，亡者先也。今敵所以不妄來者，州柔設置山險，盡爲防禦，山峻高而谿隘[二]，守易[三]而攻難之故也。若處卑地，何以固[四]居，而不搖動及今日乎？”遂不聽諫，而都避城。

是歲，爲救百濟，修繕兵甲，備具船舶，儲設軍糧。是年[五]，太歲壬戌也[六]。

二年春二月乙酉朔丙戌，百濟遣達率[七]金受等進調。新羅人燒燔百濟南畔四州，并取安德等要地。於是避城去賊近，故勢不能居。乃還居於州柔，如田來津之所計。

是月，佐平福信上送唐俘續守言等。

三月，遣前將軍上毛野君稚子、間人連大蓋，中將軍巨勢神前臣譯語、三輪君根麻[八]呂，後將軍阿倍引田臣比邏夫、大宅臣鎌柄，率二萬七千人，打新羅。

夏五月癸丑朔，犬上君[九]闕名。馳告兵事於高麗而還。見糺解於石城，糺解仍語福信之罪。

六月，前將軍上毛野君稚子等，取新羅沙鼻、岐奴江二城。百濟王豐璋嫌福信有謀反心，以革穿掌而縛。時難自决，不知所爲。乃問諸臣曰：“福信之罪，既如此焉，可斬以不[一〇]？”於是達率德執得曰：“此惡逆人，不合放捨。”福信即唾於執得曰：“腐狗癡奴！”王

〔一〕原作“腴”，據小學館本校改。
〔二〕原作“溢”，據小學館本校改。
〔三〕“易”字原缺，據小學館本校補。
〔四〕原作“國”，據小學館本校改。
〔五〕小學館本此處校補“也”字。
〔六〕小學館本此處校删“也”字。
〔七〕“率”字原缺，據小學館本校補。
〔八〕“麻”字原缺，據小學館本校補。
〔九〕“君”字原缺，據小學館本校補。
〔一〇〕“可斬以不”原作“所斬不”，據小學館本校改。

勒健兒，斬而醢首。

秋八月壬午朔甲午，新羅以百濟王斬己良將，謀直入國，先取州柔。於是百濟知賊所計，謂諸將曰:“今聞，大日本國之救將廬原君臣，率健兒萬餘，正當越海而至。願諸將軍等，應預圖之。我欲自往，待饗白村。”

戊戌，賊將至於州柔，繞其王城。大唐軍將率戰船一百七十艘，陣烈於白村江。

戊申，日本船師初至者，與大唐船師合戰。日本不利而退，大唐堅陣而守。

己酉，日本諸將與百濟王，不觀氣象，而相謂之曰:“我等爭先，彼應自退。”更率日本亂伍〔一〕中軍之卒，進打大唐堅陣之〔二〕軍。大唐便自左右，夾船繞戰。須臾之際〔三〕，官軍敗績，赴水溺死者衆，艫舳不得迴旋。朴市田來津仰天而誓，切齒而嗔，殺數十人，於焉戰死。是時百濟王豐璋與數人，乘船逃去高麗。

九月辛亥朔丁巳，百濟州柔城始降於唐。是時國人相謂之曰:“州柔降矣，事無奈何。百濟之名，絕于今日。丘墓之所，豈能復往？但可往於弖禮城，會日本軍將等，相謀事機所要。”遂教本在枕服岐城之妻子等，令知去國之心。

辛酉，發途於牟弖〔四〕。

癸亥，至弖〔五〕禮。

甲戌，日本船師及佐平余自信、達率木素貴子、谷那晉首、憶禮福留，并國民等，至於弖〔六〕禮城。明日，發船始向日本。

三年春二月己卯朔丁亥，天皇命大皇弟，宣增換冠〔七〕位階名及

〔一〕原作“倍”，據校本改。
〔二〕“堅陣之”三字原缺，據小學館本校補。
〔三〕原作“除”，據小學館本校改。
〔四〕原作“互”，據小學館本校改。
〔五〕原作“互”，據小學館本校改。
〔六〕原作“互”，據小學館本校改。
〔七〕此處原有“倍”字，據小學館本校删。

氏上、民部、家部等事。其冠有二十六階。大織、小織〔一〕、大縫、小縫、大紫、小紫、大錦上、大錦中、大錦下、小錦上、小錦中、小錦下、大山上、大山中、大山下、小山上、小山中、小山下、大乙上、大乙中、大乙下、小乙上、小乙中、小乙下、大建、小建，是爲二十六階焉。改前花〔二〕曰錦，從錦至乙加十階。又加換前初位一階，爲大建、小建二階。以此爲異，餘並依前。其大氏之氏上賜大刀，小氏之氏上賜小刀，其伴造等之氏上賜干〔三〕楯、弓矢。亦定其民部、家部。

三月，以百濟王善光王等居于難波。有星殞於京北。

是春，地震。

夏五月戊申朔甲子，百濟鎮將劉仁願遣朝散大夫郭務悰等，進表函〔四〕與獻物。

是月，大紫蘇我連大臣薨。或本，大臣薨注五月。

六月，嶋皇祖母命薨。

冬十月乙亥朔，宣〔五〕發遣郭務悰等勅。是日，中臣内臣遣沙門智祥，賜物於郭務悰。

戊寅，饗賜郭務悰等。

是月，高麗大臣蓋金終於其國。遺言於兒等曰："汝等兄弟，和如魚水，勿爭爵位。若不如是，必爲隣咲。"

十二月甲戌朔乙酉，郭務悰等罷歸。

是月，淡海國言："坂田郡人小竹田史身之猪槽水中，忽然稻生。身取而收，日日到〔六〕富。栗太郡人磐城村主殷之新婦，床席頭端，一宿之間，稻生而穗。其旦垂穎而熟。明日之夜，更生一穗。新婦出庭，兩箇鑰匙自天落前。婦取而與殷，殷得始富。"

〔一〕"小織"二字原缺，據小學館本校補。
〔二〕原作"華"，據小學館本改。
〔三〕原作"于"，據校本改。
〔四〕原作"亟"，據校本改。
〔五〕原文此處有"戊寅"二字，無"宣"字。據小學館本校改。
〔六〕小學館本校改作"致"。

是歲，於對馬嶋、壹岐嶋、筑紫國等，置防與烽。又於筑紫，築大堤貯水，名曰水城。

四年春二月癸酉朔丁酉，間人大后薨。

是月，勘校[一]百濟國官位階級。仍以佐平福信之功，授鬼室集斯小錦下。其本位達率。復以百濟百姓男女四百餘人，居于近江國神前郡。

三月癸卯朔，爲間人大后，度三百三十人。

是月，給神前郡百濟人田。

秋八月，遣達率答㶱春初[二]，築城於長門國。遣達率憶禮福留、達率四比福夫於[三]筑紫國，築大野及椽二城。耽羅遣使來朝。

九月庚午朔壬辰，唐國遣朝散大夫沂州司馬[四]上柱國劉德高等。等謂右戎衛郎將上柱國百濟禰[五]軍朝散[六]大夫柱國郭務悰，凡二百五十四人。七月二十八日，至于對馬。九月二十日，至于筑紫。二十二日，進表函[七]焉。

冬十月己亥朔己酉，大閱于菟道。

十一月己巳朔辛巳，饗賜劉德高等。

十二月戊戌朔辛亥，賜物於劉德高等。

是月，劉德高等罷歸。

是歲[八]，遣小錦守君大石等於大唐云云。等謂小山坂合部連石積、大[九]乙吉士[一〇]岐彌、吉士針間。蓋送唐使人乎？

五年春正月戊辰朔戊寅，高麗遣前部能婁等進調。是日，耽羅

〔一〕原作作“挍”，據小學館本改。
〔二〕“初”字原缺，據小學館本校補。
〔三〕“於”字原缺，據小學館本校補。
〔四〕“馬”原作“馬馬”，據小學館本校改。
〔五〕原作“將”，據小學館本改。
〔六〕“散”字原缺，據小學館本校補。
〔七〕原作“亟”，據校本改。
〔八〕“歲”字原缺，據小學館本補。
〔九〕此處原有“小”字，據小學館本校删。
〔一〇〕“吉士”二字原缺，據小學館本校補。

遣王子始[一]如等貢獻。

三月，皇太子親往於佐伯子麻吕連家，問其所患，慨歎元從之功。

夏六月乙未朔戊戌，高麗前部能婁等罷歸。

秋七月，大水。是秋，復租調。

冬十月甲午朔己未，高麗遣臣乙相奄鄹等進調。大使臣乙相奄鄹、副使達相遁、二位玄武若光等。

是冬，京都之鼠向近江移。以百濟男女二千餘人，居于東國。凡不擇緇素，起癸亥年至于三歲，並賜官食。倭漢沙門知[二]由獻指南車。

六年春二月壬辰朔戊午，合葬天豐財重日足姬天皇與間人皇女於小市岡上陵。是日，以皇孫大田皇女葬於陵前之墓。高麗、百濟、新羅，皆奉哀於御路。皇太子謂羣臣曰："我奉皇太后天皇之所勅，憂恤萬民之故，不起石槨之役。所冀永代以爲鏡誡焉。"

三月辛酉朔己卯，遷都于近江。是時天下百姓不願遷都，諷諫者多，童謠亦衆。日日夜夜，失火處多。

六月，葛野郡獻白鸝。

秋七月己未朔己巳，耽羅遣[三]佐平椽[四]磨等貢獻。

八月，皇太子幸倭京。

冬十月，高麗大[五]兄男生出城巡國。於是城内二弟，聞側助士大夫之惡言，拒而勿入。由是男生奔入大唐，謀滅其國。

十一月丁巳朔乙丑，百濟鎮將劉仁願，遣熊津都督府熊山縣令上柱國司馬法聰等，送大[六]山下境部連石積等於[七]筑紫都督府。

〔一〕小學館本校改作"姑"。
〔二〕小學館本校改作"智"。
〔三〕"遣"字原缺，據小學館本校補。
〔四〕原作"祿"，據校本改。
〔五〕原作"太"，據校本改。
〔六〕原作"太"，據小學館本改。
〔七〕"於"字原缺，據小學館本校補。

己巳，司馬法聰等罷歸。以小山下伊吉連博德、大乙下笠臣諸石爲送使。

是月，築倭國高安城、讚吉國山田郡屋嶋城、對馬國金田城。

閏〔一〕十一月丁亥朔丁酉，以錦十四疋、纈十九疋、緋二十四疋、紺布二十四端、桃染布五十八端、斧二十六、釤六十四、刀子六十一〔二〕枚，賜椽〔三〕磨等。

七年春正月丙戌朔戊子，皇太子即天皇位。或本云，六年歲次丁卯三月，即位。

壬辰，宴群臣於內裏。

戊申，送使博德等服命。

二月丙辰朔戊寅，立古人大兄皇子女倭姬王爲皇后。遂納四嬪。有蘇我山田石川麻呂大臣女，曰遠智娘，或本云，美濃津子娘。生一男二女。其一曰大田皇女。其二曰鸕野皇〔四〕女，及有天下，居于飛鳥淨御原宮，後移宮于藤原。其三曰建皇子，啞不能語。或本云，遠智娘生一男二女。其一曰建皇子，其二曰大田皇女，其三曰鸕野皇女。或本云，蘇我山〔五〕田麻呂大臣女，曰茅渟娘，生大田皇女與娑羅羅皇女。次有遠智娘弟，曰姪娘，生御名部皇女與阿陪皇女。阿陪皇女及有天下，居于藤原宮，後移都于乃樂。或本云，名姪娘，曰櫻井娘。次有阿倍倉梯麻呂〔六〕大臣女，曰橘娘，生飛鳥皇女與新田部皇女。次有蘇我赤兄大臣女，曰常陸娘，生山邊皇女。又有宮人生男女者四人。有忍海造小龍女，曰色夫古娘。生一男二女，其一曰大江皇女，其二曰川嶋皇子，其三曰泉皇女。又有栗隈首德萬女，曰黑媛娘，生水主皇女。又有

〔一〕原作“潤”，據小學館本校改。

〔二〕小學館本校改作“二”。

〔三〕原作“掾”，據校本改。

〔四〕“皇”字原缺，據小學館本校補。

〔五〕原作“小”，據小學館本校改。

〔六〕“麻呂”原作“磨”，大系本作“麿”，據小學館本改。

越[一]道君伊羅都賣，生施基皇子。又有伊賀采女宅子娘[二]，生伊賀皇子，後[三]字曰大友皇子。

夏四月乙卯朔庚申，百濟遣末[四]都師父等進調。

庚午，末[五]都師父等罷歸。

五月五日，天皇縱獦於蒲生野。于時大皇弟、諸王、內臣及羣臣皆悉從焉。

六月，伊勢王與其弟王，接日而薨。未詳官位。[六]

秋七月，高麗從越之路，遣使進調。風浪高，故不得歸。以栗前王拜筑紫率。于時近江國講武，又多置牧而放馬。又越國獻燃土與燃水。又於濱臺之下，諸魚覆水而至。又饗蝦[七]夷。又命舍人等，爲宴於所所。時人曰:"天皇天命將及乎?"

秋九月壬午朔癸巳，新羅遣沙㖨級[八]飡金東嚴等進調。

丁未，中臣內臣使沙門法弁、秦筆，賜新羅上臣大角干庾[九]信船一隻，付東嚴等。

庚戌，使布勢臣耳麻呂，賜新羅王輸御調船一隻，付東嚴等。

冬十月，大唐大將軍英公，打滅高麗。高麗仲牟王初建國時，欲治千歲也。母夫人云:"若善治國，可得也。若或本有不可得也。但當有七百年之治也。"今此國亡者，當在七百年之末也。

十一月辛巳朔，賜新羅王絹五十疋、綿五百斤、韋一百枚，付金東嚴等。賜東嚴等物，各有差。

乙酉，遣小山下道守臣麻呂、吉士小鮪於[一〇]新羅。是日，金東

〔一〕"越"字原缺，據小學館本補。
〔二〕"娘"字原缺，據小學館本校補。
〔三〕原作"復"，據小學館本改。
〔四〕原作"未"，據小學館本改。
〔五〕原作"未"，據小學館本校改。
〔六〕"未詳官位"四字原为大字，據小學館本改。
〔七〕"蝦"字原缺，據小學館本校補。
〔八〕"級"字原缺，據小學館本校補。
〔九〕"干庾"原作"千庚"，據小學館本校改。
〔一〇〕"於"字原缺，據小學館本校補。

嚴等罷歸。

是歲，沙門道行盜草薙劒，逃向新羅。而中路風雨，芒迷而[一]歸。

八年春正月庚辰朔戊子，以蘇我赤兄臣拜筑紫率。

三月己卯朔己丑，耽羅遣王子久麻伎等貢獻。

丙申，賜耽羅王五穀種。是日，王子久麻伎等罷歸。

夏五月戊寅朔壬午，天皇縱獦於山科野。大皇弟、藤原内大臣及羣臣，皆悉從焉。

秋八月丁未朔己酉，天皇登高安嶺，議欲修城。仍恤民疲，止而不作。時人感而歎曰“寔乃仁愛之德，不亦寬乎”云云。

是秋，霹礰於藤原内大臣家。

九月丁丑朔丁亥，新羅遣沙飡督儒等進調。

冬十月丙午朔乙卯，天皇幸藤原内大臣家，親問所患。而憂悴極甚。乃詔曰：“天道輔仁，何乃虚説？積善餘慶，猶是無徵。若有所須，便可以聞。”對曰“臣既不敏，當復何言？但其葬事，宜用輕易。生則無務於軍國，死則何敢重難”云云。時賢聞而歎曰：“此之一言，竊比於往哲之善言矣。大樹將軍之辞賞，詎可同年而語哉？”

庚申，天皇遣東宮大皇弟於藤原内大臣家，授大織冠與大臣位。仍賜姓爲藤原氏。自此以後，通曰藤原内[二]大臣。

辛酉，藤原内大臣薨。日本世記曰：“内大臣春秋五十，薨于私第[三]，遷殯於山南。天何不淑，不憖[四]遺耆？嗚[五]呼哀哉！碑曰：‘春秋五十有六而薨。’”

甲子，天皇幸藤原内大臣家。命大錦上蘇我赤兄臣，奉宣恩詔，仍賜金香鑪。

十二月，災大藏。

〔一〕“而”字原缺，據小學館本校補。
〔二〕“内”字原缺，據小學館本校補。
〔三〕原作“弟”，據校本改。
〔四〕原作“整”，據小學館本校改。
〔五〕原作“鳴”，據小學館本校改。

是冬，修高安城，收畿内之田税。于時災斑〔一〕鳩寺。

是歲，遣小錦中河内直鯨等，使於大唐。又以佐平餘〔二〕自信、佐平鬼室集斯等男女七百餘人，遷居近江國蒲生郡。又大唐遣郭務悰等二千餘人。

九年春正月乙亥朔辛巳，詔士大夫等，大射宮門内。

戊子，宣朝庭之禮儀與行路之相避。復禁斷誣妄、妖僞。

二月，造戸籍，斷盜賊與浮浪。于時天皇幸蒲生郡匱迮〔三〕野，而觀宮地。又脩高安城，積穀與鹽。又築長門城一、筑紫城〔四〕二。

三月甲戌朔壬午，於山御井傍，敷諸神座，而班幣帛。中臣金連宣祝詞。

夏四月癸卯朔壬申，夜半之後，災法隆寺。一屋無餘，大〔五〕雨雷震。

五月，童謠曰：

于知波志能。都梅能阿素弭爾。伊提麻栖古。多麻提能伊鞞能。野鞞古能度珥。伊提麻志能。俱伊播阿羅珥茹。伊提麻西古。多麻提能鞞能。野鞞古能度珥。〔六〕

六月，邑中獲龜。背書申字，上黄下玄，長六寸許。

秋九月辛未朔，遣阿曇連頰垂於新羅。

是歲，造水碓而冶〔七〕鐵。

十年春正月己亥朔庚子，大錦上蘇我赤兄臣與大錦下巨勢人臣，進於殿前，奏賀正事。

〔一〕原作“班”，據校本改。
〔二〕小學館本作“余”。
〔三〕“匱迮”原作“遺邇”，據小學館本校改。
〔四〕“城”字原缺，據小學館本校補。
〔五〕原作“火”，據校本改。
〔六〕124 うちはしの　つめのあそびに　いでませこ　たまでのいへの　やへこのとじ　いでましの　くいはあらじぞ　いでませこ　たまでのへの　やへこのとじ。略譯：“維彼橋頭，有歌垣兮。噫彼子也，盍來遊兮？玉手之家，八重子之刀自兮。盍來遊也，遊而無悔兮。玉手之家，八重子之刀自兮！”
〔七〕原作“治”，據小學館本校改。

癸卯，大錦上中臣金連命宣神事。是日，以大友皇子拜太政大臣。以蘇我赤兄臣爲左大臣，以中臣金連爲右大臣。以蘇我果安臣、巨勢人臣、紀大人臣爲御史大夫。御史，蓋今之大納言乎？

甲辰，東宮太皇弟奉宣，或本云，大友皇子宣命[一]。施行冠位、法度之事。大赦天下。法度、冠位之名，具載於新律令。

丁未，高麗遣上部大相可婁等進調。

辛亥，百濟鎮將劉仁願遣李守真等上表。

是月，以大錦下授佐平余自信、沙宅紹明。法官大輔。以小錦下授鬼室集斯。學職頭。以大山下授達率谷那晉首、閑兵法。木素貴子、閑兵法。憶禮福留、閑兵法。答炑春初、閑兵法。炑日比子贊波羅金羅金須、解藥。鬼室集信。解藥。以[二]小山上授達率德頂上、解藥。吉大尚、解藥。許率母、明五經。角福牟。閑於陰陽。以小山下授餘達率等五十餘人也[三]。童謠云：

多致播那播。於能我曳多曳多。那例例騰母。陀麻爾農矩騰岐。於野兒弘儞農俱。[四]

二月戊辰朔庚寅，百濟遣臺久用善等進調。

三月戊戌朔庚子，黄書造本實獻水臬[五]。

甲寅，常陸國貢中臣部若子。長尺六寸，其生年丙辰，至於[六]此歲，十六年也。

夏四月丁卯朔辛卯，置漏尅於新臺，始打候時。動鍾鼓，始用漏尅。此漏尅者，天皇爲皇太子時，始親所製造也云云。

是月，筑紫言："八足之鹿，生而即死。"

五月丁酉朔辛丑，天皇御西小殿。皇太子、群臣侍宴，於是再

〔一〕原作"也"，據小學館本校改。
〔二〕此處原有"上"字，據小學館本校删。
〔三〕"也"字小學館本校删。
〔四〕125 たちばなは　おのがえだえだ　なれれども　たまにぬくとき　おやじをにぬく。略譯："橘之實，各附其枝。貫而爲玉，其緒則同也。"
〔五〕原作"泉"，據小學館本校改。
〔六〕"於"字原缺，據小學館本補。

奏田儛。

六月丙寅朔己巳，宣百濟三部使人所請軍事。

庚辰，百濟遣羿真子等進調。

是月，以栗隈王爲筑紫帥〔一〕。新羅遣使進調，別獻水牛一頭、山鷄一隻。

秋七月丙申朔丙午，唐人李守真等，百濟使人等，並罷歸。

八月乙丑朔丁卯，高麗上部大相可婁等罷歸。

壬午，饗賜蝦夷〔二〕。

九月，天皇寢疾不豫。或本云〔三〕，八月，天皇疾病。

冬十月甲子朔庚午，新羅遣沙飡金萬物等進調。

辛未，於內裏開百佛眼。

是月，天皇遣使，奉袈裟、金鉢、象牙、沈水香、旃檀香，及諸珍財於法興寺佛。

庚辰，天皇疾病彌留。勅喚東宮，引入卧內，詔曰“朕疾甚，以後事屬汝”云云。於是再拜，稱疾固辞不受曰：“請奉洪業，付屬大后。令大友王，奉宣諸政。臣請願，奉爲天皇，出家脩道。”天皇許焉。東宮起而再拜，便向於內裏佛殿之南，踞坐胡床，剃除鬢髮，爲沙門。於是天皇遣次田生磐，送袈裟。

壬午，東宮見天皇，請之吉野脩行佛道，天皇許焉。東宮即入於吉野，大臣等侍送，至菟道而還。

十一月甲午朔癸卯，對馬國司遣使於筑紫大宰府言：“月生二日，沙門道久、筑紫君薩野馬、韓嶋勝娑婆〔四〕、布師首磐四人，從唐來曰：‘唐國使人郭務悰等六百人，送使〔五〕沙宅孫登等一千四百人，

〔一〕原作“師”，據校本改。
〔二〕原作“蝡”，據小學館本校改。
〔三〕“云”字原缺，據小學館本校補。
〔四〕原作“娑”，據小學館本校改。
〔五〕“使”字原缺，據小學館本校補。

總[一]合二千人，乘船四十七隻，俱泊於比智[二]嶋。相謂之曰："今吾輩人船數衆，忽然到彼，恐彼防人驚駭射戰。"乃遣道久[三]等，豫[四]稍披陳來朝之意。'"

丙辰，大友皇子在内裏西殿織佛像前，左大臣蘇我赤兄臣、右大臣中臣金連、蘇我果安臣、巨勢人臣、紀大人臣侍焉。大友皇子手執香鑪，先起誓盟曰"六人同心，奉天皇詔。若有違者，必被天罰"云云。於是左大臣蘇我赤兄臣等手執香鑪[五]，隨次而起，泣血誓盟曰"臣等五人，隨於殿下，奉天皇詔。若有違者，四天王打，天神地祇亦復誅罰。三十三天，證知此事。子孫當絕，家門必亡"云云。

丁巳，灾近江宫。從大藏省第[六]三倉出。

壬戌，五臣奉大友皇子，盟天皇前。是日，賜新羅王絹五十匹、絁[七]五十匹、綿一千斤、韋一百枚。

十二月癸亥朔乙丑，天皇崩于近江宫。

癸酉，殯于新宫。于時童謡曰：

美曳之弩能。曳之弩能阿喻。阿喻擧曾播。施麻倍母曳岐。愛俱流之衛。奈疑能母騰[八]。制利能母騰。阿例播俱流之衛。[九]其一

於彌能古能。野陛能比母騰俱。比騰陛多爾。伊麻栬[一〇]藤柯禰

〔一〕原作"摠"，據校本改。
〔二〕小學館本校改作"知"。
〔三〕原作"文"，據小學館本校改。
〔四〕小學館本作"預"。
〔五〕原作"爐"，據小學館本校改。
〔六〕原作"弟"，據校本改。
〔七〕原作"絕"，據校本改。
〔八〕原作"滕"，據小學館本校改。後句同。
〔九〕126 みえしのの　えしののあゆ　あゆこそは　しまへもえき　えくるしゑ　なぎのもと　せりのもと　あれはくるしゑ。略譯："吉野之鮎，在於島邊，幸至甚哉。嗟余之苦，在水葱之下兮，在芹之下兮！"
〔一〇〕原作"拖"，據小學館本改。

波。美古能比母騰矩。(一)其二

阿箇悟馬能。以喩企波波箇屢。麻矩儒播羅。奈爾能都底舉騰。多梅(二)尼之曳雞武。(三)其三

己卯，新羅進調使沙飡金萬物等罷歸。

是歲，讚岐國山田郡人家，有雞子四足者。又大炊省有八鼎鳴，或一鼎鳴，或二或三俱鳴，或八俱鳴。

日本書紀卷第二十七　終

〔一〕[127] おみのこの　やへのひもとく　ひとへだに　いまだとかねば　みこのひもとく。略譯:"八重之紐，臣子欲解之。一重未開，御子既解之。"

〔二〕原作"拖"，據小學館本改。

〔三〕[128] あかごまの　いゆきはばかる　まくずはら　なにのつてこと　ただにしえけむ。略譯:"葛之繚繞，赤駒憚其行也。何爲乎傳言，直言不亦可乎！"見《萬葉集》3069。

日本書紀　卷第二十八

天渟中原瀛真人天皇　上　天武天皇

天渟中渟中，此云農難。原瀛真人天皇，天命開別天皇同母弟也，幼曰大海人皇子。生而有岐嶷[一]之姿。及壯，雄拔神武，能天文、遁甲。納天命開別天皇女菟野皇女，爲正妃。天命開別天皇元年，立爲東宮。

四年冬十月庚辰，天皇卧病，以痛之甚矣。於是遣蘇賀臣安麻侶召東宮，引入大殿。時安摩侶素東宮所好，密顧[二]東宮曰："有意而言矣。"東宮於茲疑有隱謀而慎之。天皇勑東宮，授鴻業。乃辞讓之曰："臣之不幸，元有[三]多病，何能保社稷？願陛下舉天下附[四]皇后，仍立大友皇子，宜爲儲君。臣今日出家，爲陛下欲修功德。"天皇聽之。即日，出家法服。因以收私兵器，悉納於司。

壬午，入吉野宫。時左大臣蘇賀赤兄臣、右大臣中臣金連，及大納言蘇賀果安臣等送之，自菟道返焉[五]。或曰："虎著翼放之。"是夕，御嶋宫。

癸未，至吉野而居之。是時，聚諸舍人，謂之曰："我今入道脩行，故隨欲修道者留之。若仕欲成名者，還仕於司。"然無退者。更聚舍人，而詔如前。是以舍人等半留半退。

〔一〕原作"凝"，據小學館本校改。
〔二〕原作"領"，據小學館本校改。
〔三〕"有"字原缺，據小學館本校補。
〔四〕原作"陛"，據小學館本校改。
〔五〕"焉"字原缺，據小學館本校補。

十二月，天命開别天皇崩。

元年春三月壬辰朔己酉，遣内小七位阿曇連稻敷於筑紫，告天皇喪於郭務悰等。於是郭務悰等咸著喪服，三遍舉哀，向東稽首。

壬子，郭務悰等再拜，進書函與信物。

夏五月辛卯朔壬寅，以甲胄、弓矢，賜郭務悰等。是日，賜郭務悰等物，總〔一〕合絁〔二〕一千六百七十三匹、布二千八百五十二端、緜六百六十六斤。

戊午，高麗遣前部富加抃等進調。

庚申，郭務悰等罷歸。

是月，朴井連〔三〕雄君奏天皇曰："臣以有私事，獨至美濃。時朝庭宣美濃、尾張兩國司曰：'爲造山陵，豫差定人夫。'則人别令執兵。臣以爲，非爲山陵，必有事矣。若不早避，當有危歟？"或有人奏曰："自近江京至于倭京，處處置候。亦命菟道守橋者，遮皇大弟宫舍人運私糧事。"天皇惡之，因令問察，以知事已實。於是詔曰："朕所以讓位遁世者，獨治病全身，永終百年。然今不獲已，應承禍。何默亡身耶！"

六月辛酉朔壬午，詔村國連男依、和珥部臣君手、身毛君廣曰："今聞，近江朝庭之臣等，爲朕謀害。是以汝等三人，急往美濃國，告安八磨郡湯沐令〔四〕多臣品治，宣示機要，而先發當郡兵。仍經國司等，差發諸軍，急塞不破道。朕今發路。"

甲申，將入東。時有一臣奏曰："近江群臣，元〔五〕有謀心。必造天下，則道路難通。何無一人兵，徒手入東？臣恐事不就矣。"天皇從之，思欲返召男依等。即遣大分君惠尺、黄書造大伴、逢臣志摩于留守司高坂王，而令乞驛鈴。因以謂惠尺等曰："若不得鈴，廼志

〔一〕原作"摠"，據校本改。
〔二〕原作"絕"，據校本改。
〔三〕原作"遭"，據小學館本校改。
〔四〕原作"命"，據小學館本校改。
〔五〕原作"無"，據小學館本校改。

摩還而復奏。”惠尺馳之往於近江，喚高市皇子、大津皇子，逢於伊勢。既而惠尺等至留守司，舉東宫之命，乞驛鈴於高坂王，然不聽矣。時惠尺往近江，志摩乃還之，復奏曰:“不得鈴也。”

是日，發途入東國，事急不待駕而行之。儵遇縣犬養連大伴鞍馬，因以御駕，乃皇后載輿從之。逮于津振川，車駕始至，便乘焉。是時，元從者草壁皇子、忍壁皇子，及舍人朴井連雄君、縣犬養連大伴、佐伯連大目、大伴連友國、稚櫻部臣五百[一]瀨、書首根摩吕、書直智德、山背直小林、山背部小田[二]、安斗連智德、調首淡海之類，二十有餘人，女孺十有餘人也。

即日，到菟田吾城。大伴連馬來田、黄書造大伴，從吉野宫追至。於此時，屯田司舍人土師連馬手供從駕者食。過甘羅村，有獦[三]者二十餘人，大伴朴本連大國爲獦者之首，則悉喚令從駕。亦徵美濃王，乃參赴而從矣。運湯沐之米伊勢國馱五十匹，遇於菟田郡家頭。仍皆棄米，而令乘步者。到大野，以日落也。山暗不能進行，則壞取當邑家籬爲燭。及夜半，到隱郡，焚隱驛家。因唱邑中曰:“天皇入東國，故人夫諸參赴!”然一人不[四]肯來矣。

將及横河，有黑雲，廣十餘丈經天。時天皇異之，則舉燭親秉式，占曰:“天下兩分之祥也。然朕遂得天下歟?”即急行到伊賀郡，焚伊賀驛家。逮[五]于伊賀中山，而當國郡司等，率數百衆歸焉。會明，至莿萩[六]野，暫停駕而進食。

到積殖山口，高市皇子自鹿深越以遇之。民直大火、赤染造德足、大藏直廣隅、坂上直國麻吕、古市黑麻吕、竹田大德、膽[七]香瓦臣安倍從焉。越大山，至伊勢鈴鹿。爰國司守三宅連石床、介三

〔一〕原作“十”，據小學館本校改。
〔二〕原作“由”，據小學館本校改。
〔三〕小學館本作“獵”。本句後同。
〔四〕原作“於”，據小學館本校改。
〔五〕原作“還”，據小學館本校改。
〔六〕原作“荻”，據小學館本校改。
〔七〕原作“瞻”，據校本改。

輪君子首，及湯沐令田中臣足麻呂、高田首新家等，参遇于鈴鹿郡。則且發五百軍，塞鈴鹿山道。到川曲坂下，而日暮也。以皇后疲之，暫留輿而息。然夜曀欲雨，不得淹息而進行。於是寒之雷雨已甚，從駕者衣裳濕，以不堪寒。及〔一〕到三重郡家，焚屋一間，而令熅寒者。是夜半，鈴鹿關司遣使奏言："山部王、石川王，並來歸之。故置關焉。"天皇便使路直益人徵。

丙戌，旦於朝明郡迹太川邊，望拜天照太神。是時，益人〔二〕到之奏曰："所置關者非山部王、石川王，是大津皇子也。"便隨益人参來矣。大分君惠尺、難波吉士〔三〕三綱、駒田勝忍人、山邊君安摩呂、小墾田猪手、涅部眂〔四〕枳、大分君〔五〕稚臣、根連金身、漆部友〔六〕背之輩從之，天皇大喜。將及郡家，男依乘驛來奏曰："發美濃師三千人，得塞不破道。"於是天皇美雄依之務，既到郡家，先遣高市皇子於不破，令監軍事。遣山背部小田、安斗連阿加布，發東海軍。又遣稚櫻部臣五百瀨、土師連馬手，發東山軍。是日，天皇宿于桑名郡家，即停以不進。

是時，近江朝聞大皇弟入東國，其群臣悉愕，京内震動。或遁欲入東國，或退將匿山澤。爰大友皇子謂羣臣曰："將何計？"一臣進曰："遲謀將後。不如急聚驍騎，乘跡而逐之。"皇子不從。則以韋那公磐鍬、書直藥、忍坂直大摩侶遣于東國，以穗積臣百足及弟五〔七〕百枝、物部首日向遣于倭京，且遣佐伯連男於筑紫，遣樟使主〔八〕磐手於吉備國，並悉令興兵。仍謂男與磐手曰："其筑紫大宰栗隈王與吉備國守當摩公廣嶋二人，元有隷大皇弟，疑有反歟？若有

〔一〕小學館本校改作"乃"。
〔二〕此處原有"益"字，據小學館本校删。
〔三〕原作"上"，據小學館本校改。
〔四〕原作"賦"，據小學館本校改。
〔五〕原作"若"，據小學館本校改。
〔六〕原作"支"，據小學館本校改。
〔七〕"五"字原缺，據小學館本校補。
〔八〕此處原有"盤"字，據校本删。

不服色，即殺之。”

於是磐手到吉[一]備國，授符之日，紿廣嶋令解刀，磐手乃拔刀以殺也。男至筑紫。時栗隈王承符對曰：“筑紫國者，元戍邊賊之難也。其峻城深隍[二]，臨海守者，豈爲内賊耶？今畏命而發軍，則國空矣。若不意之外，有倉卒之事，頓社稷傾之。然後雖百殺臣，何益焉？豈敢背德耶？輙不動兵者，其是緣也。”時栗隈王之二子三野王、武家王，佩劒立于側而無退。於是男按劒欲進，還恐見亡。故不能成事，而空還之。東方驛使磐鍬等將及不破，磐鍬獨疑山中有兵，以後之緩[三]行。時伏兵自山出，遮藥等之後。磐鍬見之，知藥等見捕，則返逃走，僅得脱。

當是時，大伴連馬來田、弟吹負，並見時否，以稱病退於倭家。然知其登嗣位者，必所居吉野大皇弟矣，是以馬來田先從天皇。唯吹負留謂“立名于一時，欲寧艱難”，即招一二族及諸豪傑，僅得數十人。

丁亥，高市皇子遣使於桑名郡家以奏言：“遠居御所，行政不便。宜御近處。”即日，天皇留皇后，而入不破。比及郡家，尾張國司守小子部連鉏鉤[四]率二萬衆歸之。天皇即美之，分其軍，塞處處道也。到于野上，高市皇子自和蹔參迎，以便奏言：“昨夜自近江朝驛使馳至。因以伏兵而捕者，則[五]書直藥、忍坂直大麻呂也。問：‘何所往？’答曰：‘爲所居吉野大皇弟，而遣發東國軍韋那公磐鍬之徒也。然磐鍬見兵起，乃逃還之。’”既而天皇謂高市皇子曰：“其近江朝，左右大臣及智謀群臣共定議。今朕無與計事者，唯有幼[六]少孺子耳。奈之何？”皇子攘臂按劒奏言：“近江羣臣雖多，何敢逆天皇之靈哉？天皇雖獨，則臣高市賴神祇之靈，請天皇之命，引率諸

〔一〕“吉”字原缺，據小學館本校補。
〔二〕原作“湟”，據小學館本校改。
〔三〕此處原有“之”字，據小學館本校删。
〔四〕原作“鈞”，據小學館本校改。
〔五〕“則”字原缺，據小學館本校補。
〔六〕此處原有“小”字，據小學館本校删。

將而征討，豈有距乎？”爰天皇譽之，携手撫背曰：“慎，不可怠。”因賜鞍馬，悉授軍事，皇子則還和蹔。天皇於茲，行宫興野上而居焉。此夜雷電雨甚，則[一]天皇祈之曰：“天神地祇扶朕者，雷雨息矣！”言訖，即雷雨止之。

戊子，天皇往於和蹔，檢校[二]軍事而還。

己丑，天皇往和蹔，命高市皇子號令軍衆。天皇亦還于野上而居之。

是日，大伴連吹負密與留守司坂上直熊毛議之，謂一二漢直等曰：“我詐稱高市皇子，率數十騎，自飛鳥寺北路出之臨營。乃汝内應之。”既而繕兵於百濟家，自南門出之。先秦[三]造熊令犢鼻，而乘馬馳之。俾謂於寺西營中曰：“高市皇子自不破至，軍衆多從！”爰留守司高坂王，及興兵使者穗積臣百足等，據飛鳥寺西槻下爲營。唯百足居小墾田兵庫，運兵於近江。時營中軍衆聞熊叫聲，悉散走。仍大伴連吹負率數十騎劇來。則熊毛及諸直等共與連和，軍士亦從。乃舉高市皇子之命，喚穗積臣百足於小墾田兵庫。爰百足乘馬緩來，逮于飛鳥寺西槻下。有人曰：“下馬也！”時百足下馬遲之，便取其襟以引墮，射中一箭，因拔刀斬而殺之。乃禁穗積臣五百枝、物部首日向。俄而赦之，置軍中。且喚高坂王、稚狹王，而令從軍焉。既而遣大伴連安麻呂、坂上直老、佐味君宿那麻呂等於不破宫，令奏事狀。天皇大喜之，因乃令吹負拜將軍。是時，三輪君高市麻呂、鴨茂[四]君蝦夷等及羣豪傑者，如響悉會將軍麾下，乃規襲近江。因以撰衆中之英俊，爲别將及軍監。

庚寅，初向乃樂。

秋七月庚寅朔辛卯，天皇遣紀臣阿閇[五]麻呂、多臣品治、三輪

〔一〕“則”字小學館本缺。
〔二〕“檢校”原作“撿挍”，據小學館本改。
〔三〕原作“奏”，據小學館本校改。
〔四〕“茂”字小學館本校删。
〔五〕小學館本作“閉”。

君子首、置始連菟，率數萬衆，自伊勢大山越之向倭。且遣村國連男依、書首根麻呂、和珥部臣君手、膽〔一〕香瓦臣安倍，率數萬衆，自不破出，直入近江。恐其衆與近江師難別，以赤色著衣上。然後別命多臣品治，率三千衆，屯于〔二〕莿萩野。遣田中臣足麻呂，令守倉歷道。時近江命山部王、蘇賀臣果安、巨勢臣比等，率數萬衆，將襲不破，而軍于犬上川濱。山部王爲蘇賀臣果安、巨勢臣比等見殺。由是亂，以軍不進。乃蘇賀臣果安自犬上返，刺頸而死。是時，近江將軍羽田公矢國、其子大人等，率己族來降。因授斧鉞拜將軍，即北入越。先是，近江放精兵，忽衝玉倉部邑。則遣出雲臣狛，擊追之。

壬辰，將軍吹負屯于乃樂山上。時荒田尾直赤麻呂啓將軍曰："古京是本營處也。宜固守。"將軍從之。則遣赤麻呂、忌部首子人，令戍古京。於是赤麻呂等詣古京，而解取道路橋板作楯，豎於京邊衢以守之。

癸巳，將軍吹負與近江將大野君果安戰于乃樂山，爲果安所敗。軍卒悉走，將軍吹負僅得脱身。於是果安追至八口，佡而視京，每街豎楯。疑有伏兵，乃稍引還之。

甲午，近江別將田邊小隅，越鹿〔三〕深山，而卷幟拖〔四〕鼓，詣于倉歷。以夜半之，銜梅穿城，劇入營中。則畏己卒〔五〕與足麻呂衆難別，以每人令言"金"。仍拔刀而毆之，非言"金"乃斬耳。於是足摩侶衆悉亂之，事忽起不知所爲。唯足摩侶聰知之，獨言"金"以僅得免。

乙未，小隅亦進，欲襲莿萩野營而忽〔六〕到。爰將軍多臣品治遮之，以精兵追擊之。小隅獨免走焉，以後遂復不來也。

〔一〕原作"瞻"，據小學館本校改。
〔二〕"于"字原缺，據小學館本校補。
〔三〕原作"麻"，據小學館本校改。
〔四〕小學館本校改作"抱"。
〔五〕原作"率"，據小學館本校改。
〔六〕原作"怱"，據校本改。

丙申，男依等與近江軍戰息長橫河，破之，斬其將境部連藥。

戊戌，男依等討近江將秦友足於鳥籠山，斬之。

是日，東道將軍紀臣阿閇[一]麻呂等，聞倭京將軍大伴連吹負爲近江所敗，則分軍以遣置始連菟，率千餘騎，而急馳倭京。

壬寅，男依等戰于安河濱，大破。則獲社戶臣大口、土師連千嶋。

丙午，討栗太軍追之。

辛亥，男依等到瀨田。時大友皇子及羣臣等共營於橋西，而大成陣，不見其後。旗旘蔽野，埃塵連天，鉦鼓之聲，聞數十里。列弩亂發，矢下如雨。其將智尊率精兵，以先鋒距之。仍切斷橋中，須容三丈，置一長板，設有蹋板度者，乃引板將墮，是以不得進襲。於是有勇敢士，曰大分君稚臣，則棄長矛以重擐甲，拔刀急蹈板度之。便斷著板綱，以被矢入陣。衆悉亂而散走之，不可禁。時將軍智尊，拔刀斬退者，而不能止。因以斬智尊於橋邊。則大友皇子、左右大臣等，僅身免以逃之。男依等即軍于粟[二]津岡下。是日，羽田公矢國、出雲臣狛，合共攻三尾城降之。

壬子，男依等斬近江將犬養連五十君及谷直鹽手於粟津市。於是大友皇子走無所入，乃還隱山前，以自縊焉。時左右大臣及群臣皆散亡，唯物部連麻呂且一二舍人從之。

初，將軍吹負向乃樂至稗田之日，有人曰："自河內軍多至。"則遣坂本臣財、長尾直真墨、倉墻直麻呂、民直小鮪、谷直根麻呂，率三百軍士，距於龍田。復遣佐味君少麻呂，率數百人，屯大坂。遣鴨君蝦夷，率數百人，守石手道。是日，坂本臣財等次于平石野，時聞近江軍在高安城而登之。乃近江軍知財等來，以悉焚[三]税倉，皆散亡。仍宿城中。會明臨見西方，自大津、丹[四]比兩道，軍衆多

〔一〕小學館本作"閉"。
〔二〕原作"栗"，據小學館本校改。
〔三〕此處原有"秋"字，據小學館本校刪。
〔四〕原作"舟"，據小學館本校改。

至，顯見旗幟。有人曰："近江將壹伎史韓國之師也。"財等自高安城降，以渡衛我河，與韓國戰于河西。財等衆少，不能距。先是，遣紀臣大音，令〔一〕守懼坂道。於是財等退懼坂，而居大音之營。是時，河内國司守來目臣鹽籠，有歸於不破宮之情，以集軍衆。爰韓國到之，密聞其謀，而將殺鹽籠。鹽籠知事漏，乃自死焉。經一日，近江軍當諸道而〔二〕多至。即並不能相戰，以解退。

是日，將軍吹負爲近江所敗，以獨率一二騎走之。逮于墨坂，遇逢菟軍至。更還屯金綱井，而招聚散卒〔三〕。於是聞近江軍至自大坂道，而將軍引軍如西。到當麻衢，與壹伎〔四〕史韓國軍戰葦池側。時有勇士來目者，拔刀急馳，直入軍中，騎士繼踵而進之。則近江軍悉走之，追斬甚多。爰將軍令軍中曰："其發兵之元意，非殺百姓，是爲元凶，故莫妄殺！"於是韓國離軍獨逃也。將軍遙見之，令來目以俾射。然不中，而遂走得免焉。

將軍更還本營。時東師頻多臻，則分軍，各當上中下道而屯之。唯將軍吹負，親當中道。於是近江將犬養連五十君，自中道至之，留村屋。而遣別將廬井造鯨，率二百精兵，衝將軍營。當時麾下軍少，以不能距。爰有大井寺奴名德麻呂等五人，從軍。即德麻呂等爲先鋒，以進射之，鯨軍不能進。

是日，三輪君高市麻呂、置始連菟當上道，戰于箸陵。大破近江軍，而乘勝兼斷鯨軍之後。鯨軍悉解走，多殺士卒。鯨乘白馬以逃之，馬墮埿田，不能進行。則將軍吹負謂甲斐勇者曰："其乘白馬者，廬井鯨也。急追以射！"於是甲斐勇者馳追之。比及鯨，鯨急鞭馬，馬能拔以出埿，即馳之得脱。將軍亦更還本處而軍之。自此以後，近江軍遂不至。

〔一〕原作"合"，據小學館本校改。
〔二〕"而"字原缺，據小學館本校補。
〔三〕原作"率"，據小學館本校改。
〔四〕原作"岐"，據小學館本校改。

先是，軍金綱井之時，高市郡大領高市縣主許梅，儵忽口閇[一]，而不能言也。三日之後，方著神以言："吾者高市社[二]所居，名事代主神。又身[三]狹社所居，名生雷[四]神者也。"乃顯之曰："於神日本磐余彦天皇之陵，奉馬及種種兵器。"便亦言："吾者立皇御孫命之前後，以送奉于不破而還焉。今且立官軍中而[五]守護之。"且言："自西道軍衆將至之，宜慎也。"言訖則醒矣。故是以便遣許梅，而祭拜御陵，因以奉馬及兵器。又捧幣而禮祭高市、身狹二社之神。然後，壹伎史韓國自大坂來。故時人曰："二社神所教之辭適是也。"又村屋神著祝曰："今自吾社中道，軍衆將至。故宜塞社中道。"故未經幾日，廬井造鯨軍自中道至。時人曰："即神所教之辞是也。"軍政既訖，將軍等舉是三神教言而奏之，即勅登進三神之品以祠焉。

辛亥，將軍吹負既定倭地，便越大坂往難波。以餘別將[六]等各自三道進，至于山前，屯河南。即[七]將軍吹負，難波小郡而仰以西諸國司等，令進官鑰、驛鈴、傳印。

癸丑，諸將軍等悉會於筱[八]筱[九]，此云佐佐。浪，而探捕左右大臣及諸罪人等。

乙卯，將軍等向於不破宫。因以捧大友皇子頭，而獻于營前。

八月庚申朔甲申，命高市皇子，宣近江群臣犯狀。則重罪八人，坐極刑。仍斬右大臣中臣連金於淺井田根。是日，左大臣蘇我臣赤兄、大納言巨勢臣比等及子孫，并中臣連金之子、蘇我臣果安之子，悉配流。以餘悉赦之。先是，尾張國司守少子部連鉏鉤[一〇]匿山，自

〔一〕小學館本作"閉"。
〔二〕原作"杜"，據小學館本校改。
〔三〕原作"牟"，據小學館本校改。
〔四〕小學館本校改作"靈"。
〔五〕"而"字原缺，據小學館本校補。
〔六〕此處原有"軍"字，據小學館本校刪。
〔七〕"即"字原缺，據小學館本校補。
〔八〕原作"篠"，據小學館本校改。
〔九〕"筱"字原缺，據小學館本校補。
〔一〇〕原作"釰"，據小學館本校改。後句同。

死之。天皇曰："鉏鉤有功〔一〕者也，無罪何自死？其有隱謀歟？"

丙戌，恩勅諸有功勳者，而顯寵賞。

九月己丑朔丙申，車駕還宿伊勢桑名。

丁酉，宿鈴鹿。

戊戌，宿阿閇〔二〕。

己亥，宿名張。

庚子，詣于倭京，而御嶋宫。

癸卯，自嶋宫移岡〔三〕本宫。

是歲，營宫室於岡本宫南。即冬，遷以居焉，是謂飛鳥淨御原宫。

冬十一月戊子朔辛亥，饗新羅客金押實等於筑紫。即日，賜禄各有差。

十二月戊午朔辛酉，選諸有功勳者，增加冠位。仍賜小山位以上，各有差。

壬申，船一隻賜新羅客。

癸未，金押實等罷歸。

是月，大紫韋那公高見薨。

日本書紀卷第二十八　終

〔一〕原作"切"，據校本改。

〔二〕"阿"原作"河"，據校本改。"閇"小學館本作"閉"。

〔三〕原作"崗"，據小學館本改。後同。

日本書紀　卷第二十九

天渟中原瀛真人天皇　下　天武天皇

二年春正月丁亥朔癸巳，置酒宴羣臣。

二月丁巳朔癸未，天皇命有司設壇場，即帝位於飛鳥淨御原宫。立正妃爲皇后，后生草壁皇子尊。先納皇后姊大田皇女爲妃，生大來皇女與大津皇子。次妃大江皇女，生長皇子與弓削皇子。次妃新田部皇女，生舍人皇子。又夫人藤原大臣女氷上娘，生但馬皇女。次夫人氷上娘弟五百重娘，生新田部皇子。次夫人蘇我赤兄大臣女大蕤娘，生一男二女，其一曰穗積皇子，其二曰紀皇女，其三曰田形皇女。天皇初娶鏡王女〔一〕額田姬王，生十市皇女。次納胸〔二〕形君德善女尼子娘，生高市皇子命。次宍〔三〕人臣大麻吕女檝〔四〕媛娘，生二男二女，其一曰忍壁皇子，其二曰磯城皇子，其三曰泊瀨部皇女，其四曰託基皇女。

乙酉，有勳功人等，賜爵有差。

三月丙戌朔壬寅，備後國司獲白雉於龜石郡而貢。乃當郡課役悉免，仍大赦天下。

是月，聚書生，始寫一切經於川原寺。

夏四月丙辰朔己巳，欲遣侍大來皇女于天照大神宫，而令居泊

〔一〕"女"字原缺，據小學館本校補。
〔二〕"胸"原作"凶月"，據小學館本校改。
〔三〕原作"完"，據校本改。
〔四〕原作"擬"，據小學館本校改。

瀬齋宮。是先潔身，稍近神之所也。

夏[一]五月乙酉朔，詔公卿大夫及諸臣、連并伴造等曰："夫初出身者，先令仕大舍人。然後選簡其[二]才能，以充當職。又婦女者，無問有夫無夫[三]及長幼，欲進仕者聽矣。其考選准官人之例。"

癸丑，大錦上坂本財臣卒。由壬申年之勞，贈小紫位。

閏六月乙酉朔庚寅，大錦下百濟沙宅昭明卒。爲人聰明叡智，時稱秀才。於是天皇驚之，降恩以贈外小紫位，重賜本國大佐平位。

壬辰，耽羅遣王子久麻藝、都羅、宇麻等朝貢。

己亥，新羅遣韓河[四]飡金承元、阿飡金祇山、大舍霜雪等，賀騰極。并遣一吉飡金薩儒、韓奈末[五]金池山等，弔先皇喪。一云，調使[六]。其送使貴干[七]、寶真毛，送承元、薩儒於筑紫。

戊申，饗貴干寶等於筑紫，賜祿各有差。即從筑紫返于國。

秋八月甲申朔壬辰，詔在伊賀國紀臣阿閇臣[八]等，壬申年勞勳之狀，而顯寵賞。

癸卯，高麗遣上部位頭大兄邯子、前部大兄碩干等朝貢。仍新羅遣韓奈末金利益，送高麗使人于筑紫。

戊申，喚賀騰極使金承元等中客以上二十七人於京。因命大宰，詔耽羅使人曰："天皇新平天下，初之即位。由是，唯除賀使以外不召，則汝等親所見。亦時寒波嶮，久淹留之，還爲汝愁。故宜疾歸。"仍在國王及使者久麻藝等，肇賜爵位。其爵者大乙上，更以錦繡潤飾之，當其國之佐平位。則自筑紫返之。

九月癸丑朔庚辰，饗金承元等於難波，奏種種樂。賜物各有差。

〔一〕小學館本此處無"夏"字。
〔二〕"其"字原缺，據小學館本校補。
〔三〕原作"吏"，據小學館本校改。
〔四〕小學館本校改作"阿"。
〔五〕原作"未"，據小學館本校改。
〔六〕原作"訣"，據小學館本校改。
〔七〕原作"于"，據小學館本改。
〔八〕"閇"小學館本作"閉"。"臣"字小學館本校改作"麻呂"。

冬十一月壬子朔，金承元罷歸之。

壬申，饗高麗邯子、新羅薩儒等於筑紫大郡，賜祿各有差。

十二月壬午朔丙戌，侍奉大嘗中臣、忌部及神官人等，并播磨、丹波二國郡司，亦以下人夫等，悉賜祿。因以郡司等，各賜爵一級。

戊戌，以小紫美濃王、小錦下紀臣訶多麻呂，拜造高市大寺司。今大官〔一〕大寺，是。時知事福林僧由老辭知事，然不聽焉。

戊申，以義成僧爲小僧都。是日，更加佐官二僧。其有四佐官，始起于此時也。是年也，太〔二〕歲癸酉。

三年春正月辛亥朔庚申，百濟王昌成薨。贈〔三〕小紫位。

二月辛巳朔戊申，紀臣阿閉〔四〕麻呂卒。天皇大悲之，以勞壬申年之役，賜〔五〕大紫位。

三月庚戌朔丙辰，對馬國司守忍海造大國言："銀始出于當國，即貢上。"由是大國授小錦下位。凡銀有倭國，初出于此時。故悉奉諸神祇，亦同〔六〕賜小錦以上大夫等。

秋八月戊寅朔庚辰，遣忍壁皇子於石上神宮，以膏油瑩神寶。即日，勅曰："元來諸家貯於神府寶物，令〔七〕皆還其子孫。"

冬十月丁丑朔乙酉，大來皇女〔八〕自泊瀨齋宮向伊勢神宮。

四年春正月丙午朔，大學寮諸學生，陰陽寮、外藥寮及舍衛女、墮羅女，百濟王善光〔九〕，新羅仕丁等，捧藥及珍異等物進。

丁未，皇子以下百寮諸人拜朝。

戊申，百寮諸人初位以上，進薪。

庚戌，始興占星臺。

〔一〕原作"宫"，據小學館本校改。
〔二〕原作"大"，據小學館本改。
〔三〕"贈"原作"賜此"，據小學館本校改。
〔四〕小學館本作"閉"。
〔五〕小學館本校改作"贈"。
〔六〕小學館本校改作"周"。
〔七〕小學館本校改作"今"。
〔八〕原作"子"，據小學館本校改。
〔九〕原作"先"，據小學館本校改。

壬子，賜宴羣臣於朝庭[一]。

壬戌，公卿大夫及百寮諸人初位以上，射于西門庭。亦是日，大倭國貢瑞雞，東國貢白鷹，近江國貢白鵄。

戊辰，祭幣諸社。

二月乙亥朔癸未，勑大倭、河内、攝津、山背、播磨、淡路、丹波、但馬、近江、若狹、伊勢、美濃、尾張等國曰："選所部百姓之能歌男女，及侏儒、伎人而貢上。"

丁亥，十市皇女、阿閇[二]皇女，參赴於伊勢神宫。

己丑，詔曰："甲子年，諸氏被給部曲者，自今以後除之。又親王、諸王及諸臣，并諸寺等所賜山澤、嶋浦、林野、陂池，前後並除焉。"

癸巳，詔曰："群臣、百寮及天下人民，莫作諸惡。若有犯者，隨[三]事罪之。"

丁酉，天皇幸於高安城。

是月，新羅遣王子忠元、大監級飡金比[四]蘇、大監奈末[五]金天沖、弟監大麻朴武麻、弟監大舍金洛水等進調。其送[六]使奈末金風那、奈末金孝福，送王子忠元於筑紫。

三月乙巳朔丙午，土左大神以神刀一口，進于天皇。

戊午，饗金風那等於筑紫。即自筑紫歸之。

庚申，諸王四位栗隈王爲兵政官長，小錦上大伴連御行爲大輔[七]。

是月，高麗遣大兄富干[八]、大兄多武等朝貢。新羅遣級飡朴勤

〔一〕原作"廷"，據小學館本校改。
〔二〕小學館本作"閉"。
〔三〕原作"堕"，據校本改。
〔四〕原作"此"，據小學館本校改。
〔五〕原作"未"，據小學館本校改。本段後兩處同。
〔六〕原作"逐"，據小學館本校改。
〔七〕原作"補"，據小學館本校改。
〔八〕原作"于"，據小學館本改。

脩、大奈末[一]金美賀進調。

夏四月甲戌朔戊寅，請僧尼二千四百餘，而大設齋[二]焉。

辛巳，勅："小錦上當摩公廣麻呂、小錦下久努[三]臣麻呂二人，勿使朝參。"

壬午，詔曰："諸國貸税，自今以後，明察百姓，先知富貧，簡定三等。仍[四]中戸以下應與貸。"

癸未，遣小紫美濃王、小錦下佐伯連廣足，祠風神于龍田立野。遣小錦中間人連大蓋、大山中曽禰連韓犬[五]，祭大忌神於廣瀬河曲。

丁亥，小錦下久[六]努臣麻呂坐對捍詔使，官位盡[七]追。

庚寅，詔諸國曰："自今以後，制諸漁獵者，莫造檻穽[八]，及施機槍等之類。亦四月朔以後，九月三十日以前，莫置比滿沙伎理梁。且莫食牛、馬、犬、猿、雞之宍[九]。以外不在禁例。若有犯者罪之。"

辛卯，三位麻續王有罪，流于因播。一子流伊豆嶋，一子流血鹿嶋。

丙申，簡諸才藝者，給祿各有差。

是月，新羅王子忠元到難波。

六月癸酉朔乙未，大分君惠尺病將死。天皇大驚，詔曰："汝惠尺也，背私向[一〇]公，不惜身命。以遂雄之心，勞于大役，恒欲慈愛。故爾雖既死，子孫厚[一一]賞。"仍騰外小紫位。未及數日，薨于私家。

秋七月癸卯朔己酉，小錦上大伴連國麻呂爲大使，小錦下三宅

〔一〕原作"未"，據小學館本校改。
〔二〕原作"齊"，據校本改。
〔三〕原作"奴"，據小學館本校改。
〔四〕原作"乃"，據小學館本校改。
〔五〕原作"大"，據小學館本校改。
〔六〕原作"文"，據小學館本校改。
〔七〕原作"書"，據小學館本校改。
〔八〕小學館本校改作"穽"。
〔九〕原作"完"，據校本改。
〔一〇〕原作"同"，據小學館本校改。
〔一一〕原作"原"，據小學館本校改。

吉士入石爲副使，遣于新羅。

八月壬申朔，耽羅調使王子久麻伎泊筑紫。

癸巳，大風飛沙破屋。

丙申，忠元禮畢以歸之，自難波發船。

己亥，新羅、高麗二國調使饗於筑紫，賜祿有差。

九月壬寅朔戊辰，耽羅王姑如到難波。

冬十月辛未朔癸酉，遣使於四方，覓一切經。

庚辰，置酒宴群臣。

丙戌，自筑紫貢唐人三十口。則遣遠江國而安置。

庚寅，詔曰:“諸王以下初位以上，每人備兵。”是日，相模國言:“高倉郡女人生三男。”

十一月辛丑朔癸卯，有人登宮東岳，妖言而自刎死之。當是夜直者，悉賜爵一級。

是月，大地動。

五年春正月庚子朔，羣臣、百寮[一]拜朝。

癸卯，高市皇子以下小錦以上大夫等，賜衣、袴、褶、腰帶、脚帶及机、杖。唯小錦三階，不賜机。

丙午，小錦以上大夫等，賜祿各有差。

甲寅，百寮初位以上，進薪。即日，悉集朝庭[二]賜宴。

乙卯，置祿射于西門庭，中的則給祿有差。是日，天皇御嶋宮宴之。

甲子，詔曰:“凡任國司者，除畿内及陸奥、長門國以外，皆任大山位以下人。”

二月庚午朔[三]癸巳，耽羅客賜船一艘。

是月，大伴連國麻呂等至自新羅。

夏四月戊戌朔辛丑，祭龍田風神、廣瀨大忌神。倭國添下郡鰐

〔一〕此處原有“朔”字，據小學館本校刪。
〔二〕原作“廷”，據小學館本校改。
〔三〕此處原有“拜”字，據小學館本校刪。

積吉事，貢瑞鷄，其冠似海石榴華。是日，倭國飽波郡言：“雌鷄化雄。”

辛亥，勅：“諸王、諸臣被給封戶之税者，除以西國，相易給以東國。又外國人欲進仕者，臣、連、伴造之子及國造子聽之。唯雖以下庶人，其才能長亦聽之。”

己未，詔美濃國司曰：“在礪杵郡紀臣阿〔一〕佐麻呂之子遷東國，即爲其國之百姓。”

五月戊辰朔庚午，宣進調過期限國司等之犯狀云云。

甲戌，下野國司奏：“所部百姓遇凶年，飢之欲賣子。”而朝不聽矣。

是月，勅：“禁南淵山、細川山，並莫蒭薪。又畿內山野，元所禁之限，莫妄燒折〔二〕。”

六月，四位栗隈〔三〕王得病薨。物部雄君連忽發病而卒。天皇聞之大驚。其壬申年，從車駕入東國，以有大功，降恩賜〔四〕內大紫位。因賜氏上。

是夏，大旱。遣使四方，捧幣帛，祈諸神祇。亦請諸僧尼，祈于三寶。然不雨，由是五穀不登，百姓飢之。

秋七月丁卯朔戊辰，卿大夫及百〔五〕寮諸人等，進爵各有差。

甲戌，耽羅客歸國。

壬午，祭龍田風神、廣瀨大忌神。

是月，村國連雄依卒。以壬申年之功，贈外小紫位。有星出于東，長〔六〕七八尺，至九月竟天。

八月丙申朔丁酉，親王以下小錦以上大夫，及皇女、姬王、內命婦等，給食封各有差。

〔一〕原作“河”，據校本改。
〔二〕原作“析”，據小學館本校改。
〔三〕原作“限”，據小學館本校改。
〔四〕小學館本校改作“贈”。
〔五〕此處原有“姓”字，據小學館本校刪。
〔六〕“長”字原缺，據小學館本校補。

辛亥，詔曰："四方爲大解除，用物則國別國造輸。祓[一]柱馬一匹、布一常以外，郡司各刀一口、鹿皮一張、钁[二]一口、刀子一口、鎌一口、矢一具、稻一束。且每戶麻一條。"

壬子，詔曰："死刑、沒官、三流，並除[三]一等。徒罪以下，已發覺，未發覺，悉赦之。唯既配流，不在赦例。"是日，詔諸國，以放生。

是月，大三輪真上田子人君卒。天皇聞之大哀。以壬申年之功，贈內小紫位。仍謚曰大三輪真上田迎君。

九月丙寅朔，雨，不告朔。

乙亥，王卿遣京及畿內，校[四]人別兵。

丁丑，筑紫大宰三位屋垣[五]王，有罪，流于土左。

戊寅，百寮人及諸蕃人等，賜祿，各有差。

丙戌，神官奏曰："爲新嘗卜國郡也。齋[六]忌齋忌，此云踰既。則尾張國山田郡，次次，此云須岐[七]也。丹波國訶沙郡，並食卜。"

是月，坂田公雷卒。以壬申年功，贈大紫位。

冬十月乙未朔，置酒宴群臣。

丁酉，祭幣帛於相新嘗諸神祇。

甲辰，以大乙上物部連麻呂爲大使，大乙中山背直百足爲小[八]使，遣於[九]新羅。

十一月乙丑朔，以新嘗事，不告朔。

丁卯，新羅遣沙飡金清平請政，並遣汲飡金好儒[一〇]、弟監大舍

〔一〕原作"拔"，據小學館本校改。
〔二〕原作"钁"，據校本改。
〔三〕小學館本校改作"降"。
〔四〕原作"授"，據小學館本校改。
〔五〕原作"恒"，據小學館本校改。
〔六〕原作"齊"，據小學館本校改。後夾注同。
〔七〕原作"歧"，據校本改。
〔八〕原作"少"，據小學館本校改。
〔九〕"於"字原缺，據小學館本校補。
〔一〇〕原作"濡"，據小學館本校改。

金欽吉等進調。其送使奈末[一]被珍那、副使奈末好福，送清平等於筑紫。

是月，肅慎七人從清平等至之。

癸未，詔近京諸國，而放生。

甲申，遣使於四方國，說金光明經、仁王經。

丁亥，高麗遣大使後部主博阿[二]于、副使前部大兄德富朝貢。仍新羅遣大奈末[三]金楊原，送高麗使人於筑紫。

是年，將都新城。而限內田薗者，不問公私，皆不耕悉荒。然[四]遂不都矣。[五]

六年春正月甲子朔庚辰，射于南門。

二月癸巳朔，物部連麻呂至自新羅。

是月，饗多禰嶋人等於飛鳥寺西槻下。

三月癸亥朔辛巳，召新羅使人清平及以下客十三人於京。

夏四月壬辰朔壬寅，杙[六]田史名倉坐指斥[七]乘輿，以流于伊豆嶋。

乙巳，送使珍那等饗于筑紫。即從筑紫歸之。

五月壬戌朔，不告朔。

甲子，勅大博士百濟人率丹[八]，授大山下位，因以封三十戶。是日，倭畫師音檮[九]授小山下位，乃封二十戶。

戊辰，新羅人阿飡朴刺[一〇]破、從[一一]人三口、僧三人，漂著於血

〔一〕原作“未”，據小學館本校改。本句後同。
〔二〕原作“河”，據小學館本校改。
〔三〕原作“未”，據小學館本校改。
〔四〕“然”字原缺，據小學館本校補。
〔五〕此處原有夾注“或本無是年以下都以上學字注十一月上”，據小學館本校刪。
〔六〕原作“村”，據小學館本校改。
〔七〕原作“庠”，據小學館本校改。
〔八〕小學館本校改作“母”。
〔九〕原作“擣”，據校本改。
〔一〇〕原作“剌”，據小學館本改。
〔一一〕原作“徒”，據小學館本校改。

鹿嶋。

己丑，勅："天社地社神税者三分之，一爲擬供神，二分給神主。"

是月，旱之，於京及畿内雩之。

六月壬辰朔乙巳，大震動。

是月，詔東漢直等曰："汝等黨族之，自本犯七不可也。是以從小墾田御世，至于近江朝，常以謀汝等爲事。今[一]當朕世，將責汝等不可之狀，以隨犯應罪。然頓不欲絕漢直之氏，故降大恩以原之。從今以後，若有犯者，必入不赦之例。"

秋七月辛酉朔癸亥，祭龍田風神、廣瀨大忌神。

八月辛卯朔乙巳，大設齋[二]於[三]飛鳥寺，以讀一切經。便天皇御寺南門，而禮三寶。是時，詔親王、諸王及羣卿，每人賜出家一人。其出家者不問男女長幼，皆隨願度之。因以會于大齋[四]。

丁巳，金[五]清平歸國。即漂著朴刺[六]破等付清平等，返于本土。

戊午，耽羅遣王子都羅朝貢。

九月庚申朔己丑，詔曰："凡浮浪人，其送本土者，猶復還到，則彼此並科課役。"

冬十月庚寅朔癸卯，内小錦上河邊臣百枝爲民部卿，内大錦下丹比公麻呂爲攝津職大夫。

十一月己未朔，雨，不告朔。筑紫大宰獻赤烏，則大宰府諸司人賜祿各有差。且專捕赤烏者，賜爵五級。乃當郡郡司等，加增爵位。因給復郡内百姓，以一年之。是日，大赦天下。

己卯，新嘗。

辛巳，百寮諸有位人等賜食。

〔一〕原作"令"，據小學館本校改。
〔二〕原作"齊"，據校本改。
〔三〕"於"字小學館本缺。
〔四〕原作"齊"，據校本改。
〔五〕原作"全"，據小學館本校改。
〔六〕原作"判"，據小學館本校改。

乙酉，侍〔一〕奉新嘗神官及國司等賜禄。

十二月己丑朔，雪，不告朔。

七年春正月戊午朔甲戌，射于南門。

己卯，耽羅人向京。

是春，將祠天神地祇，而天下悉祓〔二〕禊之。竪齋宮於倉梯河上。

夏四月丁亥朔，欲幸齋宮，卜之。

癸巳，食卜。仍取平旦時，警蹕既動，百寮成列，乘輿命蓋。以未及出行，十市皇女卒〔三〕然病發，薨於宮中。由此鹵簿既停，不得幸行，遂不祭神祇矣。

己亥，霹靂新宮西廳柱。

庚子，葬十市皇女於赤穗。天皇臨之，降恩以發哀。

秋九月，忍海造能麻呂獻瑞稻五莖，每莖有枝。由是徒罪以下悉赦之。三位稚狹王薨之。

冬十月甲申朔，有物如綿，零於難波，長五六尺，廣七八寸，則隨風以飄于松林及葦原。時人曰："甘露也。"

己酉，詔曰："凡内外文武官，每年史以上其〔四〕屬官人等，公平而恪懃者，議其優劣，則定應進階。正月上旬以前，具記送法官。則法官校〔五〕定，申送大辨官。然緣公事以出使之日，其非真病及重服，輙〔六〕緣小故而辞者，不在進階之例。"

十二月癸丑朔己卯，臘子鳥弊天，自西南飛東北。

是月，筑紫國大地動之。地裂廣二丈，長三千餘丈，百姓舍屋，每村多仆壞。是時百姓一家有岡上。當于地動夕，以岡崩處遷。然家既全，而無破壞。家人不知岡崩家避，但會明後知以大驚焉。

〔一〕原作"待"，據小學館本校改。
〔二〕原作"秡"，據校本改。
〔三〕原作"平"，據小學館本校改。
〔四〕"其"字原缺，據小學館本校補。
〔五〕原作"挍"，據小學館本改。
〔六〕小學館本校改作"輕"。

是年，新羅送使奈末[一]加良井山、奈末金紅世，到于筑紫曰："新羅王遣汲飡金消勿、大奈末[二]金世世等，貢上當年之調。仍遣臣井山送消勿等，俱逢暴風於海中。以消勿等皆散之，不知所如。唯井山僅得著岸。"然消勿等遂不來矣[三]。

八年春正月壬午朔丙戌，新羅送使加良井山、金紅世等向京。

戊子，詔曰："凡當正月之節，諸王、諸臣及百寮者，除兄姉以上親及己氏長以外莫拜焉。其諸王者雖母，非王姓者莫拜。凡諸臣亦莫拜卑母。雖非正月節，復准此。若有犯者，隨事罪之。"

己亥，射于西門。

二月壬子朔，高麗遣上部大相桓父[四]、下部大相師需婁等朝貢。因以新羅遣奈末[五]甘勿那，送桓父等於筑紫。

甲寅，紀臣堅麻呂卒。以壬申年之功，贈大錦上位。

乙卯，詔曰："及于辛巳年，檢校[六]親王、諸臣及百寮人之兵及馬。故豫貯焉。"

是月，降大恩恤貧乏，以給其飢寒。

三月辛巳朔丙戌，兵衛大分君稚見死。當壬申年大役，爲先鋒之破瀨田營，由是功贈外小錦上位。

丁亥，天皇幸於越智，拜後岡本天皇陵。

己丑，吉備大宰石川王病之，薨於吉備。天皇聞之大哀，則降大恩云云。贈諸王二位。

壬寅，貧乏僧尼，施絁[七]、綿、布。

夏四月辛亥朔乙卯，詔曰："商量諸有食封寺所由，而可加加之，可除除之。"是日，定諸寺名也。

〔一〕原作"未"，據小學館本校改。本句後同。
〔二〕原作"未"，據小學館本改。
〔三〕小學館本作"焉"。
〔四〕原作"欠"，據小學館本校改。後句同。
〔五〕原作"未"，據小學館本改。
〔六〕"檢校"原作"撿挍"，據小學館本改。
〔七〕"絁"字原缺，據小學館本校補。

己未，祭廣瀨、龍田神。

五月庚辰朔甲申，幸于吉野宫。

乙酉，天皇詔皇后及草壁皇子尊、大津皇子、高市皇子、河[一]嶋皇子、忍壁皇子、芝基皇子曰："朕今日與汝等俱盟于庭。而千歲之後，欲無事。奈之何？"皇子等共對曰："理實灼然。"則草壁皇子尊先進盟曰："天神地祇及天皇證也。吾兄弟長幼并十餘王，各出于異腹。然不别[二]同異，俱隨天皇勅，而相扶無忤。若自今以後，不如此盟者，身命亡之，子孫絕[三]之。非忘，非失矣。"五皇子以次相盟如先。然後天皇曰："朕男等各異腹而生，然今如一母同產慈之。"則披襟抱其六皇子，因以盟曰："若違玆盟，忽亡朕身。"皇后之盟，且如天皇。

丙戌，車駕還宫。

己丑，六皇子共拜天皇於大殿前。

六月庚戌朔，氷零，大如桃子。

壬申，雩。

乙亥，大錦上大伴杜屋連卒。

秋七月己卯朔甲申，雩。

壬辰，祭廣瀨、龍田神。

乙未，四位葛城王卒。

八月己酉朔，詔曰："諸氏貢女人。"

己未，幸泊瀨，以宴迹驚淵上。先是，詔王卿曰："乘馬之外，更設細馬，隨召出之。"即自泊瀨還宫之日，看群卿儲細馬於迹見驛家道頭，皆令馳走。

庚午，縵[四]造忍勝獻嘉禾，異畝同穎。

〔一〕原作"阿"，據小學館本校改。
〔二〕原作"列"，據小學館本校改。
〔三〕原作"絁"，據校本改。
〔四〕原作"僈"，據校本改。

癸酉，大宅王薨[一]。

九月戊寅朔癸巳，遣新羅使人等，返之拜朝。

庚子，遣高麗使人、遣耽羅使人等，返之共拜朝庭[二]。

冬十月戊申朔己酉，詔曰："朕聞之，近日暴惡者多在巷里，是則王卿等之過也。或聞暴[三]惡者也，煩之忍而不治。或見惡人也，倦之匿以不正。其隨見聞以糺彈者，豈有暴惡[四]乎？是以自今以後，無煩倦，而上責下過，下諫上暴，乃國家治焉。"

戊午，地震。

庚申，勑制僧尼等威儀及法服之色，并馬、從者往來巷閭之狀。

甲子，新羅遣阿[五]飡金項那、沙飡薩虆生朝貢也。調物，金、銀、鐵、鼎、錦、絹[六]、布、皮、馬、狗、騾、駱駝[七]之類十餘種，亦別獻物。天皇、皇后、太子，貢金、銀、刀、旗之類各有數。

是月，勑曰："凡諸僧尼者，常住寺内，以護三寶。然或及老，或患病，其永臥狹[八]房，久苦老病[九]者，進止不便，淨地亦穢。是以自今以後，各就親族及篤信者，而立一二舍屋于間處，老者養身，病者服藥。"

十一月丁丑朔庚寅，地震。

己亥，大乙下倭馬飼部造連爲大使，小乙下上寸主光父爲小使，遣多禰嶋。仍賜爵一級。

是月，初置關於龍田山、大坂山。仍難波築羅城。

十二月丁未朔戊申，由嘉禾，以親王、諸王、諸臣及百官人等，給祿各有差。大辟罪以下悉赦之。

〔一〕小學館本校改作"卒"。
〔二〕原作"廷"，據小學館本校改。
〔三〕原作"異"，據小學館本校改。
〔四〕此處原有"是"字，據校本刪。
〔五〕原作"河"，據小學館本校改。
〔六〕"絹"字原缺，據小學館本校補。
〔七〕原作"駞"，據校本改。
〔八〕原作"陜"，據小學館本校改。
〔九〕小學館本校改作"疾"。

是年，紀伊國伊刀郡貢芝草。其狀似菌，莖長一尺，其蓋二圍。亦因播國貢瑞稻，每莖有枝。

九年春正月丁丑朔甲申，天皇御于向小殿，[一]宴王卿於大殿之庭。是日，忌部首首賜姓曰連，則與弟色弗共悦拜。

癸巳，親王以下至于小建，射南門。

丙申，攝津國言："活田村桃李實也。"

二月丙午朔癸亥，如鼓音聞于東方。

辛未，有人云："得鹿角於葛城山。[二]角本二枝，而末[三]合有宍[四]。宍上有毛，毛長一寸。則異以獻之。"蓋驎角歟？

壬申，新羅仕丁八人返于本土。仍垂恩以賜祿有差。

三月丙子朔乙酉，攝津國貢白巫鳥。巫鳥，此云[五]芝苔苔。

戊戌，幸于菟田吾城。

夏四月乙巳[六]朔甲寅，祭廣瀨、龍田神。

乙卯，橘寺尼房失火，以焚十房。

己巳，饗新羅使人項那等於筑紫，賜祿各有差。

是月，勅："凡諸寺者，自今以後，除爲國大寺二三以外，官司莫治。唯其有食封者，先後限三十年，若數年滿三十則除之。且以爲，飛鳥寺不可關于[七]司治。然元爲大寺而官恒治，復嘗有功。是以猶入官治之例。"

五月乙亥朔，勅絁[八]、緜、糸、布以施于京内二十四寺，各有差。是日，始説金光明經于宮中及諸寺。

丁亥，高麗遣南部大使卯問、西部大兄俊德等朝貢。仍新羅遣

〔一〕此處小學館本校補"而"字。
〔二〕此處小學館本校補"其"字。
〔三〕原作"未"，據校本改。
〔四〕原作"完"，據校本改。後句同。
〔五〕原作"言"，據小學館本校改。
〔六〕"巳"字原缺，據小學館本校補。
〔七〕原作"干"，據校本改。
〔八〕原作"絽"，據校本改。

大奈末〔一〕考那，送高麗使人卯問等於筑紫。

乙未，大〔二〕錦下秦造綱手卒。由壬申年之功，贈大錦上位。

辛丑，小錦中星川臣麻呂卒。以壬申年〔三〕功，贈大紫位。

六月甲辰朔戊申，新羅客項〔四〕那等歸國。

辛亥，灰零。

丁巳，雷電之甚也。

秋七月甲戌朔，飛鳥寺西槻枝自折而落之。

戊寅，天皇幸犬養連大伴家，以臨病。即降大恩云云。是日，雩之。

辛巳，祭廣瀨、龍田神。

癸未，朱雀有南門。

庚寅，朴井連子麻呂授小錦下位。

癸巳，飛鳥寺弘聰〔五〕僧終。遣大津皇子、高市皇子而〔六〕吊之。

丙申，小錦下三宅連石床卒。由壬申年功，贈大錦下位。

戊戌，納言兼宮內卿五位舍人王，病之臨死。則遣高市皇子而訊之。明日卒。天皇大驚，乃遣高市皇子、川嶋皇子，因以臨殯哭之。百寮者從而發哀。

八月癸卯朔丁未，法官人貢嘉禾。是日始之三日，雨，大水。

丙辰，大風折木破屋。

九月癸酉朔辛巳，幸于朝嬬，因以看大山位以下之馬於長柄杜。乃俾馬的射之。

乙未，地震。

己亥，桑內王卒於私家。

冬十月壬寅朔乙巳，恤京內諸寺貧乏僧尼及百姓，而賑給之。

〔一〕原作“未”，據小學館本校改。
〔二〕小學館本作“小”。
〔三〕此處小學館本有“之”字。
〔四〕原作“須”，據小學館本校改。
〔五〕原作“聽”，據小學館本校改。
〔六〕“而”字原缺，據小學館本校補。

一每僧尼，各[一]絁[二]四匹、緜四屯、布六端。沙彌及白衣，各絁二疋、綿二屯、布四端。

十一月壬申朔，日蝕之。

甲戌，自戌至子，東方明焉。

乙亥，高麗人十九人，返于本土。是當後岡本天皇之喪，而吊使留之，未還者也。

戊寅，詔百官曰："若有利國家寬百姓之術者，詣闕親申。則詞合於理，立爲法則。"

辛巳，雷於西方。

癸未，皇后體不豫。則爲皇后誓願之，初興藥師寺，仍度一百僧。由是得安平。是日，赦罪。

丁亥，月蝕。遣草壁皇子，訊惠妙僧之病。明日，惠妙僧終，乃遣三皇子而吊之。

乙未，新羅遣沙飡金若弼、大奈末[三]金原升進調。則習言者三人，從若弼至。

丁酉，天皇病之，因以度一百僧。俄而愈之。

辛丑，臘[四]子鳥蔽[五]天，自東南飛以度西北。

十年春正月辛未朔壬申，頒幣帛於諸神祇。

癸酉，百寮諸人拜朝庭[六]。

丁丑，天皇御向小殿而宴之。是日，親王、諸王引入内安殿，諸臣皆侍于外安殿，共置酒以賜樂。則大山上草香部吉志大形授小錦下位，仍賜姓曰難波連。

辛巳，勅境部連石積，封六十戶。因以給絁[七]三十疋、綿

〔一〕原作"冬"，據小學館本校改。
〔二〕原作"絕"，據校本改。
〔三〕原作"末"，據小學館本校改。
〔四〕小學館本作"臘"。
〔五〕原作"弊"，據小學館本校改。
〔六〕原作"廷"，據小學館本校改。
〔七〕原作"絕"，據校本改。

百五十斤、布百五十端、钁一百口。

丁亥，親王以下小建以上，射于朝庭〔一〕。

己丑，詔畿内及諸國，修理天社地社神宮。

二月庚子朔甲子，天皇、皇后共居于大極殿，以喚親王、諸王及諸臣，詔之曰:“朕今更欲定律令，改法式，故俱修是事。然頓就是務，公事有闕。分人應行。”是日，立草壁皇子尊爲皇太子，因以令攝萬機。

戊辰，阿倍夫人薨。

己巳，小紫位當麻公豐濱薨。

三月庚午朔癸酉，葬阿倍夫人。

丙戌，天皇御于大極殿，以詔川嶋皇子、忍壁皇子、廣瀨王、竹田王、桑田王、三野王、大錦下上毛野君三千、小錦中忌部連首、小錦下阿曇連稻敷、難波連大形、大山上中臣連大嶋、大山下平群臣子首，令記定帝紀及上古諸事。大嶋、子首親執筆以録焉。

庚寅，地震。

甲午，天皇居〔二〕新宮井上，而試發鼓、吹之聲。仍令調習。

夏〔三〕四月己亥朔庚子，祭廣瀨、龍田神。

辛丑，立禁式九十二條。因以詔之曰:“親王以下，至于庶民，諸所服用金、銀、珠玉、紫、錦、繡、綾及氈褥、冠、帶，并種種雜色之類，服用各有差。”辭具有詔書。

庚戌，錦織造小分、田井直吉麻呂，次田倉人椹足、椹，此云武規〔四〕。石勝，川内直縣，忍海造鏡、荒田、能麻呂，大狛造百枝、足坏，倭直龍麻呂、門部直大嶋、宍〔五〕人造老、山背狛烏賊麻呂，并十四人賜姓曰連。

〔一〕原作“廷”，據小學館本校改。

〔二〕“天皇居”原作“居天皇”，據小學館本校改。

〔三〕“夏”字原缺，據小學館本校補。

〔四〕小學館本校改作“矩”。

〔五〕原作“完”，據校本改。

乙卯，饗高麗客卯問等於筑紫，賜祿有差。

五月己巳朔己卯，祭皇祖御魂。是日，詔曰："凡百寮諸人，恭敬宫人，過之甚也。或詣其門謁己之訟，或捧幣以媚於其家。自今以後，若有如此者，隨事共罪之。"

甲子[一]，高麗卯問歸之。

六月己亥朔癸卯，饗新羅客若弼於筑紫，賜祿各有差。

乙卯，雩之。

壬戌，地震。

秋七月戊辰朔，朱雀見之。

辛未，小錦下采女臣竹羅爲大使，當摩公楯爲小使，遣新羅國。是日，小錦下佐伯連廣[二]足爲大使，小墾田臣麻呂爲小使，遣高麗國。

丁丑，祭廣瀨、龍田神。

丁酉，令天下，悉大解除。當此時，國造等各出祓[三]柱奴婢一口而解除。

閏七月戊戌朔壬子，皇后誓願之大齋[四]，以説經於京内諸寺。

八月丁卯朔丁丑，大錦下上毛野君三千卒。

丙子，詔三韓諸人曰："先日復十年調、税既訖。且加以歸化初年，俱來之子孫，並課役悉免焉。"

壬午，伊勢國貢白茅鵄[五]。

丙戌，遣多禰嶋使人等，貢多禰國圖。其國去京五千餘里，居筑紫南海中。切髪草裳，粳稻常豐，一蒰[六]兩[七]收。土毛支[八]子、

〔一〕小學館本校改作"午"。
〔二〕"廣"字原缺，據小學館本校補。
〔三〕原作"秡"，據校本改。
〔四〕原作"齊"，據校本改。
〔五〕小學館本作"鵰"。
〔六〕原作"葅"，據小學館本校改。
〔七〕原作"雨"，據小學館本校改。
〔八〕原作"支"，據小學館本改。

莞子及種種海物等多。是日，若弼歸國。

九月丁酉朔己亥，遣高麗、新羅使人等，共至之拜朝。

辛丑，周芳國貢赤龜，乃放嶋宮池。

甲辰，詔曰：“凡諸氏有氏上未定者，各定氏上而申送于理官。”

庚戌，饗多禰嶋人等于飛鳥寺西河邊，奏種種樂。

壬子，彗星見。

癸丑，熒惑入月。

冬十月丙寅朔，日蝕之。

癸未，地震。

乙酉，新羅遣沙㖨一吉飡金忠平、大奈末〔一〕金壹世貢調。金、銀、銅、鐵、錦、絹、鹿皮、細布之類，各有數。别獻天皇、皇后、太〔二〕子金、銀、霞錦〔三〕、幡、皮之類，各有數。

庚寅，詔曰：“大山位以下小建以上人等，各述意見。”

是月，天皇將蒐於廣瀨野。而行宮構〔四〕訖，裝束既備，然車駕遂不幸矣。唯親王以下及群卿皆居于輕市，而檢校〔五〕裝束鞍馬。小錦以上大夫皆列坐於樹下，大山位以下者皆親乘之，共隨大路自南行北。新羅使者至而告曰：“國王薨。”

十一月丙申朔丁酉，地震。

十二月乙丑〔六〕朔甲戌，小錦下河邊臣子首遣筑紫，饗新羅客忠平。

癸巳，田中臣鍛師、柿本臣猨、田部連國忍、高向臣麻呂、粟田臣真人、物部連麻呂、中臣連大嶋、曾禰連韓犬、書直智德并壹〔七〕拾人，授小錦下位。是日，舍人造糠虫、書直智德賜姓曰連。

〔一〕原作“未”，據小學館本校改。
〔二〕原作“大”，據小學館本改。
〔三〕“霞錦”原作“錦霞”，據小學館本校改。
〔四〕原作“搆”，據小學館本改。
〔五〕“檢校”原作“撿挍”，據小學館本改。
〔六〕原作“刃”，據校本改。
〔七〕原作“臺”，據小學館本校改。

十一年春正月乙未朔癸卯，大山上〔一〕舍人連糠虫授小錦下位。

乙巳，饗金忠平於筑紫。

壬子，氷上夫人薨于宮中。

癸丑，地動。

辛酉，葬氷上夫人於赤穗。

二月甲子朔乙亥，金忠平歸國。

是月，小錦下舍人連糠虫卒。以壬申年之功，贈大錦上位。

三月甲午朔，命小紫三野王及宮內官大夫等，遣于新城，令見其地形。仍將都矣。

乙未，陸奥國蝦夷〔二〕二十二人，賜爵位。

庚子，地震。

丙午，命境部連石積等，更肇俾造新字一部四十四卷。

己酉，幸于新城。

辛酉，詔曰："親王以下百寮諸人，自今已後，位冠及襌、褶、脛裳，莫著。亦膳夫、采女等之〔三〕手繦、肩巾，肩巾，此云比例。並莫服。"是日，詔曰："親王以下至于諸臣，被給食封皆止之，更返於公。"

是月，土師〔四〕連真敷卒。以壬申年功〔五〕，贈大錦上位。

夏四月癸亥朔辛未，祭廣瀨、龍田神。

癸未，筑紫大宰丹比真人嶋等貢大鐘。

甲申，越蝦夷伊高岐那等，請俘人七十〔六〕戶爲一郡。乃聽之。

乙酉，詔曰："自今以後，男女悉結髮。十二月三十日以前結訖之。唯結髮之日，亦待勅旨。"婦女乘馬如男夫，其起于是日也。

〔一〕"上"字原缺，據小學館本校補。

〔二〕原作"蛺"，據小學館本校改。

〔三〕"等之"二字原文重出，據小學館本校刪。

〔四〕原文此處"喚王"至"蕩海"計四百五十七字，爲後文天武天皇十四年九月辛酉"安殿"之後文字錯入，且後文重出。據小學館本校刪。

〔五〕原作"切"，據校本改。

〔六〕原作"千"，據小學館本校改。

五月癸巳朔甲辰，倭漢直等賜姓曰連。

戊申，遣高麗大使佐伯連廣足、小使小墾田臣麻呂等[一]，奉[二]使旨於御所。

己未，倭漢直等男女悉參赴之，悦賜姓而拜朝。

六月壬戌朔，高麗王遣下部助有卦婁毛切、大古昂[三]加，貢方物。則新羅遣大那末[四]金釋起，送高麗使人於筑紫。

丁卯，男女[五]始[六]結髮。仍著漆紗[七]冠。

癸酉，五位殖栗王卒。

秋七月壬辰朔甲午，隼人多來，貢方物。是日，大隅隼人與阿多隼人，相撲於朝庭[八]。大隅隼人勝之。

庚子，小錦中膳臣摩漏病。遣草壁皇子尊、高市皇子，而訊病。

壬寅，祭廣瀨、龍田神。

戊申，地震。

己酉，膳臣摩漏卒。天皇驚之，大哀。

壬子，摩漏臣以壬申年之功，贈大紫位及祿。更皇后賜物，亦准官賜。

丙辰，多禰人、掖玖人、阿麻彌人，賜祿，各有差。

戊午，饗隼人等於飛鳥寺[九]西，發種種樂。仍賜祿，各有差。道俗悉見之。是日，信濃國、吉備國並言："霜降，亦大風，五穀不登。"

八月壬戌朔，令親王以下及諸臣，各俾申法式應用之事。

〔一〕"等"字原缺，據小學館本校補。
〔二〕小學館本校改作"奏"。
〔三〕原作"昴"，據校本改。
〔四〕原作"未"，據小學館本校改。
〔五〕小學館本校改作"夫"。
〔六〕小學館本此處校補"之"字。
〔七〕原作"沙"，據小學館本校改。
〔八〕原作"廷"，據小學館本校改。
〔九〕此處小學館本校補"之"字。

甲子，饗高麗客於筑紫。是夕昏[一]時，大星自東度西。

丙寅，造法令殿內有大虹。

壬申，有物，形如灌頂幡，而火色。浮空流北，每國皆見。或曰，入越海。是日，白氣起於東山，其大四圍。

癸酉，大地動。

戊寅，亦地震[二]。是日平旦，有虹當于天中央，以向日。

甲戌，筑紫大宰言："有三足雀。"

癸未，詔禮儀、言語之狀。且詔曰："凡諸應考選者，能檢[三]其族姓及景迹，方後考之。若雖景迹、行能灼[四]然，其族姓不定者，不在考選之色。"

己丑，勅爲日高皇女更名新家皇女。之病，大辟罪以下男女并一百九十八人[五]，皆赦之。

庚寅，百四十餘人出家於大官大寺。

九月辛卯朔壬辰，勅："自今以後，跪禮、匍匐禮並止之，更用難波朝庭[六]之立禮。"

庚子，日中，數百鸖當大宫，以高翔於空。四尅而皆散。

冬十月辛酉朔戊辰，大酺[七]。

十一月庚寅朔乙巳，詔曰："親王、諸王及諸臣，至于庶民，悉可聽之。凡糺彈犯法者，或禁省之中，或朝庭[八]之中，其於過失發處，即隨見隨聞，無匿弊而糺彈。其有犯重者，應請則請，當捕則捉。若對捍以不見捕者，起當處兵而捕之。當杖色，乃杖一百以下，節級決之。亦犯狀灼然，欺言無罪，則不伏辨以爭訴者，累加其

〔一〕原作"昬"，據校本改。
〔二〕此處小學館本校補"動"字。
〔三〕原作"撿"，據小學館本改。
〔四〕原作"灼"，據校本改。
〔五〕"人"字原缺，據小學館本校補。
〔六〕原作"廷"，據小學館本校改。
〔七〕原作"餔"，據小學館本校改。
〔八〕原作"廷"，據小學館本校改。

本罪。”

十二月庚申朔壬戌，詔曰：“諸氏人等，各定可氏上者而申送。亦其眷族多在者，則分各定氏上，並申送於官司。然後斟酌其狀，而處分之，因承官判。唯因小[一]故，而非己族者，輙莫附。”

十二年春正月己丑朔庚寅，百寮拜朝庭[二]。筑紫大宰丹比真人嶋等，貢三足雀。

乙未，親王以下及群卿，喚于大極殿前而宴之。仍以三足雀，示于羣臣。

丙午，詔曰：“明神御大八洲[三]日本[四]根子天皇勅命者，諸國司、國造、郡司及百姓等，諸可聽矣。朕初登鴻祚以來，天瑞非一二多至之。傳聞，其天瑞者，行政之理，協于天道，則應之。是今當于朕世，每年重至。一則以懼，一則以嘉。是以親王、諸王及群卿、百寮，并天下黎民，共相歡也。乃小建以上，給祿各有差。因以大辟罪以下，皆赦之。亦百姓課役並免焉。”是日，奏小墾田儛[五]，及高麗、百濟、新羅三國樂於庭中。

二月己未朔，大津皇子始聽朝政。

三月戊子朔己丑，任僧正、僧都、律師。因以勅曰“統領僧尼如法”云云。

丙午，遣多禰使人等返之。

夏四月戊午朔壬申，詔曰：“自今以後，必用銅錢，莫用銀錢。”

乙亥，詔曰：“用銀莫止。”

戊寅，祭廣瀨、龍田神。

六月丁巳朔己未，大伴連望多薨。天皇大驚之，則遣泊瀨王而弔之。仍舉壬申年勲績，及先祖等每時有功，以顯寵賞。乃贈大紫

〔一〕原作“少”，據小學館本校改。
〔二〕原作“廷”，據小學館本校改。
〔三〕原作“州”，據小學館本校改。
〔四〕“日本”小學館本校改作“倭”。
〔五〕原作“舞”，據小學館本校改。

位，發鼓吹葬之。

壬戌，三位高坂王薨。

秋七月丙戌朔己丑，天皇幸鏡姬王之家，訊病。

庚寅，鏡姬王薨。

是夏，始請僧尼，安居于宮中。因簡淨行者三十人出家。

庚子，雩之。

癸卯，天皇巡行于京師。

乙巳，祭廣瀨、龍田神。

是月始至八月，旱之。百濟僧道藏，雩之得雨。

八月丙辰朔庚申，大赦天下。大伴連男吹負卒。以壬申年之功，贈大錦中位。

九月乙酉朔丙戌，大風。

丁未，倭直、栗隈〔一〕首、水取造、矢田部造、藤〔二〕原部造、刑部造、福草部造、凡川內直、川內漢直、物部首、山背直、葛城直、殿服部造、門部直、錦織造、縵造、鳥取造、來〔三〕目舍人造、檜隈舍人造、大狛造、秦造、川瀨舍人造、倭馬飼造、川內馬飼造、黃文造、薦集造、勾筥〔四〕作造、石上部造、財日奉造、埿部造、穴穗部造、白髮部造、忍海造、羽束造、文首、小泊瀨〔五〕造、百濟造、語造，凡三十八氏，賜姓曰連。

冬十月乙卯朔己未，三宅吉士、草壁吉士、伯〔六〕耆造、船史、壹伎史、娑羅羅馬飼造、菟野馬飼造、吉野首、紀酒人直、采女造、阿直史、高市縣主、磯城縣主、鏡作造，并十四氏，賜姓曰連。

丁卯，天皇狩于倉梯。

〔一〕原作“隅”，據小學館本校改。

〔二〕原作“莜”，大系本作“筱”。據小學館本改。

〔三〕原作“未”，據小學館本校改。

〔四〕原作“莒”，據校本改。

〔五〕“瀨”字原缺，據小學館本補。

〔六〕原作“泊”，據校本改。

十一月甲申朔丁亥，詔[一]諸國，習陣[二]法。

丙申，新羅遣沙飡金主山、大那末[三]金長志進調。

十二月甲寅朔丙寅，遣諸王五位伊勢王、大錦下羽田公八國、小錦下多臣品治、小錦下中臣連大嶋，并判官、録史、工匠者等，巡行天下，[四]限分諸國之境堺。然是年，不堪限分。

庚午，詔曰："諸文武官人，及畿內有位人等，四孟月，必朝參。若有死病，不得集者，當司具記，申送法官。"又詔曰："凡都城、宮室非一處，必造兩參。故先欲都難波，是以百寮者各往之請家地。"

十三年春正月甲申朔庚子，三野縣主、內藏衣縫造二氏，賜姓曰連。

丙午，天皇御于東庭，群卿侍之。時召能射人，及侏儒、左右舍人等射之。

二月癸丑朔丙子，饗金主山於筑紫。

庚辰，遣淨廣肆廣瀨王、小錦中大伴連安麻呂，及判官、録事、陰陽師、工匠等於畿內，令視占應都之地。是日，遣三野王、小錦下采女臣筑羅等於信濃，令看地形。將都是地歟？

三月癸未朔庚寅，吉野人宇閇[五]直弓貢白海石榴。

辛卯，天皇巡行於京師，而定宮室之地。

乙巳，金主山歸國。

夏四月壬子朔丙辰，徒罪以下皆免之。

甲子，祭廣瀨大忌神、龍田風神。

辛未，小錦下高向臣麻呂爲大使，小山下都努臣牛甘爲小使，遣新羅。

〔一〕原作"治"，據小學館本校改。
〔二〕原作"陳"，據小學館本校改。
〔三〕原作"未"，據小學館本校改。
〔四〕此處小學館本校補"而"字。
〔五〕小學館本作"閉"。

閏四月壬午朔丙戌，詔曰："來年九月，必閲之。因以教百寮之進止、威儀。"

又詔曰："凡[一]政要者，軍事也。是以文武官諸人，務習用兵及乘馬。則馬、兵并當身裝束之物，務具儲足。其有馬者爲騎士，無馬者爲步卒。並當試練，以勿障[二]於聚會。若忤詔旨，有不便馬、兵，亦裝束有闕者，親王以下，逮于諸臣，並罰之。大山位以下者，可罰罰之，可杖杖之。其務習以能得業者，若雖死罪，則減[三]二等。唯恃己才以故犯者，不在赦例。"

又詔曰："男女，並衣服者有襴無襴，及結紐[四]、長紐，任意服之。其會集之日，著襴衣而著長紐。唯男子者，有圭冠冠，而着括緒褌。女年四十以上，髮之結不結，及乘馬縱横[五]，並任意也。別巫、祝之類，不在結髮之例。"

壬辰，三野王等進信濃國之圖。

丁酉，設齋[六]于宫中。因以赦有罪舍人等。

乙巳，坐飛鳥寺僧福揚以下獄。

庚戌，僧福揚自刺[七]頸而死。

五月辛亥朔甲子，化來百濟僧尼及俗人男女并二十三人，皆安置于武藏國。

戊寅，三輪引田君難波麻呂爲大使，桑原連人足爲小使，遣高麗。

六月辛巳朔甲申，雩之。

秋七月庚戌朔癸丑，幸于廣瀨。

戊午，祭廣瀨、龍田神。

〔一〕原作"几"，據小學館本校改。
〔二〕原作"鄣"，據小學館本改。
〔三〕原作"咸"，據小學館本校改。
〔四〕原作"紉"，據校本改。本句後同，後句同。
〔五〕原作"撗"，據校本改。
〔六〕原作"齊"，據小學館本校改。
〔七〕原作"剌"，據小學館本改。

壬申，彗星出于西北，長丈餘。

冬十月己卯朔，詔曰："更改諸氏之族姓，作八色之姓，以混天下萬姓。一曰真人，二曰朝臣，三曰宿禰，四曰忌寸，五曰道師，六曰臣，七曰連，八曰稻置。"是日，守山公、路公、高橋公、三國公、當麻公、茨城公、丹比公、猪名公、坂田公、羽田公、息長公、酒人公、山道公〔一〕十三氏，賜姓曰真人。

辛巳，遣伊勢王等，定諸國堺。是日，縣犬養連手繦爲大使，川原連加尼爲小使，遣耽羅。

壬辰，逮于人定，大地震。舉國男女叫唱，不知東西。則山崩河涌，諸國郡官舍及百姓倉屋、寺塔、神社，破壞之類，不可勝數。由是人民及六畜，多死傷之。時伊豫湯泉没而不出，土左國田苑〔二〕五十餘萬頃，没爲海。古老曰："若是地動，未曾有也。"是夕，有鳴聲，如鼓聞于東方。有人曰："伊豆嶋西北二面，自然增益三百餘丈，更爲一嶋。則如鼓音者，神造是嶋響也。"

甲午，諸王卿等賜祿。

十一月戊申朔，大三輪君、大春日臣、阿倍臣、巨勢臣、膳臣、紀臣、波多臣、物部連、平群臣、雀部臣、中臣連、大宅臣、粟〔三〕田臣、石川臣、櫻井臣、采女臣、田中臣、小墾田臣、穗積臣、山背臣、鴨君、小野臣、川邊臣、櫟井臣、柿本臣、輕部臣、若櫻部臣、岸田臣、高向臣、宍〔四〕人臣、來目臣、犬〔五〕上君、上毛野君、角臣、星川臣、多臣、胸方君、車持君、綾君、下道臣、伊賀臣、阿閇〔六〕臣、林臣、波彌〔七〕臣、下毛野君、佐味君、道守臣、大野君、坂本臣、池田君、玉手臣、笠臣，凡五十二氏，賜姓曰朝臣。

〔一〕"山道公"三字原缺，據小學館本校補。
〔二〕原作"菀"，據校本改。
〔三〕原作"栗"，據小學館本校改。
〔四〕原作"完"，據校本改。
〔五〕原作"大"，據小學館本校改。
〔六〕小學館本作"閉"。
〔七〕原作"禰"，據小學館本校改。

庚戌，土左國司言："大潮高騰，海水飄蕩。由是運調船多[一]放[二]失焉。"

戊辰，昏時，七星俱流東北則隕之。

庚午，日没時，星隕東方，大如甕。逮[三]于戌[四]，天文悉亂，以星隕如雨。

是月，有星，孛于中央，與昴星雙而行之。及月盡，失焉。[五]

十二月戊寅朔己卯，大伴連、佐伯連、阿曇連、忌部連、尾張連、倉連、中臣酒人連、土師連、掃部連、境部連、櫻井田部連、伊福部連、巫[六]部連、忍壁連、草壁連、三宅連、兒部連、手繦[七]丹比連、靭[八]丹比連、漆部連、大湯人連、若湯人連、弓削連、神服部連、額田部連、津守連、縣犬養連、稚犬養連、玉祖連、新田部連、倭文連、倭文，此云之頭於利。氷連、凡海連、山部連、矢集連、狹井連、爪工連、阿刀連、茨田連、田目連、小子部連、菟道連、小治田連[九]、猪使連、海犬養連、間人連、舂米連、美濃矢集[一〇]連、諸會臣、布留連五十氏，賜姓曰宿禰。

癸未，大唐學生土師宿禰甥、白猪史寶然，及百濟役時没大唐者猪使連子首、筑紫三宅連得許，傳新羅至。則新羅遣大奈末[一一]金物儒，送甥等於筑紫。

庚寅，除死刑以下罪人，皆咸赦焉。

是年，詔："伊賀、伊勢、美濃、尾張四國，自今以後，調年免

〔一〕原文"船多"重出，據小學館本校删。
〔二〕原作"投"，據小學館本校改。
〔三〕原作"逯"，據校本改。
〔四〕原作"戊"，大系本作"戍"。據小學館本校改。
〔五〕下十三年末"是年詔"至"角櫝"計四十八字原文在此處，據小學館本校移至後。
〔六〕原作"巠"，據校本改。
〔七〕此處原有"連"字，據小學館本删。
〔八〕小學館本作"靫"。
〔九〕"小治田連"四字原缺，據小學館本校補。
〔一〇〕"矢集"二字原缺，據小學館本校補。
〔一一〕原作"未"，據小學館本校改。

役，役年免調。”倭葛城下郡言：“有四足雞。”亦丹波國氷上郡言：“有十二角犢。”

十四年春正月丁未朔戊申，百寮拜朝庭。

丁卯，更改爵位之號，仍增加階級。明位二階，淨位四階，每階有大、廣，并十二階，以前諸王已上之位。正位四階，直位四階，勤位四階，務位四階，追位四階，進位四階，每階有大、廣，并四十八階，以前諸臣之位。是日，草壁皇子尊授淨廣壹位，大津皇子授淨大貳位，高市皇子授淨廣貳位，川嶋皇子、忍壁皇子授淨大參位。自此以下諸王、諸臣等，增加爵位，各有差。

二月丁丑朔庚辰，大唐人、百濟人、高麗人，并百四十七人賜爵位。

三月丙午朔己未，饗金物儒於筑紫，即從筑紫歸之。仍流著新羅人七口，附物儒還之。

辛酉，京職大夫直大參巨〔一〕勢朝臣辛檀努卒。

壬申，詔：“諸國每家，作佛舍，乃置佛像及經，以禮拜供養。”

是月，灰零於信濃〔二〕國，草木皆枯焉。

夏四月丙子朔己卯，紀伊國司言：“牟婁湯泉，没而不出也。”

丁亥，祭廣瀨、龍田神。

壬辰，新羅人金主山歸之。

庚寅，始請僧尼，安居于宮中。

五月丙午朔庚戌，射於南門。天皇幸于飛鳥寺，以珍寶奉於佛而禮敬。

甲子，直大肆粟田朝臣真人讓位于父，然勅不聽矣。是日，直大參當麻真人廣麻呂卒。以壬申年之功，贈直大壹位。

辛未，高向朝臣麻呂、都努朝臣牛飼等，至自新羅。乃學問僧觀常、雲〔三〕觀，從至之。新羅王獻物，馬二疋、犬三頭、鸚鵡二隻、

〔一〕小學館本校改作“許”。

〔二〕原作“農”，據小學館本校改。

〔三〕小學館本校改作“靈”。

鵲二隻，及種種寶〔一〕物。

六月乙亥朔甲午，大倭連、葛城連、凡川内連、山背連、難波連、紀酒人連、倭漢連、河内漢連、秦連、大隅直、書連，并十一氏，賜姓曰忌寸。

秋七月乙巳朔乙丑，祭廣瀨、龍田神。

庚午，勅〔二〕定明位已下進位已上之朝服色。淨位已上，並著朱華。朱華，此云波泥孺。正位深紫，直位淺紫，勤位深緑，務位淺緑，追位深蒲萄，進位淺蒲萄。

辛未，詔曰："東山道美濃以東、東海道伊勢以東諸國，有位人等，並免課役。"

八月甲戌朔乙酉，天皇幸于淨土寺。

丙戌，幸于川原寺。施稻於衆僧。

癸巳，遣耽羅使人等還之。

九月甲辰朔壬子，天皇宴于舊宮安殿之庭。是日，皇太子以下至于忍壁皇子，賜布各有差。

甲寅，遣宮處王、廣瀨王、難波王、竹田王、彌努王於京及畿內，各令校〔三〕人夫之兵。

戊午，直廣肆都努朝臣牛飼爲東海使者，直廣肆石川朝臣虫名爲東山使者，直廣肆佐味朝臣少麻呂爲山陽使者，直廣肆巨勢朝臣粟持爲山陰使者，直廣参路真人迹見爲南海使者，直廣肆佐伯宿禰廣足爲筑紫使者，各判官一人、史一人，巡察國司、郡司及百姓之消息。是日，詔曰："凡諸歌男、歌女、笛吹者，即傳己子孫，令習歌笛。"

辛酉，天皇御大安殿，喚王卿等於殿前，以令博戲。是日，宮處王、難波王、竹田王、三國真人友足、縣犬養宿禰大侶、大伴宿禰御行、境部宿禰石積、多朝臣品治、采女朝臣竹羅、藤原朝臣大

〔一〕"寶"字小學館本校刪。
〔二〕原作"初"，據小學館本校改。
〔三〕原作"挍"，據小學館本改。

嶋，凡十人，賜御衣袴。

壬戌，皇太子以下及諸王卿，并四十八人，賜羆皮、山羊皮，各有差。

癸亥，遣高麗國使人等還之。

丁卯，爲天皇體不豫之，三日誦經於大官大寺、川原寺、飛鳥寺。因以稻納三寺，各有差。

庚午，化來高麗人等，賜祿各有差。

冬十月癸酉朔丙子，百濟僧常輝封三十戶。是僧壽百歲。

庚辰，遣百濟僧法藏、優婆塞益田直[一]金鍾於美濃，令煎白朮。因以賜絁[二]、綿、布。

壬午，遣輕部朝臣足瀨、高田首新家、荒田尾連麻呂於信濃，令造行宮。蓋擬幸束間溫湯歟？

甲申，以淨大肆泊瀨王、直廣肆巨勢朝臣馬飼、判官以下，并二十人，任於畿內之役。

己丑，伊勢王等亦向于東國，因以賜衣袴。

是月，說金剛般若經於宮中。

十一月癸卯朔甲辰，儲用鐵一萬斤送於周芳總[三]令所。是日[四]，筑紫大宰請儲用物，絁[五]一百疋、絲一百斤、布三百端、庸布四百常、鐵一萬斤、箭竹二千連。送下於筑紫。

丙午，詔四方國曰："大角、小角、鼓、吹、幡旗，及弩、拋[六]之類，不應存私家。咸收于郡家。"

戊申，幸白錦後苑[七]。

丙寅，法藏法師、金鍾獻白朮煎。是日，爲天皇招魂之。

〔一〕"直"字原缺，據小學館本校補。
〔二〕原作"絕"，據校本改。
〔三〕原作"摠"，據校本改。
〔四〕"是日"二字原缺，據小學館本校補。
〔五〕原作"絕"，據校本改。
〔六〕原作"扰"，據校本改。
〔七〕原作"菀"，據校本改。

己巳，新羅遣波珍飡金智祥、大阿飡金健勳請政。仍進調。

十二月壬申朔乙亥，遣筑紫防人等，飄蕩海中，皆失衣裳。則爲防人衣服，以布四百五十八〔一〕端給下於筑紫。

辛巳，自西發之地震。

丁亥，絁〔二〕、綿、布以施大官大寺僧等。

庚寅，皇后命以王卿等五十五人賜朝服各一具。

朱鳥元年春正月壬寅朔癸卯，御大極殿，而賜宴於諸王卿。是日，詔曰："朕問王卿，以無端事。仍對言得實，必有賜。"於是高市皇子被問以實對，賜蓁揩御衣三具、錦袴二具，并絁二十疋、絲五十斤、緜百斤、布一百端。伊勢王亦得實，即賜皂御衣三具、紫袴二具、絁〔三〕七疋、絲二十斤、緜四十斤、布四十端。是日，攝津國人百濟〔四〕新興獻白馬瑙。

庚戌，請三綱律師，及大官大寺知事佐官并九僧，以俗供養養之。仍施絁〔五〕、緜、布，各有差。

辛亥，諸王卿各賜袍袴一具。

甲寅，召諸才人、博士、陰陽師、醫師者，并二十〔六〕餘人，賜食及祿。

乙卯，酉時，難波大藏省失火，宮室悉焚。或曰，阿斗連藥家失火之引，及宮室。唯兵庫職不焚焉。

丁巳，天皇御於大安殿，喚諸王卿賜宴。因以賜絁〔七〕、緜、布，各有差。是日，天皇問群臣，以無端事。則當時得實，重給絁、綿〔八〕。

〔一〕"八"字原缺，據小學館本校補。
〔二〕原作"絕"，據校本改。
〔三〕原作"絕"，據校本改。
〔四〕"濟"字原缺，據小學館本校補。
〔五〕原作"絕"，據校本改。
〔六〕"二十"二字原缺，據小學館本校補。
〔七〕原作"絕"，據校本改。
〔八〕"絁綿"原作"綿絁"，據小學館本校改。

戊午，宴後宫。

己未，朝庭大酺[一]。是日，御御窟殿前，而倡優等賜禄有差。亦歌人等賜袍袴。

庚申，地震。

是月，爲饗新羅金智祥[二]，遣淨[三]廣肆川内王、直廣参大伴宿禰安麻呂、直大肆藤原朝臣大嶋、直廣肆堺[四]部宿禰鯯魚、直廣肆穗積朝臣虫麻呂等于筑紫。

二月辛未朔甲戌，御大安殿。侍臣六人授勤位。

乙亥，勅選諸國司有功者九人，授勤位。

三月辛丑朔丙午，大辨[五]官直大参羽田真人八國病。爲之度僧三人。

庚戌，雪之。

乙丑，羽田真人八國卒。以壬申年之功，贈直大壹位。

夏四月庚午朔丁丑，侍醫桑原[六]村主訶都授直廣肆。因以賜姓曰連。

壬午，爲饗新羅客等，運川原寺伎樂於筑紫。仍以皇后宫之私稻五十[七]束，納于川原寺。

戊子，新羅進調從筑紫貢上。細馬一疋、騾一頭、犬二狗、鏤金器，及金、銀、霞錦、綾羅、虎豹皮及藥物之類，并百餘種。亦智祥、健勲等别獻物，金、銀、霞錦[八]、綾羅、金器、屏風、鞍皮、絹布、藥物之類，各六十餘種。别獻皇后、皇太子及諸親王等之物，各有數。

丙申，遣多紀皇女、山背姬王、石川夫人於伊勢神宫。

〔一〕原作“餔”，據小學館本校改。
〔二〕原作“淨”，據小學館本校改。
〔三〕“淨”字原缺，據小學館本校補。
〔四〕小學館本校改作“境”。
〔五〕原作“弁”，據校本改。
〔六〕“原”字原缺，據小學館本校補。
〔七〕小學館本校改作“千”。
〔八〕“霞錦”原作“錦霞”，據小學館本校改。

五月庚子朔戊申，多紀皇女等至自伊勢。是日，侍醫百濟人億仁病之臨死，則授勤大壹位。仍封一百戶。

癸丑，勅之，大官大寺封七百戶，乃納税三十萬束。

丙辰，宫人等增加爵位。

癸亥，天皇始〔一〕體不安。因以於川原寺説藥師經，安居于宫中。

戊辰，饗金智祥〔二〕等〔三〕筑紫，賜禄各有差。即從筑紫退之。

是月，勅遣左右大舍人等，掃清諸寺堂塔，則大赦天下。囚獄已空。

六月己巳朔，槻本村〔四〕主勝麻呂賜姓曰連。仍加勤大壹位，封二十戶。

庚午，工匠、陰陽師、侍醫、大唐學生及一二官〔五〕人，并三十四人，授爵位。

乙亥，選諸司人等有功二十八人，增加爵位。

戊寅，卜天皇病，祟草薙劒。即日，送置于尾張國熱田社。

庚辰，雩之。

甲申，遣伊勢王及官人等於飛鳥寺，勅衆僧曰："近者朕身不和。願賴三寶之威，以〔六〕身體欲得安和。是以僧正、僧都及衆僧，應誓願。"則奉珍寶於三寶。是日，三綱律師及四寺和上、知事，并現有師位僧等，施御衣、御被各一具。

丁亥，勅〔七〕遣百官人等於川原寺，爲燃燈供養。仍大齋〔八〕之悔過也。

丙申，法忍僧、義照僧，爲養老，各封三十戶。

〔一〕"始"字原缺，據小學館本校補。
〔二〕原作"詳"，據校本改。
〔三〕小學館本此處校補"於"字。
〔四〕原作"材"，據小學館本校改。
〔五〕小學館本校改作"宫"。
〔六〕原文"以"字重出，據小學館本校删。
〔七〕小學館本此處校補"之"字。
〔八〕原作"齊"，據小學館本校改。

庚寅，名張厨司災之。

秋七月乙[一]亥朔庚子，勅："更男夫著脛裳，婦女垂髪于背，猶如故。"是日，僧正、僧都等參赴宮中，而悔過矣。

辛丑，詔諸國大解除。

壬寅，半減天下之調。仍悉免徭役。

癸卯，奉幣[二]於居紀伊國國懸神、飛鳥四社、住吉大神。

丙午，請一百僧，讀金光明經於宮中。

戊申，雷光南方，而一大鳴。則天災於民部省藏庸舍屋。或曰，忍壁皇子宮失火，延燒民部省。

癸丑，勅曰："天下之事，不問大小，悉啓于皇后及皇太子。"是日，大赦之。

甲寅，祭廣瀨、龍田神。

丁巳，詔曰："天下百姓，由貧乏而貸稻及資[三]財者，乙酉年十二月三十日以前，不問公私，皆免原。"

戊午，改元曰朱鳥元年。朱鳥，此云阿訶美苫[四]利。仍名宮曰飛鳥淨御原宮。

丙寅，選淨行者七十人以出家。乃設齋於宮中御窟院。

是月，諸王臣等爲天皇造觀世[五]音像，則説觀世音經於大官大寺。

八月己巳朔，爲天皇度八十僧。

庚午，度僧尼并一百。因以坐百菩薩於宮中，讀觀世[六]音經二百卷。

丁丑，爲天皇體不豫，祈于神祇。

辛巳，遣秦忌寸石勝，奉幣於土左大神。是日，[七]皇太子、大津

〔一〕小學館本校改作"己"。
〔二〕原作"弊"，據小學館本校改。
〔三〕原作"貨"，據小學館本校改。
〔四〕小學館本校改作"苔"。
〔五〕"世"字原缺，據小學館本校補。
〔六〕"世"字原缺，據小學館本校補。
〔七〕此處原有"天"字，據小學館本校刪。

皇子、高市皇子，各加封四百戶。川嶋皇子、忍壁皇子，各加百戶。

癸未，芝基皇子、磯城皇子，各加二百戶。

己丑，檜隈寺、輕寺、大窪寺，各封百戶。限三十年。

辛卯，巨勢寺封二百戶。

九月戊戌朔辛丑，親王以下逮于諸臣，悉集川原寺，爲天皇病誓願云云。

丙午，天皇病遂不差，崩于正宮。

戊申，始發哭。則起殯宮於南庭。

辛酉，殯于南庭，即發哀。當是時，大津皇子謀反於皇太子。

甲子，平旦，諸僧尼發哭於殯庭，乃退之。是日，肇進奠，即誄之。第一大海宿禰蔔蒲，誄壬生事。次淨大肆伊勢王，誄諸王事。次直大參縣犬養宿禰大伴，總〔一〕誄宮內事。次淨廣肆河內王，誄左右大舍人事。次直大參當摩真人國見，誄左右兵衛事。次直大肆采女朝臣筑〔二〕羅，誄內命婦事。次直廣肆紀朝臣真人，誄膳職事。

乙丑，諸僧尼亦哭於殯庭。是日，直大參布勢朝臣御主人，誄太〔三〕政官事。次直廣參石上朝臣麻呂，誄法官事。次直大肆大三輪朝臣高市麻呂，誄理官事。次直廣參大伴宿禰安麻呂，誄大藏事。次直大肆藤〔四〕原朝臣大嶋，誄兵政官事。

丙寅，僧尼亦發哀。是日，直廣肆阿倍久努朝臣麻呂，誄刑官事。次直廣肆紀朝臣弓張，誄民官事。次直廣肆穗積朝臣虫麻呂，誄諸國司事。次大隅、阿多隼人，及倭、河內馬飼部造，各誄之。

丁卯，僧尼發哀之。是日，百濟王良虞代百濟王善光而誄之。次國國造等隨參赴，各誄之。仍奏種種歌舞〔五〕。

日本書紀卷第二十九　終

〔一〕原作“摠”，據小學館本改。
〔二〕小學館本校改作“竺”。
〔三〕小學館本作“大”。
〔四〕原作“莀”，大系本作“筱”，據小學館本改。
〔五〕小學館本校改作“儛”。

日本書紀　卷第三十

高天原廣野姬天皇　持統天皇

高天原廣野姬天皇，少名鸕野讚良皇女，天命開別天皇第[一]二女也。母曰遠智娘。更名美濃津子娘也[二]。天皇深沈有大度。天豐財重日足姬天皇三年，適天渟中原瀛真人天皇爲妃。雖帝王女，而好禮節儉，有母儀德。

天命開別天皇元年，生草壁皇子尊於大津宮。

十年十月，從沙門天渟中原瀛真人天皇入於吉野，避朝猜忌。語在天命開別天皇紀。

天渟中原瀛真人天皇元年夏六月，從天渟中原瀛真人天皇避難東國，鞠旅會衆，遂與定謀。迺分命敢死者數萬，置諸要害之地。

秋七月，美濃軍將等與大倭桀豪共誅大友皇子，傳首詣不破宮。

二年，立爲皇后。皇后從始迄今，佐天皇定天下。每於侍執之際，輒言及政事，多所毗補。

朱鳥元年九月戊戌朔丙午，天渟中原瀛真人天皇崩。皇后臨朝稱制。

冬十月戊辰朔己巳，皇子大津謀反發覺。逮[三]捕皇子大津，并捕爲皇子大津所詿誤直廣肆八口朝臣音橿、小山下壹伎連博德，與大舍人中臣朝臣臣麻呂、巨勢朝臣多益須、新羅沙門行心及帳內礪

〔一〕原作“弟”，據校本改。
〔二〕“也”字小學館本缺。
〔三〕原作“逯”，據校本改。

杵道作等三十餘人。

庚午，賜死皇子大津於譯語田舍，時年二十四。妃皇女山邊被髮徒跣，奔赴殉焉，見者皆歔〔一〕欷。皇子大津，天渟中原瀛真人天皇第〔二〕三子也。容止墻岸，音辞俊朗，爲天命開別天皇所愛。及長，辨有才學，尤愛文筆。詩賦之興，自大津始也。

丙申，詔曰："皇子大津謀反，詿誤吏民、帳内不得已。今皇子大津已滅，從者當坐皇子大津者皆赦之。但礪杵道作流伊豆。"又詔曰："新羅沙門行心，與皇子大津謀反。朕不忍加法，徙〔三〕飛驒國伽藍。"

十一月丁酉朔壬子，奉伊勢神祠皇女大來，還至京師。

癸丑，地震。

十二月丁卯朔乙酉，奉爲天渟中原瀛真人天皇，設無遮大會於五寺大官〔四〕、飛鳥、川原、小墾田豐浦、坂田。

壬辰，賜京師孤獨、高年布帛，各有差。

閏〔五〕十二月，筑紫大宰獻三國高麗、百濟、新羅百姓男女并僧尼六十二人。

是歲，虵犬相交，俄而俱死。

元年春正月丙寅朔，皇太子率公卿、百寮人等適殯宫，而慟哭焉。納言布勢朝臣御主人誄之，禮也。誄畢，衆庶發哀，次梵衆發哀。於是奉膳紀〔六〕朝臣真人等奉奠，奠畢膳部、采女等發哀。樂官奏樂。

庚午，皇太子率公卿、百寮人等，適殯宫而慟哭焉。梵衆隨而發哀。

〔一〕原作"戲"，據小學館本校改。
〔二〕原作"弟"，據校本改。
〔三〕原作"徒"，據校本改。
〔四〕原作"宫"，據小學館本校改。
〔五〕原作"潤"，據小學館本校改。
〔六〕原作"乳"，據小學館本校改。

庚辰，賜京師年自八十以上及篤癃、貧不能自存者，絁[一]、緜各有差。

甲申，使直廣肆田中朝臣法麻[二]呂與追大貳守君苅田等，使於新羅，赴天皇喪。

三月乙丑朔己卯，以投化高麗五十六人，居于常陸國。賦田受稟，使安生業。

甲申，以華縵進于殯宮，此曰御蔭。是日，丹比真人麻呂誄之，禮也。

丙戌，以投化新羅[三]十四人，居于下毛野國。賦田受稟，使安生業。

夏四月甲午朔癸卯，筑紫大宰獻投化新羅僧尼及百姓男女二十二人，居于武藏國。賦田受稟，使安生業。

五月甲子朔乙酉，皇太子率公卿、百寮人等，適殯宮而慟哭焉。於是隼人大隅、阿多魁帥[四]，各領己衆，互進誄焉。

六月癸巳朔庚申，赦罪人。

秋七月癸亥朔甲子，詔曰："凡負債[五]者，自乙酉年以前物，莫收利也。若既役身者，不得役利。"

辛未，賞賜隼人大隅、阿多魁帥[六]等三百三十七人，各[七]有差。

八月壬辰朔丙申，嘗于殯宮，此曰[八]御青飯也。

丁酉，京城耆老、男女，皆臨慟哭於橋西。

己未，天皇使直大肆藤原朝臣大嶋、直大肆黄書連大伴，請集三百龍象大德等於飛鳥寺，奉施袈裟，人別一領。曰："此以天渟中

〔一〕原作"絽"，據校本改。
〔二〕原作"摩"，據校本改。
〔三〕此處原有"人"字，據小學館本校删。
〔四〕原作"師"，據校本改。
〔五〕原作"倩"，據小學館本校改。
〔六〕原作"師"，據校本改。
〔七〕"各"字原文重出，據校本删。
〔八〕原作"日"，據小學館本改。

原瀛真人天皇御服所縫作也。”詔詞酸割，不可具陳。

九月壬戌朔庚午，設國忌齋於京師諸寺。

辛未，設齋[一]於殯宫。

甲申，新羅遣王子金霜林、級飡金薩慕[二]，及級飡金仁述、大舍蘇陽信等，奏請國政，且獻調賦。學問僧智隆附而至焉。筑紫大宰便告天皇崩於霜林等。即日，霜林等皆著喪服，東向三拜，三發哭焉。

冬十月辛卯朔壬子，皇太子率公卿、百寮人等，并諸國司、國造及百姓男女，始築大内陵。

十二月辛卯朔庚子，以直廣參路真人迹見，爲饗新羅勅使。是年也，太[三]歲丁亥。

二年春[四]正月庚申朔，皇太子率公卿、百寮人等，適殯宫而慟哭焉。

辛酉，梵衆發哀於殯宫。

丁卯，設無遮大會於藥師寺。

壬午，以天皇崩，奉宣新羅金霜林等。金霜林等乃三發哭。

二月庚寅朔辛卯，大宰獻新羅調賦，金、銀、絹、布、皮、銅、鐵之類十餘物，并別所獻佛像，種種彩絹，鳥、馬之類十餘種，及霜林所獻金、銀、彩色，種種珍異之物，并八十餘物。

己亥，饗霜林等於筑紫館，賜物各有差。

乙巳，詔曰：“自今以後，每取國忌日，要須齋[五]也。”

戊午，霜林等罷歸。

三月己未朔己卯，以華縵進于殯宫。藤原朝臣大嶋誄焉。

五月戊午朔乙丑，以百濟敬須德那利，移甲斐國。

〔一〕原作“齊”，據校本改。
〔二〕原作“摹”，據小學館本校改。
〔三〕原作“大”，據小學館本改。
〔四〕“春”字原缺，據小學館本校補。
〔五〕原作“齊”，據校本改。

六月戊子朔戊戌，詔："令天下，繫囚極刑，減本罪一等。輕繫皆赦除之。其令天下，皆半入今年調賦。"

秋七月丁巳朔丁卯，大雩。旱也。

丙子，命百濟沙門道藏請雨。不崇朝，遍雨天下。

八月丁亥朔丙申，嘗于殯宮而慟哭焉。於是大伴宿禰安麻[一]呂誄焉。

丁酉，命淨大肆伊勢王，奉宣葬儀。

辛亥，耽羅王遣佐平加羅，來獻方物。

九月丙辰朔戊寅，饗耽羅佐平加羅等於筑紫館，賜物各有差。

冬十一月乙卯朔戊午，皇太子率公卿、百寮人等與諸蕃賓客，適殯宮而慟哭焉。於是奉奠，奏楯節儛。諸臣各舉己先祖等所仕狀，遞[二]進誄焉。

己未，蝦夷百九十餘人，負荷調賦而誄焉。

乙丑，布勢朝臣御主人、大伴宿禰御行，遞[三]進而[四]誄。直廣肆當麻[五]真人智德，奉誄皇祖等之騰極次第，禮也，古云日嗣也。畢葬于大內陵。

十二月乙酉朔丙申，饗蝦夷男女二百一十三人於飛鳥寺西槻下。仍授冠位，賜物各[六]有差。

三年春正月甲寅朔，天皇朝萬國于前殿。

乙卯，大學寮獻杖八十枚。

丙辰，[七]務大肆陸奧國優嗜曇郡城養蝦夷脂利古男麻呂與鐵折，請剔鬢髮爲沙門。詔曰："麻呂等少而閑雅寡欲，遂至於此，蔬食持戒。可隨所請出家修道。"

〔一〕原作"摩"，據小學館本校改。
〔二〕原作"逓"，據校本改。
〔三〕原作"逓"，據校本改。
〔四〕"而"字原缺，據小學館本校補。
〔五〕原作"摩"，據校本改。
〔六〕"各"字原缺，據小學館本校補。
〔七〕此處原有"詔曰"二字，據小學館本校删。

庚申，宴公卿，賜袍袴。

辛酉，新羅使人田中朝臣法麻呂等，還自新羅。

壬戌，詔出雲國司，上送遭值風浪蕃人。是日，賜越蝦夷〔一〕沙門道信，佛像一軀，灌頂幡、鍾、鉢各一口，五色綵各五尺，綿五屯，布一十端，鍬一十枚，鞍一具。筑紫大宰粟田真人朝臣等，獻隼人一百七十四人，并布五十常、牛皮六枚、鹿皮五十枚。

戊辰，文武官人進薪。

己巳，賜百官人等食。

辛未，天皇幸吉野宫。

甲戌，天皇至自吉野宫。

二月甲申朔丙申，詔:“筑紫防人滿年限者替。”

己酉，以淨廣肆竹田王、直廣肆土師宿禰根麻呂〔二〕、大宅朝臣麻呂〔三〕、藤原朝臣史、務大肆當麻真人櫻井、穗積朝臣山守、中臣朝臣〔四〕臣麻呂〔五〕、巨勢朝臣多益須、大三輪朝臣安麻呂〔六〕，爲判事。

三月癸丑朔丙子，大赦天下。唯常赦所不免，不在赦例。

夏四月癸未朔庚寅，以投化新羅人，居于下毛野。

乙未，皇太子草壁皇子尊薨。

壬寅，新羅遣級飡金道那等，奉弔瀛真人天皇喪，并上送學問僧明聰、觀智等。別獻金銅阿彌陀像，金銅觀世音菩薩像、大勢至菩薩像各一軀，綵帛、錦、綾。

甲辰，春日王薨。

己酉，詔:“諸司仕丁，一月放假四日。”

五月癸丑朔甲戌，命土師宿禰根麻呂，詔新羅弔使級飡金道那

〔一〕原作“蛦”，據小學館本校改。
〔二〕“麻呂”原作“磨”，大系本作“麿”，據小學館本校改。
〔三〕“麻呂”原作“麿”，據小學館本校改。
〔四〕“朝臣”二字原缺，據小學館本校補。
〔五〕“麻呂”原作“麿”，據小學館本校改。
〔六〕“麻呂”原作“麿”，據小學館本校改。

等曰:“太政官卿等奉勅奉宣，二年，遣田中朝臣法麻呂[一]等，相告大行天皇喪。時新羅言:‘新羅奉勅人者，元來用蘇判位，今將復爾。’由是，法麻呂[二]等不得奉宣赴告之詔。若言前事者，在昔難波宮治天下天皇崩時，遣巨勢稻持等，告喪之日，翳飡金春秋奉勅。而言用蘇判奉勅，即違前事也。又於近江宮治天下天皇崩時，遣一吉飡金薩儒等奉吊。而今以級飡奉吊，亦違前事。又新羅元來奏云:‘我國自日本遠皇祖代，並舳不干檝奉仕之國。’而今一艘，亦乖故典也。又奏云:‘自日本遠皇祖代，以清白心仕奉。’而不惟竭忠，宣揚本職。而傷清白，詐求幸媚。是故調賦與別獻，並封以還之。然自我國家遠皇祖代，廣慈汝等之德，不可絕之。故彌勤彌謹，戰戰兢兢，修其職任，奉遵法度者，天朝復[三]廣慈耳。汝道那等奉斯所勅，奉宣汝王。”

六月壬午朔，賜衣裳筑紫大宰等。

癸未，以皇子施基、直廣肆佐味朝臣宿那麻呂[四]、羽田朝臣齊、齊[五]，此云牟吾閇[六]。勤廣肆伊余部連馬飼、調忌寸老人、務大參大伴宿禰手拍與巨勢朝臣多益須等，拜撰善言司。

庚子，賜大唐續守言、薩弘恪等稻，各有差。

辛丑，詔筑紫[七]大宰粟田真人朝臣等，賜學問僧明聰、觀智等，爲送新羅師友緜，各一百四十斤。

乙巳，於筑紫小郡設新羅吊使金道那等，賜物各有差。

庚戌，班賜諸司令一部二十二卷。

秋七月壬子朔，付賜陸奧蝦夷沙門自得所請金銅藥師佛像、觀世音菩薩像各一軀，鍾、娑羅、寶帳、香爐、幡等物。是日，新羅

〔一〕“麻呂”原作“麿”，據小學館本校改。
〔二〕“麻呂”原作“麿”，據小學館本校改。
〔三〕此處原有“益”字，據小學館本校删。
〔四〕“麻呂”原作“麿”，據小學館本校改。
〔五〕“齊”字原缺，據小學館本校補。
〔六〕“吾”原作“五”，據小學館本校改。“閇”小學館本作“閉”。
〔七〕“筑紫”二字原缺，據小學館本校補。

弔使金道那等罷歸。

丙寅，詔左右京職及諸國司，築習射所。

辛未，流僞兵衛河内國澁川郡人柏原廣山于土左國。以追廣参，授捉僞兵衛廣山兵衛生部連虎。

甲戌，賜越蝦夷八釣魚等，各有差。魚，此云儺。

秋八月辛巳朔壬午，百官會集於神祇官，而奉宣天神地祇之事。

甲申，天皇幸吉野宫。

丙申，禁斷漁獵[一]於攝津國武庫海一千步内，紀伊國阿提郡那耆野二萬頃，伊賀國伊賀郡[二]身野二萬頃，置守護人，准河内國大鳥郡高脚海。

丁酉，賞賜公卿，各有差。

辛丑，詔伊豫總[三]領田中朝臣法麻呂[四]等曰："讃吉國御城郡所獲白鷰，宜放養焉。"

癸卯，觀射。

閏[五]八月辛亥朔庚申，詔諸國司曰："今冬，戶籍可造。宜限九月，糺捉浮浪。其兵士者，每於一國四分而點其一，令習武事。"

丁丑，以淨廣肆河内王爲筑紫大宰帥[六]，授兵仗及賜物。以直廣壹，授直廣貳丹比真人嶋，增封一百戶通前。

九月庚辰朔己丑，遣直廣参石上朝臣麻呂[七]、直廣肆石川朝臣虫名等於筑紫，給送位記，且監新城。

冬十月庚戌朔庚申，天皇幸高安城。

辛未，直廣肆下毛野朝臣子麻呂[八]，奏欲免奴婢陸佰口。奏可。

〔一〕校本作"獵"。
〔二〕原作"那"，據校本改。
〔三〕原作"摠"，據校本改。
〔四〕"麻呂"原作"麿"，據小學館本校改。
〔五〕原作"潤"，據小學館本校改。
〔六〕原作"師"，據校本改。
〔七〕"麻呂"原作"麿"，據小學館本校改。
〔八〕"麻呂"原作"麿"，據小學館本校改。

十一月己卯朔丙戌，於中市褒[一]美追廣貳高田首石成之閑於三兵，賜物。

十二月己酉朔丙辰，禁斷雙六。

四年春正月戊寅朔，物部麻呂[二]朝臣樹大盾。神祇伯中臣大嶋朝臣讀天神壽詞。畢[三]忌部宿禰色夫知奉上神璽劍、鏡於皇后。皇后即天皇位。公卿、百寮羅列，匝拜而拍手焉。

己卯，公卿、百寮拜朝，如元會儀。丹比嶋真人與布勢御主人朝臣，奏賀騰極。

庚辰，宴公卿於內裏[四]，仍賜衣裳。

壬辰，百寮進薪。

甲午，大赦天下。唯常赦所不免，不在赦例。賜有位人爵一級。鰥寡、孤獨、篤癃、貧不能自存者，賜稻，蠲服調役。

丁酉，以解部一百人，拜刑部省。

庚子，班幣於畿內天神地祇，及增神戶、田地。

二月戊申朔壬子，天皇幸于腋上陂，觀公卿大夫之馬。

戊午，新羅沙門詮吉、級飡北助知等五十人歸化。

甲子，天皇幸吉野宮。

丙寅，設齋[五]於內裏[六]。

壬申，以歸化新羅韓奈末[七]許滿等十二人，居于武藏國。

三月丁丑朔丙申，賜京與畿內人年八十以上者，嶋宮稻人二十束。其有位者，加賜布二端。

夏四月丁未朔己酉，遣使祭廣瀨大忌神與龍田風神。

癸丑，賜京與畿內耆老、耆女五千三十一人，稻人二十束。

〔一〕原作“裒”，據校本改。
〔二〕“麻呂”原作“麿”，據小學館本校改。
〔三〕原作“卑”，據小學館本校改。
〔四〕此處原有“甲申宴公卿於內裏”八字，據小學館本校刪。
〔五〕原作“齊”，據小學館本改。
〔六〕原作“裡”，據小學館本校改。
〔七〕原作“未”，據小學館本校改。

庚申，詔曰：“百官人及畿内人，有位者限六年，無位者限七年，以其上日，選定九等。四等以上者，依考仕令，以其善、最、功、能，氏、姓大小，量授冠位。其朝服者，淨大壹已下，廣貳已上，黑紫。淨大參已下，廣肆已上，赤紫。正八級赤紫，直八級緋，勤八級深緑，務八級淺緑，追八級深縹，進八級淺縹。別淨廣貳已上，一畐(一)一部之綾羅等，種種聽用。淨大參已下，直廣肆已上，一畐(二)二部之綾羅等，種種聽用。上下通用綺(三)帶、白袴，其餘者如常。”

戊辰，始祈雨於所所，旱也。

五月丙子朔戊寅，天皇幸吉野宮。

乙酉，百濟男女二十一人歸化。

庚寅，於内裏始安居講説。

六月丙午朔辛亥，天皇幸泊瀨。

庚午，盡召有位者，唱知位次與年齒。

秋七月丙子朔，公卿、百寮人等，始著新朝服。

戊寅，班幣於天神地祇。

庚辰，以皇子高市爲太政大臣。以正廣參授丹比嶋(四)真人，爲右大臣。并八省、百寮，皆遷(五)任焉。

辛巳，大宰、國司皆遷(六)任焉。

壬午，詔：“令公卿、百寮，凡有位者，自今以後，於家内著朝服，而參上未開門以前。”蓋昔者到宮門而著朝服乎？

甲申，詔曰：“凡朝堂座上，見親王者如常。大臣與王，起立堂前。二王以上，下座而跪。”

己丑，詔曰：“朝堂座上，見大臣，動坐而跪。”是日，以絁(七)、

〔一〕原作“富”。據小學館本校改。
〔二〕原作“富”。據小學館本校改。
〔三〕“上下通用綺”原作“綺上下通用”，據小學館本改。
〔四〕“嶋”字原缺，據小學館本校補。
〔五〕原作“還”，大系本作“選”。據小學館本校改。
〔六〕原作“還”，據小學館本校改。
〔七〕原作“絁”，據校本改。

絲、綿、布，奉施七寺安居沙門三千三百六十三。别爲皇太子，奉施於三寺安居沙門三百二十九。

癸巳，遣使者，祭廣瀨大忌神與龍田風神。

八月乙巳朔戊申，天皇幸吉野宫。

乙卯，以歸化新羅人等，居于下毛野國。

九月乙亥朔，詔諸國司〔一〕等曰：“凡造戶籍者，依戶令也。”

乙酉，詔曰：“朕將巡行紀伊之故，勿收今年京師田租口賦。”

丁亥，天皇幸紀伊。

丁酉，大唐學問僧智宗、義德、淨願，軍丁筑紫國上陽咩郡大伴部博麻，從新羅送使大奈末〔二〕金高訓等，還至筑紫。

戊戌，天皇至自紀伊。

冬十月甲辰朔戊申，天皇幸吉野宫。

癸丑，大唐學問僧智宗等，至于京師。

戊午，遣使者，詔筑紫大宰河内王等曰：“饗新羅送使大奈末〔三〕金高訓等，准上送學生土師宿禰甥等送使之例。其慰勞賜物，一依詔書。”

乙丑，詔軍丁筑紫〔四〕國上陽咩郡人大伴部博麻曰：“於天豐財重日足姬天皇七年，救百濟之役，汝爲唐軍見虜。洎天命開别天皇三年，土師連富杼、氷連老、筑紫君薩夜麻、弓削連元寶兒四人，思欲奏聞唐人所計，緣無衣粮，憂不能達。於是博麻謂土師富杼等曰：‘我欲共汝，還向本朝，緣無衣粮，俱不能去。願賣我身，以充衣食。’富杼等依〔五〕博麻計，得通天朝。汝獨淹滯他界，於今三十年矣。朕嘉厥尊朝愛國，賣己顯忠，故賜務大肆，并絁〔六〕五匹、緜一十屯、布三十端、稻一千束、水田四町。其水田及至曾孫也。免

〔一〕“司”字原缺，據小學館本校補。
〔二〕原作“未”，據小學館本校改。
〔三〕原作“未”，據小學館本校改。
〔四〕原作“紫”，大系本作“紫”，小學館本校改作“後”。
〔五〕原作“任”，據小學館本校改。
〔六〕原作“絕”，據校本改。

三族課役，以顯其功。”

壬申，高市皇子觀藤原宮地。公卿、百寮從焉。

十一月甲戌朔庚辰，賞賜送使金高訓等，各有差。

甲申，奉勅始行元嘉曆與儀鳳曆。

十二月癸卯朔乙巳，送使金高訓等罷歸。

甲寅，天皇幸吉野宮。

丙辰，天皇至自吉野宮。

辛酉，天皇幸藤原觀宮地。公卿、百寮皆從焉。

乙丑，賞賜公卿以下，各有差。

五年春正月癸酉朔，賜親王、諸臣、内親王、女王、内命婦等位。

己卯，賜公卿飲食、衣裳。優賜正廣肆百濟王余禪廣、直大肆遠寶、良虞與南典，各有差。

乙酉，增封皇子高市二千戶，通前三千戶。淨廣貳皇子穗積五百戶。淨大參皇子[一]川嶋百戶，通前五百戶。正廣參右大臣丹比嶋真人三百戶，通前五百戶。正廣肆百濟王禪廣百戶，通前二百戶。直大壹布勢御主人朝臣與大伴御行宿禰八十戶，通前三百戶。其餘增封，各有差。

丙戌，詔曰：“直廣肆筑紫史益，拜筑紫大宰府典以來，於今二十九年矣。以清白忠誠，不敢怠惰。是故賜食封五十[二]戶、絁[三]十五匹、緜二十五屯、布五十端、稻五千束。”

戊子，天皇幸吉野宮。

乙未，天皇至自吉野宮。

二月壬寅朔，天皇詔公卿等曰：“卿等於天皇世，作佛殿、經藏，行月六齋。天皇時時遣大舍人問訊。朕世亦如之。故當勤心奉佛法也。”是日，授宮人位記。

〔一〕“皇子”二字原缺，據小學館本補。
〔二〕原作“千”，據小學館本校改。
〔三〕原作“絕”，據校本改。

三月壬申朔甲戌，宴公卿於西廳。

丙子，天皇觀公私馬於御苑。

癸巳，詔曰："若有百姓弟爲兄見賣者，從良。若子爲父母見賣者，從賤。若准貸倍没賤者，從良。其子雖配奴婢所生，亦皆從良。"

夏四月辛丑朔，詔曰："若氏祖時所免奴婢既除籍者，其眷族等，不得更訟，言我奴婢。"賜大學博士上村主百濟大税一千束，以勸其學業也。

辛亥，遣使者，祭廣瀨大忌神與龍田風神。

丙辰，天皇幸吉野宫。

壬戌，天皇至自吉野宫。

五月辛未朔辛卯，褒美百濟淳武微子壬申年功，賜直大參。仍賜絁〔一〕、布。

六月，京師及郡國四十雨水。

戊子，詔曰："此夏陰雨過節，懼必傷稼。夕惕迄朝憂懼，思念厥愆。其令公卿、百寮人等，禁斷酒宍〔二〕，攝心悔過。京及畿内諸寺梵衆，亦當五日誦經，庶有補焉。"自四月雨，至于是月。

己未，大赦天下。但盜賊不在赦例。

秋七月庚午朔壬申，天皇幸吉野宫。是日，伊豫國司田中朝臣法麻呂等，獻宇和郡御馬山白銀三斤八兩〔三〕、鉟〔四〕一籠。

丙子，宴公卿，仍賜朝服。

辛巳，天皇至自吉野。

甲申，遣使者，祭廣瀨大忌神與龍田風神。

八月己亥朔辛亥，詔十八氏，大三輪、雀部、石上、藤原、石川、巨勢、膳部、春日、上毛野、大伴、紀伊、平羣、羽田〔五〕、阿倍、佐伯、采女、穗積、

〔一〕原作"絕"，據校本改。
〔二〕原作"完"，據小學館本改。
〔三〕原作"雨"，據校本改。
〔四〕小學館本作"鈋"。
〔五〕"伊平羣羽田"原文在本夾注"阿曇"後，據小學館本校改。

阿曇。上進其祖等墓記。

辛酉，遣使者，祭龍田風神，信濃須波、水内等神。

九月己巳朔壬申，賜音博士大唐續守言、薩弘恪，書博士百濟末士善信，銀人二十兩。

丁丑，淨大参皇子川嶋薨。

辛卯，以直大貳，贈佐伯宿禰大目，并賜賻物。

冬十月戊戌朔，日有蝕之。

乙巳，詔曰："凡先皇陵戸者，置五戸以上。自餘王等有功者，置三戸。若陵戸不足，以百姓充，免其徭役，三年一替。"

庚戌，畿内及諸國，置長生地各一千步。是日，天皇幸吉野宫。

丁巳，天皇至自吉野。

甲子，遣使者，鎮祭新益京。

十一月戊辰，大嘗。神祇伯中臣朝臣大嶋，讀天神壽詞。

壬辰，賜公卿衾。

乙未，饗公卿以下至主典。并賜絹等，各有差。

丁酉，饗神祇官長上以下至神部等，及供奉播磨國〔一〕、因幡國郡司以下至百姓男女，并賜絹等，各有差。

十二月戊戌朔己亥，賜醫博士務大参德自珍、咒禁博士木素丁武、沙宅萬首，銀人二十兩。

乙巳，詔曰："賜右大臣宅地四町，直廣貳以上二町，大参以下一町，勤以下至無位，隨其戸口。其上戸一町，中戸半町，下戸四分之一。王等亦准此。"

六年春正月丁卯朔庚午，增封皇子高市二千戸，通前五千戸。

癸酉，饗公卿等，仍賜衣裳。

戊寅，天皇觀新益京路。

壬午，饗公卿以下至初位以上。

癸巳，天皇幸高宫。

〔一〕"國"字小學館本缺。

甲午，天皇至自〔一〕高宮。

二月丁酉朔丁未，詔諸官曰:“當以三月三日，將幸伊勢。宜知此意，備諸衣物。”賜陰陽博士沙門法藏、道基，銀人〔二〕二十兩。

乙卯，詔刑部省，赦輕繫。是日，中納言直大貳三輪朝臣高市麻呂〔三〕上表敢直言，諫爭天皇欲幸伊勢，妨於農時。

三月丙寅朔戊辰，以淨廣肆廣瀨王、直廣參當麻真人智德、直廣肆紀朝臣弓張等，爲留守官。於是中納言大〔四〕三輪朝臣高市麻呂〔五〕，脱其冠位，擎上於朝，重諫曰:“農作之節，車駕未可以動。”

辛未，天皇不從諫，遂幸伊勢。

壬午，賜所過神郡及伊賀、伊勢、志摩國造等冠位，并免今年調役，復免供奉騎士、諸司荷丁、造行宮丁今年調役，大赦天下。但盜賊不在赦例。

甲申，賜所過志摩百姓男女年八十以上，稻人五十束。

乙酉，車駕還宮。每到行，輒會郡縣吏民，務勞賜作樂。

甲午，詔免近江、美濃、尾張、參河、遠江等國供奉騎士戶，及諸國荷丁、造行宮丁今年調役。詔令天下百姓困乏窮者稻，男三束，女二束。

夏四月丙申朔丁酉，贈大伴宿禰友國直大貳，并賜賻物。

庚子，除四畿內百姓爲荷丁者今年調役。

甲寅，遣使者，祀廣瀨大忌神與龍田風神。

丙辰，賜有位親王以下至進廣肆難波大藏鍫〔六〕，各有差。

庚申，詔曰:“凡繫囚、見徒〔七〕，一皆原散。”

五月乙丑朔庚午，御阿胡行宮。時進贄者紀伊國牟婁郡人阿古

〔一〕“自”字原缺，據小學館本補。
〔二〕“人”字小學館本校刪。
〔三〕“麻呂”原作“麿”，據小學館本校改。
〔四〕“大”字原缺，據小學館本補。
〔五〕“麻呂”原作“麿”，據小學館本校改。
〔六〕原作“鍬”，據小學館本改。
〔七〕“徒”字原缺，據小學館本校補。

志海部河瀨麻呂[一]等兄弟三戸，服十年調役、雜徭。復免梜抄[二]八人今年調役。

辛未，相模[三]國司獻赤烏鶵[四]二隻。言："獲於御浦郡。"

丙子，幸吉野宫。

庚辰，車駕還宫。

辛巳，遣大夫、謁者，祠名山岳瀆，請雨。

甲申，贈文忌寸智德直大壹，并賜賻物。

丁亥，遣淨廣肆難波王等，鎮祭藤原宫地。

庚寅，遣使者，奉幣于四所伊勢、大倭、住吉、紀伊大神，告以新宫。

閏[五]五月乙未朔丁酉，大水。遣使循[六]行郡國，禀貸灾害不能自存者，令得漁採山林池澤。詔令京師及四畿内，講説金光明經。

戊戌，賜沙門觀成絁[七]十五匹、綿三十[八]屯、布五十端，美其所造鉛粉。

丁未，伊勢大[九]神奏天皇曰："免伊勢國今年調役。然應[一〇]輸其二神郡赤引絲參拾伍斤，於來年當折其代。"

乙[一一]酉，詔筑紫大宰率河内王等曰："宜遣沙門於大隅與阿多，可傳佛教。復上送大唐大使郭務悰爲御近江大津宫天皇所造阿彌陀像。"

六月甲子朔壬申，勅郡國長吏，各禱名山岳瀆。

〔一〕"麻呂"原作"麿"，據小學館本校改。
〔二〕"梜抄"小學館本校改作"挾杪"。
〔三〕原作"摸"，據校本改。
〔四〕小學館本作"雛"。
〔五〕原作"潤"，據小學館本校改。
〔六〕原作"修"，據小學館本校改。
〔七〕原作"絁"，據校本改。
〔八〕"三十"原作"卅"，據小學館本改。
〔九〕原作"太"，據小學館本改。
〔一〇〕"應"字原缺，據小學館本校補。
〔一一〕小學館本校改作"己"。

甲戌，遣大夫、謁者，詣四畿内，請雨。

甲申，賜直丁八人官位，美其造大内陵時，勤而不懈。

癸巳，天皇觀藤原宮地。

秋〔一〕七月甲午朔乙未，大赦天下。但十惡、盜賊，不在赦例。賜相模國司布勢朝臣色布智等、御浦郡少領，闕〔二〕姓名。與獲赤烏者鹿嶋臣櫲樟，位及禄。服御浦郡三〔三〕年調役。

庚子，宴公卿。

壬寅，幸吉野宫。

甲辰，遣使者，祀廣瀨與龍田。

辛酉，車駕還宫。是夜，熒惑與歲星，於一步内乍光乍没，相近相避四遍。

八月癸亥朔乙丑，赦罪。

己卯，幸飛鳥皇女田莊〔四〕。即日還宫。

九月癸巳朔辛丑，遣班田大夫等於四畿内。

丙午，神祇官奏上神寶書四卷、鑰九箇、木印一箇。

癸丑，伊勢國司獻嘉禾二本，越前國司獻白蛾。

戊午，詔曰:“獲白蛾於角鹿郡浦上之濱。故增封笥飯神二十戶，通前。”

冬十月壬戌朔壬申，授山田史御形務廣肆。前爲沙門，學問新羅。

癸酉，幸吉野宫。

庚辰，車駕還宫。

十一月辛卯朔戊戌，新羅遣級湌朴憶德、金深薩等進調。賜擬遣新羅使直廣肆息長真人老、務大貳川内忌寸連等禄，各有差。

辛丑，饗禄新羅朴憶德於難波館。

〔一〕原作“冬”，據小學館本校改。
〔二〕原作“國”，據小學館本校改。
〔三〕小學館本校改作“二”。
〔四〕原作“庄”，據校本改。

十二月辛酉朔甲戌，賜音博士續守言、薩弘恪水田，人四町。

甲申，遣大夫等，奉新羅調於五社伊勢、住吉、紀伊、大倭、菟名足。

七年春正月辛卯朔壬辰，以淨廣壹授皇子高市，淨廣貳授皇子〔一〕長與皇子弓削。是日，詔令天下百姓服黄色衣，奴皂衣。

丁酉，饗公卿大夫等。

癸卯，賜京師及畿內有位年八十以上人衾一領、絁〔二〕二匹、緜二屯、布四端。

乙巳，以正廣參贈百濟王善光，并賜賻物。

丙午，賜京師男女年八十以上及困乏窮者布，各有差。賜船瀨沙門法鏡水田三町。是日，漢人等奏踏歌。

二月庚申朔壬戌，新羅遣沙飡金江南、韓奈麻金陽元等，來赴王喪。

己巳，詔造京司衣縫王等，收所掘尸。

己丑，以流來新羅人牟自毛禮等三十七人，付賜憶德等。

三月庚寅朔，日有蝕之。

甲午，賜大學博士勤廣貳上村主百濟食封三十戶，以優儒道。

乙未，幸吉野宮。

庚子，賜直大貳葛原朝臣大嶋賻物。

壬寅，天皇至自吉野宮。

乙巳，賜擬遣新羅使直廣肆息長真人老、勤大貳大伴宿禰子君等，及學問僧辨〔三〕通、神叡等，絁〔四〕、綿、布各有差。又賜新羅王賻物。

丙午，詔令天下，勸殖桑、紵、梨、栗、蕪菁等草木，以助五穀。

夏四月庚申朔丙子，遣大夫、謁者，詣諸社祈雨。又遣使者，

〔一〕“子”字原缺，據小學館本校補。
〔二〕原作“絁”，據校本改。
〔三〕原作“弁”，大系本作“弁”，據小學館本改。
〔四〕原作“絁”，據校本改。

祀廣瀨大忌神與龍田風神。

辛巳，詔："內藏寮允大伴男人坐贓[一]，降位二階，解[二]見任官。典鎰[三]置始多久與菟野大伴，亦坐贓，降位一階，解見任官。監物巨勢邑治，雖物不入於己，知情令盜之，故降位二階，解見任官。然置始多久有勤勞於壬申年役之故，赦之。但贓者依律徵納。"

五月己丑朔，幸吉野宮。

乙未，天皇至自吉野宮。

癸卯，設無遮大會於內裏。

六月己未朔[四]，詔高麗沙門福嘉還俗。

壬戌，以直廣肆，授引田朝臣廣目、守君苅田、巨勢朝臣麻呂[五]、葛原朝臣臣麻呂、巨勢朝臣多益須、丹比真人池守、紀朝臣麻呂七人。

秋七月戊子朔甲午，幸吉野宮。

己亥，遣使者，祀廣瀨大忌神與龍田風神。

辛丑，遣大夫、謁者，詣諸社祈雨。

癸卯，遣大夫、謁者，詣諸社請雨。是日，天皇至自吉野。

八月戊午朔，幸藤原宮地。

甲戌，幸吉野宮。

戊寅，車駕還宮。

九月丁亥朔，日有蝕之。

辛卯，幸多武嶺。

壬辰，車駕還宮。

丙申，爲清御原天皇，設無遮大會於內裏。繫囚悉原遣。

壬寅，以直廣參，贈蚊屋忌寸木間，并賜賻物，以褒壬申年之

〔一〕原作"賊"，據小學館本校改。

〔二〕原作"斛"，據校本改。

〔三〕小學館本校改作"鑰"。

〔四〕原文此處有"己未"二字，據小學館本校刪。

〔五〕"麻呂"原作"麿"，據小學館本校改。本段後二處同。

役功。

冬十月丁巳朔戊午，詔："自今年，始於親王，下至進位，觀所儲兵。淨冠至直冠[一]，人甲一領、大刀一口、弓一張、矢一具、鞆一枚、鞍馬。勤冠至進冠，人大刀一口、弓一張、矢一具、鞆一枚。如此預備。"

己卯，始講仁王經於百國。四日而畢。

十一月丙戌朔庚寅，幸吉野宫。

壬辰，賜耽羅王子、佐平等，各有差。

乙未，車駕還宫。

己亥，遣沙門法員、善往、真義等，試飲近江國益須郡醴泉。

戊申，以直大肆，授直廣肆引田朝臣少麻呂[二]，仍賜食封五十戶。

十二月丙辰朔丙子，遣陣法博士等，教習諸國。

八年春正月乙酉朔丙戌，以正廣肆，授直大壹布勢朝臣御主人與大伴宿禰御行。增封人二百戶，通前五百戶。並爲氏上。

辛卯，饗公卿等。

己亥，進御薪。

庚子，饗百官人等。

辛丑，漢人奏請[三]踏歌。五位以上射。

壬寅，六位以下射。四日而畢。

癸卯，唐人奏踏歌。

乙巳，幸藤原宫。即日，還宫。

丁未，以務廣肆等位，授大唐七人與肅慎二人。

戊申，幸吉野宫。

三月甲申朔，日有蝕之。

乙酉，以直廣肆大宅朝臣麻呂、勤大貳臺忌寸八嶋、黄書連本實等，拜鑄錢司。

〔一〕原作"官"，據小學館本校改。

〔二〕"麻呂"原作"麿"，據小學館本校改。

〔三〕"請"字小學館本校删。

甲午，詔曰:“凡以無位人任[一]郡司者，以進廣貳授大領，以進大參授小領。”

己亥，詔曰:“粵以七年歲次癸巳，醴泉涌於近江國益須郡都賀山。諸疾病人[二]停宿益須寺，而療差者衆。故入水田四町、布六十端，原除益須郡今年調役、雜徭，國司頭至目，進位一階。賜其初驗醴泉者葛野羽衝、百濟土羅羅女，人絁[三]二匹、布十端、鍬十口。”

乙巳，奉幣於諸社。

丙午，賜神祇官頭至祝部等一百六十四人，絁[四]、布各有差。

夏四月甲寅朔戊午，以淨大肆贈筑紫大宰率河内王，并賜賻物。

庚申，幸吉野宫。

丙寅，遣使者，祀廣瀨大忌神與龍田風神。

丁亥，天皇至自吉野宫。

庚午，贈律師道光賻物。

五月癸未朔戊子，饗公卿大夫於内裏。

癸巳，以金光明經一百部送置諸國，必取每年正月上玄讀之。其布施以當國官物充之。

六月癸丑朔庚申，河内國更荒郡獻白山鷄。賜更荒郡大領、小領位人一級，并賜物。以進廣貳，賜獲者刑部造韓國，并賜物。

秋七月癸未朔丙戌，遣巡察使於諸國。

丁酉，遣使者，祀廣瀨大忌神與龍田風神。

八月壬子朔戊辰，爲皇女飛鳥，度沙門一百四口。

九月壬午朔，日有蝕之。

乙酉，幸吉野宫。

癸卯，以淨廣肆三野王拜筑紫大宰率。

冬十月辛亥朔庚午，以進大肆，賜獲白蝙蝠者飛驒國荒城郡弟

〔一〕原作“仕”，據小學館本校改。
〔二〕“人”字原缺，據小學館本校補。
〔三〕原作“絁”，據校本改。
〔四〕原作“絁”，據校本改。

國部[一]弟日，并賜絁[二]四匹、綿四屯、布十端。其戸課役限身悉免。

十一月辛巳朔丙午，赦殊死以下。

十二月庚戌朔乙卯，遷居藤原宮。

戊午，百官拜朝。

己未，賜親王以下至郡司等，絁[三]、緜、布各有差。

辛酉，宴公卿大夫。

九年春正月庚辰朔甲申，以淨廣貳授皇子舍人。

丙戌，饗公卿大夫於内裏。

甲午，進御薪。

乙未，饗百官人等。

丙申，射。四日而畢。

閏[四]二月己卯朔丙戌，幸吉野宮。

癸巳，車駕還宮。

三月戊申朔己酉，新羅遣王子金良琳、補命薩飡朴強國等，及韓奈麻金周漢、金忠仙等，奏請國政，且進調獻物。

己未，幸吉野宮。

壬戌，天皇至自吉野。

庚午，遣務廣貳文忌寸博勢、進廣參下譯語諸田等於多禰[五]，求蠻所居。

夏四月戊寅朔丙戌，遣使者，祀廣瀨大忌神與龍田風神。

甲午，以直廣參，贈賀茂朝臣蝦夷，并賜賻物。本位勤大壹。以直大肆，贈文忌寸赤麻呂[六]，并賜賻物。本位大山中。

五月丁未朔己未，饗隼人大隅。

丁卯，觀隼人相撲於西槻下。

〔一〕原作“郡”，據小學館本校改。
〔二〕原作“絽”，據校本改。
〔三〕原作“絽”，據校本改。
〔四〕原作“潤”，據小學館本校改。
〔五〕原作“禰”，據校本改。
〔六〕“麻呂”原作“麿等”，據小學館本校改。

六月丁丑朔己卯，遣大夫、謁者，詣京師及四畿内諸社請雨。

壬辰，賞賜諸臣年八十以上及痼疾，各有差。

甲午，幸吉野宫。

壬寅，至自吉野。

秋七月丙午朔戊辰，遣使者，祀廣瀨大忌神與龍田風神。

辛未，賜擬遣新羅使直廣肆小野朝臣毛野、務大貳伊吉連博德等物，各有差。

八月丙子朔己亥，幸吉野。

乙巳，至自吉野。

九月乙巳朔戊申，原放行獄徒繫。

庚戌，小野朝臣毛野等發向新羅。

十月乙亥朔乙酉，幸菟田吉隱。

丙戌，至自吉隱。

十二月甲戌朔戊寅，幸吉野宫。

丙戌，至自吉野。賜淨大肆泊瀨王賻物。

十年春正月甲辰朔庚戌，饗公卿大夫。

甲寅，以直大肆，授百濟王南典。

戊午，進御薪。

己未，饗公卿、百寮人等。

辛酉，公卿、百寮射於南門。

二月癸酉朔乙亥，幸吉野宫。

乙酉，至自吉野。

三月癸卯朔乙巳，幸二槻宫。

甲寅，賜〔一〕越度嶋蝦夷伊奈理武志與肅慎志良守叡草，錦袍袴、緋紺絁、斧等。

夏四月壬申朔辛巳，遣使者，祀廣瀨大忌神與龍田風神。

戊戌，以追大貳，授伊豫國風速郡物部藥與肥後國皮石郡壬生

〔一〕“賜”字原缺，據小學館本校補。

諸石，并賜人絁[一]四匹、絲十絇、布二十端、鍬二十口、稻一千束、水田四町，復戶調役，以慰久苦唐地。

己亥，幸吉野宫。

五月壬寅朔甲辰，詔大錦上秦造綱手，賜姓爲忌寸。

乙巳，至自吉野。

己酉，以直廣肆，授尾張宿禰大隅，并賜水田四十町。

甲寅，以直廣肆，贈大狛連百枝，并賜賻物。

六月辛未朔戊子，幸吉野宫。

丙申，至自吉野。

秋七月辛丑朔，日有蝕之。

壬寅，赦罪人。

戊申，遣使者，祀廣瀨大忌神與龍田風神。

庚戌，後皇子尊薨。

八月庚午朔甲午，以直廣壹，授多臣品治，并賜物，褒美元從之功與堅守關事。

九月庚子朔甲寅，以直大壹，贈若櫻部朝臣五百瀨，并賜賻物，以顯元從之功。

冬十月己巳朔乙酉，賜右大臣丹比真人輿、杖，以哀致事。

庚寅，假賜正廣參位右大臣丹比真人資人一百二十人，正廣肆大納言阿倍朝臣御主人、大伴宿禰御行並八十人，直廣壹石上朝臣麻呂[二]、直廣貳藤原朝臣不比等並五十人。

十一月己亥朔戊申，賜大官大寺沙門辨[三]通，食封三[四]十戶。

十二月己巳朔，勅旨緣讀金光明經，每年十二月晦日，度淨行者一十人。

〔一〕原作“絕”，據校本改。
〔二〕“麻呂”原作“麿”，據小學館本校改。
〔三〕原作“弁”，大系本作“弁”，據小學館本改。
〔四〕小學館本作“四”。

十一年春正月甲辰，饗公卿[一]大夫等。

戊申，賜天下鰥寡、孤獨、篤癃、貧不能自存者稻，各有差。

癸丑，饗公卿、百寮。

二月丁卯朔甲午，以直廣壹當麻真人國見爲東宮大傅，直廣參路真人跡見爲春宮大夫，直大肆巨勢朝臣粟持爲亮。

三月丁酉朔甲辰，設無遮大會於春宮。

夏四月丙寅朔己巳，授滿選者淨位至直位，各有差。

壬申，幸吉野宮。

己卯，遣使者，祀廣瀨與龍田。是日，至自吉野。

五月丙申朔癸卯，遣大夫、謁者，詣諸社請雨。

六月丙寅朔丁卯，赦罪人。

辛未，詔讀經於京畿諸寺。

辛巳，遣五位以上，掃灑京寺。

甲申，班幣於神祇。

辛卯，公卿、百寮始造爲天皇病所願佛像。

癸卯，遣大夫、謁者，詣諸社請雨。

秋七月乙未朔辛丑，夜半赦常鏤盜賊一百九人。仍賜布人四常。但外國者，稻人二十束。

丙午，遣使者，祀廣瀨與龍田。

癸亥，公卿、百寮，設開佛眼會於藥師寺。

八月乙丑朔，天皇定策禁中，禪天皇位於皇太子。

日本書紀卷第三十　終

〔一〕"公卿"二字原缺，據小學館本校補。

圖書在版編目（CIP）數據

日本書紀 / (日) 舍人親王著 . -- 成都 : 四川人民出版社 , 2019.11 (2019.11 重印)

ISBN 978-7-220-11110-5

Ⅰ . ①日… Ⅱ . ①舍… Ⅲ . ①日本—古代史—研究 Ⅳ . ① K313.207

中國版本圖書館 CIP 數據核字 (2018) 第 280871 號

RIBENSHUJI

日本書紀

著　　者	[日] 舍人親王
選題策劃	后浪出版公司
出版統籌	吴興元
編輯統籌	梅天明
特約編輯	暮 影　劉　早
責任編輯	熊　韻
裝幀製造	墨白空間 · 陳威伸
營銷推廣	ONEBOOK
出版發行	四川人民出版社（成都槐樹街 2 號）
網　　址	http://www.scpph.com
E - mail	scrmcbs@sina.com
印　　刷	北京盛通印刷股份有限公司
成品尺寸	155mm × 240mm
印　　張	31
字　　數	424 千
版　　次	2019 年 11 月第 1 版
印　　次	2019 年 11 月第 2 次
書　　號	978-7-220-11110-5
定　　價	99. 00 元

后浪出版咨询(北京)有限責任公司 常年法律顧問：北京大成律師事務所 周天暉 copyright@hinabook.com